中国财政政策报告 2014/2015

1994年的财税改革：
20年进程评估与未来10年展望

Fiscal and Tax System Reform of 1994: Evaluation of the Process in the Past 20 Years and Prospect for the Next 10 Years

高培勇　主　编

中国财政经济出版社

本书由中国社会科学院出版基金资助

图书在版编目（CIP）数据

1994年的财税改革：20年进程评估与未来10年展望／高培勇主编．—北京：中国财政经济出版社，2014.12

（中国财政政策报告：2014～2015）

ISBN 978－7－5095－5913－0

Ⅰ．①1…　Ⅱ．①高…　Ⅲ．①财税－经济体制改革－研究－中国－1994　Ⅳ．①F812

中国版本图书馆CIP数据核字（2014）第298484号

责任编辑：胡　博　　　　封面设计：孙俪铭

中国财政经济出版社 出版

URL：http：//www.cfeph.cn

E－mail：cfeph@cfeph.cn

社址：北京市海淀区阜成路甲28号　邮政编码：100142

营销中心电话：88190406　北京财经书店电话：64033436　84041336

北京财经印刷厂印刷　各地新华书店经销

889×1194毫米　16开　15.5印张　379 000字

2014年12月第1版　2014年12月北京第1次印刷

定价：42.00元

ISBN 978－7－5095－5913－0/F·4768

（图书出现印装问题，本社负责调换）

本社质量投诉电话：010－88190744

反盗版举报热线：88190492、88190446

前言

依照惯例，我们今年推出了第十二本中国财政政策报告。

（一）

在中国财税体制改革的历史上，2014 年注定是具有不同寻常意义的一年。

2014 年是 1994 年财税体制改革 20 周年。发生于 20 年前的那一轮财税体制改革，无论从哪个方面讲，迄今为止，它都是新中国历史上规模最大、影响最为深远的财税体制改革。正是凭借着那一轮财税体制改革，我们才可能开启以制度创新为特征的社会主义市场经济体制改革的新征程，并收获此后将近 20 年的经济和财政收入比翼齐飞式的高速增长。

2014 年也是新一轮财税体制改革开局之年。作为中共十八届三中全会之后系统部署的第一个领域、也是迄今唯一一个领域的改革总体方案，以新预算法在全国人大常委会获得通过和营改增在全国范围内持续推进为标志，新一轮财税体制改革事实上已经正式启动。随着改革的各个项目按照既定的时间表逐步推开，它对于推进经济持续健康发展和完善国家治理体系的基础性和支撑性作用，势必会日益显著地凸显出来。

将 1994 年财税体制改革和新一轮财税体制改革对接起来并以长周期的眼光加以审视，我们就会清晰地看到，正如经济社会发展具有明显的阶段性特征一样，财税体制改革也是有阶段性的。如果说 1994 年财税体制改革为我们打下了适应社会主义市场经济的财税体制框架基础，那么，新一轮财税体制改革则是在此基础上的进一步升华和飞跃：以建立现代财政制度的行动来匹配国家治理现代化的进程。即是说，新一轮财税体制改革并非另起炉灶，而是站在巨人的肩膀上——以 1994 年财税体制改革成果为起点——继续前行的。

这是一个非常重要的判断。它意味着，作为肩负承上启下使命的新一轮财税体制改革，应当也必须建立在全面而系统的评估 1994 年财税体制改革的基础之上。

（二）

其实，至少从 1997 年开始，对于 1994 年财税体制改革的评估便被提上议事日程。那一年 4 月 16 日由朱镕基同志主持的“税法专题讲座”，其主题，实质上便是 1994 年税制改革的系统评估。

从 1994 年至 2014 年，是一个不短的历史区间。回过头来仔细地梳理一下 20 年间的演变历程，可以发现，如果说 1994 年财税体制改革为我们所搭起的是社会主义市场经济条件下的财税体制基本框架，那么，在此之后，旨在完善这一基本框架的改革一直在持续，相关改革举措的出台从来就没有停止过。从这个意义上讲，1994 年的财税体制改革，与其说是一项改革成果，更可以说是一个改革过程。将 1994 年所进行的财税体制改革同此后在财税领域所发生的一系列改革对接起来，我们所看到的，是一幅关于 1994 年财税体制改革的系列图景。

它提醒我们，所谓 1994 年的财税体制改革，并不限于 1994 年那一年所推出的改革事项，而且包括此后基于实现 1994 年立下的财税体制改革目标的需要而陆续推出的改革举措。事实上，1994 年财税体制改革的巨大红利，正是在 1994 年推出的改革事项和此后陆续推出的改革举措彼此呼应、形成系列性改革效应的宏观背景下所收获的。因而，对于 1994 年财税体制改革的评估，其视野所及，应当也必须是从 1994 年财税体制改革启动至 2012 年十八届三中全会召开的所有发生在财税体制领域的改革举措。也只有凭借如此的全面而系统的评估，才可能为新一轮财税体制改革具体内容和行动路线的谋划打下坚实的基础。

（三）

新一轮财税体制改革呈现出不同于 1994 年财税体制改革的诸多方面特点。

比如，1994 年的财税体制改革，是作为经济体制改革的组成部分、在经济体制改革的棋局上加以部署的。新一轮财税体制改革则要作为国家治理体系的一个重要组成部分，以国家治理现代化为目标定位，在经济体制、政治体制、文化体制、社会体制、生态文明建设体制和党的建设制度等各个领域实现改革和改进的联动，形成改革的总体效果。

又如，1994 年的财税体制改革，是将财政视为一个经济范畴、在将财税体制视作一种经济制度安排的基础上加以谋划的。新一轮财税体制改革则站在国家治理的总体角度，在推进国家治理体系和治理能力现代化的棋局上，将财税体制作为国家治理的基础性和支撑性要素加以打造，并且，将财税体制作为全面覆盖国家治理领域的综合性制度安排加以构建。

再如，1994 年的财税体制改革，着眼于财税体制的属性特征，从建立与社会主义市场经济体制相适应的财税体制的立场出发来界定改革的基本取向。新一轮财税体制改革则站在人类历史发展的长河中，从现代财政文明出发布局财税体制改革，在关注属性特征的基础上进一步强化其时代特征，以“建立现代财政制度”作为改革的基本取向。

这启示我们，新一轮财税体制改革要在一个与过去 20 年大不相同的全新经济社会背景下构建起与之相适应的财税体制新格局。所以，立足于推进国家治理体系和治理能力现代化的全面深化改革总目标，按照中共十八届三中全会精神和《深化财税体制改革总体方案》的部署，前瞻未来的财税体制改革具体内容和行动路线，从而勾画与国家治理现代化相匹配的财税体制格局，也是当下所应着手的一项十分必要的工作。

（四）

考虑到上述这一切，我们将今年的中国财政政策报告论题确定为：1994 年的财税改革：20 年进程评估和未来 10 年展望。

同以往一样，我们期待着各位读者朋友的批评指正！

高培勇

2014 年 11 月 28 日

本报告写作组名单

主　　编　高培勇

执　　笔　1.范建鏋

2.张　斌

3.姜明耀　马　珺　滕祥志

4.于树一　蒋　震　刘柏惠　戎　梅

5.马　珺　付敏杰　赵早早

6.张德勇

7.汤林闽　汪德华

8.汤林闽　汪德华

9.杨志勇

中国财税改革大事记（1993.1—2014.10）　冯　静

英文译校　张德勇

目　录

专栏

图

表

CONTENTS

Figures

Tables

1

1994：中国财税体制改革的里程碑

- 1994 年的财税改革，与其说是一项改革成果，更可以说是一个改革过程。以今天的视角来评估 1994 年的财税改革，其实质是对 20 年来财税改革进程的总体效应评估
- 1994 年的财税改革是一个“分水岭”。在此之前的改革，实质上是利益格局调整。在此之后，则走上了制度创新之路
- 全面深化改革旗帜下的制度创新，是在经济、政治、社会、文化等各方面改革联动背景下的制度创新
- 当下的新一轮财税体制改革系 1994 年财税改革的延续，是在 1994 年财税体制改革基础上的进一步升华

1994: the Milestone of China's Fiscal and Tax System Reform

- The fiscal and tax system reform of 1994 is an achievement of reform, what is more, it reflects a reform process. The evaluation of the reform from today's perspective is virtually an evaluation of overall effect of the reform process since 1994
- The fiscal and tax system reform of 1994 is a watershed event. Before 1994, the reform focused on the adjustment of interest allocation pattern; after 1994, it strongly emphasized system innovation
- The system innovation under deepening reform comprehensively should be set in the context of interactive reform between economy, politics, society, culture and other areas.
- The new fiscal and tax system reform at present is not only a continuation but also a further sublimation of the fiscal and tax system reform of 1994

1　1994：中国财税体制改革的里程碑

1.1　引　　言

1992年1月18日—2月21日，邓小平视察武昌、深圳、珠海、上海等地，并发表了重要谈话。

在我国社会主义现代化建设的关键时期，邓小平的南方谈话，高度评价中国的改革开放是一次解放生产力的伟大革命，从而使坚持改革开放不动摇，成为全党坚定的统一的价值观。以市场经济为取向的经济体制改革思路，也使人们从市场经济等于资本主义的陈旧观念中解放出来，形成了一套完整的改革理念、政策、措施和做法。它进一步推动了改革开放的进程，打碎了束缚人们头脑的桎梏，结束了姓"社"和姓"资"的争论，在全国掀起了改革开放的新高潮（陈锡添，2012）。

以邓小平1992年年初重要谈话和党的十四大为标志，我国改革开放和现代化建设事业步入了一个新的发展阶段。十四大明确提出，建立社会主义市场经济体制，对于我国现代化建设事业具有重大而深远的意义。

1993年11月14日，十四届三中全会正式通过《中共中央关于建立社会主义市场经济体制若干问题的决定》，其中明确提出，积极推进财税体制改革。"近期改革的重点，一是把现行地方财政包干制改为在合理划分中央与地方事权基础上的分税制，建立中央税收和地方税收体系。""二是按照统一税法、公平税负、简化税制和合理分权的原则，改革和完善税收制度。""三是改进和规范复式预算制度。建立政府公共预算和国有资产经营预算，并可以根据需要建立社会保障预算和其他预算。要严格控制财政赤字。中央财政赤字不再向银行透支，而靠发行长短期国债解决。”

时隔仅一个月，1993年12月15日，《国务院关于实行分税制财政管理体制的决定》（国发［1993］85号）正式发布，决定从1994年1月1日起改革地方财政包干体制，对各省、自治区、直辖市以及计划单列市实行分税制财政管理体制。

自1994年迄今，分税制财政管理体制已经走过了20个春秋。在20多年的时间里，中国完成了经济总量从1990年的世界第十位到2010年世界第二的跨越。20多年后，在全球化浪潮席卷而来的今天，在国家治理体系和治理能力现代化的大背景下，中国的经济体制改革再次走到了一个新的历史关口。而其中，作为承载政府与市场、政府与社会、中央与地方等方面的基本关系的财税体制改革，其对于经济社会发展的特殊意义，自然格外值得关注。

1.2 1994年财税改革：既是改革成果，也是改革过程

始于1978年的改革开放，开辟了中国历史的新纪元。在财税、金融、投资、外贸、外汇等宏观经济领域的各项改革中，财税体制改革居于中心地位。

1994年前后进行的财税体制改革是制度性和历史性的重大改革，它理顺了国家与企业、中央与地方的分配关系，建立了适应中国特色社会主义市场经济发展的财税制度体系框架，形成了持续规范的财政增收机制，推动了全国统一市场的形成，促进了经济结构调整、地区协调发展和现代企业制度的建立，因此是制度性的奠基。同时，如果以新一轮财税改革为参照系的话，它又是30多年来财税改革的高峰，是建立制度体系的分水岭，此次改革之前是“探索”，之后则是“补充、完善”，因此是历史性的变革。它暂时放弃了一些局部和细节的问题，集中解决了基础性和主干性的问题，因此又是框架性的改革（刘克崮，2009）。

1.2.1 1994财税改革搭起重构财税运行机制基本框架

1994年正式启动的分税制改革，狭义上是指中央和地方财政分税制度，广义上则可以理解为理顺中央和地方分配关系的改革，包括分税制和转移支付制度，是解决各级政府间的财政分配关系的制度。1994年的分税制改革主要解决了中央和省级政府之间的财政分配关系问题[①]。

分税制改革的大致背景

在20世纪80年代末90年代初的那几年里，由于之前实施财政“大包干”的弊端不断显现，也由于财政收入占GDP比重和中央财政收入占整个财政收入比重迅速下降，中央财政陷入了严重危机，发生过三次向地方财政“借钱”的无奈之举。其时担任财政部部长的王丙乾曾说，我现在穷得只剩下“背心”和“裤衩”了。1992年，在他之后接任的刘仲藜则说，我连“背心”都没有，只剩下“裤衩”了（刘克崮，2009）。中央政府面临前所未有的“弱中央”状态。中央财力的薄弱，使那

① 对省以下的几级财政分配体制的问题，当时财政部没有时间精力深入研究，只给出了原则性、指导性意向，具体则由各省自己决定。参见刘克崮（2009）的有关论述。

些需要国家财政投入的国防、基础研究和各方面必需的建设资金严重匮乏。

正是这场财政危机，让党中央、国务院痛下决心推进改革。一场具有深远影响的分税制改革由此在中国拉开了序幕。

分税制改革的主要内容

1994 年正式启动的分税制改革，其主要内容可以用六个词来概括：分权、分税、分机构、返还、挂钩、转移支付。前三个是改革的主体内容，后三个是辅助措施。

“分权”定支出，是划分、明确中央和地方政府的事权，相应确定财政支出范围。“分税”定收入，是按税种划分各自的财政收入范围，将全部税收划分为中央税、地方税以及中央与地方共享税。“分机构”建体系，则是把原来一套税务机构分设为国税、地税两套税务机构，分别负责征收中央收入和地方收入，建立了相对独立的地方财税工作体系。

税后“返还”，是为了实现改革方案中的“保存量，调增量”的原则，确保地方既得财力。将实行分税办法后 1993 年中央从地方净上划的消费税全部和增值税的 75%，全额返还给地方，并以此作为以后中央对地方税收返还的基数。

系数“挂钩”，为的是使中央给地方的税收返还数与中央实得“两税”的增长同向不同步，既使地方税收“返还”增长，又逐步提高中央收入占财政收入的比重。1994 年后税收返还数额在 1993 年基数上逐年递增，递增率按全国增值税和消费税平均每增长 1%，中央财政对方的税收返还增长 0.3% 的系数确定。

重构社会主义市场经济条件下财税运行机制基本框架

1994 年之前中国的财政困难，是同国民经济的高速增长相伴而生的。合乎逻辑的结论是，问题出在财税运行机制身上，而并非国民经济运行状况的反映。因此，从重构社会主义市场经济条件下的财税运行机制入手，为国家财政状况的根本好转打下基础，正是 1994 年财税改革的重心所在。

20 年后的今天，我们重新审视 1994 年财税改革及其后一系列补充、完善的相关举措，可以发现，这个目标已经初步实现了。

（1）内资企业所得税的统一和统一的、以增值税为主体的流转税制的建立，既可为各类企业创造一个公平竞争、同等纳税的外部环境，又为财政收入机制的规范化奠定了基础条件。

按经济成分分立税种、同一课税对象多税种并立，历来是我国传统税制的一大特色。只有打破这一与社会主义市场经济体制的要求不相容的格局，使包括国有企业、集体企业、私营企业和外商投资企业在内的多种经济成分的企业，在同一税收政策条件下，按照市场机制的规律运行，才能跟上时代的步伐，消除因税收政策的不统一而导致的财税运行机制与整体经济体制之间的矛盾，这是人们随着改革开放进程的推进所达成的一个基本共识。1994 年的财税改革，一方面，统一了内资企业所得税，初步解决了原企业所得税制所造成的不同内资经济成分之间的税负不公平问题。另一方面，建立了以增值税为主体的流转税制，并且，统一适用于内外资企业，改变了原对内资和外资企业分别实行两套流转税制的做法。尽管出于种种考虑，统一内外资企业所得税的工作没有同时到位，但毕竟向着税制统一、税政统一、税负统一的方向，迈进了一大步。

（2）与社会主义市场经济体制相适应的基本税收规范的确立，并推出较为规范化的几种新税制，有助于增强税收的聚财功能，确保财政收入的稳定增长。

1994 年财税改革之前，中国财政的困难，在很大程度上系由于财政收入的大量流失所引发，其中税收因偷漏税、随意减免税等原因而流失的数额，全国每年几乎都达近千亿元。所以，从增强税收的聚财功能入手，来稳固国家的财力基础，已经成为走出财政困境的刻不容缓之举。而要做到这一点，加强税收法制建设，进而形成一套完整、明确、权威且操作性强的税收法规体系，又是前提条件所在。1994 年的财税改革，在建立与社会主义市场经济体制相适应的基本税收规范方面所做出的种种努力（比如，严格控制减免税、不准“包税”或任意改变税率、推行纳税申报制度和税务代理制等等），其目的正在于“堵漏增收”，把由于税制不合理、税政不统一、税权划分不清和缺乏严密的控制机制而流失的税源，转变为国家有效控制的财源。如果把同时推出的较为规范化的流转税制、企业所得税制、个人所得税制、资源税制和土地增值税制的因素亦考虑在内，财税改革对于减少税收流失，缓解国家财政特别是中央财政所面临的困难，有着不可低估的积极作用。1994 年迄今 20 年的财政收入发展态势，已经以有力的历史事实表明了这一点。

（3）改地方财政包干制为分税制，在规范中央与地方政府间的财政分配关系的同时，全面克服或弱化了包干体制所带来的、表现在财税运行机制上的许多紊乱现象。

实行多年的财政包干体制与市场经济发展之间的矛盾，早已被人们概括为弱化中央政府宏观调控能力、强化地方保护主义倾向、不利于政企分开且妨碍企业机制转换等几个方面。1994 年财税改革所推出的分税制方案，尽管并不是一个完全意义上的分税制方案，但分税制改革终究是对包干制的彻底否定。以明确划分中央和地方的利益边界、规范政府间的财政分配关系为主旨的分税制，在克服或弱化包干体制的种种弊端上取得了实质性进展。例如，按税种划分中央和地方的收入范围，并分设中央、地方两套税务机构分别征税，有助于控制税收减免，减少财政收入流失，形成保证中央财政收入正常增长的良性机制，进而逐步提高中央财政的宏观调控能力；原有的按行政隶属关系划分收入的格局初步打破（在企业所得税上尚保留着某些按隶属关系划分收入的痕迹）后，地方面对企业，无论是否隶属于自己，都可从中取得应有收入，从而搞重复建设、搞旨在维护属于地方企业利益的地区性经济封锁，相应失去了实际意义；改按企业隶属关系划分收入为按税种划分收入的办法，企业收入与地方财政收入拴得过死的局面得到极大弱化，从而有利于减少地方政府对企业经营的干预，把企业推向市场。

（4）在“两则”的基础上规范国家与国有企业的利润分配关系，既符合国际通行做法，又为政企彻底分开和国有企业经营机制的转换提供了分配上的条件。

国家与国有企业之间的利润分配关系错位交叉、关系混乱，可以说是制约国有企业走上市场经济之路的“老大难”问题。1994 年的财税改革，在《企业财务通则》和《企业会计准则》基础上所推出的新型国有企业利润分配制度，按照国际通行做法，对国有企业实行了税利分流，即国家分别作为社会管理者和资产所有者向国有企业征收所得税和收取投资收益，并且，合理规范税基（如取消税前还贷、加速折旧、固定资产投资借款利息进成本等），免除原对国有企业征收的利润调节税和能源交通重点建设基金、预算调节基金，在一定程度上改变了国有企业利润分配不规范的状况，消除了各种“包税”制所造成的扼杀税收调节作用的弊端。而且，可能为企业创造公平竞争的外部环境，实现政企分开和转换国有企业经营机制，打开一条可行的通道。

（5）禁止财政向中央银行透支或借款，财政赤字只以发行国债的办法加以弥补，有利于彻底斩断财政赤字与通货膨胀的必然联系，规范财政同银行之间的关系。

从历史上看，除了极少的例外，我国财政上发生的赤字，几乎都是凭借同时向中央银行透支或借款以及举借国债两种办法来弥补的，而且，实践中又往往以前一种办法为主。所以，财政赤字与通货膨胀之间的必然联系始终未能斩断。这次的财税改革，明确提出彻底取消财政向中央银行的透支或借款，财政上发生的赤字全部以举借国债的方式弥补，表明政府下定了斩断财政赤字与通货膨胀之间关系的决心。在中国的经济体制改革已经进入决战阶段的历史条件下，这一举措的推出，不仅是规范财政同银行之间关系的明智之举，而且，从规范社会主义市场经济体制下的财税运行机制的角度来讲，更具有特别重要的意义。

1.2.2　新一轮财税改革的重任及其未来

20年时光流逝。回过头来仔细地审视一下20年间财税体制的演变历程，可以发现，如果说1994年那一轮的财税改革为我们所搭起的是社会主义市场经济条件下的财税体制基本框架，那么，在此之后，旨在完善这一基本框架的改革一直在持续，相关改革举措的出台从来就没有停止过。从这个意义上讲，1994年的财税改革，是一项改革成果，更是一个改革过程。将1994年所进行的财税改革同此后在财税领域所发生的一系列改革对接起来，我们所看到的，是一幅关于1994年财税改革的系列图景。因而，如果以今天的视角来评估1994年的财税改革，其实质也就是对20年来财税改革进程的总体效应评估。

倘若我们在国家治理体系和治理能力现代化以及深化财税体制改革这两大背景下，对照现行财税体制，甚至可以发现，当前，重新审视现行分税制财政体制的诸种弊端并加以改进，从而谋划新一轮财税体制改革的前进方向，至少以下两方面是无论如何绕不开躲不过的。

重新回归分税制本义

在分税制已经走过20个春秋，其体制效应也有必要重新审慎评估的当下，可以说，最需解决、亟待澄清的一个根本问题是，新一轮财税体制改革的方向，究竟是应该继续坚持“分税制”还是重新回到“分钱制”？

这一问题表面上看似尖锐，但确是当下我国财税体制改革方向抉择的要害所在。

从1994年迄今，我国的财税体制一直以“分税制财政体制”冠名。毋庸赘述，将“分税制”作为财税体制的前缀，表明我国的财税体制是以分税制作为改革方向或建设目标的。也毋庸赘言，“分税制”所对应的是“分钱制”，是将“分钱制”作为其对应面来设计的。与我们曾经经历过的以统收统支、财政大包干为代表的“分钱制财政体制”安排有所不同，本来意义上的“分税制财政体制”至少具有“分事、分税、分管”三层含义：

所谓“分事”，就是在明确政府职能边界的前提下，划分各级政府间职责（事权）范围，在此基础上划分各级财政支出责任。

所谓“分税”，就是在划分事权和支出范围的基础上，按照财权与事权相统一的原则，在中央与地方之间划分税种，即将税种划分为中央税、地方税和中央地方共享税，以划定中央和地方的收入来源。

所谓“分管”，就是在分事和分税的基础上实行分级财政管理。一级政府，一级预算主体，各级预算相对独立，自求平衡。

对照一下“分税制财政体制”的上述含义，不难发现，经过近20年的演变过程，现行的财税体制虽然仍旧称为“分税制财政体制”，但它同原初意义上的“分税制财政体制”的距离不是拉近了，而是更远了。在很多方面，甚至从1994年已经达到的水平大大倒退了。且不说在主观上对于“分事”“分税”“分管”的追求未能持续坚守而多有知难而退之嫌，单就其客观意义上的实践操作而言，以改革之名所推出的具有“分钱制”色彩的调整举措可谓屡见不鲜。

比如，“分税制财政体制”的灵魂或作为“分税制财政体制”的设计原则，就在于“财权与事权相匹配”。然而，在财权迟迟未能清晰界定的背景下，2007年，我们对其作了一个绝对属于颠覆性的调整，将“财权”的“权”字改为“力”字，从而修正为所谓“财力与事权相匹配”。由于财力和事权分别处于“钱”和“权”两个不同的层面，现实中的操作便如同分居在不同楼层的两个人的联系方式，除非一个人跑到另一人的楼层，否则只能隔空喊话或借助通讯手段，因而至少从目前的情形看，财力与事权之间的匹配方式很难说是规范性的。后来，在预算法的修订中，鉴于“事权”也迟迟不能清晰界定的境况，我们又使用了一个新的表述——“支出责任”——以替代“事权”，从而，名义上的“财力与事权相匹配”演化成了事实上的“财力与支出责任相匹配”。问题在于，“财力”指的是“钱”，“支出责任”无疑指的也是“钱”，由两“权”层面上的匹配为两“钱”层面上的匹配，虽可说是迫于现实条件的一种不得已的选择，但终归是从“分税制财政体制”基点的倒退之举。

还如，将现行税制体系中的18个税种划分为中央税、地方税和中央地方共享税本是“分税制财政体制”的一个重要基石，但是，1994年财税改革之时，将主要注意力放在了中央税和中央地方共享税的建设，此后的调整非但没有适时实现主要注意力向地方税建设的转移，反而仍在加强中央税和中央地方共享税建设的线索上反复操作。一方面，2002年，以所得税分享改革为契机进一步添增了中央地方共享税收入占全部税收收入的比重。另一方面，始自2012年上海试点、正在向全国扩围且要在“十二五”落幕之时全面完成的营业税改征增值税改革，又将本属于地方税、甚至属于地方唯一主体税种的营业税，纳入中央地方共享税——增值税——框架之内。尽管如此的操作有其必要性，系事关我国财税体制改革的重要步骤，而且亦同时伴以相应的财力补偿性措施，但无论如何，一个直接的、不可回避的结果是，地方税体系被进一步弱化了，唯一的地方税主体税种被撼动了，地方税收入占全部税收收入的比重进一步下降了。

再如，分税制财税体制的另一个重要基石，是在“分事”、“分税”的基础上实行分级财政管理。作为一级政府财政的基本内涵，就在于它须有相对独立的收支管理权和相对独立的收支平衡权。但是，近年来，特别是在“财权与事权相匹配”被修正为“财力与事权相匹配”之后，随着中央各项转移支付规模及其在全国财政收支规模中所占比重的急剧增长和扩大，不仅地方财政可以独立组织管理的收入规模及其在地方财政收入中的占比急剧减少和缩小，而且，地方财政支出的越来越大的份额依赖于中央财政的转移支付。在某种意义上，为数不少的地方财政已经沦落为“打酱油财政”——花多少钱，给多少钱。更值得注意的是，在营业税改征增值税的大潮中，表面上可归于配套性措施的“营改增”收入返还安排——将改征为增值税、转由国家税务局征收的那一块营业税收入如数返还给地方政府，本质上属于一种变相的中央财政转移支付。倘若此种安排长期化，甚至于体制化，那么，多级财政国情背景下的各级地方财政，将由于基本失掉相对独立的收支管理权和相对独立的收支平衡权而在事实上彻底沦落为“打酱油财政”。毫无疑问，事实上的“打酱油财政”，即便仍旧以“分税制财政体制”冠名，即便仍旧维持“分级财政管理”标识，它的本质，也已经和历史上带有“分钱制”色彩或倾向的财税体制安排是类似的，甚至是无异的。

从上述诸点可以清楚地看到，由“营改增”所倒逼的新一轮财税体制改革，或者，作为新一轮全面改革重点内容的新一轮财税体制改革，不能“跟着感觉走”。而应当在作好顶层设计和总体规划的前提下，瞄准改革方向，心有所属地加以推进。在当下，最需解决、亟待澄清的一个根本问题是，不论眼前的矛盾有多么复杂，不论前行的道路有多么曲折，我们只能也必须坚守并采取实质措施不断逼近已经被历史反复证明了的、与社会主义市场经济体制相适应的唯一正确的改革方向——“分税制财政体制”（高培勇，2013a）。

国家治理体系和治理能力现代化背景下的新一轮财税改革定位

为贯彻落实党的十八大关于全面深化改革的战略部署，2013 年 11 月 12 日，中共十八届三中全会召开，通过了《关于全面深化改革若干重大问题的决定》。《决定》明确提出，深化财税体制改革，并强调“财政是国家治理的基础和重要支柱”，“科学的财税体制是优化资源配置、维护市场统一、促进社会公平、实现国家长治久安的制度保障。必须完善立法、明确事权、改革税制、稳定税负、透明预算、提高效率，建立现代财政制度，发挥中央和地方两个积极性。”

2014 年 6 月 30 日，中共中央政治局召开会议审议通过了《深化财税体制改革总体方案》。会议指出，财税体制在治国安邦中始终发挥着基础性、制度性、保障性作用。新一轮财税体制改革是一场关系国家治理体系和治理能力现代化的深刻变革，是立足全局、着眼长远的制度创新。

深化财税体制改革的目标是建立统一完整、法治规范、公开透明、运行高效，有利于优化资源配置、维护市场统一、促进社会公平、实现国家长治久安的可持续的现代财政制度。重点推进 3 个方面的改革：改进预算管理制度，强化预算约束、规范政府行为、实现有效监督，加快建立全面规范、公开透明的现代预算制度；深化税收制度改革，优化税制结构、完善税收功能、稳定宏观税负、推进依法治税，建立有利于科学发展、社会公平、市场统一的税收制度体系，充分发挥税收筹集财政收入、调节分配、促进结构优化的职能作用；调整中央和地方政府间财政关系，在保持中央和地方收入格局大体稳定的前提下，进一步理顺中央和地方收入划分，合理划分政府间事权和支出责任，促进权力和责任、办事和花钱相统一，建立事权和支出责任相适应的制度。新一轮财税体制改革 2016 年基本完成重点工作和任务，2020 年基本建立现代财政制度。

如果我们将目光聚焦于上述对财政范畴以及财税体制改革的基本论断，可以看到，建立现代财政制度与深化改革，完善分税制财政体制其实并没有本质上的差异或不同。“发挥中央和地方两个积极性”，“调整中央和地方政府间财政关系，在保持中央和地方收入格局大体稳定的前提下，进一步理顺中央和地方收入划分”，诸如此类的提法，其实正是 20 年前推行分税制财政体制的初衷。甚至可以说，将 1994 年所进行的财税改革同此后在财税领域所发生的一系列改革对接起来，我们所看到的，就是一幅关于 1994 年财税改革的系列图景。这一图景一直绵延到 20 年后的今天，应当前中国已经变化了的宏观经济环境，与现代财政制度作了很好的“无缝对接”，毫无疑问，它将延伸到未来的岁月和社会经济生活之中。

1.3 对1994年财税改革存在问题的认识

应当看到，1994年的财税改革，已为我们搭建起了重构财税运行机制的基本框架。但是，改革的不彻底性亦显而易见。毋庸置疑，这个框架还很粗犷，理论和操作上的难题亦有不少，许多改革内容也没有一次到位，而是采取了带有过渡性或变通性色彩的办法。

1.3.1 并不尽如人意的1994财税改革

1994年财税改革的不彻底性，即便是这一制度已经在现实经济中运行了20年，我们依然可以很明显地感受到。

既得利益阻力迫使改革成效打了折扣

财税改革牵涉方方面面利益格局的调整，必然要遇到各种阻力。为了顺利地推行改革，就需要以尽可能照顾各方面的既得利益为代价，来化解阻力，换取支持。1994年的财税改革亦是如此。

在税制改革方面，采取了诸种旨在减轻企业税负的措施。例如，在简并企业所得税、降低名义税率的同时，取消了国有企业利润调节税，免除了能源交通重点建设基金和预算调节基金；对盈利水平低的企业，在所得税率上设置了过渡性税率加以照顾，两年内可按27%和18%两档临时税率缴纳所得税。

在分税制改革方面，基数的核定、税种的划分和收入分配比例等，几乎均以保证地方既得利益为前提。例如，计算中央与地方之间收入的上划、下划方案都以1993年度财政决算为基础，既可保地方1993年的既得财力，与此同时，由于分税制方案明确之际，1993年度尚未终结，也可使地方尽其所能增加收入，加大既得财力基数；不仅在存量分配上未做调整，在增量分配上也保证中央对地方的税收返还数额可逐年递增；原体制所规定的中央对地方的补助继续给予，中央对地方的专项拨款继续保留；经省以上批准的税收减免政策可执行到1995年度。

在国有企业利润分配制度方面，实行税利分流、改税前还贷为税后还贷以及“两则”的同时，亦采取了一些变通性办法照顾国有企业的现状。例如，实行新老贷款区别对待政策，老贷款老办法，新贷款新办法；职工福利基金赤字允许依次按奖励基金、大修理基金、后备基金、生产发展基金、新产品试制基金以及从税后留利中提取的承包风险基金结余抵补；更新改造基金赤字以及后备基金、生产发展基金、新产品试制基金和从税后留利提取的承包风险基金赤字，可在转账前冲减固定基金和流动基金；已列入待处理的固定资产盘亏、毁损、报废、盘盈，在执行新制度前可按老办法处理完毕，并调整有关资金。

可以看出，1994年财税改革对各方面既得利益的照顾，已到了相当充分的地步。问题在于，照顾既得利益实质就是让政府（特别是中央政府）继续在改革中充当“让利者”的角色。只要财税改革未能完全跳出以往“花钱买改革”的模式，其效果就必然要打折扣。而且，如在实践中把握不好照顾既得利益的“量限”，甚或出于局部利益的考虑而人为地加以扩大，便会在某种程度上使改革流于形式。

改革内容未能一次到位，难以避免旧体制弊端的复归

财税改革所牵涉的各方面内容是一个有机

的整体，缺少任何一个方面或任何一个方面不按规范化的要求去操作，都会降低改革的整体效果。只要改革的效果不明显，新体制运行中所出现的困难，便可能诱使人们习惯性地操用旧办法来处理新问题。

以分税制的改革为例。完整的、规范化的分税制模式，至少要包括五个方面的内容：科学地界定中央财政和地方财政的职能分工范围；按税种划分中央财政和地方财政的收入范围；以规范化的方法核定地方财政支出需要量和应取得的财政收入量；中央财政集中大部分财力，实施对地方的转移支付；中央预算和地方预算分立，税收征管机构分设。如前所述，出于顺利推行改革的考虑，1994 年的分税制改革不得不采用了诸种变通性办法，甚至沿用了一些旧办法。新体制的运行既难免带有非规范因素，分税制的改革效果也就难以充分表现出来。特别是在我国的行政体制改革尚在进行，中央政府和地方政府之间的事权范围还未得到科学界定的条件下，适用于核定地方财政收支数量的因素法和标准法尚待研究，分税制方案自然不能建立在合理划分中央财政和地方财政事权范围的基础上。所以分税制形式下出现权责不清，分配关系不稳定等某些旧体制弊端的复归，几乎是一件必然的事情。

财政需求问题掣肘财税运行新机制的重构

1994 年的财税改革，是在国家财政持续困难，并且陷入异常窘迫境地的背景下推出的。这就使得它在许多问题的处理上，不能不把财政的需求放在重要位置来考虑，以不减少财政收入或使财政收入略有增长为前提。例如，在税制改革上，政府反复强调的一个原则就是所谓“税负不变”。整个新税制的设计都是围绕着保持原有的税负水平这一原则要求来进行的。之所以要保持原有的税负水平，而不是根据重构财税运行机制的要求相应调整原有的税负水平，其根本原因就在于，政府要确保财政收入的盘子不致因财税改革而受到冲击，从而加重已有的财政困难。更何况，增加财政收入，特别是增加中央一级财政的收入，本来就是政府推出这次财税改革的动因之一。也正因为如此，1994 年财税改革的回旋余地较小。受回旋余地狭小的牵制，着眼于重构财税运行机制的改革方案在一定程度上打了折扣，从而降低了这次财税改革的效果。

1.3.2 由适应市场经济到匹配国家治理体系[①]

作为新中国历史上规模最大、影响最为深远的一轮财税体制改革，1994 年财税体制改革为我们搭建起了现行分税制财政体制的基本框架，迄今已经运行了 20 年。随着时间的推移和改革开放的深化，当前中国财税领域面临着诸多难以在现行财税体制框架内解决的难题。这些难题，既与 1994 年的财税改革目标未能全面实现、改革不够彻底有关，也同此后的改革未能与时俱进、国内外经济社会环境发生了一系列十分重大的变化有关。故而，必须通过启动规模更大、影响更为深远的财税体制改革加以破解。

对于财税体制改革，在以往，我们多是将其作为经济体制改革的一个组成部分而与经济体制改革的目标相对接的。以 1994 年的财税体制改革为例，《国务院关于实行分税制财政管理体制的决定》将分税制改革的意义归结于“分税制改革是发展社会主义市场经济的客观要求”[②]；《国务院批转国家税务总局工商税制改革实施方案的通知》将工商税制改革的目的归结于“为了适应建立社会主义市场经济体制的需要”、“建立适应社会

① 本部分的写作，主要参考了高培勇（2014）的有关内容。

② 《国务院关于实行分税制财政管理体制的决定》（国发［1993］85 号）。

主义市场经济体制要求的税制体系"①；《国务院办公厅转发国家税务总局关于组建在各地的直属税务机构和地方税务局实施意见的通知》将两套税务机构分设的意义归结于"加强国家宏观调控和促进社会主义市场经济体制的建立"②。正因为如此，对于1994年财税体制改革的基本目标，我们一直使用的是"建立与社会主义市场经济体制相适应的财税体制基本框架"的表述。

中共十八届三中全会则以前所未有的历史高度，给予了财政、财税体制和财税体制改革全新的解释。

财政：国家治理的基础和重要支柱

对于财政概念，《中共中央关于全面深化改革若干问题的决定》（以下简称《决定》）作出的界定是，"财政是国家治理的基础和重要支柱"。注意到在"基础"前面未加任何修饰语，意味着财政是国家治理的"唯一"基础。即便在"支柱"前面添加了"重要"二字，也意味着财政是国家治理的为数不多的支柱之一。这样的定位，在新中国的历史上，可能是第一次。

然而，由"政府的收支或政府的收支活动"到"国家治理的基础和重要支柱"，绝非文字游戏，而系在充分认识财政功能及其作用的基础上，从更高层次和更广范围对于财政功能及其作用的全新定位（高培勇，2013b）。从国家治理的总体角度定位财政，至少说明，财政绝不仅仅是一个经济范畴，而是一个事关国家治理和整个经济社会事务，牵动经济、政治、文化、社会、生态文明和党的建设等所有领域的基本要素。随着财政与国家治理相对接并以国家治理的基础和重要支柱而定位，财政便被赋予了在改革发展稳定、内政外交国防、治党治国治军等有关国家治理的各个方面履行职能、甚至在上述各个方面发挥支撑作用的神圣使命。

财税体制：在国家治理体系中寻求定位

财政功能与作用的全新定位如此，对于财税体制，自然也要与国家治理体系相对接，在国家治理体系中寻求定位。在《决定》中写道，"科学的财税体制是优化资源配置、维护市场统一、促进社会公平、实现国家长治久安的制度保障"。

由"优化资源配置、调节收入分配和促进经济稳定"到"优化资源配置、维护市场统一、促进社会公平、实现国家长治久安"，绝非仅仅是功能和作用概括上的数量添加，而系从国家治理体系的总体角度对财税体制功能与作用的提升和拓展。它至少说明，财税体制实质是国家治理体系的一个重要组成部分。如果把国家治理体系比作一座金字塔，那么，处于金字塔底端或基座位置的便是财税体制。值得注意的是，上述定位已经跃出经济生活领域的局限，而延伸至包括经济生活、政治生活、文化生活、社会生活、生态文明和党的建设在内的所有领域。而且，有别于其他方面的体制，财税体制所具有的功能和所发挥的作用是支撑性的，作为财税体制与国家治理体系相交融并在其中寻求定位的一个必然结果，财税体制被赋予了更大的作用潜力和更广的作为空间。

财税体制改革：对接全面深化改革的总目标

与以往的历次重大改革的部署有所不同，中共十八届三中全会所部署的全面深化改革，不是某一个领域的改革，也不是某几个领域的改革，而是全面的改革、涉及所有领域的改革。既然是全面的改革、涉及所有领域的改革，它的改革目标便不是覆盖某一领域的，也不是覆盖某几个领域的，而是要覆盖所有领域

① 《国务院批转国家税务总局工商税制改革实施方案的通知》（国发［1993］090号）。

② 《国务院办公厅转发国家税务总局关于组建在各地的直属税务机构和地方税务局实施意见的通知》（国办发［1993］87号）。

的。按照习近平总书记（2014）的说法，“这项工程极为宏大，必须是全面的系统的改革和改进，是各领域改革和改进的联动和集成”。于是，从总体角度布局改革、提出一个统领所有领域改革的总目标，肯定要成为当然之举而走入《决定》的视野。

那么，这个总目标是什么？

《决定》作出的概括是令人振奋的，“全面深化改革的总目标是发展和完善中国特色社会主义制度，推进国家治理体系和治理能力的现代化”。不难看出，在这一表述中，“发展和完善中国特色社会主义制度”是一个前提或基本条件，总目标实际上是落在“推进国家治理体系和治理能力现代化”身上的（陈金龙，2013）。不仅如此，随着国家治理体系和治理能力的现代化被定位于统领、所有领域的改革总目标，能否“在国家治理体系和治理能力现代化上形成总体效应、取得总体效果”（习近平，2014），便成为关系这场全面深化改革战役胜负的关键。

显然，这场战役的部署要从构筑国家治理体系的基础和支柱做起。

绝非出于巧合，在上面的讨论中，我们已经看到，不仅财政概念作为国家治理的基础和重要支柱而获得了全新的定位，而且财税体制的功能和作用在纳入国家治理体系之后也获得了极大的提升和拓展，这一切均为实践全面深化改革的总目标做好了准备。这意味着，与以往主要聚焦于经济体制改革而定位财税体制改革的思维有所不同，新一轮财税体制改革的基本目标与全面深化改革的总目标可以是一致的、重合的。

进一步看，能够与国家治理体系和治理能力现代化相匹配的财政和财税体制，也应当是基于全新的理念和思维建立起来的。也即是说，从财政作为国家治理的基础和重要支柱出发，从财税体制作为国家治理体系的重要组成部分要在更高层次、更广范围发挥更大作用出发，构筑具有顺应历史规律、切合时代潮流、代表发展方向的现代财政制度，应当也必须是新一轮财税体制改革的基本立足点。

正是基于上述的种种考虑，《决定》在将新一轮财税体制改革目标与全面深化改革总目标相对接的同时，破天荒的第一次以“建立现代财政制度”标识新一轮财税体制改革的方向。不仅如此，围绕建立现代财政制度，《决定》还提出了“完善立法、明确事权、改革税制、稳定税负、透明预算、提高效率”等24字的指导方针。

用心体会现代财政制度概念中的“现代”二字所蕴含的深刻含义，并注意到此“现代”财政制度与彼“现代”国家治理之间的内在联系，不难理出如下的逻辑线索：全面深化改革的总目标在于推进国家治理的现代化，实现国家治理现代化的基础和重要支柱是坚实而强大的国家财政，构筑坚实而强大的财政基础和财政支柱要依托于科学的财税体制，科学的财税体制又要建立在现代财政制度的基础之上。于是，“建立现代财政制度”→“科学的财税体制”→“国家治理的基础和重要支柱”→“国家治理体系和治理能力的现代化”，便成为可以勾画出的有关新一轮财税体制改革的十分明确而清晰的“路线图”。

说到这里，可以对新一轮财税体制改革的基本目标作如下表述：建立与国家治理体系和治理能力现代化相匹配的现代财政制度。

由“适应市场经济体制”到“匹配国家治理体系”，从“建立与社会主义市场经济体制相适应的财税体制基本框架”到“建立与国家治理体系和治理能力现代化相匹配的现代财政制度”，标志着中国的财税体制改革已迈上了一个新的更高的平台。

1.4 1994：开启中国财税体制改革新时期

即便是20年后再回首看，尽管1994年的财税改革有着种种先天的不足与缺陷，但它毕竟迈出了实质性的一步：在当时的经济社会条件下，初步搭建起了与发展社会主义市场经济体制相适应的分税制财政体制框架。

如今，在新的历史发展十字路口，在十八届三中全会提出全面深化改革的思路之下，承袭原有分税制改革的胜利成果，努力推进新一轮财税体制改革，以构建起一个全新的与国家治理体系现代化目标相匹配的现代财政制度，成为更为重要而且艰巨的任务。这是与当前我国经济发展的新形势和新要求相适应的。

1.4.1 财税体制改革转向：从利益调整到制度创新

历史的经验值得关注。自1978年以来的30多年间，财税体制改革在事实上一直是我国整体改革的突破口和主线索。

我国的改革是从分配领域入手的。最初确定的主调，便是“放权让利”。而在当时，政府能够而且真正放出的“权”，主要是财税上的管理权。政府能够而且真正让出的“利”，主要是财税在国民收入分配格局中的所占份额。正是通过财税上的“放权让利”并以此铺路搭桥，才换取了各项改革举措的顺利出台和整体改革的平稳推进。

1992年10月中共十四大正式确立社会主义市场经济体制的改革目标，标志着我国的改革进入“制度创新”阶段。随着1993年11月召开的中共十四届三中全会通过《中共中央关于建立社会主义市场经济体制若干问题的决定》，以建立适应社会主义市场经济的财税体制为突破口和主线索，为整个社会主义市场经济体制奠基，也就成为那一时期的必然选择。于是，便有了以“制度创新”为特点的1994年的财税体制改革。可以说，正是由于打下了1994年的财税体制改革的制度创新基础，才有了后来的社会主义市场经济体制的全面建立和日趋完善。

纵观改革开放30余年来财税体制改革的大致历程，不难发现，1994年的财税改革确确实实是一个“分水岭”。在此之前的改革，表面上是放权让利，实质上是利益格局调整。在此之后，表面上是建立与市场经济体制相适应的财税体制框架，实质上是制度创新。我们可以看到，延续至今，在全面深化改革旗帜下进行的新一轮财税体制改革，其实仍旧走的是制度创新的道路。有所不同的，全面深化改革旗帜下的制度创新是在经济、政治、社会、文化等各方面改革联动背景下的制度创新，以往的制度创新则是在经济体制改革背景下的制度创新。故而，也可以认为，当下的新一轮财税体制改革系1994年财税改革的延续，是在1994年财税体制改革基础上的进一步升华。

倘若循此线索瞻前顾后，或许可以说，十八届三中全会之后亟待启动的新一轮经济社会政治文化体制全面改革，很有必要也完全可能继续以新一轮财税体制改革为突破口和主线索。

1.4.2 延续与升华：重构现代财政制度框架下的财税运行机制

在1994年之前，中国的财政困难已持续多年，积累的问题较多，非是一朝一夕、经过一两次财税改革就能解决了的。从当前以及今后一个时期的发展趋势来看，导致财政增支减收的因素依然不少。不仅一些老大难问题难以根本缓解，新的增支减收因素还可能不断显露出来。凡此种种，都是我们不得不面对的客观现实。

破解财政困境并最终使财政走上良性循环之路，希望或许就在于重构一个现代财政制度框架下的财税运行机制，至少，它应是一个值得关注和深入思考的方向。

不同于以往历次财政体制变革的主要特征是“利益调整”，首先应当明确的是，1994 年的财税改革，尽管尚有许多不尽如人意之处，但毕竟为我们搭起了与社会主义市场经济体制相适应的财税运行机制的基本框架，这是具有“制度创新”特征的一次革命性变革。沿着这个既定的路子走下去，在这一制度创新的基本框架内抓紧做“制度完善”和“制度配套”两篇文章，应当是我们今后一个时期的工作重点。

而在一场关系国家治理现代化的深刻变革正徐徐拉开帷幕之时，如何在现代国家治理体系下推进新一轮财税体制改革，使之适应新的变化世界中的各种情境，已成为我们无法回避，必须共同直面、破解的重要课题。

1.5 小　　结

当我们仔细审视 20 年来财税体制的演变历程，可以发现，如果说 1994 年那一轮的财税改革为我们所搭起的是社会主义市场经济条件下的财税体制基本框架，那么，在此之后，旨在完善这一基本框架的改革一直在持续，相关改革举措的出台从来就没有停止过。从这个意义上讲，1994 年的财税改革，与其说是一项改革成果，更可以说是一个改革过程。将 1994 年所进行的财税改革同此后在财税领域所发生的一系列改革对接起来，我们所看到的，是一幅关于 1994 年财税改革的系列图景。因而，如果以今天的视角来评估 1994 年的财税改革，其实质也就是对 20 年来财税改革进程的总体效应评估。

纵观改革开放 30 余年来财税体制改革的大致历程，也不难发现，1994 年的财税改革确确实实是一个“分水岭”。在此之前的改革，表面上是放权让利，实质上是利益格局调整。在此之后，表面上是建立与市场经济体制相适应的财税体制框架，实质上是制度创新。我们也可以看到，延续至今，在全面深化改革旗帜下进行的新一轮财税体制改革，其实仍旧走的是制度创新的道路。有所不同的，全面深化改革旗帜下的制度创新是在经济、政治、社会、文化等各方面改革联动背景下的制度创新，以往的制度创新则是在经济体制改革背景下的制度创新。故而，也可以认为，当下的新一轮财税体制改革系 1994 年财税改革的延续，是在 1994 年财税体制改革基础上的进一步升华。

甚至，如果我们将 1994 年所进行的财税改革同此后在财税领域所发生的一系列改革对接起来，我们所能看到的，就是一幅关于 1994 年财税改革的清晰的系列图景。这一图景一直绵延到 20 年后的今天，因应当前中国已经变化了的宏观经济环境，与现代财政制度作了“无缝对接”，毫无疑问，它也将延伸到未来的岁月中，深刻地影响着中国的社会经济生活。

主要参考文献

陈金龙："治国理政基本理念的重大突破"，《中国社会科学报》，2013 年 11 月 23 日。

陈锡添："冒风险发表《东方风来满眼春》"，《深圳特区报》，2012 年 5 月 19 日第 A06 版。

高培勇："当前财政形势分析与对策"，《财政研究》，1995 年第 4 期。

高培勇："新一轮财税体制改革必须坚守分税制"，《经济参考报》，2013 年 7 月 5 日。

高培勇："筑牢国家治理的财政基础和财政支柱"，《光明日报》，2013 年 11 月 15 日。

高培勇："由适应市场经济体制到匹配国家治理体系——关于新一轮财税体制改革基本取向的讨论"，《财贸经济》，2014 年第 3 期。

刘克崮："1994 年前后的中国财税体制改革"，《中共党史资料》，2009 年第 4 期。

习近平："制度自信不是固步自封"，《人民日报》，2014 年 2 月 18 日。

2

税收制度改革：评估与展望

- 1994 年税制改革是在明确建立社会主义市场经济体制的改革目标后，为建立与社会主义市场经济体制相适应的税制体系而进行的重构性的税制改革
- 农村税费改革和取消农业税，内外资企业税制的完全统一，推进增值税的“转型”和“扩围”改革以及车辆和交通税费改革是 1994 年以后主要的改革措施
- 城市建设和资源、环境等税费改革进展缓慢和直接税改革严重滞后是 1994 年后税制改革存在的主要问题
- 1994 年以来形成的以流转税，尤其是一般流转税为主体的税制结构难以发挥税收调节收入分配的功能，也不利于促进经济结构的调整
- 未来 10 年的税制改革要在全面深化改革的总体布局下，融入国家治理体系的现代化进程，发挥好作为国家治理的基础和重要支柱的功能
- 未来税制改革的目标是充分发挥税收在调节收入分配，促进经济发展方式转变方面的作用，形成有利于结构优化、社会公平的现代税收制度

Tax System Reform: Evaluation and Prospect

- Following the clear reform objective of establishing socialist market economy, the tax system reform of 1994 was implemented to reconstruct China's tax system in line with socialist market economy
- Rural tax and fee reform, abolishment of agriculture, complete unification of corporate tax systems for domestic and overseas – funded enterprises, VAT reform, and vehicle and traffic tax and fee reform were the main reform measures after 1994
- The slow progress of tax and fee reform for urban maintenance and construction, resource, environment and others and the serious lag of direct tax reform were the main problems of tax system reform after 1994
- Turnover tax, especially tax system with general turnover tax as main tax, resulting from tax system of 1994, is difficult to exert the function of tax regulating income distribution and is not conductive to promoting the adjustment of economic structure
- Under the overall layout of comprehensively deepening the reform, tax system reform in the coming ten years, integrated into the process of modernization in the state governance system, will play a key role in serving as the foundation and important pillar of state governance
- The objectives of future tax system feform shall prompt income distribution, advance economic development model trans for mation and construct the modern tax system in favor of structural improvement and social equity

2 税收制度改革：评估与展望

中国1994年进行了影响深远的税制改革，奠定了现行税制的基本框架。1994年以来，在近20年的时间里，中国的税制进行了不断的调整和完善。取消农业税、内外资企业税制的并轨、增值税转型以及正在进行的营业税改征增值税改革显示了税制持续改进的趋势和能力。

然而，随着中国经济社会发展进入新的历史时期，税制运行的内外部环境发生了许多重要而深刻的变化。全球经济一体化背景下资本的全球流动导致税制改革越来越受到国际税收竞争的影响，国际税收的协调和税制趋同的趋势明显；社会主义民主法制的发展导致纳税人意识不断提高，社会公众对税制改革的关注和参与程度越来越高；而随着要素禀赋的变化，中国经济正处在转型升级的关键时期。调整需求结构，扩大内需尤其是消费需求；调整国民收入分配格局和缩小居民收入分配差距；促进产业结构优化和升级；促进资源节约和环境保护；应对人口老龄化以及促进新型城镇化发展等等一系列重要的结构调整任务要求税制作为重要的政策工具发挥更大的作用。

如果说1994年税制改革的基本目标是建立与社会主义市场经济相适应的税收制度，那么1992年以来，社会主义市场经济体制经过20多年的发展，现阶段需要进一步深化经济体制改革，建立成熟的社会主义市场经济。相应的，在1994年税制改革的基础上也需要启动新一轮税制改革，建立与“成熟的社会主义市场经济”相适应的税制体系。

因此，对1994年以来的税制改革进行全面的评估，总结经验、审视不足，理清改革的目标与实施路径，客观评价现行税制的功能及其存在的主要问题，对于按照十八届三中全会的要求全面推进下一步税制改革具有重要意义。

2.1 1994年的工商税制改革

中国现行税制的基本框架是由1994年税制改革奠定的。1992年，中国共产党第十四次代表大会明确了中国经济体制改革的目标是建立社会主义市场经济体制。按照这一目标的要求，1994年中国进行了影响深远的财政税收体制改革，其基本内容有三个方面：

全面改革税收制度，建立与市场经济体制相适应的税制体系；

在新的税制体系基础上，中央和地方（省级政府）实行了分税制的财政体制，确定了中央税、地方税和共享税；

设置了国家税务局和地方税务局两套征管机构。

其中，税收制度的全面改革，是分税制财政体制建立基础，同时国家税务局和地方税务局两套征管机构的设置不仅是适应当时分税制财政体制建立的配套措施，也是此后税收征管体制运行的基本机构框架。

2.1.1 1994年税制改革的背景

中国改革开放后工商税制的改革，首先是为满足吸引外资的要求，以建立和健全涉外税制为起点的，内外资企业在流转税、所得税、财产税等方面基本实行两套不同的税制。

而伴随着计划经济体制的转轨，尤其是国有企业和价格体系的改革，税收制度逐步替代了国有企业利润上缴（利改税），同时针对多种所有制并存的格局，区分不同所有制企业建立了所得税体系；作为计划经济价格体制改革的配套措施，为缓解价格不合理的矛盾设置了多档次的流转税税率结构；而随着资源、土地等生产要素进入市场，设置了资源税、城镇土地使用税等对级差收入进行调节。随着对外开放和工资制度改革的推进，个人收入分配差距逐步显现，为此则设立了针对外籍人员和不同所有制企业的个人所得税、个人收入调节税和工资调节税、奖金税等诸多旨在调节收入分配的税种。

在这一时期，税收还作为政府调控经济的工具被广泛的使用，如为抑制投资过热开征了固定资产投资方向调节税，为调整能源消费结构出台了烧油特别税，为引导合理消费、提倡勤俭节约社会风尚出台了筵席税等。

按照上述路径逐步建立起来的工商税制（不包括关税和农业税收），到1994年改革前发展为有32个税种的复杂税制体系①。这套以计划经济价格体制和以所有制“区别对待”为基础的税制远远不能适应社会主义市场经济体制的要求，迫切需要进行彻底的改革。（高培勇，2009）

2.1.2 1994年税制改革的主要内容

1994年税制改革是在明确建立社会主义市场经济体制的总体改革目标后，为建立与社会主义市场经济体制相适应的税制体系而进行的重构性的税制改革，改革的基本思路和具体内容集中体现为1993年12月25日发布的《国务院批转国家税务总局工商税制改革实施方案的通知》（国发［1993］90号文），该

① 这32个税种是：产品税、增值税、营业税、工商统一税、特别消费税、国营企业所得税、国营企业调节税、集体企业所得税、私营企业所得税、城乡个体工商户所得税、个人收入调节税、国营企业奖金税、集体企业奖金税、事业单位奖金税、国营企业工资调节税、外商投资企业和外国企业所得税、个人所得税、资源税、盐税、城镇土地使用税、固定资产投资方向调节税、城市维护建设税、烧油特别税、筵席税、房产税、车船使用税、印花税、屠宰税、集市交易税、牲畜交易税、城市房地产税、车船使用牌照税。

《通知》将此次改革称为“建国以来规模最大、范围最广泛、内容最深刻的一次税制改革”。

1994年税制改革的指导思想是：统一税法、公平税负、简化税制、合理分权，理顺分配关系，保障财政收入，建立符合社会主义市场经济要求的税制体系。核心目标是为不同所有制企业建立公平的税收环境，同时明确指出要：“通过税制改革，逐步提高税收收入占国民生产总值的比重”。

改革的主要内容包括：统一内资企业和外资企业的流转税制度；为不同所有制的内资企业设立了统一的企业所得税制度；建立统一的个人所得税制度。

1994年税制改革后，中国建立了以增值税、营业税、消费税、企业所得税、个人所得税五大税种为主体的税制体系。最初建立的五大税种的基本特征是：

增值税：对货物销售和加工、修理修配劳务的增值额征收，但不允许固定资产的抵扣，属于“生产型”增值税；基本税率为17%、优惠税率为13%、实行出口退税。增值税纳税人分为一般纳税人和小规模纳税人两类，一般纳税人按增值额征收；小规模纳税人以销售额为税基，不允许抵扣，适用6%（工业）和4%（商业）的税率。

营业税：对劳务（交通运输业、建筑业、金融保险业、邮电通信业、文化体育业、娱乐业、服务业）及转让无形资产、销售不动产征收。

消费税：在征收增值税的基础上，选择部分行业（烟、酒及酒精、化妆品、护肤护发品、贵重首饰及珠宝玉石、鞭炮焰火、汽油、柴油、汽车轮胎、摩托车、小汽车等）征收，将特别消费税并入消费税。

企业所得税：取消了按照所有制性质分别征收的国营企业所得税、集体企业所得税、私营企业所得税，统一了内资企业所得税制度，但对内资企业和外资企业仍分别适用两套不同的税法。

个人所得税：将分别征收的个人所得税、个人收入调节税、城乡个体工商户所得税合并为统一的个人所得税，建立了由11类所得项目构成的分类个人所得税制。

除上述五个税种外，针对原资源税征税范围窄，税负偏低的问题，扩大了资源税的征税范围，覆盖了所有矿产资源，将盐税作为资源税的一个税目征收，实行分产品类别从量定额计算征税的办法。为适当调节房地产交易中的过高利润，在房地产交易环节按照超率累进税率征收土地增值税。此外，取消了集市交易税、牲畜交易税、烧油特别税、奖金税和工资调节税；将屠宰税、筵席税下放给地方管理。

2.1.3 1994年税制改革方案的后续实施

1994年税制改革后续完成的项目

按照国发［1993］90号文转发的国家税务总局《工商税制改革实施方案》（以下简称《方案》）中列出的改革内容，《方案》明确提出改革目标。1994年当年改革未完成，通过后续改革完成的项目有：

（1）统一内外资企业所得税。《方案》明确指出：一九九四年一月一日起统一内资企业所得税，下一步再统一内外资企业所得税。2007年3月16日十届人大五次会议通过《中华人民共和国企业所得税法》，2008年1月1日起，内外资企业所得税实现了统一，税率由33%下调至25%。

（2）土地使用税。《方案》要求：适当提高土地使用税的税额，扩大征收范围，适当下放管理权限。《城镇土地使用税暂行条例》是在2006年12月31日进行的修订，2007年1月1日起实施。

（3）城市房地产税和车船使用牌照税。《方案》明确要求：取消对外资企业、外籍人员征收的城市房地产税和车船使用牌照税，统一实行房产税和车船使用税，并将现在偏低的税率和税额适当调高。2007年1月1日，针对外资企业、外籍人员征收的车船使用牌照税废止，内外资企业统一缴纳车船税[①]。2009年1月1日，针对外资企业、外籍个人征收的城市房地产税废止，内外资企业统一缴纳房产税[②]。

（4）对外资企业征收城建税。《方案》要求：现在不缴纳城建税的外资企业，也应成为城建税的纳税人。2010年12月1日，外资企业和外籍个人适用《城市维护建设税暂行条例》和《征收教育费附加的暂行规定》[③]。至此，内外资企业税制实现了完全的统一。

1994年税制改革未完成的项目

1994年改革明确提出，但迄今为止未完成的项目有：

（1）城建税改变征税依据。《方案》中明确指出：城乡维护建设税[④]由现行按流转税额附加征收改为以销售收入为计税依据；改变现行不太合理的税率结构，税率为市区0.6%，县、镇0.4%，市区、县、镇以外0.2%，使其成为地方税体系中的骨干税种之一。但至今城建税仍然是以流转税额为税基的附加税。

（2）开征证券交易税。《方案》中明确提出：把现在对股票交易征收印花税的办法，改为征收证券交易税。由于全国人大常委会正在审议《中华人民共和国证券法》，为了便于衔接，开征证券交易税拟缓一步出台。1998年12月29日九届人大常委会第六次会议通过了《中华人民共和国证券法》，但迄今为止，股票交易仍然征收印花税，证券交易税一直未出台。

（3）开征遗产税。《方案》明确提出了开征遗产税的要求，此后20年间开征遗产税也多次被写入五年规（计）划等政策文件，但由于种种原因，迄今为止遗产税仍未开征。

1994年税制改革后的工商税制

按照《工商税制改革实施方案》的设计，改革后工商税制中的税种将由32个减少到18个，这18个税种是：增值税、营业税、消费税、企业所得税、外商投资企业和外国企业所得税、个人所得税、资源税、土地增值税、城建税、印花税、固定资产投资方向调节税、土地使用税、房产税、车船使用税、筵席税、屠宰税、证券交易税、遗产税。而实际上，证券交易税和遗产税一直未开征，《车船使用牌照税再行条例》和《城市房地产税暂行条例》分别于2007年和2009年废止。

2.2 1994年至今的税制改革

1994年税制改革后，根据经济社会发展的要求，以1994年的税制框架为基础，中国的税制进行了持续的改进和完善，但也有许多重要的税制改革设想尽管不断被提及，然而由

① 根据2006年12月27日国务院第162次常务会议通过、并于2007年1月1日起施行的《中华人民共和国车船税暂行条例》第十四条规定，1951年9月13日原政务院发布的《车船使用牌照税暂行条例》和1986年9月15日国务院发布的《中华人民共和国车船使用税暂行条例》同时废止。原车船使用牌照税与车船使用税一同废止，自2007年1月1日起开征车船税。

② 2008年12月31日，国务院第546号令宣布1951年8月8日由原政务院公布的《城市房地产税暂行条例》自2009年1月1日起废止。自2009年1月1日起，外商投资企业、外国企业和组织以及外籍个人，依照《房产税暂行条例》缴纳房产税。

③ 根据《国务院关于统一内外资企业和个人城市维护建设税和教育费附加制度的通知》（国发［2010］35号）的规定，自2010年12月1日起，外商投资企业、外国企业及外籍个人适用国务院1985年发布的《城市维护建设税暂行条例》和1986年发布的《征收教育费附加的暂行规定》。1985年及1986年以来，国务院及国务院财税主管部门发布的有关城市维护建设税和教育费附加的法规、规章、政策同时适用于外商投资企业、外国企业及外籍个人。

④ 1985年国务院发布的《城市维护建设税暂行条例》中城建税的全称是城市维护建设税，但《方案》中称为城乡维护建设税。

于种种因素的制约和影响，一直未能出台。

1994 年以来的 20 年，跨越了“九五”到“十二五”四个五年规（计）划，期间四个五年规（计）划以及中国共产党十六届三中全会《关于完善社会主义市场经济体制若干问题的决定》等文件中关于税制改革部分集中体现了每个阶段税制改革的设想。梳理这些政策性文件对税制改革的要求，然后与这一时期税制改革的实际进程进行对比，可以比较清晰的展示近 20 年来税制改革的基本路径。

2.2.1 1994 年以来重要政策性文件对税制改革的要求

“九五”时期（1996—2000 年）

1996 年 3 月 17 日，八届全国人大四次会议批准的《中华人民共和国国民经济和社会发展“九五”计划和 2010 年远景目标纲要》中对税制改革的要求是：调整国民收入分配格局，提高财政收入占国民生产总值的比重，以及中央财政收入占全国财政收入的比重。继续完善税制，统一企业所得税，取消各种区域性税率；巩固完善以增值税为主体的流转税体系，适当扩大增值税和资源税的征收范围；建立覆盖全部个人收入的分类与综合相结合的个人所得税制；调整地方税制结构，健全地方税收体系；依法征税，严格控制税收减免；逐步开征遗产和赠与税、利息所得税和社会保障税。

在规范和完善初次分配和再分配部分提出：坚持效率优先、兼顾公平的原则，继续实行依靠诚实劳动和合法经营致富的政策，并通过税收调节等措施解决社会分配差别过大问题。建立法人对支付个人收入的申报制、个人收入申报制和储蓄存款实名制。推进个人收入的公开化、货币化和规范化。

“十五”时期（2001—2005 年）

2001 年 3 月 15 日，九届全国人大四次会议批准的《中华人民共和国国民经济和社会发展第十个五年计划纲要》中对税制改革的要求是：深化财税体制改革，积极稳妥地推进税费改革，清理整顿行政事业性收费和政府性基金，建立政府统一预算。健全税收制度，改革生产型增值税，完善消费税和营业税，逐步降低关税，逐步统一企业所得税，建立综合与分类相结合的个人所得税制度，适时开征社会保障税和遗产税，完善地方税税制。

在农村改革部分提出：深化农村税费改革，转变乡镇政府职能，适度撤并乡镇，精简乡镇机构和人员，减少村组干部补贴人数，切实减轻农民负担。

在收入分配部分提出：强化税收对收入分配的调节功能。保护合法收入，整顿不合理收入，调节过高收入，取缔非法收入，防止收入分配两极分化。

2003 年 10 月 14 日，党的十六届三中全会通过《中共中央关于完善社会主义市场经济体制若干问题的决定》中对税制改革的要求是：按照简税制、宽税基、低税率、严征管的原则，稳步推进税收改革。改革出口退税制度。统一各类企业税收制度。增值税由生产型改为消费型，将设备投资纳入增值税抵扣范围。完善消费税，适当扩大税基。改革个人所得税，实行综合和分类相结合的个人所得税制。实施城镇建设税费改革，条件具备时对不动产开征统一规范的物业税，相应取消有关收费。在统一税政前提下，赋予地方适当的税政管理权。创造条件逐步实现城乡税制统一。

在深化农村改革，完善农村经济体制部分提出：深化农村税费改革。农村税费改革是减轻农民负担和深化农村改革的重大举措。完善农村税费改革试点的各项政策，取消农业特产税，加快推进县乡机构和农村义务教育体制等综合配套改革。在完成试点工作的基础上，逐步降低农业税率，切实减轻农民负担。

“十一五”时期（2006—2010 年）

2006 年 3 月 14 日，十届全国人大四次会议批准的《中华人民共和国国民经济和社会发展第十一个五年规划纲要》中对税制改革的要求是：在全国范围内实现增值税由生产型转为消费型。适当调整消费税征收范围，合理调整部分应税品目税负水平和征缴办法。适时开征燃油税。合理调整营业税征税范围和税目。完善出口退税制度和进口税收政策。统一各类企业税收制度。实行综合和分类相结合的个人所得税制度。改革房地产税收制度，逐步推行物业税并相应取消有关收费。改革资源税制度。完善城市维护建设税、耕地占用税和印花税。

在深化农村改革部分提出：巩固农村税费改革成果，全面推进农村综合改革，基本完成乡镇机构、农村义务教育和县乡财政管理体制等改革任务。

在收入分配部分提出：建立健全个人收入申报制，强化个人所得税征管。

在调整和完善经济政策部分则提出：充分发挥税收的调节作用，完善和制定鼓励资源节约型和环境友好型社会建设、促进就业和再就业、促进科技发展和增强自主创新能力、促进文化体制改革、振兴装备制造业和其他产业健康发展的税收政策。

2006年10月11日，党的十六届六中全会通过的《中共中央关于构建社会主义和谐社会若干重大问题的决定》提出：实行促进就业的财税金融政策；完善有利于环境保护的财税政策；实行综合与分类相结合的个人所得税制度，加强征管和调节；完善社会捐赠免税减税政策。

“十二五”时期（2011年至今）

2011年3月14日，十一届全国人大四次会议批准的《中华人民共和国国民经济和社会发展第十二个五年规划纲要》中对税制改革的要求是：按照优化税制结构、公平税收负担、规范分配关系、完善税权配置的原则，健全税制体系，加强税收法制建设。扩大增值税征收范围，相应调减营业税等税收。合理调整消费税征收范围、税率结构和征税环节。逐步建立健全综合与分类相结合的个人所得税制度，完善个人所得税征管机制。继续推进费改税，全面推进资源税和耕地占用税改革。研究推进房地产税改革。逐步健全地方税体系，赋予省级政府适当税政管理权限。

在加快完善再分配调节机制部分提出：加快健全以税收、社会保障、转移支付为主要手段的再分配调节机制。合理调整个人所得税税基和税率结构，提高工资薪金所得费用扣除标准，减轻中低收入者税收负担，加大对高收入者的税收调节力度。逐步建立健全财产税制度。

在完善资源性产品价格形成机制部分提出：按照价、税、费、租联动机制，适当提高资源税税负，完善计征方式，将重要资源产品由从量定额征收改为从价定率征收，促进资源合理开发利用。

在推动环保收费制度改革部分提出：建立健全污染者付费制度，提高排污费征收率。改革垃圾处理费征收方式，适度提高垃圾处理费标准和财政补贴水平。完善污水处理收费制度。积极推进环境税费改革，选择防治任务繁重、技术标准成熟的税目开征环境保护税，逐步扩大征收范围①。

2012年12月，党的十八大报告中对税制改革的要求是：构建地方税体系，形成有利于结构优化、社会公平的税收制度。

在千方百计增加居民收入部分提出：加快健全以税收、社会保障、转移支付为主要手段的再分配调节机制。

在加强生态文明建设部分则提出：深化资源性产品价格和税费改革，建立反映市场供求和资源稀缺程度、体现生态价值和代际补偿的

---

① 除上述内容外，《十二五规划纲要》涉及税收政策的还包括：落实和完善税收等优惠政策，减轻中小企业社会负担。完善鼓励创新、引导投资和消费的税收支持政策。结合增值税改革，完善生产性服务业税收制度。全面落实企业研发费用加计扣除等促进技术进步的税收激励政策。落实并完善公益性捐赠的税收优惠政策。向社会组织开放更多的公共资源和领域，扩大税收优惠种类和范围。与税收相关的部分还有：加强政府非税收入管理，清理规范各种行政事业性收费和政府性基金。

资源有偿使用制度和生态补偿制度。

2013 年 2 月 3 日，《国务院批转发展改革委等部门关于深化收入分配制度改革若干意见的通知》（国发［2013］6 号）第四部分加快健全再分配调节机制提出：加大税收调节力度，改革个人所得税，完善财产税，推进结构性减税，减轻中低收入者和小型微型企业税费负担，形成有利于结构优化、社会公平的税收制度。具体内容是：

加强个人所得税调节。加快建立综合与分类相结合的个人所得税制度。完善高收入者个人所得税的征收、管理和处罚措施，将各项收入全部纳入征收范围，建立健全个人收入双向申报制度和全国统一的纳税人识别号制度，依法做到应收尽收。取消对外籍个人从外商投资企业取得的股息、红利所得免征个人所得税等税收优惠。

改革完善房地产税等。完善房产保有、交易等环节税收制度，逐步扩大个人住房房产税改革试点范围，细化住房交易差别化税收政策，加强存量房交易税收征管。扩大资源税征收范围，提高资源税税负水平。合理调整部分消费税的税目和税率，将部分高档娱乐消费和高档奢侈消费品纳入征收范围。研究在适当时期开征遗产税问题。

2.2.2 1994 年以来实施的重要税制改革

按照五年规（计）划和党的政策文件对税制改革的要求，1994 年以来已经实施的重要税制改革措施主要有以下几个方面。

农村税费改革与取消农业税

从 20 世纪 90 年代后期开始，中共中央、国务院及其各有关部门和地方各级党委、政府发出了一系列的重要文件，反复强调要依法征收农业税，不得随意改变税法规定，增加农民负担，并积极推进农村税费制度的改革。（刘佐，2009）

2000 年 3 月 2 日，中共中央、国务院发出《关于进行农村税费改革试点工作的通知》（中发［2000］7 号），在安徽省进行农村税费改革的试点工作。

试点的主要内容是：取消乡统筹费、农村教育集资等专门面向农民征收的行政事业性收费和政府性基金、集资，所有专门面向农民征收的行政事业性收费、政府性基金和涉及农民的集资项目，要一律取消。取消屠宰税，取消统一规定的劳动积累工和义务工，调整农业税和农业特产税政策，改革村提留征收使用办法。

2003 年 3 月 27 日，国务院发布《关于全面推进农村税费改革试点工作的意见》（国发［2003］12 号），要求 2003 年在进一步总结经验、完善政策的基础上，全面推进农村税费改革试点工作。

2003 年十六届三中全会《决定》要求深化农村税费改革，其中明确提出要：取消农业特产税和逐步降低农业税税率。

2004 年 3 月 5 日，国务院总理温家宝在十届全国人大二次会议上所作的《政府工作报告》中提出：2004 年要继续推进农村税费改革，5 年内取消农业税。

2004 年 6 月 30 日，财政部、国家税务总局发出《关于取消除烟叶税外的农业特产税有关问题的通知》（财税［2004］120 号），《通知》规定：自 2004 年起，对烟叶继续征收农业特产税。取消其他农业特产品的农业特产税。

2005 年 12 月 29 日，十届全国人大常务委员会第十九次会议通过决定，2006 年起废止《中华人民共和国农业税条例》。2006 年 2 月 17 日，国务院废止了 1994 年 1 月 30 日发布的《关于对农业特产收入征收农业税的规定》（2006 年 4 月 28 日公布实施了《中华人民共和国烟叶税暂行规定》）和 1950 年 12 月 19 日政务院发布的《屠宰税暂行条例》。至此，除烟叶税外，中国全面取消了农业税。

内外资企业税制的完全统一

如前所述，早在 1994 年税制改革时，《工商税制改革实施方案》中就明确提出统一内外资企业所得税，对外资企业实行统一的房产税和车船使用税，对外资企业征收城建税的要求。1996 年《九五计划》提出"统一企业所得税"，但未能实施；2001 年《十五计划》再次提出"逐步统一企业所得税"；2003 年党的十六届三中全会《关于完善社会主义市场经济体制若干问题的决定》（以下简称十六届三中全会《决定》）要求"统一各类企业税收制度"；2006 年《十一五规划》再次重申"统一各类企业税收制度"。

从 1993 年底《工商税制改革实施方案》算起，历经"九五"、"十五"两个五年计划，内外资企业税制的完全统一在"十一五"时期得以实现。2007 年 1 月 1 日，车船使用牌照税废止，内外资企业统一缴纳车船税；2008 年 1 月 1 日，《中华人民共和国企业所得税法》正式实施，统一了内外资企业所得税并将税率下降至 25%；2009 年 1 月 1 日，城市房地产税废止，内外资企业统一缴纳房产税；2010 年 12 月 1 日起，外资企业和外籍个人适用《城市维护建设税暂行条例》和《征收教育费附加的暂行规定》。

交通和车辆税费改革

除农村税费改革外，税费改革的领域的另一个重点是交通和车辆税费改革。2000 年 10 月 22 日，国务院批转了财政部、国家计委等 12 个部门报送的《交通和车辆税费改革实施方案》（国发［2000］34 号），改革的主要内容是：取消不合法和不合理的收费项目；将具有税收特征的收费实行"费改税"；将不体现政府行为的收费转为经营性收费，严格按照经营性收费的规定管理；保留少量必要的规费，降低不合理的收费标准，实行规范化管理。

其中，"费改税"的具体做法是：开征车辆购置税取代车辆购置附加费。开征燃油税取代公路养路费、公路客货运附加费、公路运输管理费、航道养护费、水路运输管理费、水运客货运附加费，以及地方用于公路、水路、城市道路维护和建设方面的部分收费。开征车辆购置税和燃油税后，相关收费同时废止。

该《方案》明确提出：制定《中华人民共和国车辆购置税暂行条例》、《中华人民共和国燃油税暂行条例》及其征收管理办法，相应修订有关法规。其中《中华人民共和国车辆购置税暂行条例》自 2001 年 1 月 1 日起实施。《中华人民共和国燃油税暂行条例》的出台时间，由国务院另行决定。

2001 年 1 月 1 日，《中华人民共和国车辆购置税暂行条例》如期出台，车辆购置附加费改为征收车辆购置税。然而，燃油税却迟迟没有出台。

2006 年"十五"计划重申：适时开征燃油税。但直至 2008 年 12 月 18 日，国务院发布《关于实施成品油价格和税费改革的通知》（国发［2008］37 号）明确提出：提高现行成品油消费税单位税额，不再新设立燃油税，利用现有税制、征收方式和征管手段，实现成品油税费改革相关工作的有效衔接。燃油税改革通过提高消费税成品油单位税额的方式得以实现。

改革的主要内容是：取消公路养路费、航道养护费、公路运输管理费、公路客货运附加费、水路运输管理费、水运客货运附加费等六项收费；逐步有序取消政府还贷二级公路收费；汽油消费税单位税额每升提高 0.8 元，柴油消费税单位税额每升提高 0.7 元，其他成品油单位税额相应提高。

增值税"转型"与"扩围"改革

除内外资企业税制未实现完全统一外，生产型增值税和增值税、营业税并行的一般流转税制是 1994 年税制改革遗留的重大税制改革课题。

2004 年 7 月 1 日起，在东北三省，选择装备制造业、石油化工业、冶金业、船舶制造业、汽车制造业、农产品加工业等 6 个行业和军品、高新技术产品，试行扩大进项税额抵扣标准。

2007年7月1日起，在山西、安徽、江西、河南、湖北和湖南6个省的26个老工业基地城市，选择装备制造业、石油化工业、冶金业、汽车制造业、农业产品加工业、电力业、采掘业和高新技术产业8个行业，试行扩大进项税额抵扣范围。

2008年7月1日起，增值税转型试点扩大到内蒙古东部地区的8个行业和四川省汶川地震受灾严重地区。

2009年1月1日起，在全国所有地区、所有行业推行增值税转型改革，允许企业抵扣新购入设备所含的增值税，同时取消进口设备免征增值税和外商投资企业采购国产设备增值税退税的规定。但厂房等固定资产仍未纳入抵扣范围，增值税转型改革尚未完全实现。

增值税“扩围”改革，即营业税改征增值税的改革于2012年1月1日在上海的交通运输业和部分现代服务业开始试点；2012年9月1日开始，改革试点在北京、天津、江苏、广东等8个省（直辖市）陆续推开；2013年8月1日起，在全国范围内推广交通运输业和部分现代服务业“营改增”试点，将广播影视作品的制作、播映、发行等纳入试点。2014年1月1日起，铁路运输业和邮政服务业纳入“营改增”试点；2014年6月1日起，电信业纳入“营改增”试点。按照国务院常务会议的要求，力争在“十二五”期间全面完成“营改增”改革。

个人所得税改革

1994年以来，个人所得税的改革除储蓄存款利息所得税的开征和停征、纳税人自行纳税申报和扣缴义务人全员全额扣缴申报制度外，历次改革的焦点都集中在工资薪金所得减除费用标准（免征额）的上调方面。

2005年10月27日，十届人大常务委员会第十八次会议通过的对《个人所得税法》颁布以来的第三次修订，将工资、薪金所得的费用减除标准由800元上调至1600元。

2007年12月29日，十届人大常务会第31次会议将工资、薪金所得的费用减除标准由1600元上调至2000元。

2011年6月30日，十一届人大常委会第21次会议将工资、薪金所得的费油扣除标准由2000元上调至3500元。同时，对工资、薪金所得税率的级次级距由5%—45%的九级累进税率调整为3%—45%的七级累进税率，对个体工商户生产、经营所得税目的税率级次级距也进行了较大幅度调整。

1994年后，“九五”计划到“十二五”规划，包括十六届三中全会、十六届六中全会的《决定》以及2013年2月发布的《关于深化收入分配改革的若干意见》，不断重申要建立的综合与分类相结合的个人所得税制度，但综合与分类相结合的个人所得税改革至今也没有出台。

消费税改革

中国的消费税属于选择性课征的特殊流转税，其主要功能是货物生产和销售普遍征收增值税的基础上，在对特定产品征收消费税以起到调节的作用。1994年以来，除2009年1月1日配合成品油税费改革提高成品油税目的单位税额外，2006年3月20日，财政部、国家税务总局发出《关于调整和完善消费税政策的通知》（财税［2006］33号），对消费税制进行了比较大的调整，其主要内容是：

（1）新增高尔夫球及球具、高档手表、游艇、木制一次性筷子、实木地板税目。

（2）取消汽油、柴油税目，增列成品油税目。汽油、柴油改为成品油税目下的子目（税率不变）。另外新增石脑油、溶剂油、润滑油、燃料油、航空煤油五个子目。

（3）取消护肤护发品税目，将原属于护肤护发品征税范围的高档护肤类化妆品列入化妆品税目。

（4）调整小汽车税目税率。取消小汽车税目下的小轿车、越野车、小客车子目。在小汽车税目下分设乘用车、中轻型商用客车子目。

（5）将摩托车税率改为按排量分档设置：气缸容量在250毫升（含）以下的，税率为3%；气缸容量在250毫升以上的，税率为10%。

（6）将汽车轮胎10%的税率下调到3%。

（7）调整白酒税率。粮食白酒、薯类白酒的比例税率统一为20%。定额税率为0.5元/斤（500克）或0.5元/500毫升。

此外，1998年7月（国税发［1998］121号文）、2001年6月（财税［2001］91号文）、2009年5月（财税［2009］84号文）三次对烟消费税进行了调整，其中卷烟消费税由1994年的40%经过历次调整变为：生产环节从量计征每支0.003元后，不含增值税每条调拨价70元（含）以上的甲类卷烟的税率为56%，不含增值税每条调拨价在70元以下的乙类卷烟的税率为36%；批发环节税率为5%。

资源税费改革

1994年后资源税改革有两项任务：一是扩大资源税征收范围；二是按照价、税、费、租联动机制，适当提高资源税税负，完善计征方式，将重要资源产品由从量定额征收改为从价定率征收，促进资源合理开发利用。而已经实施的资源税改革措施除了适时细化和调整资源税的定额税率外，主要是对原油、天然气行业实行的从价计征改革。

从2010年6月1日起，在新疆地区率先实行了原油、天然气从价计征改革，税率为5%；2010年7月，这项改革扩大至西部十二个省区市。2011年9月30日，国务院发布第605号国务院令，修订了《资源税暂行条例》，增加了从价定率计征的方法，并将原油、天然气的从价税率定位5%—10%。2011年11月1日起在全国范围内实行。

2014年9月29日，国务院常务会议决定实施煤炭资源税改革，推进清费立税、减轻企业负担。从2014年12月1日起，在全国将煤炭资源税由从量计征改为从价计征，税率由省级政府在规定幅度内确定。会议要求，要立即着手清理涉煤收费基金，停止征收煤炭价格调节基金，取消原生矿产品生态补偿费、煤炭资源地方经济发展费等，取缔省以下地方政府违规设立的涉煤收费基金，严肃查处违规收费行为，确保不增加煤炭企业总体负担。

2014年10月9日，财政部、国家税务总局发布《关于实施煤炭资源税改革的通知》（财税［2014］72号文）和《关于调整原油、天然气资源税有关政策的通知》（财税［2014］73号文），规定煤炭资源税税率幅度为2%—10%，具体适用税率由省级财税部门在上述幅度内，根据本地区清理收费基金、企业承受能力、煤炭资源条件等因素提出建议，报省级人民政府拟定。原油、天然气矿产资源补偿费费率降为零，相应将资源税适用税率由5%提高至6%。

房地产税费改革

中国房地产税费改革的任务主要有两个方面：一是对经营性房产和城镇土地征收的房产税和城镇土地使用税的改革；二是对居民住宅征收房产税的改革。

2003年10月，十六届三中全会的《决定》明确提出：实施城镇建设税费改革，条件具备时对不动产开征统一规范的物业税，相应取消有关收费。2006年3月，《十一五规划》提出：改革房地产税收制度，逐步推行物业税并相应取消有关收费。这一时期，对居民住宅征收房产税的改革被冠以“物业税”改革，强调实行城镇建设税费的综合改革，要求相应取消相关收费。

随着近年来房地产价格的快速上涨，对居民住宅征收房产税的改革成为遏制房价过快上涨的政策工具。改革的思路也由开征“物业税”转变为通过修改现行《房产税暂行条例》，将居民住宅纳入房产税征收范围的方式实现。

2011年1月28日起，经国务院同意，上海、重庆率先开展个人住房房产税改革试点。

但这两地的试点方案，主要是对增量房产征收，除独栋商品住宅外不涉及存量房产，更没有房地产税费综合改革措施的推出。迄今为止，对居民住宅征收房产税的试点一直未能继续扩大，未来房产税的基本框架也尚无具体方案。

其他税制改革措施

继2007年起内外资企业统一适用《车船税暂行条例》后，2011年2月15日，十一届全国人大常委会19次会议通过了《中华人民共和国车船税法》，自2012年1月1日起施行。这是个人所得税、企业所得税之后第三部由全国人大制定的实体税法。

1991年开征的固定资产投资方向调节税（1991年4月16日中华人民共和国国务院令第82号发布）是为了抑制投资过热设置的税种，随着中国宏观经济形势的变化和市场经济体制的完善，2000年1月1日起改税暂停征收。2012年11月9日公布的《国务院关于修改和废止部分行政法规的决定》（国务院令第628号）废止了《中华人民共和国固定资产投资方向调节税暂行条例》。

1994年税制改革时，国务院决定将屠宰税、筵席税下放给地方管理，征收与否，由各省、自治区、直辖市人民政府自行决定。2006年伴随着农业税的取消，《屠宰税暂行条例》宣布废止；2008年第516号国务院令宣布《筵席税暂行条例》失效。

经过上述改革后，中国现行税制由18个税种构成，分别是增值税、营业税、消费税、企业所得税、个人所得税、城市建设维护税、车辆购置税、资源税、关税、船舶吨税、烟叶税、印花税（含证券交易印花税）、车船税、房产税、城镇土地使用税、契税、耕地占用税、土地增值税。

2.3 税制改革的评估标准

2.3.1 1994年以来税制改革的基本背景

评估中国1994年以来的税制改革，首先要强调两个基本背景：一是经济转轨，税制改革的基本目标是建立与社会主义市场经济相适应的税收制度，而从政府收入的角度来看，经济转轨还意味着国有企业利润上缴和税收这两种收入工具在政府收入体系中地位的巨大变化；二是中国作为发展中国家，这二十年来正处在工业化、城镇化快速发展的时期，税制改革不仅要服务于经济和社会发展，在税制设计和税收征管等方面也同样受到发展中国家特定发展阶段的诸多制约。

上述两个基本背景为中国税制改革的评估提供了两条线索：一是税制与社会主义市场经济体制的适应程度；二是税收作为政策工具在经济社会发展中发挥的作用。按照这两条线索，可以相应确定对中国1994年以来税制改革评估的内容与标准。

2.3.2 评估税制改革的现实标准与理论标准

对税制改革进行评估，没有一个公认的尺度和标准，对中国这样一个处于经济社会高速发展，同时具有发展中国家和转轨国家双重特征的经济体而言，更难以找到一个简单而公允的标准。

通常采用的标准有两个：一是现实标准，即对比税制改革的目标和具体方案的实现程度；二是理论标准，即采用财政学传统的评价税制优劣的规范性标准来进行评价，如公平、效率、便于征管等。而以税收法定主义为核心的税收法治原则可以作为评价税制改革博弈规则的理论标准。

现实标准

具有可操作性的现实标准主要有两方面的依据：一是体现1994年税制改革总体思路和具体内容的《工商税制改革实施方案》，该方案于1993年12月11日以《国务院批转国家税务总局工商税制改革实施方案的通知》（国发［1993］第90号）的形式发布；二是以“九五”计划到“十二五”规划以及十六届三中全会决议等形式存在的阶段性税制改革目标与方案，这些文件中关于税制改革的内容可以视为近20年来评估中国税制改革的阶段性和动态性标准。

理论标准

如前所述，理论标准可以区分为评价税制本身的标准和评价税制制订规则的标准。评价税制本身的标准有三个：一是税收负担分布的公平，包括横向公平和纵向公平；二是税收的效率，包括理论上的效率损失（超额负担）最小和对外部性的纠正；三是有利于降低税收征管成本和纳税人的遵从成本。

尽管上述三个标准之间存在着此消彼长的复杂关系，不同经济体在不同发展阶段赋予每个标准的权重也各不相同，因此难以进行准确的综合定量评价。但从税制改革的角度来看，则应侧重税制随着经济社会发展阶段的变化而进行的动态、持续改进，也就是评估理论标准转化为现实标准（税制改革方案），现实标准转化为现实税制的过程。

在市场经济条件下，税制改革往往伴随着利益格局的调整，在某种意义上，税制改革的进程实际上是不同利益集团博弈的过程，以税收法定主义及其实现机制为标准对税制改革背后征税权力的配置和博弈规则进行评估对于理解中国税制改革的演进具有重要意义。

2.4 对1994年以来税制改革效应的评估

2.4.1 对1994年工商税制改革的评估

1994年税制改革的成就

1994年的税制改革是一次全方位、根本性的改革，在时间上也体现了一揽子推出的特点。其改革力度之大、利益调整之深、影响范围之广，在新中国历史上从未有过。此次税制改革初步建立了与社会主义市场经济相适应的税制体系，其成就主要体现在以下几个方面：

第一，内资企业所得税和内外资企业流转税的统一为不同所有制企业创造一个公平竞争、同等纳税的外部环境，奠定了基础条件。

按所有制性质分立税种是改革开放以来经济转轨过程中税制设置的特点，这导致国有企业、集体企业、私营企业、外商投资企业分别适用不同的税种和税率，这种以所有制性质为基础区别对待的税制体系不符合社会主义市场经济体制的要求。1994年税制改革对内外资企业实施统一的流转税制，统一了不同所有制内资企业的所得税，并明确提出了下一步内外资企业税制完全统一的改革目标，为不同所有制企业的公平竞争奠定了税制基础。

第二，建立了统一的流转税体系。

计划经济体制下，区分行业和产品设置的复杂流转税体系实际上是用差别税率来平衡各种产品计划价格的扭曲，税制是附属于计划价格体系的。但是，截至1992年，经过多年的改革开放，中国当时由市场决定价格的比重已经扩大到80%左右①。1994年税制改革建立了以增值税主要对货物和部分服务征收，消费税在增值税基础上选择行业征收，营业税对服务业通过差别税率分行业征收的流转税体系，初步建立了适应市场经济体制的流转税制。

第三，实现了税制的简化，初步建立了适应社会主义市场体制要求、较为完备的税制体系。

税制改革前的工商税制共有32个税种，改革后工商税制中的税种数量减少为18个，初步实现了税制的高效和简化。

第四，初步建立了与社会主义市场经济体制和分税制财政管理体制相适应的税收征管体系②。

此次税制改革通过分设中央地方两套税务机构，建立了与分税制财政管理体制相配套的税收征管机构，明确规定中央税和全国统一实行的地方税的立法权集中在中央，并特别强调除税法规定的减免税以外，各级政府和任何部门都不能开减免税的口子。初步建立了与社会主义市场经济体制和分税制财政管理体制相适应的税收征管体系。

1994年税制改革的局限

如前所述，对照《工商税制改革实施方案》的各改革项目，包括企业所得税、城建税、房产税、车船税在内的内外资企业税制的完全统一直至2010年底才完全实现；城镇土地使用税的改革于2007年实现。而《方案》中城建税改革、证券交易税和遗产税的开征至今未实施。上述改革项目的延迟即有条件和环境不具备，《方案》设计超前的原因，也有不同利益群体博弈的因素。除此之外，1994年税制改革遗留的最大问题是增值税的抵扣范围和覆盖范围问题。

1994年税制改革实施时，宏观经济运行中存在着投资需求增长过快、通货膨胀严重等问题，因此在具体税制设计时，希望税收能够起到控制投资需求、抑制经济过热的作用。在这种背景下出台的增值税被设定为生产型增值税，即固定资产投资不能作为进项税额抵扣税款，这种设计无疑有利于控制投资过热的局面，但从长期来看，生产型增值税存在着重复征税的问题，不利于有机构成高的资本密集和技术密集型行业的发展，无法起到鼓励企业技术改造和设备更新的作用。因此，随着中国经济增长方式的转变，生产型增值税需要适时转型为消费型增值税。(高培勇，2009)

此外，1994年确立的增值税制的征收范围主要是货物的生产销售和修理修配劳务，绝大部分服务业征收营业税。交通运输、建筑安装、邮电通讯等生产性服务业与货物生产和销售的关系密切，不征收增值税使得增值税链条不够完整，影响了增值税中性作用的发挥，不利于服务业的发展，还造成管理上的困难。

正是由于生产型增值税和增值税、营业税并行的税制安排存在着上述问题，推进增值税的“转型”和“扩围”改革成为1994年后税制改革的重要内容。

2.4.2 对1994年以来税制改革的评估

1994年以来，经历了1997年亚洲金融危机、2002年加入世界贸易组织、2008年下半年爆发的国际金融危机等重大事件，中国的经济社会发展取得了巨大的成就，而经济社会发展中诸多深层次的矛盾也逐步显现。中国经济社会面临的挑战，主要体现在两个方面：一是随着中国人口红利的逐步丧失，中国的要素禀赋发生着根本性的变化，面对2008年金融危机后世界经济的再平衡以及资源、环境约束的加强，经济结构调整和产业结构升级压力越来越大；二是随着经济的发展，收入分配问题越来越突出。正如十八大报告指出的，要形成有

---

① 李鹏：《1993年政府工作报告——1993年3月15日在第八届全国人民代表大会第一次会议上》。

② 对1994年以来税收征管体系改革的分析参见本章第5节。

利于结构优化、社会公平的税收制度。

税制改革原则的变化

1994年税制改革的原则是：统一税法、公平税负、简化税制、合理分权。这一阶段强调的公平更多的是指不同所有制企业之间税负的公平。2003年十六届三中全会在《关于完善社会主义市场经济体制若干问题的决定》中提出了简税制、宽税基、低税率、严征管的税制改革原则，这十二字原则符合世界范围以减税为主的税制改革浪潮，强调税制的中性和效率。2011年《十二五规划》提出了优化税制结构、公平税收负担、规范分配关系、完善税权配置的税制改革原则，明确提出了税制结构的优化，重申了1994年改革中央和地方之间税权和合理配置。而此时公平税收负担的原则与1994相比更多的与规范分配关系相联系，强调对收入分配的调节。

1994年以来税制改革的成就

纵观这20年的税制改革历程，我们在三个方面取得了巨大的进展，完成或正在完成1994年及后续税制改革基本设想。这三个方面是：

第一，内外资企业税制的完全统一。尽管有所拖延，但1994年税制改革提出的内外资企业税制统一的设想于“十一五”末完全实现。计划经济时期遗留下来的区分所有制设置税种的问题得到彻底解决，实现了社会主义市场经济体制对税制的基本要求。

第二，农村税费改革和取消农业税。随着中国工业化进程的加快和国家财力的增强，发展中国家二元经济结构下税制城乡分割的格局迫切需要改革。农业税的最终取消，城市反哺农村、工业反哺农业财税体制的逐步建立是中国工业化发展的必然结果。

第三，增值税转型和扩围的推进。尽管生产型增值税还未彻底转变为消费型，“营改增”改革也尚未最终实现。但1994年建立起来的以增值税为主体的流转税制度在可以预计的未来有望与成熟市场经济国家的增值税制实现基本一致，从而实现一般流转税基本制度框架的长期稳定。

1994年以来税制改革的不足

从1994年后各个阶段政策性文件对税制改革的设想以及经济社会发展对税收促进结构优化和社会公平的要求出发，1994年以来的税制改革在以下两个方面尚存在很大缺陷。

一是税费改革进展缓慢。除农村税费改革取得较大成绩外，在征收方式和资金使用不作大的变动的情况下，比较顺利推出的只有车辆购置附加费改为车船购置税的改革。2000年与这项改革一并提出的燃油税改革一直拖延至2008年底，通过提高消费税成品油单位税额的方式才得以实现。而城市建设税费改革、资源税费改革和环境税费改革尽管在多个文件中被反复提及，但除了2014年10月出台的石油、天然气、煤炭资源税改革政策外，其他领域的税费改革还没有推出。

二是直接税改革严重滞后。1994年税制改革以来，利用税收手段调节收入分配也在各个阶段的各类政策性文件中被反复强调。但是，个人所得税综合与分类相结合的改革一直未能实施，对居民住宅征收房产税的改革迟迟未能扩大试点，遗产和赠与税一直未能开征，社会保障费改税也未有具体方案。

2.4.3 1994年以来税制的运行情况

宏观税负的变化

1994年财税体制改革有两个具体目标：一是提高财政收入占GDP的比重；二是提高中央财政收入占财政收入的比重。1994年以来税收收入实现了持续稳定增长，1994年，税收收入为5126.88亿元，税收收入占GDP的比重为10.64%，1996年税收收入占GDP的比重为最低值9.71%，此后一直持续上升，到2013年，税收收入达到了110530.70亿元，是1994年21.56倍，占GDP的比重提高至19.43%①（见图2-1）。

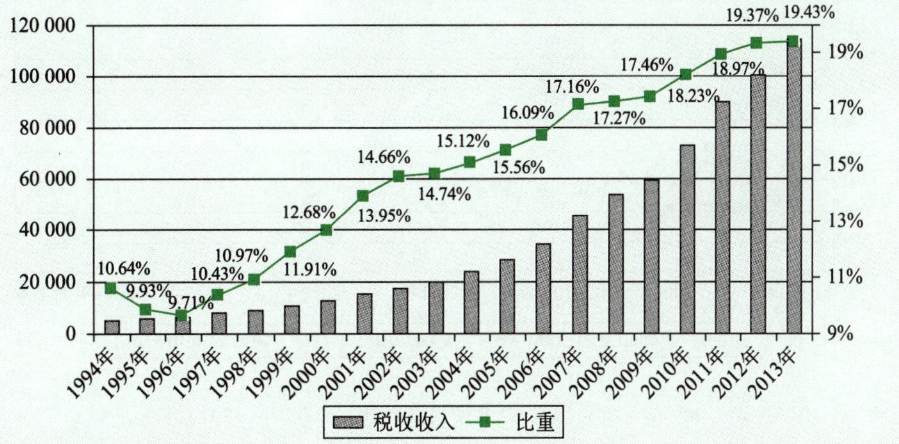

图2-1 中国税收收入占GDP比重的变化（1991—2013年）

税收收入作为财政收入的主要部分，1994年以来的持续稳定增长实现了税制改革的最初目标。

应当引起注意的是，2008年金融危机以来，尤其是“十二五”以来经济增速下行的趋势十分明显，2011年经济增长率为9.3%，2012年、2013年两年均为7.7%。2014年前三季度的经济增长率进一步降至7.4%。受经济增速下行的影响，“十二五”以来，税收收入的增幅也呈逐年下滑的趋势，2011年的税收收入增长率为22.58%，2012年下滑至12.12%，2013年只有9.86%，2014年上半年进一步下降至8.45%②，中国税收增长与宏观税负出现了新的趋势。

2008年金融危机以来，受大规模刺激政策的影响，税收收入的增长也出现了较大幅度的波动。2008年税收增长率为18.85%，2009年降至9.77%，2010年、2011年则高达23.00%和22.58%，2012年、2013年下降为12.12%和9.86%，2014年上半年仅为8.45%。

由于税收收入按当年价格计算，将其与名义GDP增长率对比则可以发现，税收增长受到货币因素的较大影响。2008年名义GDP增长18.15%，与税收增长率相比仅差0.71个百分点；2009年名义GDP增长为8.55%，两者相差1.22个百分点。2010年、2011年的名义GDP增长率为17.78%和17.83%，税收增长率高出5.22和4.74个百分点。2012年随着经济的下行，名义GDP的增长率降至9.80%，与税收增长率的差缩小至2.32个百分点。2013年和2014年上半年的名义GDP增长率分别为为9.50%和8.47%，与税收增长率基本同步（见图2-2）。

近年来税收与名义GDP增长率趋于同步导致宏观税负也趋于稳定，2008年宏观税负为17.27%，2011年升至18.97%，2012年为19.37%，2013年为19.43%，仅增长了0.06个百分点。如果2014年下半年经济增长率继续下行则可能出现宏观税负下降的情况。

① 根据《中国统计年鉴2014》相关数据计算得到。

② 如不加说明，本书2013年及之前的年度数据来自《中国统计年鉴2014》，季度及2014年上半年国民经济统计的数据来自国家统计局网站，季度税收收入增长数据来自财政部网站。

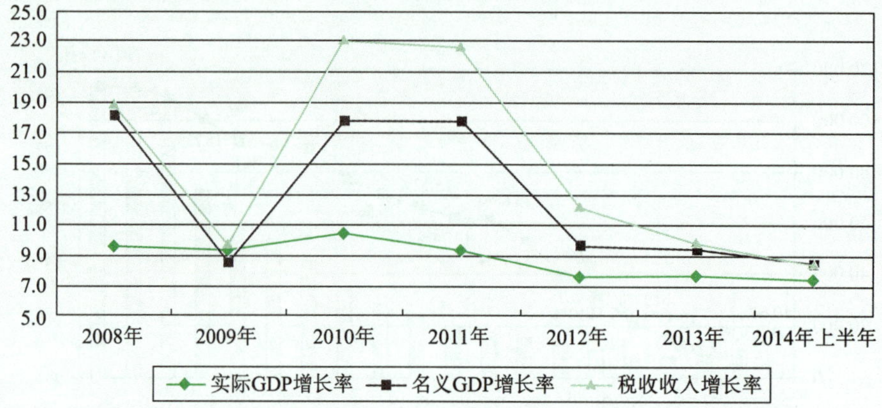

图2-2 税收收入增长率与GDP增长率对比（2008年—2014年上半年）

如果将2012年开始的“营改增”改革导致的减税因素①考虑在内，2012年、2013年税收增长率将提高至12.59%和10.78%，2014年上半年的税收增长率则在9%左右。而按照2015年基本完成“营改增”的要求，尤其是建筑业和房地产业纳入“营改增”后如果将不动产投资纳入增值税抵扣链条，从而实现增值税的完全转型，则将大幅增加减税的规模。在经济增长下行和减税的双重压力下，长期以来税收超GDP增长，宏观税负水平持续提高的趋势将不复存在。未来如何通过税制改革和税收征管抵消经济下行和“营改增”等减税导致的减收压力，实现十八届三中全会提出的“稳定税负”的要求将成为经济新常态下税收工作面临的重大挑战。（何晴、张斌，2014）

税制结构的演变

从税制结构看，1994年税制改革建立起来的以流转税为主体的税制结构近20年来保持了流转税逐步下降，所得税逐步上升的态势，各税种的比重也有显著的变化。我们选择了1994年、2001年、2007年和2013年四个年份税制结构数据进行分析，其中，2001年是中国加入世贸组织的前一年，2007年是国际金融危机的前一年。

表2-1是1994、2001、2007和2013四个年份的税制结构。从表中可以看出，国内增值税占税收收入的比重，由1994年的41.39%下降至2001年32.70%，2001年到2007年略有下降，2007年为30.18%，但到2013年该比重下降至23.80%。2012年与1994年相比，下降了17.5个百分点。

营业税占税收收入的比重1994年为12.01%，2007年为12.84%，2013年升至14.24%。如果将2013年国内增值税中交通运输业和现代服务业增值税收入1542元②调至营业税，则按可比口径，2013年国内增值税的比重则进一步降至22.53%，营业税的比重相应提高至15.51%。

进口环节代征增值税、消费税（进口两税）的比重则由1994年的5.83%上升至2001年的10.08%，至2013年达到了11.57%。

国内增值税、国内消费税、进口两税、营业税、关税和城建税合计占税收总收入的比重

① 2012年“营改增”减税426亿元，2013年上半年约为500亿元，2013年全年为1402亿元，2014年上半年为851亿元。2012年、2013年、2014年上半年数据来自国家税务总局网站，2013年上半年数据来自财政部《在第十二届全国人民代表大会常务委员会第四次会议国务院关于今年以来预算执行情况的报告》。

② 数据来源：财政部：《2013年1—12月全国财政收支情况》。

1994 年高达 76.01%，2001 年为 68.54%，2007 年下降至 64.38%，2013 年为 61.40%。与 1994 年相比，2013 年上述主要流转税收入占税收收入的比重下降了 14.61 个百分点。主要流转税加上资源税和车辆购置税后，上述 8 项合计占税收收入的比重则由 1994 年的 76.86%[①]下降至 2013 年 64.38%，降低了 12.48 个百分点。

所得税的比重 1994 年仅为 14%，但在 2001 年后保持了基本稳定，2001 年为 22.14%，2007 年为 23.34%，2013 年为 23.92%。但是，在收入分配中应起到较大作用的个人所得税的比重则由 2001 年的 6.08% 下降至 2013 年 5.40%。

房产税（2007 年前为房产和城市房地产税）、城镇土地使用税、车船税（2007 年前为车船使用税和车船牌照税）、耕地占用税、契税、土地增值税、印花税等其他税种占税收收入的比重由 1994 年的 9.18%[②]下降至 2001 年的 7.29%，此后上升至 2013 年的 11.70%。其中，与房地产开发关系密切的税种：耕地占用税、契税、土地增值税占税收收入的比重由 2001 年的 0.23%、0.96% 和 0.06% 上升至 2013 年的 1.49%、3.18% 和 2.72%，三个税种的比重合计由 2001 年的 1.26% 上升至 2012 年的 7.39%，提高了 6.13 个百分点。

表 2－1　税制结构的演变（1994 年、2001 年、2007 年与 2013 年）

序号	税种	1994 年	2001 年	2007 年	2013
1	国内增值税	41.39%	32.70%	30.18%	63.80%
2	国内消费税	8.74%	5.68%	4.31%	6.80%
3	进口两税	5.83%	10.08%	12.01%	11.57%
4	营业税	12.01%	12.60%	12.84%	14.24%
5	城建税	3.15%	2.35%	2.26%	2.83%
6	关税	4.89%	5.13%	2.79%	2.17%
7	流转税 1 合计	76.01%	68.54%	64.38%	61.40%
8	资源税	0.81%	0.41%	0.51%	0.83%
9	车辆购置税	–	1.62%	1.71%	2.14%
10	流转税 2 合计	76.82%	70.57%	66.60%	64.38%
11	企业所得税	12.70%	16.06%	17.13%	18.53%
12	个人所得税	1.30%	6.08%	6.21%	5.40%
13	所得税合计	14.00%	22.14%	23.34%	23.92%
14	主要税种合计	90.82%	92.71%	89.95%	88.30%
15	房产税	1.08%	1.40%	1.12%	1.31%
16	城镇土地使用税	0.58%	0.40%	0.75%	1.42%
17	车船税	0.20%	0.15%	0.13%	0.39%
18	耕地占用税	0.65%	0.23%	0.36%	1.49%
19	契税	–	0.96%	2.35%	3.18%
20	土地增值税	–	0.06%	0.79%	2.72%
21	印花税	1.11%	2.06%	4.41%	1.03%
22	其他税收	5.56%	2.03%	0.13%	0.16%
23	其他税种合计	9.18%	7.29%	10.05%	11.70%
24	税收总收入	100%	100%	100%	100%

注：（1）税收总收入为税收收入加出口退税。

（2）流转税 2 = 流转税 1 + 资源税 + 车辆购置税。

（3）由于四舍五入的原因，所得税合计与企业所得税、个人所得税相加差 0.01%。

资料来源：根据历年《中国统计年鉴》、《中国税务年鉴》数据计算得到。

① 1994 年车辆购置税尚未实行费改税。

② 1994 年的其他税收中包括契税、农业税和固定资产投资方向调节税等，其中农业税占税收收入的比重为 3.50%、固定资产投资方向调节税所占比重为 0.78%。

2.4.4 对1994年以来税制运行的评价

税制结构的基本特征

从税制运行的情况分析，尽管94年后流转税的比重有显著降低，但在税制结构在总体上仍保留着1994年税制的基本特征，这些特征可以概括为：

第一，对商品和服务课征的流转税比重较高，个人所得税的比重偏低。国内增值税、国内消费税、营业税、关税等对商品和服务课征的流转税（表2－1中流转税合计）占税收收入的比重2013年为64.38%，而个人所得税的比重仅为5.40%。

第二，流转税中对商品和服务普遍的课征的一般流转税的比重较高，调控功能较强的选择性课征的特殊流转税的比重偏低。2013年对商品和服务普遍课征的增值税和营业税占税收收入的比重仍接近50%，而调控功能较强的选择性课征的消费税、资源税、车辆购置税占税收收入的比重仅为10%左右，环境保护税尚未开征，具有环境保护功能的排污费以及促进资源节约的水资源费等还未实现费改税。

第三，对国民收入流量课征的税种齐全，但对存量财产课征的税种尚不完整，对居民住宅课征的房产税迟迟未能出台，尚未开征遗产与赠与税。由于个人所得税的比重低，因此居民在取得收入环节的税负较轻，而作为流量的收入差距会逐步累积为居民财产存量的差距并扩大财产性收入的差距。缺乏对存量财产课征的税种进一步限制了税收调节收入分配功能的发挥。

税制结构存在的主要问题

1994年以来建立的以流转税，尤其是增值税为主体的税制结构，具有较强的“中性”特征，有利于经济增长；同时征管成本相对较低，在筹集收入方面具有显著的优势，也实现了税收收入的持续稳定增长。但这种税制结构在收入分配和经济结构调整方面的弊端也比较显著，具体来说，现行税制的问题主要有以下几个方面：

（1）收入分配功能较弱，整体税制具有累退性。

以流转税为主体的税制结构在筹集收入方面具有优势，通过对生活必需品等商品适用较低的税率，对奢侈消费征收消费税等制度安排也可以起到调节收入分配的作用。但总的来看，对居民个人收入流量征收的个人所得税和对财富存量征收的财产税能够更好的起到收入分配的作用。而现行的税制结构在居民个人取得收入环节的总体税负较轻，在消费环节的税负较重，而在调节财富存量的财产税方面，除车船使用税和正在上海、重庆试点的房产税外，则几乎处于“空白”状况。这样一种税制结构，收入分配功能较弱，整体税制具有累退性。

（2）抑制消费。

现行税制结构对消费的抑制作用主要体现在以下两个方面：

第一，居民个人取得收入后，将收入配置为消费和储蓄（投资），在收入环节课征个人所得税相当于对消费和储蓄（投资）同时征税，而流转税则主要对消费征税。在商品和服务生产和流通环节征收的税收大部分作为成本通过提高价格转嫁给了消费者，税制结构是国内外相同商品价格差距较大的重要因素，也是导致居民消费不足的重要原因。消费环节税负较重而收入环节税负较轻不利于扩大消费需求。

第二，由于边际消费倾向递减，随着收入的提高，消费占收入的比重不断下降。以流转税为主体的税制结构使整体税制具有明显的累退性特征。（聂海峰、刘怡，2010）这种状况不仅抑制了消费，也不利于收入分配的调节。

（3）刺激出口，不利于内外需的平衡。

按照WTO规则，出口商品的流转税可以退税，而所得税无法退税，因此流转税比重高的国家其出口商品的实际税收含量较低，税制结构的差异会对出口商品的成本结构造成影

响。以流转税为主体的税制结构会形成对出口实质上的刺激，不利于内外需的均衡。（张斌、高培勇，2007）

（4）收入弹性较低，不利于未来财政收入稳定持续增长。

随着经济的发展和居民收入的提高，相对于超额累进的个人所得税，在交易环节按比例税率征收的流转税，尤其是增值税的收入缺乏弹性。2007 年以来，国内增值税的增幅开始低于税收收入的总体增幅，其对税收增长的贡献由 2001—2007 年的 29.00% 下降至 2007—2012 年的 18.31%。2013 年剔除“营改增”影响后，国内增值税的贡献率仅为 11.46%。未来面对社会保障和人口老龄化带来的支出压力，税制结构转向收入弹性更高的直接税有利于实现财政收入的持续稳定增长。

（5）鼓励招商引资，不利于地方政府职能和经济发展模式转变。

以流转税为主体的税制结构使地方政府的收入主要来源于企业而不是辖区居民，这会导致地方政府更热衷于招商引资和为企业及投资者提供服务，而相对忽视了为辖区居民提供公共服务。此外，流转税为主体的税制结构意味着收入主要来自生产和交易的规模，而不是企业利润，一些项目哪怕亏损，不能完全收回投资，但只要能够维持经营就会产生税收收入，这导致地方政府重规模和产值而轻效益，盲目上项目和重复建设。

2.5 税收法治与税收征管

如前所述，回顾 1994 年以来的税制改革，税费改革进展缓慢和直接税改革严重滞后是亟待解决的两个问题。而税制改革之所以在这两个领域进展缓慢，其深层根源在于推动税制改革的博弈规则和税收征管模式未能适应经济社会结构的深刻转变。具体来说，可以从税收法治建设和税收征管改革两个方面进行分析。

2.5.1 税收法治建设

在市场经济条件下，税收是国家凭借政治权力对公民财产的无偿征收，如何规范这种分配关系，有效制约政府的任意征税权是处理好政府与市场关系的制度基础，围绕这种分配关系形成的权力配置则构成了税制改革的博弈规则。一般认为，税收法定主义，也就是由立法机关掌握税收立法权是市场经济条件下税收权利配置的基本原则。

1994 年税制改革的背景是从计划经济体制向市场经济体制的转轨，这一时期税收作为一种分配手段主要调整的是国家和企业的分配关系，尤其是和国有企业的分配关系，而同时考虑到经济体制改革对工商税制改革的探索是一个动态的复杂过程。因此，除当时针对外资企业的《外商投资企业和外国企业所得税法》和《个人所得税法》外，其他实体税法均以“暂行条例”的方式由国务院制定并发布。

授权立法体制

1994 年以来，2007 年内外资企业所得税合并后全国人大制定了《企业所得税法》，2011 年制定了《车船税法》。尽管《增值税法》等税种的立法已经列入了议事日程，但由于“营改增”改革正在推进等因素的影响，迟迟未能出台。也就是说，迄今为止，实体税法中只有企业所得税、个人所得税、车船税三个税种是由人大立法通过的，占全部税收收入的比重仅有四分之一左右。

“隐性税收”立法权的部门分割

中国税收法治建设的滞后不仅体现在实体税法中国务院授权立法的税种太少，更为重要的是大量具有税收性质，面向社会无偿征收的政府性基金和行政事业性收费的立法权甚至分散在各个政府部门，相当一部分“隐性税收”的立法级次比“暂行条例”还要低，而且往往是由特定部门专款专用的，这不仅造成了社会非税负担沉重，同时也分割了政府的财力。

因此，1994年税制改革后不久，纠正“费大于税”，实施“费改税”和税费综合改革就提上了议事日程。2001年《十五计划》明确要求：深化财税体制改革，积极稳妥地推进税费改革，清理整顿行政事业性收费和政府性基金，建立政府统一预算。尽管这些年来通过农村税费改革、车辆和交通税费改革以及非税收入“收支两条线”改革等措施，各类政府收入全部纳入预算的目标已经基本实现，但房地产税费改革、资源环境税费改革并未有实质性的进展。

很多非税收入的项目具有间接税的性质，不仅在征收方面具有强制性，而且会直接增加企业的经营成本从而影响商品和服务的价格。典型的如教育费附加和地方教育费附加，前者属于纳入公共预算管理的非税收入，后者属于政府性基金①，但这两个项目与城市建设维护税具有完全相同的税基和征收方式。在纳入公共预算管理的非税收入中，除教育费附加外，排污费、水资源费、矿产资源补偿费等专项收入也具有类似的性质。

在政府性基金项目中，许多项目是直接针对特定商品或服务无偿征收的，也具有间接税的性质。2013年，扣除政府性基金土地相关收入、彩票公益金、烟草企业上缴专项收入等项目后的基金收入在9000亿元左右。尽管上述政府性基金中许多项目具有受益者付费的性质，但从总体上看，大部分基金项目（尤其是对能源、资源类产品、交通运输业以及附加税性质征收的项目）会导致企业经营成本的增加，这部分成本最终会全部或部分转化为最终消费品的价格，从而对消费具有抑制作用。

正是由于这些“隐性税收”立法权分散在政府各个部门，而且这部分资金专款专用，因此导致部门利益难以协调，造成税费改革进展缓慢。

税权在中央和地方政府间的配置

1994年税制改革的原则之一是合理分权，当时将是否征收屠宰税和筵席税的权力下放到了省级政府，但这两个税种不久就名存实亡，后来都被废止或宣布失效。2011年《十二五规划》在税制改革原则中再次提出“完善税权配置”，明确要“逐步健全地方税体系，赋予省级政府适当的税政管理权限”。

随着“营改增”税制改革的推进，原来作为地方税主体税种的营业税将被增值税取代，税制改革的推进要求重新构建中央和地方分税制财政体制，能否按照“完善税权配置”的原则，赋予地方政府更大的税政管理权和一定程度的税收立法权是未来影响税制改革的重要因素。

2.5.2 税收征管改革

1994年以来税收征管改革概述

1993年底公布的《工商税制改革实施方案》中对税收征管改革提出的明确要求，其主要内容是：普遍建立纳税申报制度；积极推行税务代理制度；加速推进税收征管计算机化的进程；建立严格的税务稽查制度；适应实行分税制的需要，组建中央和地方两套税务机构等。

---

① 2010年财政部下发了《关于统一地方教育附加政策有关问题的通知》（财综［2010］98号），通知要求各地统一征收地方教育附加，征收标准为单位和个人实际缴纳的增值税、营业税和消费税税额的2%。已经报财政部审批且征收标准低于2%的省份，应将地方教育附加的征收标准调整为2%。2010年全国地方教育费附加收入为242.82亿元，2011年为688.52亿元，2012年则上升至936.74亿元。

1994年税制改革后，为适应社会主义市场经济发展对税收征管改革的要求，1997年，国务院办公厅以国办发1号文转发了国家税务总局《关于深化税收征管改革方案》，该《方案》的核心是建立“以纳税申报和优化服务为基础，以计算机网络为依托，集中征收，重点稽查”为特征的税收征管新模式。2004年7月，全国税收征管工作会议上，以上述30字方针为基础，增加了“强化管理”，拓展为“34字”方针。近年来，国家税务总局在纳税服务、纳税评估、税源专业化管理等方面进行了新征管模式的改革试点。

在信息化建设方面，通过金税一、二、三期工程的推进，以增值税管理为重点的税收信息化取得了显著的成绩，税收征管效率得到持续的提高。

现行的税收征管能力对直接税改革的制约

1994年税制改革的背景是从计划经济体制向市场经济体制的转轨，这一时期税收作为一种分配手段主要调整的是国家和企业（包括个体工商户）的分配关系，并不需要直接面对自然人。即使是个人所得税，由于实行分类税制，也以企业（单位）代扣代缴为主。

1994年税制改革以来建立的以流转税为主体的税制结构也相应形成了税务机关以企业（单位）纳税人为主要征收对象的税收征管模式。现行《税收征管法》及其《实施细则》的规定也主要集中于对企业和单位纳税人，缺乏以自然人为征管对象，相对系统完整的法律规定和征管机制安排。

《税收征管法》中没有自然人纳税人的税务登记、税收保全等规定，税务机关也未建立起以自然人纳税人收入和财产信息为主的数据库系统。征管能力约束是推进直接税改革面临的主要技术困难。

以个人所得税改革为例，要实现“综合与分类相结合”的个人所得税制改革，势必要求税务机关掌握纳税人全部收入信息以及婚姻、生育等个人信息，而税务机关与纳税人之间的信息不对称是推进“综合和分类相结合”的个人所得税改革面临的主要问题。

此外，现阶段中国经济活动中大量使用现金交易，银行也不能完全掌握居民的收入支出情况，减少现金使用，推行大额交易的银行结算有利于个人所得税的征管。目前大量与税收征管有关的信息分散在政府各个部门，如户籍和身份证信息在公安部门、银行账户的收支信息在银行系统、家庭婚姻信息在民政部门、房产信息在房管部门等。仅仅依靠税务部门难以完成上述分散信息的整合工作。因此，优化征管环境、提升征管能力是未来推进直接税改革的前提条件。

国地税征管机构改革

1994年税制改革，为适应分税制财政体制的需要，组建了中央和地方两套税务机构，国地税征管机构的分设为分税制改革的顺利推进起到了重要作用。但是，两套征管机构也造成了税收征收成本和纳税人遵从成本的上升。

未来，随着营业税改征增值税改革的推进，地方税务机关的征管范围和征管工作量会相应缩减。如果个人所得税实行“综合与分类”相结合的税制，现行以属地管理为主的征管模式势必要转变为以属人管理为主的模式，面对纳税人的流动和跨地区的多种收入来源，个人所得税也应由国家税务局统一征收。即使实行社会保障费改税，未来随着养老和医疗全国统筹制度的建立，社会保障税也更适合国家税务局统一征收。

因此，随着税制改革进程的加快，除对居民住宅征收房产税属于增量外，地方税务机关难以维持目前的征管规模，国地税征管机构的分工和职能调整也应提上议事日程。

2.6 未来10年税制改革展望

2.6.1 下一步税制改革的背景与要求

1994年的税制改革是在中国改革开放进入新的历史时期，以建立社会主义市场经济体制为背景进行的一次全方位、根本性的改革，此次改革，在充分借鉴国际经验的基础上，奠定了社会主义市场经济体制下税收制度的基本框架，为各种经济成分创造了较为公平的竞争环境，实现了税收收入持续快速增长。同时，在1994年确立的税制框架下，遵循改革的基本思路，1994年后完成了内外资企业税制的完全统一，也实现了增值税制度的持续改进和完善。

随着中国经济社会发展进入新的历史时期，1994年税制改革后逐步形成的以流转税为主体的税制结构越来越不能适应扩大消费需求、促进资源环境节约和调节收入分配、促进社会公平的任务。

党的十八届三中全会将财税体制改革的重要性提升到一个前所未有的新高度，明确提出："财政是国家治理的基础和重要支柱，科学的财税体制是优化资源配置、维护市场统一、促进社会公平、实现国家长治久安的制度保障"。深化财税体制改革的目标是建立与国家治理体系和治理能力现代化相适应的现代财政制度。

现代税收制度是现代财政制度的重要组成部分，此轮税制改革与以往税制改革的区别在于：以往税制改革仅局限在经济体制改革，强调适应社会主义市场经济的要求；而此轮税制改革要在全面深化改革的总体布局下，融入国家治理体系的现代化进程，发挥好作为国家治理的基础和重要支柱的功能。

基于这一定位，此轮税制改革的重点是结构问题，而不是总量问题，其基本要求：一是作为规范政府与市场、居民关系的基本制度，要按照社会主义民主政治制度建设的要求，以税收法定为原则重构人大、政府及政府各部门之间的税权配置；二是在稳定税负的前提下，要从政府收入体系和税费综合改革的角度优化税制结构，实现"完善地方税体系、逐步提高直接税比重"的目标；三是税种的改革要与现代国家的职能相匹配，方案设计时要着眼于经济社会效应，根据税种属性建立各税种各司其职、协调配合、功能齐全的现代复合税制体系。

按照十八届三中全会《决议》和《财税体制改革总体方案》的要求，未来10年税制改革规划应重视以下三个方面：

第一，税制改革方案的设计和实施要放在全面深化改革的总体布局中与其他领域的改革相适应，以税收制度在国家治理体系现代化中的职能及其发挥的作用作为评估的最高标准。

第二，税制改革要以是否有利于"优化资源配置、维护市场统一、促进社会公平、实现国家长治久安"为原则，在税制改革规划时应着重研究税制改革在促进社会公平和结构优化中的功能和作用，尽可能采用具体的量化指标，如促进社会公平方面，要明确税制改革后基尼系数应降低多少，不同税种各自应承担多少比例。

第三，以十八届三中全会《决议》和《财税体制改革总体方案》对税制改革的具体要求为标准，以现代复合税制体系的内在规律和税种属性为依据对具体税种和税收征管改革进行设计。

2.6.2 下一步税制改革的目标

十八届三中全会审议通过的《中共中央关

于全面深化改革若干重大问题的决定》（以下简称《决定》）在第五部分明确提出了“完善立法、明确事权、改革税制、稳定税负、透明预算、提高效率，建立现代财政制度，发挥中央和地方两个积极性”的要求。并专列第18节阐述完善税收制度的改革要求（见专栏2-1）。

专栏2-1　十八届三中全会《决定》对税制改革的要求

五、深化财税体制改革

(18) 完善税收制度。深化税收制度改革，完善地方税体系，逐步提高直接税比重。推进增值税改革，适当简化税率。调整消费税征收范围、环节、税率，把高耗能、高污染产品及部分高档消费品纳入征收范围。逐步建立综合与分类相结合的个人所得税制。加快房地产税立法并适时推进改革，加快资源税改革，推动环境保护费改税。

统一税制、公平税负、促进公平竞争的原则，加强对税收优惠特别是区域税收优惠政策的规范管理。税收优惠政策统一由专门税收法律法规规定，清理规范税收优惠政策。完善国税、地税征管体制。

第八部分“加强社会主义民主政治制度建设”提出“落实税收法定原则”。

第十二部分“推进社会事业改革创新”中要求：

完善以税收、社会保障、转移支付为主要手段的再分配调节机制，加大税收调节力度。

完善慈善捐助减免税制度，支持慈善事业发挥扶贫济困积极作用。

制定实施免税、延期征税等优惠政策，加快发展企业年金、职业年金、商业保险，构建多层次社会保障体系。

第十四部分“加快生态文明制度建设”中提出“逐步将资源税扩展到占用各种自然生态空间”。

资料来源：《中共中央关于全面深化改革若干重大问题的决定》。

结合《决定》的具体要求，中国下一步税制改革的目标可以概括为：

(1) 不增加宏观税负的前提下实施税费综合改革。

党的十八届三中全会明确要求“稳定税负”，而近年来全部政府收入占GDP的比重在35%，而税收收入占GDP的比重仅在20%左右。

因此，中国下一步税制改革的重点是政府收入内部结构的调整，在总体上不增加社会负担，保持宏观税负总水平稳定的前提下，通过税费综合改革提高税收收入的规模和比重。

具体来说，除“十一五”时期已经实行的养路费等交通收费改征消费税的改革外，资源税、环境税、房产税改革都涉及与现行资源、环境和土地开发中相关规费的合并问题。而为应对人口老龄化、提高社会保障的覆盖面和保障水平，应加紧研究实施社会保障费改税。

(2) 完善立法与落实税收法定原则。

改革开放以来，在税收立法领域我国长期实行授权立法体制，现行的18个实体税法中，只有企业所得税、个人所得税和车船税是人大立法，其他15个税种都以《暂行条例》的形式存在。《决定》除了在深化财税体制改革的总论部分明确提出了“完善立法”的要求外，在第18节完善税收制度中明确要求“加快房地产税立法并适时推进改革”，而且在第八部分“加强社会主义民主政治制度建设”中更是明确提出“落实税收法定原则”。

（3）完善地方税体系。

十八届三中全会明确提出了“完善地方税体系”的要求，同时也明确指出要“保持现有中央和地方财力格局总体稳定，结合税制改革，考虑税种属性，进一步理顺中央和地方收入划分”。

（4）逐步提高直接税比重促进社会公平。

中国当前以间接税为主体的税制结构难以发展税收调节收入分配的功能，而扩大国内消费需求与调节收入分配等一系列重大结构调整任务都需要充分发挥直接税，尤其是个人所得税和房产税对居民收入和存量财产的调节作用。直接税比重提高的同时相应降低增值税等流转税的比重，能够缓解整体税制的“累退性”，有利于国内消费需求的扩大和内外需的平衡。因此，中国下一步税制改革的基本取向是：启动并逐步推进直接税改革，以实行综合和分类相结合的个人所得税制和对居民住宅征收房产税为突破口，构建适合中国国情的直接税体系。以此为基础，逐步增加直接税并相应减少间接税在整个税收收入中的比重，最终实现直接税与间接税的均衡布局。

（5）通过“营改增”、消费税、资源税、环境税费改革促进结构优化。

中国当前正在推进的营业税改征增值税改革对于消除重复征税、鼓励服务业发展，优化产业结构具有重要意义。而为了促进资源节约和环境保护，应重视特殊流转税和税收优惠政策的作用，通过资源、环境税费改革促进经济结构的优化和调整。

（6）推进税收征管改革。

税收征管的现代化是建立现代财政制度的重要组成部分。中国现行的税收征管模式是以对单位纳税人征税为主建立起来的，税务机关对自然人纳税人的征管能力较弱。如《税收征管法》没有自然人纳税人的税务登记、税收保全等规定，税务机关也未建立起以自然人纳税人收入和财产信息为主的数据库系统。征管能力约束是推进下一步推进直接税改革面临的主要技术困难。

以个人所得税改革为例，要实现“综合与分类相结合”的个人所得税制改革，势必要求税务机关掌握纳税人全部收入信息以及婚姻、生育等个人信息，而税务机关与纳税人之间的信息不对称是推进“综合和分类相结合”的个人所得税改革面临的主要问题。

首先，现阶段中国经济活动中大量使用现金交易，银行也不能完全掌握居民的收入支出情况，减少现金使用，推行大额交易的银行结算有利于个人所得税的征管。其次，目前大量与税收征管有关的信息分散在政府各个部门，如户籍和身份证信息在公安部门、银行账户的收支信息在银行系统、家庭婚姻信息在民政部门、房产信息在房管部门等。仅仅依靠税务部门难以完成上述分散信息的整合工作。因此，优化征管环境、提升征管能力是未来推进直接税改革的前提条件。

2.6.3 下一步税制改革的具体内容①

（1）“营改增”改革。

营业税改征增值税作为“十二五”时期重点推进的税制改革措施，截止到2014年6月，交通运输业、邮政业、电信业和部分现代服务业的“营改增”改革已在全国铺开。下一步“营改增”改革需要解决以下四个问题：一是建筑业和房地产业实行营改增后，如何将不动产纳入抵扣范围，实现增值税的彻底转型；二是如何针对中国金融业现状及未来改革推进金融业的营改增；三是营业税改征增值税后，如何结合税制改革调整分税制财政体制；四随着“营改增”的推进，如何归并17%、13%、11%和6%四档税率，更好地充分发挥增值税的“中性”作用。

（2）完善消费税制。

十八届三中全会明确提出了“调整消费税的征收范围、环节、税率，把高耗能、高污染产品及部分高档消费品纳入征收范围”的要

① 税收征管改革请参见本书第3章。

求，以更好地发挥消费税的调节功能。目前的税制结构中，对商品和服务普遍的课征的一般流转税——增值税、营业税的比重较高，调控功能较强的选择性课征的特殊流转税——消费税的比重偏低。未来随着“营改增”试点的扩大，现行征收20%营业税的行业在适用增值税标准税率的同时，对其适用征消费税，将消费税的征收范围扩大至高档服务业。

（3）个人所得税改革。

未来中国个人所得税的改革方向，是建立“综合与分类相结合”个人所得税制，将部分所得项目以个人或家庭为单位按年度适用累进税率实施综合计征，而对其他项目保持分项计征的税制模式。在这一模式下，通过逐步引入抚养扣除、残疾扣除、赡养扣除等差别化的扣除项目，更好地发挥个人所得税调节收入的功能。

（4）房产税改革。

中国现行房产税是对经营性房产征收的，十八届三中全会对房地产税改革提出了“加快房地产税立法并适时推进改革”的要求。未来应在及时总结上海、重庆房产税改革试点的经验和教训，以房产评估值为主要计税依据、以存量房产为征收对象，在合理确定免征额和税率标准的基础上逐步将房产税改革在全国推开。这对于完善财产税体系，充分发挥税收调节存量财富分配具有重要意义。

（5）研究开征遗产税。

遗产税作为调整存量财富分配的重要税种，有利于缓解收入分配差距，对建立完善的财产税体系具有重要意义。但需要注意的是，随着全球经济的一体化，资本跨国流动日益频繁，未来设计遗产税方案时应充分考虑国际资本流动和国际税收竞争的影响。

（6）社会保障费改税。

随着人口老龄化的加快，未来中国政府社会保障筹资压力将越来越大。目前的社会保障制度呈现出“碎片化”的特征，城镇居民与农村居民、城镇企业职工与农民工、公务员与其他社会成员，在养老和医疗保障方面存在比较明显的制度差异。现行的社会保障的主体——五项社会保险的费率水平过高，这导致社会保险缴费的征管难度较大，社会保险的覆盖面较窄。

为适应社会保障制度改革的要求，提高社会保障的覆盖面和筹资能力，中国未来应积极推进社会保障“费改税”的改革，由税务机关统一征收社会保障税。同时，逐步提高社会保险基金的统筹层次，提高资金统筹的力度和使用效率。

（7）资源环境税费改革。

近年来，随着资源能源价格的持续上涨和环境保护意识的提高，中国环境与资源领域存在的问题和矛盾日益突出。税收政策作为国家实行宏观经济调控的重要政策手段之一，在促进能源节约及可持续发展方面具有其他经济手段难以替代的功能。因此，资源环境税费改革受到社会各界的普遍关注。

目前，中国已经存在着一系列促进资源节约和环境保护的税费制度，分散在企业所得税、资源税、消费税和大量环境资源收费项目中。资源税由从量计征改革为从价计征的改革已经开始，而未来应积极研究扩大资源税征收范围和环境保护费改税的方案，将经济增长，企业居民负担能力与资源节约、环境保护综合考虑，适时推进环境保护税费的改革。

主要参考文献

刘佐著：《新中国税制60年》，中国财政经济出版社，2009年。

高培勇主编：《共和国财税60年》，人民出版社，2009年。

高培勇、杨志勇主编：《中国财政政策报告2013/2014：将全面深化财税体制改革落到实处》，中国财政经济出版社，2014年。

贾康、赵全厚编著：《中国财税体制改革30年回顾与展望》，人民出版社，2008年。

何晴、张斌：《经济新常态下的税收增长：趋势、结构与影响》，工作论文。

维托·坦齐编：《经济转轨中的财政政策》，中国金融出版社、国际货币基金组织，1993 年。

王绍光："从经济政策到社会政策的历史性转变"，载于周建明、胡鞍钢、王绍光主编：《和谐社会构建：欧洲的经验与中国的探索》，清华大学出版社，2007 年。

王雍君著：《税制优化原理》，中国财政经济出版社，1995 年。

岳树民著：《中国税制优化的理论分析》，中国人民大学出版社，2003 年。

张斌："中国下一步税制改革的目标与任务"，《行政管理改革》，2014 年第 2 期。

张斌：《税制变迁研究》，中国社会科学出版社，2014 年。

中国税务学会课题组："'十二五'时期的中国税制改革：背景分析、目标定位与重点项目"，载于《中国税务年鉴 2011》，中国税务出版社，2012 年。

［美］B. 盖伊·彼得斯著：《税收政治学：一种比较的视角》，凤凰出版传媒集团、江苏人民出版社，2008 年。

［美］高俊伊东、安恩·克鲁杰编：《税制改革的政治经济学》，中国人民大学出版社，2001 年。

［乌克兰］威尼·瑟斯克编：《发展中国家的税制改革》，中国人民大学出版社，2001 年。

3

税收征管机制改革：评估与展望

- 税收征管机制改革的成败决定着新一轮财税体制改革的成败。旨在调整税制结构的诸项改革均与税收征管机制改革密切相关
- 我国税收征管模式正在经历从传统向现代化的转变，未来10年的改革方向是构建现代化税收征管体系
- 现代化税收征管体系的灵魂是追求效率，即在既定约束条件下优化资源配置。简单说，就是花费最小的代价完成应收尽收的目标
- 现代化的税收征管存在两条路径：一是强评估，二是强征管。第一条路径是发展趋势，体现的是促进纳税人自愿遵从的合作性征纳关系；第二条路径是各国在建立现代税收征管体系前的常规选择，是一种带有较强对抗性的征管模式。从第二种路径向第一种过渡是多数国家的现实选择

Tax Administration Reform: Evaluation and Prospect

- Tax administration reform will determine the success or failure of the new round fiscal and tax system reform. Various reforms aimed at readjusting tax structure are closely related to tax administration reform
- China' tax administration is experiencing the transition from traditional to modern, and its reform direction in the coming ten years is to build up a modern tax administration
- The soul of the modern tax administration system is the efficiency improvement, that is, to optimize the allocation of resources in a given constraint conditions. In short, to collect all taxes receivable at minimal cost
- There are two paths of modern tax administration: one is strengthening tax assessment, the other is strengthening tax collection and management. The former is a development trend, which reflects the cooperative relationship between taxpayer and tax administration with promoting taxpayer's voluntary compliance, the latter is a conventional choice before countries established their tax administration system and is an administration model with a strong antagonism. The transition from the latter to the former is a realistic choice for most countries

3　税收征管机制改革：评估与展望

评价与展望税收征管机制改革具有重要现实意义。毫不夸张地说，税收征管机制改革的成败直接关系着新一轮税制改革的成败①。能否实现优化税制结构（增加直接税比重）的改革目标，能否构建符合现代财政制度要求的现代税收征管体系，能否将依法治国的理念落实到税收领域，关键要看现行税收征管机制能否做出根本性调整。近年来，但凡难度较大的税制改革，如综合与分类相结合的个人所得税，几乎都与税收征管机制密切相关。因此，在新一轮税制改革启动之时，系统评价 1994 年以来我国税收征管机制改革效果，在此基础上，锁定我国未来 10 年税收征管机制的改革路径，是当务之急。而这正是本章要解决的核心问题。

本章共分 4 个部分：第一部分梳理 1994 年至 2013 年我国税收征管机制改革的核心内容；第二部分以 1994 年预设的税收征管机制改革目标与 2014 年全面深化财税体制改革总目标为基础，提出评价标准；第三部分评价 1994 年以来的税收征管机制改革效应；最后一部分以十八届三中全会与深化财税体制改革总体要求为基础，勾画未来 10 年我国税收征管机制改革的蓝图。

3.1　税收征管机制改革的基本脉络

3.1.1　1994 年税收征管机制改革的背景

我们关注的是 1994 年以后的税收征管机制改革，但仍有必要简单回顾一下 1994 年之前的几次重要的税收征管机制改革。在 1994 年之前，至少有三项改革对我们评价最近 20 年的税收征管机制改革较为关键。它们是：

① 本章所讨论的税收征管是狭义上的税收征管，即税务机构依法从事税款征收的相关活动。

税收专管员制度

1950年至1990年，我国实行的是税收专管员制度。税务人员按照区域、行业或性质管理固定工商户，负责专管户企业的所有税收业务，包括征收、管理、检查业务。“一员到户，各税统管”是这一阶段税收征管最显著的特征。因而，这一阶段的税收征管模式也被称为“保姆式”的税收管理方式（见专栏3-1）。

专栏3-1　税收专管员

在日常管理中，各税收专管员负责实施对纳税户的普查，按地段和行业归类整理纳税卡片，在此基础上建立专管户的征稽手册。除此之外，税务专管员还要传达税政法令，组织工商业者学习税法，教育财会人员入实记账与申报纳税，联系职工店员协助征税，帮助业户建账、建票；组织领导纳税小组长审查申报表，督促工商业者按期缴税；搜集资料，掌握情况，检查业户，堵塞偷漏；了解行业经营情况，掌握行业发展规律、营业利润情况、季节性变化等；组织与掌握所管纳税户纳税事项的民主评议。

税收专管员除了分区监管所有纳税户之外，还建立纳税小组，实行工商户集体报缴工商税的制度；另外，分区专责管理的基础上，还由专责区与有关区分局的专管人员组成专业小组，并由专责区专管人员担任组长。代表专责区加强与有关部门的联系和对工商界进行税务协商；系统汇集和研究行业生产经营和纳税情况，总结交流管理经验，制订行业税收征管工作规划等。

税务专管员把征管与促进生产相结合。由专业活动扩展到各项财税工作，包括税利检查和财务检查等工作，从供、产、销等各个环节上，抓住重点，帮助企业“比指标、找差距、挖潜力、赶先进”，促进企业生产的发展。

资料来源：《税收管理员制度再认识：一个历史的视角》，http：//www. eduzhai. net/lunwen/78/173/lunwen_ 100805. html。

这种征管模式在计划经济体制和税制相对简单的情况下发挥过重要作用，然而，随着我国经济不断发展，企业数量增多，征管任务加重，涉税业务复杂，使得专管员难以胜任征管工作。此外，由于专管员集中了征、管、查的权力，自由裁量权过大，在缺乏必要的监督制约机制的条件下，出现了滥用权力的行为。

“征、管、查”三分离或“征收（管）与检（管）查”两分离

为克服税收专管员制度带来的种种问题，1989年，国家税务局印发《关于全国税收征管改革的意见》，1990年9月召开全国征管工作会议，确立了“征收、管理、稽查三分离或征收（管）、检（管）查两分离”的新征管模式。

这个模式被形象地称为“分离式”征管模式。在此模式下，税务人员下户征税转变为纳税人主动上门申报纳税。为与新的征管与申报模式相适应，各地逐步调整和加强了县（市、区）税务机关的征管机构。

《税收征管法》

税收征管制度与税收法律总是在互动中调整。20世纪80年代，我国工商税制进行了大范围调整，同时建立了涉外税制。当时的税收征管制度已然无法适应税制调整的需要。为了配合税制改革，1985年在安徽歙县召开了全国第一次征管工作会议。此次会议意义重大，拉开了我国税收征管机制改革的序幕。

会议确定了税收征管机制改革的目标，即建立科学严密的征管体系。同时，修改了《工商税收征管条例（草案）》和《税务专管员守则》。1986 年，国务院颁布《税收征收管理暂行条例》。经过几年筹备，国家税务局于 1992 年提请全国人大常委会审议并通过了《税收征管法》。

《税收征管法》在我国税收征管机制改革的历史上具有里程碑意义。《人民日报》评论员就第七届全国人民代表大会常务委员会通过《中华人民共和国税收征收管理法》发表文章，《推进依法治税的重大步骤》。文章指出，税收征管法的颁布是中国税收法制建设的重大突破，标志着依法治税前进了一大步，这对于更好地发挥税收的作用，促进改革开放和经济建设具有重要的意义。

《税收征管法》解决了原有税收征管的一些突出问题，但随着税制改革的进一步深入，《税收征管法》又无法适应 1994 年新的分税制改革要求。具体表现为：纳税人的权益保障难以落实，税务机关和税务人员的执法行为不够规范，税源难以控制，税务执法手段落后，刚性不足，税款流失严重。这些问题都要求我们必须对《税收征管法》进行修订。

3.1.2 1994 年税收征管机制改革

作为新中国历史上规模最大、影响最为深远的一轮财税体制改革，1994 年财税体制改革自然不会缺少对税收征管制度改革的定位与谋划。

《国家税务总局工商税制改革实施方案》全面阐述了税收征管改革的总体安排与部署，提出普遍建立纳税申报制度，积极推行税务代理制度，加速推进税收征管计算机化的进程，建立严格的稽查制度，适应分税制的组建中央和地方两套税务机构，确立适应社会主义市场经济需要的税收基本规范，中央税和全国统一实行的地方税立法权集中在中央，加强税收法制建设，加快完成税收法律、法规的立法程序，逐步建立税收立法，司法和执法相互独立、相互制约的机制（见表 3－1）。

表 3－1　《国家税务总局工商税制改革实施方案》中有关税收征管改革的具体内容

普遍建立纳税申报制度	纳税人进行纳税申报是履行纳税义务的首要环节，建立纳税申报制度有利于形成纳税人自我约束的机制，增强公民纳税意识，是税务机关实施有效征管的一项基础工程。纳税申报制度建立以后，对不按期申报的，不据实申报的，均视为偷税行为，要依法严惩。
积极推行税务代理制度	应按照国际通行做法，实行会计师事务所、律师事务所等社会中介机构代理办税的制度，使其逐步成为税收征管体系中一个不可缺少的环节。
加速推进税收征管计算机化的进程	国际经验证明，在税收征管中采用电子计算机等先进技术手段，是建立严密、有效的税收监控网络的必由之路，也有利于降低税收成本。鉴于我国零星分散的纳税人较多，计算机管理基础较差，可以考虑先从城市、从重点税种征管的计算机化做起，逐步形成全国性的、纵横贯通的税收征管计算机网络。
建立严格的税务稽查制度	普遍推行纳税申报和税务代理制度以后，税务机关的主要力量将转向日常的、重点的税务稽查，建立申报、代理、稽查三位一体的税收征管格局，同时辅之以对偷逃税行为进行重罚的办法。
适应实行分税制的需要，组建中央和地方两套税务机构	——

续表

确立适应社会主义市场经济需要的税收基本规范	当前特别需要强调：纳税人必须依法纳税，税务机关必须依法征税；税收必须按税法规定依率计征，不得"包税"和任意改变税率；一切销售收入都必须征税，以保证税基不被侵蚀；应从价计征的税收必须从价计征，取消目前对某些行业提价收入不征税的政策；除税法规定的减免税项目外，各级政府及各部门都不能开减免税的口子。
中央税和全国统一实行的地方税立法权集中在中央	—
加强税收法制建设，加快完成税收法律、法规的立法程序；逐步建立税收立法、司法和执法相互独立、相互制约的机制	—

国地税分设是1994年税收征管机制改革中极为重要的一笔。为落实《国家税务总局工商税制改革实施方案》，1993年12月9日，国务院办公厅转发了《国家税务总局关于组建在各地的直属税务机构和地方税务局实施意见》，对组建两个机构的基本原则、两个机构的征收管理范围与机构设置等问题，以及组建实施步骤进行了明确规定。国地税分设的基本格局延续至今。

3.1.3 1994年至2011年税收征管机制改革

在1994年至2011年这段时间内，我国出台了一系列强化税收征管的改革措施。其中，发生在1997年与2004年的两次改革值得我们特别关注。它们是：

1997年：以纳税人自行申报为核心的30字方针

为贯彻落实党的十五大精神和《国务院批转国家税务总局工商税制改革实施方案的通知》，建立适应社会主义市场经济体制要求、符合中国国情、科学严密的税收征管体系，1995年11月28日，国家税务总局召开新闻发布会，向全社会发布了30字的新征管模式，即"以纳税申报和优化服务为基础，以计算机网络为依托，集中征收，重点稽查"。

根据30字方针的总体要求，1997年国家税务总局出台了《关于深化税收征管改革方案》。此次税收征管改革的主要内容被概括为建立"一个制度，四个体系"。一个制度，即建立纳税人自行申报纳税制度；四个体系，即建立以税务机关和社会中介组织相结合的服务体系、以计算机网络为依托的管理监控体系、人工与计算机结合的稽查体系和以征管功能为主的机构设置体系（管理服务、征收监控、税务稽查、政策法规四个系列划分）。这次税收征管机制改革不仅使得税收征管包含税收征、管、查三个主要环节，还将信息化手段、税务机构设置和纳税服务嵌入到征管过程之中。

1997年的这次税收征管机制改革影响深远，取得了积极意义。但在实施过程中，遇到了较为严重的管理问题。一方面，1997年取消专管员之后，在征管过程中出现了"管事和管户"脱节的问题。按照"征、管、查"三分离的体制要求，各地也相应成立了各类管理机构，但征收、管理和稽查部门之间严重脱节，税源管理弱化。另一方面，在当时条件下，税务机关并不具备发现与处理应报未报、申报有误等问题的能力，而税务稽查也无法起到绝对的威慑作用。两方面原因导致“责任淡化、疏于管理”凸显。旧的制度（专管员制度）已经取消，新的制度（纳税人自行申报与“征、管、查”三分离）尚未有效，税收征管工作陷入尴尬境地。

2004 年：补充强化管理后的 34 字方针

2003 年，针对税收征管中出现的“责任淡化、疏于管理”的问题，国家税务总局提出税收管理要走“科学化、精细化”道路的工作思路。科学化管理就是要从实际出发，实事求是，积极探索和掌握征管工作规律，善于运用现代管理方法和信息化手段，提高管理的实效性。精细化管理就是要按照精确、细致、深入的要求，明确职责分工，优化业务流程，完善岗责体系，加强协调配合，避免大而化之的粗放式管理，抓住税收征管的薄弱环节，有针对性地采取措施，抓紧、抓细、抓实，不断提高管理效能①。“科学化、精细化”的工作思路引领了 2004 年至 2011 年的税收征管改革。

为落实“科学化、精细化”的工作思路，解决“责任淡化，疏于管理”的问题，2004 年 7 月全国税收征管工作会将 30 字方针修改为“以申报纳税和优化服务为基础，以计算机网络为依托，集中征收，重点稽查，强化管理”的 34 字方针。

为加强管理，国家税务总局围绕税源管理进行了多维度的改革。一方面，走回头路，恢复税收管理员制度；另一方面，在纳税服务、纳税评估、税源分类管理、风险管理等方面进行了一系列改革，并取得了一定成绩，使中国税收征管模式逐步走上了现代化的轨道。

3.1.4 2012 年至 2013 年税收征管机制改革

2012 年深化征管改革方案（讨论稿）

2012 年 7 月，全国税务系统深化税收征管改革工作会议在安徽省合肥市召开。会议总结了 1997 年以来税收征管改革的实践，特别是近年来实施税源专业化管理和大企业税收专业化管理工作，提出了构建现代化税收征管体系的基本思路。

2012 年底，为建立符合我国国情以及国际税收发展趋势的现代化税收征管体系，确保税收各项职能作用的充分发挥，国家税务总局在充分吸收 2010 年以来税源专业化管理试点改革的反馈意见与建议的基础上，下发了《关于进一步深化征管改革的方案（讨论稿）》。讨论稿详细阐述了现代化税收征管体系的总体要求、目标、主要内容、制度措施和实施步骤等内容。

该方案首次明确现代化税收征管体系的总体要求，即构建以明晰征纳双方权利义务为前提，以实施税收风险管理为主线，以专业化管理为基础，以信息化为支撑，以加强重点税源管理为着力点的现代化税收征管体系。至此，我国税收征管机制改革开始由传统走向现代化。

2013 年十八届三中全会

2013 年，《中共中央关于全面深化改革若干重大问题的决定》提出要完善税收制度，即按照统一税制、公平税负、促进公平竞争的原则，加强对税收优惠特别是区域税收优惠政策的规范管理。税收优惠政策统一由专门税收法律法规规定，清理规范税收优惠政策。完善国税、地税征管体制。

---

① 谢旭人 2004 年在全国税收征管工作会议上的讲话。

3.2 税收征管机制改革评估标准的界定

评估税制改革，没有一个公认的尺度和标准，对中国这样一个处于经济社会高速发展，同时具有发展中国家和转轨国家双重特征的经济体而言，更难以找到一个简单而公允的标准。实践中，通常把改革最初所设定的基本目标作为评价税制改革的一个重要标准。对税收征管机制改革而言，税收征管机制改革最初确立的基本目标就是评价税收征管机制改革的一个重要标准。

如果将税收征管改革的基本目标作为评价标准，则税收征管机制改革的评价内容被自然地拆解为两个部分。一是对标准本身（改革基本目标）的评价；二是对改革效果（是否达到标准）的评价。它们分别是本章第二节与第三节的主要内容。

3.2.1 1994年至2013年税收征管机制改革的目标及评价

仔细审视1994年至今这20年间的演变历程，可以发现，如果说那一轮的财税改革为我们所搭起的是社会主义市场经济条件下的财税体制基本框架，那么，在此之后，旨在完善这一基本框架的改革一直在持续，相关改革举措的出台从来就没有停止过。从这个意义上讲，1994年的财税改革，与其说是一项改革成果，更可以说是一个改革过程。将1994年所进行的财税改革同此后在财税领域所发生的一系列改革对接起来，我们所看到的，是一幅关于1994年财税改革的系列图景。

20年间税收征管机制改革正是其中之一。表3-2反映了这20年间最为重要的税收征管机制改革设定的基本目标。在这些具有标志性的税收征管改革中，有三项内容是我们无法回避的，即税务机构的设置、信息化的建设与税收征管的法律建设。

税务机构的设置：国地税分设

我们这里讨论的税务机构设置，包括税务机构的垂直设置（国地税）与税务机构内部的组织结构两部分内容①。

1993年《国家税务总局工商税制改革实施方案》提出“适应实行分税制的需要，组建中央和地方两套税务机构”。国家税务总局随后出台了《国家税务总局关于组建在各地的直属税务机构和地方税务局实施意见》。从改革方案的表述与改革过程看，组建两套税务机构与建立分税制的目标密不可分。

那么，实行分税制是否一定要设定两套税务机构呢？除了分设国地税之外，税务机构设置还有哪些模式可供选择呢？事实上，有四种主要的税务机构设置模式（见专栏3-2）。

第一，集权型的税务管理模式/只设中央税务机构（the centralized tax administration model）。这种模式下，只设中央税务管理机构，地方税务管理机关为中央管理机关的地方分支机构。

第二，国地税分立的税收管理模式（independent separate tax authorities at different levels of government）。在这一模式下，中央、地方税务机构分设，负责征管属于各自的税收。各级税务机构间合作和协调甚少，但仍然存在合作。常见于规模较大的联邦制国家。

第三，完全分权型的税收管理模式/地方税务机构承担税收管理的主要任务（Fully decentralized tax authorities）。这种模式下，或者只设立地方税务机构，或者分设机构但实际上由地方税务机构承担税收管理的主要任务，

① 本章第二节与第三节有关税务机构设置部分的内容主要参考：马珺，《财政分权与国地税分设》。

表 3-2　1994 年至 2013 年税收征管机制重要改革的基本目标

时间	文件/会议	基本目标与主要内容
1994 年（1993 年）	《国家税务总局工商税制改革实施方案》	1. 建立纳税申报制度 2. 积极推行税务代理制度 3. 加速推进税收征管计算机化的进程 4. 建立严格的稽查制度 5. 适应分税制的组建中央和地方两套税务机构 6. 确立适应社会主义市场经济需要的税收基本规范 7. 中央税和全国统一实行的地方税立法权集中在中央 8. 加强税收法制建设，加快完成税收法律、法规的立法程序，逐步建立税收立法，司法和执法相互独立、相互制约的机制
	《国家税务总局关于组建在各地的直属税务机构和地方税务局实施意见》	1. 组建两个税务机构的原则 2. 组建两个税务机构的有关问题 3. 组建两个税务机构的实施步骤
1997 年	《关于深化税收征管改革方案》	1. 建立纳税人自行申报纳税制度 2. 建立以税务机关和社会中介组织相结合的服务体系 3. 以计算机网络为依托的管理监控体系 4. 人工与计算机结合的稽查体系和以征管功能为主的机构设置体系（管理服务、征收监控、税务稽查、政策法规四个系列划分）
2004 年	全国税收征管工作会	以申报纳税和优化服务为基础，以计算机网络为依托，集中征收，重点稽查，强化管理
2004 年	《关于进一步深化征管改革的方案（讨论稿）》	1. 构建以明晰征纳双方权利义务为前提，以实施税收风险管理为主线，以专业化管理为基础，以信息化为支撑，以加强重点税源管理为着力点的现代化税收征管体系 2. 提高税法遵从度和纳税人满意度，降低税收流失率和征纳成本 3. 确立以明晰征纳双方权利义务为前提的征管基本程序；优化以纳税人合理需求为导向的纳税服务；推行以风险管理为主线的分类分级专业化管理；完善持续改进的征管绩效评价体系；健全以制约权力和落实责任为重点的执法监督机制；加强以信息管税为主导的信息化支撑体系；推进以专业化为特征的组织机构建设
2013 年	《中共中央关于全面深化改革若干重大问题的决定》	完善税收制度。按照统一税制、公平税负、促进公平竞争的原则，加强对税收优惠特别是区域税收优惠政策的规范管理。税收优惠政策统一由专门税收法律法规规定，清理规范税收优惠政策。完善国税、地税征管体制

此种模式在实践中非常少见，德国是唯一的例子。此外，前苏联社会主义加盟共和国和 1994 年税收管理体制改革之前的中国，也曾实行过完全分权型的税收管理模式。

第四，混合型的税务管理模式（mixed models of tax administration）。以上三种税务管理模式之外，都可称为混合模式。一个国家采用混合模式，除了对各种管理模式的理性考虑之外，更多反映的是特定国家中历史偶然因素的影响。

综观世界主要国家的实践，在机构是否分设和如何分工这一问题上，各国做法可谓多种多样。大多数国家的情况都比较复杂，难以简单标以上述四类中的任何一个标签。但或多或少可发现一些共性。

第一，国地税分设与一国政体的关系。根据直觉很容易形成这样的判断，即单一制国家通常没有必要国地税机构分设，因为各级地方政府是中央政府的派出和代理机构；联邦制国家，由于州政府享有宪法规定的独立自主权，因而有必要设立自己的税务管理机构。

专栏3-2 税务机构垂直设置的主要模式

类型	代表国家	具体情况
集权型的税务管理模式/只设中央税务机构	瑞典	瑞典的全部税收（含所得税）均由中央政府（瑞典国家税务局，Swedish National Tax Board）管理，国家税务局下设10个地区分局，分别位于10个行政县辖区内。此外，设立单独机构（KFM），统管全国各地的税收债务确认和征收工作，同时，KFM在应官方和私人要求时，还可承担一些各级政府非税收入的管理（如television licenses，parking fines等）和法院的强制执行任务。
	意大利	1974年税制改革之前，意大利税收管理权相当分散，地方政府实际上拥有很大程度上的征税权和收费权。改革将税收政策和管理权一起上升到中央。但5个自治的大区保留了不同程度的税收和税收管理的自主性。
国地税分立的税收管理模式	澳大利亚	与美国、加拿大等联邦制国家不同，澳大利亚分权型财政体制表现出较强的集权特征。由于宪法禁止州和地方政府对消费和所得征税，因此中央政府集中了主要税种，如个人和公司所得税、增值税、关税和特别消费税等，州和地方在很大程度上依赖中央补助。州税收主要来源于工薪税（payroll taxes）、土地税（land taxes）、印花税（stamp duties）以及少量的间接税，如特许权使用费（franchise fees）。地方的税收则主要来自于居民房地产税。联邦和各州的税收由各自的税务机构管理。全国共设3级税收管理机构。除了州政府负责地方财产税的评估之外，各级税务机构相互之间没有法定的信息交流义务。
完全分权型的税收管理模式/地方税务机构承担税收管理的主要任务	德国； 前苏联加盟共和国； 1994年以前的中国	德国现由16个州组成（含5个原属前东德的新加入州）。德国宪法在各级政府权力的界定上相当详细，各项权力在各级政府间并不是排他所有的关系，而是将同一职能的不同方面在各级政府间划分。联邦政府负有政府制订和融资责任，次国家政府一般负责政策实施与管理。 上述分权原则同样适用于税收管理。联邦政府享有税收政策制订权，而税收管理权属于州政府。 在德国，税务局是内设于财政部的机构。联邦和州税务局的地方分支机构不依行政区划设置，而根据经济区域、税收工作量、人口密度等因素，设立分局（征管、稽查、调查）。联邦和州设立的区域机构（称为地区财税管理局）通常共用办公场地，但各自承担其税务管理机构的人员和其他费用。地区财税管理局隶属于州财政部，受联邦财政部和州财政部的共同领导。根据需要每州设1—2个，也有的州设3个，全国16个州共21个，在征管总机构下分设联邦税务机构和州税务机构。联邦税务机构只负责对关税、财政专有收入（fiscal monopolies）、特别消费税、出口产品增值税、欧盟税收的管理。其他税收均由州税务机构按联邦法律实行管理，包括联邦共享税。此外，德国还存在地方税务局，负责与土地和财产相有的地方税的管理任务。 尽管税收征管的责任主要由州税务机构承担，但由于联邦享有税收立法权，且税收收入的归属和分配均在法律中有所规定。因此，保证了联邦收入不被地方侵蚀。 与德国当前的体制类似，前苏联加盟共和国和1994年税制改革之前的中国，也是由地方税务机构代理中央税收管理任务。然而，后者由于收入归属不明确，实际的归属依赖中央与地方的谈判，税收管理的程序与过程亦无法治化的约束，导致中央财力被大量侵蚀，严重损害中央政府的财政利益，导致中央财力和宏观调控能力极端恶化。

专栏 3-2（续）

混合型的税务管理模式	加拿大	在加拿大的税收管理中，以下三种情况是并存的：联邦税收由次国家政府管理、州税收由联邦政府管理、税收由所属的本级政府来管理，因而加拿大被视为混合型税务管理的典型。在加拿大，联邦政府和省政府都有权对一般消费、公司所得、个人所得征税。各省都征收个人所得税，但均选择由联邦政府管理（魁北克省除外）。联邦政府还代7个省管理公司所得税（魁北克、安大略和阿尔伯塔省除外）。 加拿大的这种税收管理格局是在长期的历史过程中形成的。二战之前，各省自行课税和管理，与联邦政府缺乏合作。二战中，一些省份让渡了个人所得税、公司所得税的征税权，换取联邦政府的转移支付。二战之后，这些转移支付通过均等化法案固定下来。

资料来源：马珺：《财政分权与国地税分设》。

那么到底联邦制与国地税分设之间能够画等号吗？根据对世界主要国家税务管理机关设置情况的了解，我们发现，国地税机构分立并非是联邦制国家所特有的。很多单一制国家亦存在分立的地方税务机构，如西班牙、匈牙利、印度尼西亚和爱沙尼亚等国。这说明，现实中各国税务机关的设置会考虑到多种因素，政体的影响不是唯一的和直接的，更不能说联邦制就必然要求国地税分设。

第二，国地税分设与财政分权（特别是地方税收自主权）的关系。财政分权（或政府间财政关系）是一个完整的体系，它包括税收、支出权利和责任安排，征税权和责任的划分，转移支付的结构与方式，发债权，地方在税收和预算上的自主权，以及其他众多的国内公共服务问题。一般而言，政府间财政关系的每一个方面都必须协调一致。

作为一国财政体制的组成部分，税务组织结构的设置需要服从政府的整体目标，应与其财政体制保持协调。在那些财政分权较为彻底的国家，由于次国家政府享有相当的自主权，通常更有可能分设税务机构管理自有税收。

这里的税收自主权，主要指的是税收立法权，即决定税基与税率的权力。一般在地方享有税收立法权的情况下，地税分立的可能性更大。因此，联邦制国家下（如澳大利亚、美国、加拿大、瑞士、印度、墨西哥、巴西等），由于地方政府享有独立的税收立法权，通常也设立独立的地方税务机构。由于单一制国家中，地方政府的税收自主权较联邦制国家普遍更弱，总体而言集权的税收管理在单一制国家比在联邦制国家更普遍。

第三，政体与财政分权程度的共同影响。从上文中可见，一国的政体与财政分权程度都会影响到该国税务机构的垂直设置，尽管很难在它们之间建立直接关联。

单一制国家中，如果其财政体制的集权度较高，两种因素的叠加会使其更有可能选择集权型税收管理模式。如意大利、斯堪的纳维亚国家（芬兰、瑞典、丹麦、挪威、冰岛）、法国、葡萄牙、一些原法属西非国家和前社会主义国家和拉丁美洲国家，常见集权型的税收管理模式。

联邦制国家中，如果其财政体制的分权度较高，两种因素的叠加则使其更有可能选择国地税分立的税收管理模式。如澳大利亚、美国、加拿大、瑞士、印度、墨西哥、巴西等国，由于地方政府享有独立的税收立法权，通常也设立独立的地方税务机构。

在很多情况下，某些单一制国家的财政体制可能表现出极高分权度，而在另外一些情况下，某些联邦制国家的财政体制也有可能表现出较高的集权度，这时税务机构分设与否，表现出不稳定的特征。

以斯堪的纳维亚国家以及北欧的比利时等单一制国家为例，尽管这些国家实行分税制，且州享有很大的税收自主权，但仍然以集权方式征管。通常是州在中央税的同一税基上附征，个人所得税尤其如此。法国各省的税也是由中央税务机构统一管理与分配。

单一制国家的另外一个惯例是，共享税或税上税一般由中央和州机构单一管理，而不是分别管理或共管。在日本，省级税务机构代管中央所得税，英国，中央的经营财产税（the business property tax）则由省级税务机关代管。

第四，基本结论：税务机构分设只能是分权化的必要而不充分的条件。有效的财政分权必须从支出一端而不是从收入一端开始的，更不是从税收的征管权开始的。许多发展中国家在实行财政分权的过程中，因为这种方向上的失误，使当事人的目标过多地集中于分"钱"，而不是分"事"，结果并未得到分权化的预期收益，反而给它们的财政和政治结构带来了不稳定的因素。

事实上，机构分设与分权化财政体制之间的关系，不仅没有理论上所设想得那么紧密，有时还十分有戏剧性。中国1994年分设机构的实践，提供了一个足以说明问题的案例。中国1994年分设国家税务局和地方税务局两套税务管理系统，恰恰不是为了实现进一步分权的目的，而是为了强化中央政府已经被弱化了的财政能力和宏观调控能力。事实证明，1994年以前由中央政府控制的单一征税系统并不能保证其获得同样的财政权力。这进一步证明了，在构成财政体制的特征方面，是否分设税务机构，不是决定性的因素。而政府在当时所设想的目标，恰恰是重要的。它也说明，在实际的政策决策中，税务管理机构分设并不是分权性要求相对应的，而单一的税务管理机构也不必然是集权型体制的要求。是否实行机构分设，完全依赖于它在实现政府目标过程中的起作用的方向。

税务机构的设置：国地税内部的组织结构

在税收机构内部的组织建设问题上，1997年与2012年改革方案都提出了明确的目标（见表3－3）。

表3－3　历次税收征管改革有关组织结构建设的基本目标与主要内容

时间	基本目标	主要内容
1997年	建立以征管功能为主的机构设置体系	1. 机构设置。征管机构设置要坚持"精简、效能"的原则。以承担税收征管工作全部任务和执行税收收入计划的税务机关为基层征管单位（主要是指直接面对纳税人的税务局或税务分局），其内设机构要根据不同的情况，按照管理服务、征收监控、税务稽查、政策法规四个系列划分设置，但不得超过上级或有关部门核定的数量；税务所原则上按经济区划设置。中央、省（区、市）、地（市）、县（市）各级税务机关的机构设置应根据改革需要作相应的调整 2. 人力分配。基层征管单位的人力应当根据机构设置的形式及上述四个系列的职能划分，从实际需要出发合理地加以分配，其中稽查人员的比例一般要占总人数的40%
2012年	推进以专业化为特征的组织机构建设	1. 按照构建现代化税收征管体系的要求，调整机构、配置资源，进一步转变职能、理顺关系、优化结构、提高效能 2. 要适应实施风险管理和推行税收专业化管理的需要，按照纳税服务、税收风险分析监控、纳税评估、税务稽查等重点涉税事项配齐配强纳税遵从管理机构，适当提升管理层级，合理配置工作职责，逐步使各级税务机关都成为税收服务和管理的实体 3. 总局、省级局、市级局要建立综合性的税收风险分析监控机构，统一开展税收风险分析监控；总局、省级局、市级局应根据工作需要建立大企业税收管理机构，对大企业逐步采取集约化、扁平化管理；市以下税务机关主要按纳税人规模或行业建立税源管理机构，实行专业化管理；围绕促进税法遵从和维护纳税人合法权益等服务工作重点，进一步完善纳税服务机构；因地制宜调整省、市、县稽查机构职能，打破行政区域限制，逐步推行省、市一级稽查模式 4. 各级税务机关内设机构不必一定上下级对口，但职责要衔接、工作要贯通。随着改革工作的全面推进，人力资源配置要逐步向纳税遵从管理部门倾斜

资料来源：根据历年改革文件汇总。

1994 年，我国税务机构以税种划分部门。1997 年，提出按照职能划分组织机构。2012 年，在现代化税收征管体系的总目标下，提出组织结构的安排应体现专业化管理的特点，增加以不同纳税人为基础的机构改革目标。

那么，这些改革目标设定的是否合理呢？

与税务机构的垂直化分析相似，在评价之前，我们还是首先看看税务机构都可以采用哪些组织形式。世界各国税务机构有三种常见组织结构（代表性国家及其具体情况见专栏 3-3）①。

专栏 3-3　　税务机构组织结构设置的主要模式

类型	代表国家	具体情况
按税种类型设置	2005 年之前的英国	2005 年之前的英国是这一模式的典型。其税收由两个部门管理，其中，国内收入部（Inland Revenue Department）负责直接税种的征收管理，而包括增值税在内的间接税，则由关税和国内消费税部（Customs and Excise Department）负责征收管理。这两个部门彼此独立，每个部门都有自己的一套管理机构和职员队伍，研究制定本部门所管辖税种的政策和管理方案。它们分别拥有自己办公场所、办公网络，执行所管辖税种的全部管理职能。 原国内收入局与关税和销售税局于 2005 年 4 月 18 日合并为英国收入与关税局（HMRC）。该机构同时负责直接税（包括资本利得税、公司税、（个人）所得税、国民保险缴款）和间接税（包括销售税、保险税、汽油税、增值税、印花税等）的征收管理。
按管理职能设置	始建于 1952 年的美国国内收入局	——
按纳税人类型设置	20 世纪 70 年代的阿根廷和 80 年代的乌拉圭	主要是出于财政收入上的考虑，以确保对重点税源户的控制，相应地对为纳税人服务和教育项目的开发则重视不够。
	澳大利亚税务局 1994 年引入该模式	澳大利亚税务局（Australia Taxation Office）1994 年引入这种模式时，就是为了避免此前按功能设置税务管理组织机构造成部门分割，从而不能实现税务管理和为纳税人服务的最佳结果。

资料来源：根据（Vehorn，Charles L. and John Brondolo，1999）整理。

第一种，按税种类型设置的组织机构（tax-based model）。其基本特征是，按不同的税种来分设税务管理组织机构的各个部门。每一个部门执行其分管税种的所有管理职能，类似于制造业中以产品为基础的组织模式，即企业的不同部门负责与特定产品有关的全部生产活动。这一模式的历史最为悠久，常见于较早建立现代税收体制的国家，2005 年年之前的英国是这一模式的典型。

第二种，按管理职能设置的组织机构（function-based model）。其基本特征是，职员按照机构的基本功能或工作流程而组织在一起。税务管理机构分别建立相对独立的部门来执行上述每一种管理职能，每一个部门在履行其职能时，都面对所有的税种和所有的纳税人，其职能范围不因税种和纳税人的不同而有变化。始建于 1952 年的美国国内收入局（Internal Revenue Service）是这一模式的最早和最完善的实践者。

第三种，按纳税人类型设置的组织机构

① 主要参考：Vehorn，Charles L. and John Brondolo，1999. Organizational Options for Tax Administration. IBFD Bulletin。

（client-based model）。其基本特征是，把机构内的税务管理人员分配到不同的部门，每个部门负责特别的纳税人群体的全部税收管理事宜。纳税人的类型通常按其经营规模、所有制形式或所处的经济部门来划分。早期一些国家采取这一模式，主要是出于财政收入上的考虑。20 世纪 90 年代中后期以来，这个模式的应用有了根本的转变，一些税务管理当局开始把纳税人当作它们的“顾客”，并努力使其教育和征纳税计划适应各类纳税人的不同情况。

如何评价税务机构的组织机构，至今为止，公认的评价税务行政绩效的三个标准分别是：有效性（effectiveness）、效率（efficiency）、公平（fairness）①。从税收管理的角度，效率是指征管成本和遵从成本的最小化，公平是指公正的、非任意的税务管理。有效性是指以最小成本实现公平征税的程度，表现为维护现行税制，使其实际收入与潜在收入差距（tax gap）最小化的能力。

（维隆和布朗多尔，1999）分别对上述三个衡量税务管理行政绩效的标准进行了分解（见表 3－4），并在此基础上，对三种基本的组织机构模式作出评价。表 3－4 是根据上面列出的标准，对三种基本的税务机构组织模式的优缺点的概括。

表 3－4　税务机构组组织模式的对比

税务行政绩效评价	说　明	模式类型		
		T	F	C
有效性	对特定税种的明确责任和有效控制	Y	N	N
	对税收立法和征管上的变化做出迅速反应	Y	N	N
	易于促进依法纳税，推行全面的纳税遵从计划	N	Y	Y
	并不特别依赖于高素质的主管人才和技术员工	Y	Y	N
效率	较少由于部门间职能衔接不好而致的管理成本提高	Y	N	Y
	较少由于管理职能的部门交叉而致的管理成本提高	N	Y	N
	不会致使纳税人承担较高的纳税成本	N	N	Y
	为纳税人的服务能否跟上	Y	N	Y
	有助于税务管理当局根据各纳税人群体征税的风险程度分配资源	N	N	Y
	由于熟练操作而导致单项管理职能效率提高	N	Y	N
公平	不易于纳税人与税务官员勾结	N	Y	N
	有利不同部门间的相互监督	N	Y	N
有利于评估各部门在实现组织整体目标中的表现		N	N	Y
肯定回答（个）		5	6	6

注：F——按税务管理功能设置的组织机构（function－based model）；
T——按税种类型设置的组织机构（tax－based model）；
C——按纳税人类型设置的组织机构（client－based model）；
Y——肯定回答（yes）；
N——否定回答（no）。
资料来源：根据维隆和布朗多尔（1999）整理。

① 主要参考：Vehorn，Charles L. and John Brondolo，1999. Organizational Options for Tax Administration. IBFD Bulletin。

可以看出，在“有效性”一栏里，按税种类型设置税务管理的组织机构（T）评价最高（3个“Y”），因为这种组织机构设置能对税法和征管法上的变化做出迅速的反应，特别是对制度环境不稳定的、处于变化中的国家（例如发展中国家和转轨国家），这种设置能够从组织上满足变化环境下对收入稳定性的需求。但是实践证明，有效筹集收入的短期考虑，往往会伤害税收征纳的效率和公正性。

从效率方面看，这种模式使同一纳税人在不同的税种上要面对不同的征管者，增加了纳税人遵从成本，同时，它造成了相同职能部门的重复设置，导致较高的管理成本。

从公平方面看，这一模式忽略了不同职能间制度化的监督机制，给征纳双方间的勾结行为留下空间，从而弱化了税制和税收管理的公平性。因而，实施这一模式的国家往往吸收其他两种模式的优点来改善上述缺陷。

如从“效率”指标来看，则以按纳税人类型来设置的税务管理组织机构（C）评价最高（4个“Y”）。因为，由不同的部门来专门负责某一类纳税人的全部税务管理事宜，减少了税务部门内部不同职能间相互协调和衔接的成本，也利于对服务对象进行全面而有针对性的纳税服务，减少其纳税遵从成本。其缺点则是，税务管理围绕纳税人为中心展开，在纳税申报、应税能力评估、税务审计、清理拖欠税款等环节之间缺乏上下程序间的监督，有可能会损失税制的公平性。

因而，这种组织机构设置模式较适合于税务管理相对成熟的发达国家，它们的税收管理理念较为先进，与纳税人之间建立了较为平等的市场化服务的关系，同时，这种组织机构对税务管理人员的专业素质和职业伦理水平要求较高，亦要求具备完善的法治环境，以约束税务管理者与纳税人之间互相勾结的行为。近年来很多发达国家即使没有正式实施这种组织机构，也都或多或少地引入这种“客户服务式”的管理理念。

在一些税务管理较为落后的发展中国家和不发达国家，由于税源集中于少数企业，为了保证对特定税源的有效控制，也采用这种组织机构类型。但由于这些国家法制环境不完备，缺乏对违规行为的威慑力量，所以对税务主管人员和技术员工的素质要求就特别高，要求他们不仅具备全面的税务管理业务能力，还要具备较强的道德自律意识，这些条件是很难达到的。中国在1994年机构分设之前所实行的专管员管税的制度，在某种意义上可视为这种类型①。国家税务局的征管人员按不同的企业类型来分配，分别负责特定企业的全部纳税事项。但是由于整体法制环境的不完善，这种税务管理模式暴露出了许多体制性弊端，尤其是无法避免大量的专管员渎职与腐败行为，没有达到预期的效果。

从“公平”性来看，以按税务行政的功能来设置的税务管理组织机构评价最高（2个“Y”）。这种机构设置，使为同一纳税人服务的不同职能之间建立起链条式约束和监督，减少了征纳双方作弊的可能性，从制度保证了税法和征管法实施过程中的公正性。

税法的公正实施，有利于提高纳税人的遵从意识，从这一方面来说，这一模式是可取的，但另一方面，由于各职能部门间的协调问题、信息共享问题、为纳税人服务的连贯性问题等又增加了征收成本和遵从成本，从而在整体上，这一模式的效率性是最低的。要对这一模式作出改善，加强各职能部门之间的综合协调、降低征纳成本是关键。

可见，现实中每一种机构模式都不是完美无缺的，各国在选择具体税务管理组织机构的模式时，即要考虑每种模式本身的适用条件，也要考虑各国具体情况。

法制建设

加强税收法制建设是20年来税收征管机制改革的基本目标。历次税收征管机制改革方

---

① 所不同的是，专管员管户是“以征代纳、征纳合一”，与现代意义上征纳分离的针对纳税人群体的管理有着本质的不同。

案中有关法制建设的基本目标与主要内容如表 3－5 所示。

表 3－5 历次税收征管改革有关法制建设的基本目标与主要内容

时间	基本目标或原则	主要内容
1994 年	确立适应社会主义市场经济需要的税收基本规范	当前特别需要强调：纳税人必须依法纳税，税务机关必须依法征税；税收必须按税法规定依率计征，不得“包税”和任意改变税率；一切销售收入都必须征税，以保证税基不被侵蚀；应从价计征的税收必须从价计征，取消目前对某些行业提价收入不征税的政策；除税法规定的减免税项目外，各级政府及各部门都不能开减免税的口子
	中央税和全国统一实行的地方税立法权集中在中央	——
	加强税收法制建设，加快完成税收法律、法规的立法程序；逐步建立税收立法、司法和执法相互独立、相互制约的机制	——
1997 年	依法治税	依法治税是深化征管改革的最终目的，要通过征管改革，逐步使征税纳税双方行为规范化、法制化
	建立健全税收征管法规	要依据税收征管法律、法规，抓紧制定颁发操作性较强的配套规章和规范性文件
2012 年	确立以明晰征纳双方权利义务为前提的征管基本程序	1. 进一步确立征纳双方遵从税法的权利义务主体地位 2. 规范申报缴税、纳税评估、税务稽查、强制征收、法律救济的税收征管基本程序
	健全以制约权力和落实责任为重点的执法监督机制	1. 强化对税收执法权的运行制约 2. 创新税收执法监督检查手段 3. 健全内控机制和行政问责制
	完善以税收征管法为基础的税收征管制度	1. 加快推进税收征管法及其实施细则修订进程，就规范税收征管基本程序、完善纳税人权利体系、确立纳税评估法律地位、强化第三方信息报送制度、完善税收债务追征规则、健全争议处理程序、明确电子资料法律效力、强化对自然人的税收征管、做好与新的行政强制法和刑法修正案衔接等方面进行完善 2. 根据征管法律法规的规定，建立和完善包括纳税人权益保护、税收风险管理、纳税评估、数据管理、网络发票、电子商务、涉税信息共享等在内的相关配套制度

资料来源：根据历年改革文件汇总。

如表 3－5 所示，1994 年，法制建设的重点在于确立基本税收规范。到了 1997 年，依法治税被作为深化征管改革的第一原则，成为深化征管改革的最终目的，即通过征管改革，逐步使征税纳税双方行为规范化、法制化。2012 年，提出完善以税收征管法为基础的税收征管制度。从演进脉络看，税收法制建设的目标经历了一个不断深化的过程。

评价法制建设的目标之前，有必要澄清法

制与法治的区别。两者的主要区别在于[①]：一是在内涵上，法制（Legal System）是法律制度或法律和制度的简称。而法治表达的是法律运行的状态、方式、程度和过程，包括法律的至上权威。法律的公正性、普遍性、公开性等基本要求和法律制约公权力与保障人权等基本原则。二是在价值取向上，法治强调人民主权（民主精神）、法律平等。反对工具论的法律观。法制往往不具有这种价值特性。法治是具有特别价值内涵的法制制度，是以自由、平等人权为精神的法制制度。三是在与人治的关系上，法治明确地表现出与人治根本对立的立场，这种对立是法治概念具有的鲜明的本质特征，而法制本身不具有这种对立。四是在与市场经济民主政治的关系上，法治以市场经济和民主政治为基础，是市场经济基础上民主政治体制之中的治国方略。法制则既可以建立在各类经济基础（包括自然经济、计划经济）之上，又可以与各种政治体制（包括专制体制、集权体制）为伴。

税收法治是法治原则在税收领域的集中表现和具体运用。法治的核心是限制国家权力、保障公民权利。而税收从本质上讲，是国家权力对公民财产权利的侵害。国家要履行必要的公共职能，为公民提供所需的公共产品和服务就必须采用一定的形式集中资源。因此国家对公民财产权的侵害是必要的，是公民获得公共产品和服务所付出的代价。但是国家的这种强制性权力如果不受到有效控制就可能会侵害公民的合法权利。从历史上看，国家征税权的范围和界限是国家权力与公民权利相互关系中冲突最激烈、矛盾最突出的领域之一，而税收法治则是现代法治国家处理这种矛盾冲突的基本框架。税收法治是建立法治国家必不可少的重要组成部分。

我国实行税收法治的目标是要在市场经济的基础上，在宪政民主的框架内，通过合理的税收立法机制和完善的立法程序，建立完备而科学公正的税收法律体系，合理界定国家税收权力与公民财产权利的界限。既保证国家能够依法行使税收权力，有效制止税收违法行为，又能够把国家权力有效限制在法律规定的范围内，切实保障公民合法的财产权利。做到税收活动的整个过程都纳入税收法律的规定范围内，参与税收活动的各个主体都在税收法律的框架内行使权利，履行义务。

因此，把依法治税作为税收征管改革的基本原则是适当的，加强法制建设，既符合税收征管现代化的要求，也符合国家治理现代化的需要。

信息化建设

提高信息化水平是历次税收管理机制改革的基本目标之一。20 年来，税收征管机制改革中有关信息化的改革目标与主要内容如表 3－6 所示。

对比不同时期信息化改革目标与内容的表述，可以发现，信息化建设目标与内容本身也是一个动态发展过程。从 1994 年计算机代替人工的初级目标，到 1997 年将信息化与不同征管流程结合，同时强化计算机网络建设，再到 2012 年信息管税理念的提出，信息化改革目标经历了一个不断深化的过程。

提高信息化建设对于提高税收征管质量与效率都具有重要意义。信息化程度直接影响税收征管的各环节。随着信息化建设的深入，信息化不仅是一个管理手段或工具的改变，其影响也必将渗透到税收政理念、业务流程、组织结构、资源配置等各方面。因而，从这个意义上说，信息化建设是一项系统工程，甚至是一场革命。

2012 年，《关于进一步深化征管改革的方案（讨论稿）》中提出信息管税。简言之，信息管税是应用现代信息技术对涉税信息进行管理和应用，达到加强税源管理的目的。在税收征管模式向现代化转变的过程中，信息管税的

① 主要参考：张斌、樊丽明："税收法治的目标与内涵"，《税务研究》，2002 年第 4 期。

表 3-6 历次税收征管改革有关信息化建设的基本目标与主要内容

时间	基本目标	主要内容
1994 年	加速推进税收征管计算机化的进程	国际经验证明，在税收征管中采用电子计算机等先进技术手段，是建立严密、有效的税收监控网络的必由之路，也有利于降低税收成本。鉴于我国零星分散的纳税人较多，计算机管理基础较差，可以考虑先从城市、从重点税种征管的计算机化做起，逐步形成全国性的、纵横贯通的税收征管计算机网络
1997 年	建立以计算机网络为依托的管理监控体系	1. 建立统一的纳税人识别号 2. 开发、完善征管监控应用系统 3. 抓住重点加强监控 4. 建立四级计算机监控管理网络
	建立人工与计算机结合的稽查体系	建立与公安机关联网的重要情报信息通报制度
2012 年	加强以信息管税为主导的信息化支撑体系	1. 强化涉税信息的规范采集和有效获取 2. 深化涉税信息分析应用 3. 搭建信息应用支撑平台（金税三期）

资料来源：根据历年改革文件汇总。

思想至关重要①。

第一，信息管税适应新的经济形势。在新的经济形势下，必须实行信息管税。纳税人数量大幅增加与纳税人经营方式日趋复杂对征管工作带来前所未有的挑战。近几年，国地税的税收管理员与快速增加的纳税人数量相比，差异巨大。纳税人的经营方式也越来越复杂。纳税人的经营流动性从跨地区、跨行业到跨省、跨国，企业集团大量涌现，电子商务发展迅猛，征纳双方信息不对称的问题日益突出。上述这些变化都要求我们必须运用信息化的理念与手段，改变传统征管方式。

第二，信息管税适应社会信息化发展的必然趋势。税收的发展不可能离开社会。美国的未来学家托夫勒在二十年前就指出，信息化的浪潮，不仅是生产工具的改革，还会延伸到人们的思想、生活、家庭，工作和生活方式都会改变。税收领域也必然受其影响。因此，信息管税绝不是简单的技术手段转变。信息管税的提出，是一次税务系统的大的变革，肯定会涉及各方面的改革，肯定是一次利益格局的调整。

第三，信息管税适应国际税收管理的潮流。发达国家信息化已经走在我们的前面，而且是以风险管理理念为指导的。美国、英国、澳大利亚在信息化建设方面已取得较好成绩。这些国家的信息系统工程都是将信息化引入税收管理的各个领域。我国提出信息管税也是和国际税收管理接轨的。

第四，信息管税适应我国税收信息化发展规律和征管改革方向。国家税务总局统推的软件有数十个，金税三期要把这些系统都整合起来。到了数据管理阶段，实际上是业务和技术的高度融合。信息化越发展，业务和技术就越分不开。因而，信息管税符合我们国家税收管理信息化发展规律。多年税务信息化发展也为信息管税奠定了坚实的基础。

① 信息管税的重要性主要参考：李林军，2009 年 11 月 19 日的讲话，《关于信息管税的思考》。

3.2.2 未来 10 年税收征管机制改革的目标及评

2012 年《关于进一步深化征管改革的方案（讨论稿）》、2013 年《中共中央关于全面深化改革若干重大问题的决定》以及 2014 年《深化财税体制改革总体方案》确定了我国未来税收征管机制改革的目标，即构建现代税收征管体系。

究竟何为现代税收征管体系？2012 年方案中所设计的改革内容又是否符合现代税收征管体系的要求？回答这些问题，首先要明确现代税收征管体系与传统税收征管之间的区别（见表 3－7）。

表 3－7　传统税收管理与现代税收管理的不同

要点	传统税收管理	现代税收管理
管理环境	纳税人少、税制较简单	纳税人多、税制较复杂、对税收管理人员的素质要求高
管理技术	人工管理 人格化管理	计算机化 非人格化管理自动化批量处理
管理理念	对抗式 + 控制	合作式 + 服务
管理范围	全面管理	重点管理
管理目标	发现和打击不遵从	促进纳税人自愿遵从
评定主体	官方评定	自我评定 + 官方评定
审计与评定的关系	审计与评定合一	审计与评定分离
举证责任	税务机关承担全部举证责任	征纳双方分担举证责任
组织结构	按税种 按行政垂直管理	按职能为主，结合按纳税人、税种、以及行政垂直管理

资料来源：马珺根据历年 OECD 税收征管研究报告整理。

现代化税收管理旨在以公正（fair）、有效率（efficient）而又富有成效的（effective）方式实施税法并取得财政收入。在日常工作中，这一目标最终落实到管理职能在税务机构内部的专业化、流程化设计和分工合作上，通过合理的组织机构设置来实现良好的管理绩效。现代税收征管一般具有如下特征（见表 3－8）。

通过对比我国未来 10 年的改革目标与现代税收征管的特征，可以发现，我国未来 10 年构建的现代税征管体系已基本具备现代税收征管的主要特征，改革方向明确，且与国际接轨。但距离实现构建现代税收征管体系的目标还有不小的距离。例如，《关于进一步深化征管改革的方案（讨论稿）》提出，明晰征纳双方的权力与义务。从目前的规定看，仍无法明确纳税服务的边界，即哪些服务可由社会中介提供，哪些服务必须由税务机关提供；也无法明确经税务机关案头审核后的申报，如果在后续过程发现问题，税务机关是否承担一定责任。再如，纳税服务、纳税评估、税务稽查、法律救济之间的边界尚不完全清晰。税务稽查是独立运行的体系（自主选案、评估、核查、处理等），还是只是作为纳税评估的应对环节，尚不明晰。如果稽查只是应对，则税务稽查就不应具有独立选案的权力。这似乎有别于目前稽查的工作实际。总之，下一步改革的目标是明确，也是适当的。但还缺少落脚点，一些具体问题尚未找到行之有效的解决方式。

表 3-8　现代税收征管的主要特征

特点	主要内容	
管理目标：促进纳税人自愿遵从	以纳税人自我评定制度为基础	1. 纳税人对其纳税义务的自我评定 2. 税务机关对纳税义务的最终确定 3. 征纳双方对纳税义务有异议情况下的争议解决机制
	合作性征纳关系	在某种意义上，自愿遵从并非绝对自愿，遵从也是纳税人的法定义务
	高度弹性与回应性的管理措施	强制措施有效与否，并不在于强制手段本身有多么严厉，而在于惩罚与管理手段是否具有弹性，是否能够对不同程度的违法违规行为区别对待。自愿遵从管理模式只在需要的情况下，才使用强制手段
管理手段：高度专业化	基于管理流程的专业化	现代化税收管理对管理者本身有着技术性的和专业性的更高要求，这促进了管理过程中的分工与专业化的发展
	基于管理对象的专业化	分类管理（Taxpayer Segmentation），针对不同纳税人类别采用相应的管理方法，以及通过机构设置的合理化以提高效率。其管理优势存在于两方面：一是通过实施风险管理（Risk Management）以提高管理效率；二是通过“个性化”服务更好地满足客户需求
组织结构：专业化与扁平化	按管理职能与按纳税人类型设置内部组织机构的方式并存	经典的税务机关的组织结构是按管理职能的分工进行内部组织机构的设置。除按照部门设置的方式之外，近年来又发展出了按纳税人划分的部门设置方式
	机构职能扁平化	机构职能扁平化是指除在传统的垂直等级关系设置上述机构的基础上，设置地方管理分局，并将各地按行政层级设置的机构进行合并，发挥管理的规模优势
	矩阵型权责格局	1. 组织内部纵向权力关系与横向权力关系并存 2. 组织的主管对其下属不享有绝对控制权 3. 组织内部雇员需对横向和纵向权力关系上的两个主管保持实质性的负责关系

资料来源：马珺根据历年 OECD 税收征管研究报告整理。

3.3　税收征管机制改革效应的系统评估

3.3.1　税收机构设置的评价：国地税分设及税务机构内部的组织结构

税务机构设置的评价：国地税分设

国地税两套征管机构不仅是适应1994年分税制财政体制建立的配套措施，也是此后我国税收征管体制运行的基本机构框架。国地税两套税务机构已运行了20年，具有一定积极意义。

首先，国地税两套征管机构扭转了1994年之前地方截流中央税收收入的情况，提高了中央对宏观经济的调控能力。在国地税机构分设以前，部分地区存在地方截流中央收入的现象。这直接降低了中央对经济的宏观调控能力。从1994年设定了国地税的征管范围可以看出，改革后，中央掌握分配的主动权。国家税务局同时负责中央税的征管，也负责共享税的征管，共享收入由国税划入地方金库，有效解决了地方截流中央收入的问题。

其次，分设国地税符合 1994 年改革之初提出的调动中央与地方两个积极性的基本原则。国地税有动力加强本级税源的管理，提高了税收征收率，税收流失现象在一定程度上得到控制。

硬币有两面。国地税分设也不是没有问题。主要体现在逆向激励与征纳成本两个方面。

通常情况下，税务机构的分设意味着给予地方更大的自主性。这样的制度安排，一方面激励地方政府更自觉地发挥积极性、主动性管理好当地的公共事务，同时在体制不健全的情况下，也容易产生逆向激励的问题。

特别是，一些国家的财政分权从划分收入开始。这种分权缺乏合理的依据，从而具有一定程度的任意性，使分权型体制的效率难以发挥出来。如果与此同时，再分设税务管理机构，允许其独立行使征税权的话，更会加剧地方政府忽视其行政责任，而将精力集中于所谓的“分钱”行为。

国地税分设的另一个问题就是，如何减低机构分设的成本，使税务管理更简便的问题。这些成本主要有：由于缺乏有效的信息交流而产生双重的管理费用；由于计算机系统不同，而产生的数据转换费用；纳税人要向两个或更多的机构提供纳税申报资料，从而增加了纳税成本；当不同层级的政府对相同税基征税时，可能会导致在征税权上的竞争，造成资源浪费。

总体而言，并不存在所谓“最优”的税务机构模式。是否需要分设税务管理机构，最终还是一个如何看待地方财政自主性、以及在地方自主性与税收征管的简便性之间相互权衡的问题。

一方面，国地税分设的问题，要置于财政体制的大背景中予以考虑。应正确理解财政分权与税务机构分设之间的关系，后者不是前者的必然要求。机构分设有助于提高地方政府的自主性，但同时也带来了逆向激励与征纳成本增加的问题，可能会因此增加税务征管的复杂性。权衡得失，才能做出取舍。

另一方面，税务机构的设置受各国政治、经济、文化、历史等条件的影响，没有普遍适用的模式，因而不能不顾国情，盲目效仿所谓的“先进”模式。

税务机构设置的评价：国地税内部的组织结构

1994 年至今，尽管我国税务机构内部的组织结构也在发生变化，但总体而言，无论是国税局还是地税局，机构内部仍以税种为基础划分部门。例如，国家税务总局下设货物与劳务税司、所得税司、财产和行为税司等部门。当然，随着税收征管机制改革的不断深入，我国税务机构的组织结构也发生着一些变化。如为规范税收征收和缴纳行为，提高纳税遵从度和税收征管效率，国家税务总局于 2008 年成立纳税服务司；为适应税源专业化管理要求，成立征管和科技发展司（大企业税收管理司）。

我国税收机关的组织机构基本按照改革既定目标设置。组织结构的演变趋势也与国际上多数国家相似（见图 3－1）。

事实上，采取单一模式的国家较少，世界上大多数国家都采取混合式模式。混合模式类似企业组织矩阵结构，既有垂直分级体制模式，也有按税种类型、按职能分工、按纳税人类型设置的税务机构模式。其优点是依照规模经济的要求，在比较征税成本的情况下设置税务组织，其缺点是增加了税务组织结构设置的复杂性。

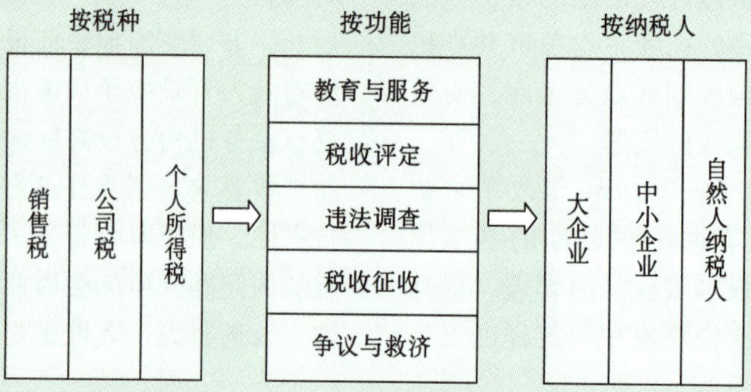

图3-1　税务管理组织机构的演化

传统的税收征管组织结构是按税种设置的。这种模式适用于那些税制和税收征管处于初建和发展早期的国家。我们看到，在实行按税种来设置税务管理组织机构的国家中，的确以发展中国家和转轨国家居多（尽管它们当中也表现一定的混合性特征）①。

基于税种设置机构的模式，要求税务管理者熟悉全流程各环节的管理业务，在现代税收管理业务本身越来越复杂的情况下，这一要求已然极不现实。随后产生了按功能设置组织机构的做法。

从国际经验的主流来看，现代各国的税收征管大多是围绕核心征纳流程，实施各环节上的分工与专业化管理。体现在管理的组织结构上，即由不同的部门专门实施特定征纳环节上的管理职能，上下管理环节之间构成完整的管理链条。

管理职能的链条式分工与专业化，带来了效率和公正两方面的制度收益。一方面，合理的分工和专业化，有利于管理人员业务熟练度的提高和专业技能的积累，从而提高单位时间内的管理效率。在纳税人数量巨幅增长的情况下，税收管理上的分工与专业化几乎是不可能避免的选择。这也是现代国家税收征管机构以管理职能来安排其组织结构的主要原因。另一方面，上下管理链条的制度性承接，构成上下管理职能间的制度性制约与监督，减少了管理人员各事统管条件下可能发生的制度性腐败以及与纳税人勾结的可能性。

尽管管理职能上的分工与专业化，大大提高了管理效率与公平性，但它固有的各环节之间相互衔接的环节，则存在着一定的问题。使得同一纳税人针对一项纳税事宜，需要面对不同的组织机构，导致遵从成本的提高。

在新公共管理理念的影响下，为了更好地回应纳税人的需求，提高服务效率，最近三十年以来，首先在经济和管理发达的国家②，出现了纳税人群体来划分内部组织机构的做法。此外，柬埔寨、塞浦路斯、斐济、罗马尼亚和卢旺达等对稳定的收入有特殊需求的国家，也采用了按纳税人设置组织机构的模式。

由于税法越来越复杂，对专业化的要求越来越高。按职能管理设置组织机构的模式又开始回归，特别是在联邦或中央层面。

需要注意的是，以上不同模式的前后关系，仅仅是就其产生的时间先后而言的。在税收征管组织结构演化的历史过程中，各类组织结构模式之间并不存在替代关系。从实践中

① 以1994年为例，这些国家包括：阿尔巴尼亚、阿塞拜疆、巴哈马、白俄罗斯、博茨瓦纳、捷克、埃及、爱沙尼亚、爱尔兰、以色列、匈牙利、印度、印度尼西亚、伊朗、肯尼亚、吉尔吉斯斯坦、莱索托、立陶宛、马其顿、巴基斯坦、波兰、斯洛伐克共和国、南非、斯里兰卡、斯威士兰、塔吉克斯坦、坦桑尼亚、泰国、土库曼、乌克兰、越南、也门、赞比亚等。

② 少数管理相对成熟和完善的国家，如澳大利亚采取了按纳税人设置的模式。新西兰地区级和地方级税务机构中引入了这一模式，荷兰的中央级税务管理组织机构是按职能设置的，但地方级引入了按纳税人来设置的模式。

看，大多数的国家采用混合型的模式，其组织结构同时按功能、纳税人和/或税种来设置。其中，以按功能设置税务机构内部组织结构为主导，并辅之以按纳税人类型设置组织机构，是当前的主流做法。

具体地，各国采取何种形式的混合模式，主要取决于各国的具体情况以及每一种模式本身的适用条件。各国的具体条件，与一国的税收文化、税务人员素质、税务行政体系的效率、政府的目标、国家所处的发展阶段等多方面来考虑，然后再结合不同模式本身的适用条件，来决定采取何种机构设置，即分别选取三种模式中符合本国具体情况的特征来进行税务管理组织机构的设置。

对于我国而言，在建立现代税收征管体系的前提下，以按职能划分为主，注重专业化管理，结合按税种与按纳税人设置的混合方式，可能不失为一种适当的选择。

3.3.2 法制建设的评价：税收征管法

以依法治税为基本原则，我国20年税收征管机制改革在法制建设方面取得了较好的成绩。税收法律体系不断完善，依法治税的基本原则逐步得以落实。

在法制建设方面，最为重要的成果莫过于《税收征管法》的出台与修订。《税收征管法》是新中国成立后第一部税收程序法，也是我国税收征管的基本法。《税收征管法》强化了税务机关的行政执法权，增强了税法的刚性。我国《税收征管法》1992年颁布，1995年与2001年两次修订。

2001年修订的《税收征管法》已不再适应新的税制改革要求。为此，全国人大于2013年启动了新一轮《税收征管法》的修订工作。此次调整在原来基础上新增47条，修改67条，总计十一章141条[①]。主要新增和修改以下四项内容：针对个人所得税、房地产税等税制改革的特点，建立对自然人的税收管理体系；完善纳税人的权利体系，减轻纳税人的负担；健全税收征管基本程序，规范税收执法行为；健全争议解决机制，补充争议解决的处理方式。

此次修订被社会各界寄予厚望，但从公布的《中华人民共和国税收征收管理法修正案》（征求意见稿）的内容看，部分学者认为，零敲碎打的居多。究竟如何评价此次《税收征管法》的修订？我国下一阶段税收征管法修订应该注意哪些问题？

我们认为，《税收征管法》的修订，必须契合未来的税制改革方向，必须吻合现代税收征管的基本理念，必须实现征纳双方权利义务平衡。《税收征管法》的修订，应通盘考虑，未雨绸缪，为未来个税改革向综合与分类的推进、房地产税的立法开征、环境税或遗产税的开征预留法理和制度空间。

与税制改革通盘考虑，《税收征管法》需结构再造

随着税制改革的不断深入，直接税和间接税的比重将发生变化，税制结构也将随之调整；环境税的引入，势必带来税收征管流程和程序变化。因此，《税收征管法》的篇章结构，须结构再造。这样，现行税收征管的“坐地收税、流量截取、征对法人、事后评估和稽查”的模式，将渐行渐远。自我申报和自我评定以及纳税人举证制度，自我申报之后的修正申报制度，税收评定中的视同税收评定制度和异议制度等，将成为修法必选项。

第一，以自我评定和税收评定（评估）为中心，重构征管流程。

环境税的开征，需要征税之前的税收评定程序，以便量化税收客体并计算应纳税额。而个人所得税向综合与分类相结合的税制再造以及未来开征遗产税，等等，势必需要增加自我申报之后的税收评定程序，经过税收评定程序确定纳税主体的纳税义务。财产税特别是房地

① 具体内容参见：http：//www.gov.cn/gzdt/2013－06/08/content_2422712.htm。

产税的立法开征，其前置程序中必须有纳税评定环节，因为，税收客体的量化是计算纳税义务的前提。这将再造现行征管模式。

税收评定程序是一个独立的、不可或缺的、确定纳税人义务的行政确认程序，具有行政法上的可诉性。税收评定程序不同于现行的"纳税评估"，评定的概念外延大于评估。现行的评估职能，比如书面审核、案头审核、实地查验，可以被税收评定程序吸纳。税收评定，既可以涵盖现行纳税评估的事后评估职能，即评定纳税人纳税申报准确性，又涵盖事前评定纳税义务，是一个全新的程序性规则。

纳税人自我评定纳税申报时，对申报的真实性、准确性和完整性应承担举证责任。纳税人发现申报错误之后允许自我修正申报。税务机关不可能对海量的申报全部进行评定，自我申报之后一定期限未予评定的申报，应视同税收评定。税务机关在税收评定之后应该发出评定确认书，以便确定纳税人的纳税义务。对评定确认书载明的税收义务有异议的，可以在法定的期限之内提出异议。不服异议或者复议的，可以提起行政诉讼。

第二，自然人识别号制度。

个人所得税和财产税的深化改革，使得普遍税务登记和纳税申报成为必要，这样，建立纳税识别号制度成为修法的必然选项。纳税人识别号制度不仅包括法人，其他组织，还应涵盖自然人。纳税人在从事商事交易和其他经济活动时，要求表明身份和表明纳税人识别号。自然人纳税识别号制度，是加强自然人税源管理的基础。相应地，目前税收强制措施不能及于自然人，也应修法完善。

第三，构筑涉税信息情报管理制度。

现行税收征管程序中，存在诸多严重"失衡"问题。一是，涉税信息情报管理与税收交易、税基侵蚀、转让定价、成本分担的复杂化、国际化和高智能化的失衡。

客观上，涉税信息情报管理，是现代税收征管的抓手和突破口。在西方发达国家，涉税信息情报管理已有完善的法律配套体系，使得税收管理体系有效运转。没有情报收集、分析、归纳和提炼基础，税源专业化管理、以风险管理为导、以提高纳税遵从度为目标的现代税收管理改革，涉税风险识别、风险分类、风险推送、风险应对和绩效评价等管理活动，将成为无源之水，无本之木。

《税收征管法》乃税收行政程序法典，可借鉴其他程序法（《民事诉讼法》、《行政诉讼法》和《刑事诉讼法》）的制度构造和概念。因此，宜在《税收征管法》总则中明确"税收征纳关系参加人"和"税收征纳关系参与人"的概念，以配合"涉税信息情报管理制度"和"税收义务人"观念和概念的建立。

第四，税法确定性服务与事先裁定、个案批复。

现行税收征管实践中，还存在税收政策确定性服务需求与供给失衡问题。

税收政策确定性，换成法学术语就是"税法确定性问题"，实际就是税企之间在解释和适用税法中，对课税要件事实达成税法共识的过程。随着交易的跨国化、复杂化。税基侵蚀和成本利润分摊的国际化，税法确定性服务中的事先裁定服务、个案批复服务、税法解释与说明的服务，就有了现实需求。至于针对具体的交易类型，提供专业的税收构成要件认定解读、指引或批复，实践中也有强劲需求。

税收领域的法律不完备性问题，是一个全球性难题。在具体的涉税案件中，税收构成要件不会自动呈现，税企双方需要通过沟通、论证、争辩以达成共识。某种意义上，提升立法层级之后，税收法治并非就能迎刃而解；在税收执法环节，仍然需要认定、处理和识别具体个案的税收构成要件，部颁税法规则将长期存在，不可或缺。为此，税收立法权和执法机构的税法解释权，两者的边界的厘定与把握，随着税收法治建设步伐的加快，税收立法权逐步上收至立法机关，两者的冲突与协调在所难免。

随着纳税服务理念的传播，纳税人税收政策确定性需求越来越大，税法适用中的解释问题愈发突出。而且，不独中小企业，尤其大型企业集团和跨国集团，其税收政策确定性服务需求，非常强劲。实务中，公、检、法机关在查证、起诉或审理特定涉税案件时，也会要求税务机关对特定的税收政策作出税法解释、个案答复或者书面函复。这本质上，属于税法解释权的实际运用。

绝对税收法定主义或认为，只有立法机关才能解释法律，或者“谁立法谁解释”。但是，税收执法必须依赖税法解释和适用的权力。适用税法而不解释税法，在税收执法实践不可设想，在任何行政执法领域也不可理喻。因此，不能僵化理解或绝对化税收法定主义。税收法定主义不排除税务机关的税法解释权。税法解释权理应由立法、执法与司法机关共同分享。税务机关放弃税法解释权，即是失职。至于该解释是否合乎立法原意或税收制定法，最终应由税收司法把关，启动并激活税收司法，而不能让税务机关垄断税法解释权。

为此，国家税务总局应设置专门机构负责税法解释、行政复议审核、疑难税法实务处理（事先裁定、个案批复、特别纳税调整、税收核定）等事务，因此，应专设总法律顾问职位。因此，在《税收征管法》制度设计上，应该设立一个总法律顾问机构，专司案例研究、税法解释、复议应诉、税法确定性、事先裁定和个案批复、重大税收法治热点事件的及时和专业应对等疑难复杂税法事务。而且，政策性强的疑难复杂的事先裁定、个案批复，只有国家税务总局的层面才能胜任。

税收事先裁定和税收个案批复应通盘整体考虑，二者在性质上同属税收裁定，共同彰显和提现税务机关的税法解释权。未来，税收案件个案批复批天女散花、各地不一、错讹不断和毫无节制的混乱局面，亟待改变。《税收征管法》修订时，应将事先裁定和个案批复，一同予以规制。

税收征管法修订应体现现代税收管理理念

总则部分应当吸纳并体现现代税收管理的相关理念：信赖合作、诚信推定、税法遵从、权益保护、实质课税，将其树立为《税收征管法》的核心原则和灵魂，使得该法成为一部征纳平衡、久历考验的法律。

第一，关于“信赖合作原则”。新征管法应包括涉税信息情报提供制度、税务申报自我评定并举证制度、税收评定制度、税收裁定制度（含事先裁定和个案批复）、预约定价安排制度、特别纳税调整中的异议和复核制度。这些制度，秉持了信赖合作原则，是税收行政法中的独特创造，体现现代税收执法的理念，彰显我国税收执法的协商性和谦抑性品格，在其他行政执法领域尚不多见。为此，将《税收征管法》第一条改造为：为了加强税收征收管理，促进税法遵从、征纳平衡和信赖合作，规范税收征收和缴纳行为，保障国家税收收入，保护纳税人、扣缴义务人和其他征纳关系参与人的合法权益，促进经济和社会发展，制定本法。

第二，关于“诚信推定原则”。诚信推定原则要求，税务机关没有充足的证据或查证结论，不得将正在查证的案件视为“税务违法案件”，相关征纳关系参加人，不得被称为“案件涉嫌人员”。诚信推定原则，是税收征管的系列制度变革的理念基础。因而应去掉《征求意见稿》中第十三条与第一百一十二条中“违法”二字。

第三，关于“权益保护原则”。“征纳平衡原则”也势必引申出“纳税人权利保护原则”或“权益保护原则”。“纳税人权利保护原则”，就适用主体而言相对较窄，仅仅针对纳税人和扣缴义务人；而“权益保护原则”就适用主体而言，可以涵盖纳税人、扣缴义务人、涉税交易相对人、税收信息情报提供人，即包含全体“征纳关系参与人”也即广义的“税收义务人”。现代税法应该对全体“征纳关系参与人”的合法权益，一体实行保护。

第四，关于“实质课税原则”。各大陆法系通例，现代税收征管法必采此原则。从建构现代税收征管制度体系视角，在《税收征管法》中立法表述该原则。

以行政法平衡论为依据完善纳税人权利保护制度

从法理上，纳税人权利保护实与“权益保护原则”、“征纳平衡原则”、“实质课税原则”密切相关。以下简述之。

以“权益保护”视角论，征管法既保护国家税权和征管秩序，也相应保护纳税人、扣缴义务人的权利，也即保护征纳关系参加人和参与人的权利。

以“征纳平衡”视角论，新征管法赋予税务机关前所未有的税收管理权限：纳税人统一识别号制度、税收评定制度（税收核定、纳税调整、税务稽查等）、税收裁定制度（事先裁定、个案批复）、税收强制、税收信息情报管理协同制度等。为此，需要构建程序完善、功能强大的纳税人权利保护制度，以求得平衡。

以“实质课税”视角论，税务机关在税法评价中，有借助实质课税原则原理识别税收构成要件（纳税主体、税收客体的有无、定性和量化、税收特别措施条件是否成就、税收管辖权是否成立）之权力和职责，因此，必须配合以纳税人权利保护制度，以制约行政机关强权或专断。最好的制约是，赋予征纳关系参加人以诉权，启动税收司法，以杜绝税务机关垄断税法解释权或争议管辖权。

总之，一部《税收征管法》，必须在行政法平衡论的视角和理念支撑下，才能解读合理和创制规范；总则与分则之间，才具有内在的逻辑联系和灵魂统领。

征管法制度构造的灵魂与协调

基于税法解释权分享的原则，《税收征管法》应赋予税务机关税收评定的权力，税务机关享有对特定、疑难、复杂涉税事项的税法解释权，税收事先裁定和税收个案批复职责职权，此即，税务机关不得放弃税法解释权，税务机关有提供纳税服务和税法确定性服务的职责。

税务机关不得独享税法解释权。在税基侵蚀和利润转移、国际税收竞争与合作、中国企业和个人境外投资规模不断扩大的大背景下，应特别重视税法解释权在立法、执法和司法机关的共享机制，税收司法历来成为各国捍卫税收主权的重要制度构造。这就逻辑上推导出，税企争议的管辖权也不能够由税务机关独享。税收争议复议前置应予废除。

取消复议前置，意味着打破税务机关垄断税法解释权和税收争议的裁决权。此外，税收救济权是纳税人的一项当然权力或公民宪法权利，应予以重点保护。因此，应删除先行缴纳税款程序，还纳税人完整税收救济权，解除“花钱买诉权”的魔咒。为此，国家税务总局应设置专门机构负责税法解释、行政复议审核、疑难税法实务处理等事务，因此，应专设总法律顾问职位。

此外，应增加税务人员专业职务晋身法律制度，税务机关工作人员应加强法律素养培养条款，以便为未来税收人力资源改革预留空间。随着税收评定制度的建立，应相应增加稽查业务和稽查局条款，从长远看，应赋予税务稽查局以涉税犯罪侦查权，从构筑完整稽查权的角度，改造《税收征管法》，使得威慑权能归位于税务机关。强大的威慑力，是建立自我申报、自我评定制度和税收评定的逻辑前提。

为适应未来税制改革需要，应该加进去征收附加税费条款、代征基金条款，税与费的征收，一体适用《税收征管法》。《税收征管法》应与其他部门法相协调，特别是与行政法规则和民商法规则相协调，以实现不同法律之间的整合与协调。应界定一些税法术语的基本概念。

3.3.3 信息化建设的评价：金税工程

信息化建设水平决定税收征管工作的质量和效率，与税收征管的各环节密切相关。2004年至2013年，我国税收管理在信息化建设方面取得了显著成绩。税务信息系统基础设施建设取得较大进展，信息系统运行的基础和保障水平得到整体提升。国地税系统的征管信息化处理基本实现了省级集中，征收管理、行政管理方面的应用覆盖面进一步扩大。增值税、营业税、出口退税等领域的信息化应用成果明显，个人所得税、反避税、跨地区企业所得税和部分财产行为税种的信息化应用逐步深入，电子申报、联网缴税等一些方便纳税人的应用日益普及。信息化应用从事务处理型逐步向分析管理型方向发展，预警分析、纳税评估等系统已在相当一部分地区投入运行，征管工作科技含量不断提高①。

在信息化建设方面，“一个平台、两级处理、三个覆盖、四个系统”的金税工程是信息化建设的代表性成果（见专栏3－4）。

专栏3－4　金税工程概况

（一）一个平台

是指建立一个包含网络硬件和基础软件的统一的技术基础平台。主要任务是逐步建立覆盖总局、国地税各级机关以及与其他政府部门联通的网络，形成基于因特网的纳税人服务网络平台，建设硬件设备平台，构建电子税务应用组件平台，建立安全管理和运行维护体系，以保证税收工作在统一、安全、稳定的网络化平台支撑下平稳运行。

（二）两级处理

是指依托统一的技术基础平台，逐步实现税务系统的数据信息在总局和省税务局集中处理。主要任务是在“一个平台”的支撑下，结合各地实际情况，逐步建立总局、省税务局两级数据处理中心和以省税务局为主、总局为辅的数据处理机制，实现涉税电子数据在总局、省税务局两级的集中存储、集中处理和集中管理，以使业务流程更加简化，机构趋于扁平化，管理和监控更加严密，纳税服务更加简便，系统维护更加便捷，系统运行更加安全，并使得数据的宏观分析与微观分析相结合、全局分析与局部透视相结合，全面提升数据利用的价值。

（三）三个覆盖

是指应用内容逐步覆盖所有税种、税收工作重要环节、各级国税局地税局并与有关部门联网。主要任务是通过税收管理信息化建设，促进信息技术和管理方法在全国税务系统得到广泛应用，逐步实现税务管理信息系统对国税、地税局管理的所有税种，税收工作运行的重要环节进行全面、有效的电子化监控，并实现与有关部门的联网，以保证税收工作便捷、规范、高效运行。

（四）四个系统

是指通过业务的重组、优化和规范，逐步形成一个包括征收管理、行政管理、外部信息、决策支持系统在内的四个信息管理应用系统。主要任务是建立以税收征管业务为主要处理对象的税收征收管理应用系统，以外部信息交换和为纳税人服务为主要处理对象的外部信息管理应用系统，以税务系统内部行政管理事务为处理对象的税务行政管理应用系统以及面向各级税务机关税收经济分析、监控和预测的税务决策支持管理应用系统，以满足税务工作多层面、全方位的应用需求。

（五）金税工程三期概况

金税工程三期是在对金税工程二期四个子系统进行功能整合、技术升级和业务与数据优化的基础上，进一步强化征管功能，扩大业务覆盖面，形成有效的、相互联系的制约和监控考核机制。主体软件CTAIS（中国税务信息管理系统）将建立七大子系统，共35个模块。

资料来源：根据网络资料整理。

---

① 2009年6月，宋兰在全国税收和征管科技工作会议上的讲话，《大力推进信息管税　全面提高税收征管和科技工作水平》。

虽然以金税工程为代表的信息化建设实现了突破性进展，提高了税收征管的质量和效率，但就目前情况而言，信息化建设的统筹管理仍较薄弱，突出表现为：一是部分信息系统建设缺乏统筹规划，存在功能单一、业务交叉，模拟手工、程序繁杂，标准各异、互不共享等问题。二是征管软件主要针对申报征收环节，征管、税收风险监控方面的应用较少，无法对征收管理全过程实施全面监控。部分应用系统的升级滞后于政策变动和基层实际需求，对税收分析、纳税评估、税务稽查等的技术支持明显不足。三是信息安全工作仍较薄弱。四是信息化建设水平难以满足构建现代化税收征管体系的要求。不同部门之间的信息整合、税务部门与第三方的信息整合，都存在薄弱环节。涉税信息的情报管理工作刚刚起步。

从信息管税的角度看，涉税信息的情报管理较为重要。涉税信息情报管理水平，直接关系到税收征管模式的转变。涉税信息情报管理，不仅仅意味着金税工程、计算机系统和硬件设施改造，也不仅仅是内部涉税信息流的归集与整合，其重点在于内外部涉税信息情报（跨国交易、评定、征收、稽查、情报交换、行政协助、第三方信息等）分析、采集、比对与整理等内容。信息管税是现代税收管理的突破口。

3.3.4 总体评价：我国税收征管模式正在从传统走向现代

总体而言，我国税收征管模式正在由传统向现代化的管理模式迈进。管理目标逐步向促进纳税人自愿遵从转变，强调以纳税人自我评定为基础。在管理手段上，注重专业化管理，包括管理流程的专业化与管理对象的专业化。与专业化管理相对应，组织结构也发生了重要变化，在以税种划分部门的基础上，逐渐过渡到混合模式，引入按职能与纳税人划分部门。个别地区已经开始了机构扁平化的改革探索。当然，就目前情况而言，距离完全建立现代化税收征管体系的目标还有相当长的距离。多项具有现代化税收管理理念的改革才刚刚起步。

3.4 未来10年税收征管机制改革的展望

3.4.1 构建现代化税收征管体系

在《中共中央关于全面深化改革若干重大问题的决定》中，只有一条表述与税收征管改革直接相关，即完善国税、地税征管体制。但稍加分析，便可发现，完善税收制度的多项改革内容都与税收征管改革直接相关。例如，完善地方税体系，逐步提高直接税比重，逐步建立综合与分类相结合的个人所得税制，加快房地产税立法并适时推进改革。这些改革之所以重要，是因为这些改革基本都是为了一个目的——调结构。这些改革之所以难，是因为这些改革都不同程度地受到现行税收征管模式的制约。目前，我国现行征管模式主要是面向企业，而未来的税制改革要求我们必须建立起适应面向自然人的征管模式。如何实现这一目标，关键在于税收征管机制改革能否取得突破性进展。

事实上，2014年《深化财税体制改革总体方案》已然为我们指明了方向：建立现代财政制度。结合2012年《进一步深化征管改革方案（讨论稿）》的总体要求，落实到税收征管上，未来10年中国税收征管机制改革的目标十分清晰，即构建现代化税收征管体系。

3.4.2 现代化税收征管体系的灵魂：追求效率

效率

现代化的核心是理性。理性在经济学上体现为追求效率，即在既定约束条件下优化资源的配置，以最小的投入获得最大的收益。因而，现代化税收征管目标可表述为：以最小的成本（包括征管成本与遵从成本）实现税收缺口或税收风险（法定税收与实际税收的差额）的最小化。我们可以利用这一线索解释过去20年中国税收征管改革的历史轨迹。

成本最小化

征税不会没有成本。经济学认为，征税产生的成本是一种社会福利的净损失，应尽量降低征税成本（包括征收成本与遵从成本），减小这种净损失。降低征收成本与遵从成本，始终是中国税收征管改革追寻的目标。具体体现为：

一是建立自行申报制度。撇开其他因素先不谈，仅从纳税人数量考虑，如果每个税收专管员对应一个或少数几个纳税人，则需要数量庞大的税收专管员才能完成应收尽收的目标。这无疑会极大程度地提高征收成本。而自行申报制度有效降低了这一成本。二是提供纳税服务。提供纳税服务，特别是帮助纳税人了解税法、正确申报，其根本目的在于以最小的成本促进纳税人自愿遵从。三是运用信息化技术降低征管成本与遵从成本，提高征管效率。四是通过办税服务大厅的集中征收的方式降低征收成本的同时，也在极大程度上方便了纳税人，降低了纳税人的遵从成本。

税收缺口最小化

法定税收分为实际税收与税收缺口两个部分。市场经济条件下的税收征管工作的核心是，在依法征税的前提下，尽可能扩大实际税收，缩小税收缺口。中国税收征管改革也始终在这两条线索上前行。

一是在依法征税的前提下，增加实际税收。税源分类管理就是实现这一目标的重要手段。通过加强对重点税源的管理，特别是对大企业的管理，力求管住20%的人80%的税。二是努力缩小税法定税收与实际税收的缺口。要想找到缩小税收缺口的手段，须清楚税收缺口产生的原因。征纳双方都可能对税收缺口产生影响。市场经济体制建立之后，纳税人作为独立决策的经济主体，最求利润最大化。在这种情况下，纳税人具有偷税、逃税与避税的动机。由于管理缺位或制度设计不合理，税务征管人员可能为了私利而侵蚀国家税款，与纳税人合谋。为了减小税收缺口，中国税收征管模式在以下两个方向上作出了改进：一方面，建立纳税评估制度，进行信息分析，努力发现应报未报与申报错误的情况，目的是避免或减少纳税人偷、逃、避税等情况的发生；另一方面，强化稽查的同时，积极推进流程专业化，目的是避免税务管理人员与纳税人的合谋。

最小化征管成本或税收缺口的最小化，不仅可以用来解释过去，还可以作为选择未来税收征管改革路径的判断标准。约束条件相同时，能够以更小的成本实现相同收入或以相同的成本实现税收缺口最小化的征管模式更为有效。

3.4.3 两条相互关联且相对独立的路径：强评估与强稽查

可选路径

现代化的税收征管存在两条相互关联又相对独立的路径：一是强评估。在大数据时代，税务机关可以掌握全部信息，并且有能力正确处理与分析这些信息，在这样的条件下，税务机关能够捕捉全部可能的风险，实施准确有效的纳税评估，对评估结果采取弹性应对措施，保障法定税收的及时入库。这是一条高成本的道路，但技术上并非不可实现。二是强稽查。在信息不充分，存在道德风险且税务人员的风险识别与分析能力有限的前提下，将有限的征管资源集中用于随机抽查部分纳税人，对涉及违法涉税案件的纳税人施以严刑峻法，目的是对潜在和实际的不遵从行为产生威慑和阻吓。通过强化税务稽查，促进税收遵从。

第一条路径是发展趋势，体现的是促进纳税人自愿遵从的合作性征纳关系；第二条路径是各国在建立现代化税收征管体系前的常规选择，是一种带有较强对抗性的征管模式。从第二种路径向第一种过渡是多数国家的现实选择，即将较强的纳税评估与较强的税务稽查的相结合，通过强化风险识别与分析能力，逐步增强纳税评估的地位。

有必要强调的是，第一条道路固然更贴近现代化的税收征管特点，但在诸多条件尚不具备的情况下，中国现代化税收征管改革在路径选择上也不宜过于超前。特别是在纳税评估、风险管理、信息化建设、组织结构建设及专业化人才建设等诸多条件不具备时，不宜完全放弃税收管理员制度。这不等于固步自封。坚持现代化税收征管改革目标的总体方向还是十分必要的。应努力发挥人的主观能动性，为构建现代化税收征管体系积极创造条件。

实际上，这两条思路均可单独生效，并且不相互排斥，很多国家的税收管理中可见两条思路并存的影子。然而，即使抛开政治、文化、传统等方面的约束不谈，在实现管理成本最小化或税收缺口最小化的过程中，各国都将面临共同的资源约束。中国税收管理现代化亦面临这一约束，这决定了中国不可能以无限资源支持税收管理现代化的进程，成本收益评估对于中国税收管理现代化道路的选择至关重要。

组织结构重构

与路径有关的另一个问题是组织结构的建设。在组织结构上，有以下三种形式：一是传统的科层结构；二是以流程为基础，按职能设置机构；三是以客户需求为基础，按纳税人类别与特点设置机构。我国税务机关的组织结构正在从科层结构向以流程与客户需求相结合的扁平化的结构转变。现阶段以流程为主进行组织结构再造固然重要，但是，不宜教条的将此锁定为最终目标。以客户需求为基础的组织结构更符合现代化的理念。总之，要用动态的观点看待税收征管改革，应努力避免僵化。

中国作为幅员辽阔的大国，具有历史悠久的“郡县制”传统，这一治理传统更多的与垂直管理模式相适应。也就是说，在解决不同级次政府机关之间关系时，上级政府机关更多的负责政策制订、上传下达和考核监督，并不具体履行职能。尽管税务机关作为具有极强专业性的机构，在不同级次税务机关之间，也更多的体现着上下级的关系，基本上是垂直管理的模式。

未来的税收征管改革，还需要重点解决不同级次税务机关的征管职能分工的问题，在已经进行的各地试点中，机关实体化改革是重要的内容。下一步要根据税收征管流程和机构的改革进程，同时推进不同的征管职责和事项在总局、省局、市局、县局之间的纵向分工。

3.4.4 改革的约束条件：税收征管机制改革的影响因素

经济因素：经济结构与税源结构

随着经济的发展，不仅纳税人的数量迅速增加，经济活动也日趋复杂，企业经营的多元化和层出不穷的新的组织形式和交易方式使税收征管资源的有限性与税收征管工作量和工作难度增加的矛盾日益突出。随着全国统一市场的建立与完善和全球经济一体化程度的加深，企业经营不仅突破了传统行政区划的限制，也同时逐步走向世界。税源在全国各区域乃至世界范围的分布与当前税务机关基本依托行政区划设置的矛盾也日益突出。这些变化都要求税收征管模式作出相应调整。

税制因素：税收功能与税制结构

在市场经济体制下，税收在筹集财政收入

中的地位越来越突出。随着经济体制改革的不断深入，我们必须解决一些新的问题，例如，收入分配差距过大。在这样的背景下，税收作为政府筹资工具的同时，承担了越来越多的政策任务。税收在调整收入分配、产业结构升级、节能环保等多个方面被赋予了更高的期望。税收功能的变化，要求税制结构做出相应调整。例如，正在进行的“营改增”，未来可能开征的综合与分类相结合的个人所得税与对居民征收的财产税，都将使税务机关直接面对自然人纳税人。这些变化要求我们在税收征管模式上做出相应调整。

人的因素：税务人员与纳税人之间的关系及双方的能力

随着市场经济体制改革的推进，多种所有制并存的格局使税务机关与纳税人之间的利益冲突和博弈成为税收征管面临的基本环境。这种利益博弈不仅体现为征纳双方的冲突，更重要的是，它体现了纳税人的纳税意识和法治观念的增强。外界环境要求税务机关依法征税成为社会各界对税务机关的基本要求。而如何减少这种冲突，促使纳税人自愿遵从，成为新时期税收征管必须解决的问题。解决更复杂的矛盾，处理更复杂的税收事务，面对更为专业化的纳税人，都要求税务人员具有更出色的专业能力。这些变化要求我们的税收征管模式进行相应调整。

信息因素：信息化与两个方向的信息不对称

随着市场经济体制改革的深入，税收征管工资对技术特别是对信息技术的依赖程度越来越高。手工记账加算盘的传统技术难应对大量信息的处理需求。信息技术的发展为处理大量涉税信息带来了可能。我们开始运用信息技术，提高征管效率。在应用初期，信息化还只是被作为一种降低成本、提高效率的手段。而在现代社会，信息技术的发展趋势表明：信息技术已不再只是一种提高效率的手段，在大数据时代，人们的生活方式将因为信息化的发展而产生深刻变革。这也要求我们的税收征管模式做出适当调整，应具有一定前瞻性。

经济因素、税制因素的变化趋势对税收征管的直接影响是加剧了两种信息不对称：一是税务机关与纳税人之间在涉税信息上的不对称，税务机关获取跨国界、跨区域、复杂涉税信息方面的困难越来越多；二是由于税制的复杂化，纳税人与税务机关在依法纳税方面也存在着信息不对称，税务机关比多数纳税人更清楚税法规定。对于中小纳税人和自然人纳税人而言，在全面、细致掌握税收政策方面的困难也越来越多。这两种不对称，在纳税人意识和依法征税要求不断提高的情况下，对税收征管也会产生巨大影响。

3.4.5 未来需解决和注意的几个问题

在构建现代化税收征管体系的进程中，还需注意以下几个问题：

第一，人与现代化的关系。随着现代化程度加深，现代化对人的主观能动性将产生一定束缚。因此，在构建现代化税收征管体系时，应注意避免过度僵化，注重发挥人的主观能动性。

第二，现代化税收体系要求对以流程和客户需求为导向，需要改变原有的科层结构。在组织结构再造的过程中，应遵循以下基本原则：明晰各级部门、各类人员的自身优势，进行资源的有效配置。是否能够准确判断各级部门、各类人员真正的优势是问题的关键。在这一点上，现有改革方案认为高级别政府比低级别政府具有更强的纳税评估能力。事实是否如此，仍有待进一步研究。

第三，信息是风险管理与纳税评估的基础，是否掌握全面准确的信息直接关系到税收征管改革路径的选择。因此，应以“信息管税”为契机，大力推进基于对象（客户）的信息平台的建设。

主要参考文献

高培勇、杨志勇、杨之刚、夏杰长：《公共经济学》，中国社会科学出版社，2007年。

高培勇："筑牢国家治理的财政基础和财政支柱"，《光明日报》，2013年11月15日。

高培勇："市场经济条件下的中国税收与税制"，《人民日报》，1997年5月10日。

高培勇、孙国府、张迪恳：《中国财税改革30年：回顾与展望》，中国财政经济出版社，2009年。

高培勇等：《中国财政政策报告2013/2014：将全面深化财税体制改革落到实处》，中国财政经济出版社，2014年。

吕冰洋："税收专管"，《公共经济评论》，2011年第5期。

滕祥志："《税收征管法》修订应英语税制改革统筹考虑"，《东方早报》，2014年3月11日。

滕祥志："《税收征管法》修订应遵循的三个原则"，《中国发展观察》，2014年6月5日。

滕祥志："修法应为税制改革预留空间"，《中国税务报》，2014年8月6日。

张斌、樊丽明："税收法治的目标与内涵"，《税务研究》，2002年第4期。

中共中央：《中共中央关于全面深化改革若干重大问题的决定》，人民出版社，2013年。

Aaron H. and J. Slemrod (eds.) (2004), Crisis in Tax Administration. The Crisis in Tax. Administration, Brookings Institution Press.

Bird, Richard (2004), Administrative Dimension of Tax Reform. http://unpan1.un.org/intradoc/groups/public/documents/unpan/unpan015761.pdf

Bird, Richard and Casanegra de Jantscher, Milkar (1993), Improving Tax Administration in Developing Countries. http://www.imf.org/external/pubs/cat/longres.cfm? sk = 24.0

Braim J Arnold (2010), Comparative Income Taxation: A Structural Analysis, Wolters Kluwer.

Das - gupta, Arindam (2004), Implications of tax administration for tax design: a tentative assessment. http://aysps.gsu.edu/isp/files/ISP_CONFERENCES_TAX_REFORM_DASGUPTA_PAPER.pdf

Haaaeldin John (2007), Study into "Best Practice" in Tax Administration, Consultancy Report for the National Audit Office. http://www.nao.org.uk/idoc.ashx? docId = f43d4e9d - a07e...

Kidd, Maureen (2010), Revenue Administration: Functionally Organized Tax Administration. http://www.imf.org/external/pubs/ft/tnm/2010/tnm1010.pdf

OECD (2006a), Strengthening tax audit capabilities: general principles and approaches. Paris: OECD http://www.oecd.org/dataoecd/46/18/37589900.pdf

OECD (2006b), Strengthening tax audit capabilities: Innovative approaches to improve the efficiency and effectiveness of indirect income measurement methods. Paris: OECD http://www.oecd.org/dataoecd/46/16/37590009.pdf

OECD (2006c), Strengthening tax audit capabilities: Auditor workforce management - Survey findings and observations. Paris: OECD http://www.oecd.org/dataoecd/ 46/17/37589929.pdf

OECD (2006d), Using third party information reports to assist taxpayers meet their return filing obligations: country experiences with the use of pre - populated personal tax returns. Paris: OECD http:// www.oecd.org/dataoecd/42/14/36280368.pdf

OECD (2007a), Tax Administration in OECD and Selected Non - OECD Countries: Comparative Information Series. Paris: OECD http:// www.oecd.org/dataoecd/37/56/38093382.pdf.

OECD (2007b) Overview: The Emerging Direction of the Study. Tax Intermediaries Study: Working Paper 3. Paris: OECD http://www.oecd.org/dataoecd/15/34/38459182.pdf

OECD (2007c), The Enhanced Relationship. Tax Intermediaries Study: Working Paper 6. Paris: OECD http://www.oecd.org/dataoecd/59/61/39003880.pdf

OECD (2009), Tax Administration in OECD and Selected Non - OECD Countries: Comparative Information Series (2008). http://www.oecd.org/dataoecd/57/23/42012907.pdf

OECD (2011), Tax Administration in OECD and Selected Non - OECD Countries: Comparative Information Series (2010). http://www.oecd.org/tax/taxadministration/47228941.pdf

Slemrod, J., J. Whiting, and J. Shaw (2007), "Tax Implementation Issues in the U.K." Chapter for the IFS Mirrlees Review, London: IFS www.ifs.org.uk/mirrleesreview/reports/conference-drafts/implementation.pdf.

Tanzi, Vito and Anthony Pellechio, 1995. The Reform of Tax Administration. IMF working paper 95/22 (Febuary).

Vehorn, Charles L. and John Brondolo, 1999. Organizational Options for Tax Administration. IBFD Bulletin.

4

国有企业利润分配制度改革：评估与展望

- 国有企业利润分配制度改革促进了政府功能和职能的转变，“两则两制”为国有企业利润分配制度改革奠定企业财务管理和会计核算基础。税利分流制度及其之后国有企业利润上缴的改革，促进了政府职能转变和国有企业运营机制转变。合理规范税基、免除“一税两金”的改革措施，使得国家与国有企业的分配关系逐步规范，国有企业逐步成为独立经营的经济实体
- 国有企业利润分配制度改革为“所有权与经营权两权分离”成功奠定了制度基础，使国有企业将主要精力从争取政策支持转变到加快自身发展、增强竞争力上来，能够在全社会营造出公平竞争的产业环境，有利于企业建立规范的现代企业制度，促进企业经营机制的转型和效益的提高，利于市场更好地发挥基础性的资源配置作用
- 国有企业利润分配制度改革为国有资产保值增值奠定了宏观基础，转换了企业经营机制，规范政府政令和国有企业的生产经营行为，为国有资产监管提供基础性保障
- 国有企业建立了现代企业制度，“产权清晰、权责明确、政企分开、管理科学”，健全决策、执行和监督体系，使企业成为自主经营、自负盈亏的法人实体和市场主体

Profit Distribution System Reform of State-owned Enterprise: Evaluation and Prospect

- Profit Distribution System Reform of State-owned Enterprise: Evaluation and Prospect
- Profit distribution system reform of SOEs has prompted the transformation of government functions and the change of operation mechanism of SOEs, making the distribution relationship between government and SOEs gradually standardized, which gives impetus to SOE to become an independent economic entity
- Profit distribution system reform of SOEs laid an institutional foundation for successful separation of ownership right and management right which made SOEs focus on accelerating their development and enhance their competitiveness instead of striving for policy support. It is beneficial to create a fair competitive environment, to set up a standardized modern enterprise system, to drive SOEs to change their operation mechanism and to enhance their efficiency, and to make market play a better fundamental role in resource allocation
- Profit distribution system reform of SOEs laid an marco foundation for state-owned assets to maintain and increase their value, regulated government decrees and operational behavior of SOEs and provided a basic protection for state-owned assets supervision
- The modern enterprise system made SOEs become the legal entities and market entities responsible for their own management decisions, profits and losses

4 国有企业利润分配制度改革：评估与展望

长期以来，无论是在理论还是实践层面，国有企业利润分配制度都经历了一个不断探索、曲折发展的过程。按照国际通行做法并遵循相关理论，国家应分别作为社会管理者和资产所有者向国有企业征收所得税、收取投资收益，即体现出国家的双重身份和双重管理职能，这是国有企业利润分配制度安排的题中之义和逻辑必然。然而，我们直到 1994 年财税改革时才在实践中实现对国家双重角色定位的认同，并通过之后的一系列改革逐渐加以完善。这些制度变化中每一个阶段都带有明显的时代烙印，既为一定历史时期的经济目标服务，也反映了该时期的经济特点。只有对国企利润分配制度嬗变过程进行深入的回顾、总结、评估，才能认识政策更迭背后的深层矛盾，在下一步改革中形成更加规范的符合中国国情的国有企业利润分配制度，构建多方利益主体的共赢模式。

4.1 国有企业利润分配制度改革的基本脉络

国有企业利润分配制度改革是融入 1994 年财税改革并与之同步全面实行的，但事实上，在 1994 年 1 月 1 日的时点前后与之相关的一系列改革措施都应纳入这次国有企业利润分配制度改革范围，也应该全部纳入本章评估的视野。这些改革举措包括：出台《企业财务通则》和《企业会计准则》、税利分流、合理规范税基、免除“一税两金”、恢复国有企业上缴利润。

4.1.1 国有企业利润分配改革的背景和环境

1994 年之前国有企业利润分配改革的探索

在实行“税利分流”之前，尤其是在 1978 年改革开放之前，对国有企业利润的处置方式是统收统支，企业以利润方式将绝大部分收益上交国家，其发展所需的资金再由财政拨付。这是与新中国薄弱的经济建设基础、建设工业大国的目标，以及所实行的计划经济体制相适应的。然而，在这种带有明显“大锅饭”性质的分配形式中，收益的形成独立于企业收入，产出和投入是相互割裂的；收益向资本的转化独立于企业之外，收益和资本也被割裂开。企业既没有独立利益，也没有内在的自我激励机制和外在约束，责权利相互脱节，这些弊病亟待推行改革加以破除（见表 4－1）。

表 4－1　1978 年以前各阶段的国有企业利润分配制度

主要制度	实施时期	出发点	主要内容	企业留利占比（%）
统收统支	经济恢复时期	恢复经济	利润全额上交	
企业奖励基金、超计划利润分成	“一五”时期（1953—1957）	调动企业、职工和企业主管部门积极性	利润部分留存于企业	3.6
利润留成	“大跃进”时期（1958—1961）	进一步扩大企业财力	利润部分留存于企业	10.2
企业奖励基金	“三年调整”时期（1962—1968）	缓解“大跃进”给国民经济造成的困难	减少企业留利部分	3.8
统收统支	“文革”时期（1969—1976）	缓解国家财政困难	利润全额上交	0.17

资料来源：项怀诚主编：《中国财政体制改革》，中国财政经济出版社，1994 年。

1978 年后，随着党的十一届三中全会召开，党的工作重心转到经济建设上来，与此相适应，国企利润分配制度改革频繁。与之前不同，虽然根本目标都是放权让利、激活企业活力，但每次改革都有实质性的变化（见表 4－2）。

表 4－2　1978—1993 年国有企业利润分配制度改革探索及时间分布

<table>
<tr><th>年份</th><th>1978</th><th>1979</th><th>1980</th><th>1981</th><th>1982</th><th>1983</th><th>1984</th><th>1985</th><th>1986</th><th>1987</th><th>1988</th><th>1989</th><th>1990</th><th>1991</th><th>1992</th><th>1993</th></tr>
<tr><td>企业基金</td><td>试行</td><td></td><td></td><td></td><td></td><td></td><td></td><td></td><td></td><td></td><td></td><td></td><td></td><td></td><td></td><td></td></tr>
<tr><td>利润留成</td><td></td><td colspan="2">试行</td><td colspan="2">推广</td><td></td><td></td><td></td><td></td><td></td><td></td><td></td><td></td><td></td><td></td><td></td></tr>
<tr><td>利改税</td><td></td><td></td><td colspan="3">试行</td><td colspan="4">推广（1984.10 之前第一步利改税，税利并存；之后第二步利改税，以税代利）</td><td></td><td></td><td></td><td></td><td></td><td></td><td></td></tr>
<tr><td>企业承包</td><td></td><td></td><td></td><td></td><td></td><td colspan="4">试行</td><td colspan="7">推广（1987—1990 年第一轮承包期；1991 年后第二轮承包期，形式更加灵活）</td></tr>
<tr><td>股份制试点</td><td></td><td></td><td></td><td></td><td></td><td></td><td></td><td colspan="2">民间自发性试验</td><td colspan="7">试点推广</td></tr>
<tr><td>税利分流</td><td></td><td></td><td></td><td></td><td></td><td></td><td></td><td></td><td></td><td></td><td colspan="6">试行</td></tr>
</table>

资料来源：刘克崮、贾康主编：《中国财税改革三十年：亲历与回顾》，经济科学出版社，2008 年。

最早的企业基金制度的试行和利润留成制度的推广，不但标志着企业财权的扩大，更标志着企业经营自主权的下放，拉开了探索国家、企业和职工三者分配关系的序幕①。但它无法对企业间的利润差距进行调节，利润分配制度难以稳定化和规范化。这种情况下，利改税制度应运而生。两步利改税在协调国家、企业、个人利益关系，以及中央与地方关系的基础上，逐步过渡到完全的以税代利②，国家实现了用税收杠杆调控国有经济，企业也摆脱了过去计划管理的束缚。但是，这一制度否定利，完全以税代利，无法体现国家对国有企业的双重身份，所得税外的调节税③所造成的税利不分也造成了实践中的混乱。与利改税相比，接档进行的企业承包和股份制试点改革在扩大企业经营自主权的同时，将实现两权分离纳入政策视野，真正实现了政企分离，调动了企业和职工的积极性，尤其是在1989—1990年通货紧缩的宏观经济形势下，缓解了市场疲软带来的一系列问题。但是，承包制“包盈不包亏”的机制，以及分配机制不稳定、不规范的做法，助长了企业的短期行为，无法保证财政收入的正常增长，股份制试点企业对资产评估不实或未予评估，造成了国有资产流失和对国家所有者权益的侵占。

我国国家与国有企业的分配关系经历了统收统支、基金与利润留成改革、两部利改税、企业承包经营制和股份制改革四个阶段，虽然终究没有定位出一条正确的道路，但这些尝试为1994年国家与国有企业分配关系改革奠定了理论和实践基础，具有极为重要的意义。

1994年面临的改革环境

1992年初，邓小平同志视察武昌、深圳、珠海、上海等地，发表了重要谈话，提出两个“不等于”，即计划经济不等于社会主义，市场经济不等于资本主义，为提出社会主义市场经济理论奠定了基础。同年10月，中共十四大在北京召开，明确提出我国经济体制改革的目标是建立社会主义市场经济体制，并提出“统筹兼顾国家、集体、个人三者利益，理顺国家与企业、中央与地方分配关系”，“逐步实行税利分流和分税制”。这两个重大历史事件标志着我国改革开放和现代化建设事业进入了一个新的发展阶段，政治、经济、社会、文化等各领域的改革和发展都要受到社会主义市场经济的条件约束。

经济体制改革方向的确定为国企利润分配改革提出了新要求。党的十四大报告明确提出了建立社会主义市场经济体制的改革目标，即让市场在国家宏观调控下对资源配置起基础性作用。1993年党的十四届三中全会通过了《中共中央关于建立社会主义市场经济体制若干问题的决定》，全面系统地勾勒出这一目标的总体框架，经济体制改革进入攻坚阶段。市场经济主体的独立性和竞争的公平性决定了企业必须独立于政府，致力于提高自身竞争能力。这就要求，将社会主义市场经济中政府与市场的关系进行重新定位，使市场对资源配置起基础性作用，企业成为独立的市场主体，政府的主要任务是发展完善市场，并弥补其不足。

计划经济下国有企业对国家的依附形成了政企不分、责任不明、产权模糊等问题，这些问题得不到解决，就无法与市场经济相对接，也无法使国有企业真正成为市场经济的主体。为扭转这种状况，党的十四大报告中提出“转换国有企业特别是大中型企业的经营机制”，从1994年开始，国有经济改革进人以“建立现代企业制度”为主要内容和目标模式的新阶段，通过建立“产权清晰、权责明确、政企分

---

① 参见1979年7月13日国务院《关于国营企业实行利润留成的规定》、1980年1月22日国务院批转国家经委、财政部《关于国营工业企业利润留成试行办法》、1981年2月财政部、国家经委《关于国营工交企业1981年继续试行利润留成办法的通知》等文件。

② 参见1983年4月国务院批转财政部《关于国营企业利改税试行办法》、1984年9月财政部《关于在国营企业推行利改税第二步改革的报告》和《国营企业第二步利改税试行办法》等文件。

③ 第二步利改税的突出特点之一是征收所得税后，用调节税替代第一步利改税汇总的利润上缴，名为税，实为利。

开、管理科学”的适应市场经济要求的现代企业制度，将国有企业改造为自主经营、自负盈亏的市场主体。国有企业发展定位的转变为规范国有企业利润分配制度提出了新要求和制度基础。

承包制的弊端和“税利分流”试点中的问题为改革提供了新方向。虽然承包制在短期内激发企业的积极性，但制度设计中存在的不规范、不公平和不稳定，不利于企业转换经营机制和公平竞争。早在第一阶段承包制到期时，这个问题就已显现。国家以所有者身份将企业委托给其代理人进行经营管理，通过微观搞活，带动财政和国民经济发展，这一逻辑与之前的企业基金和利润留成没有“质”的区别，仍旧没有体现出国家作为社会组织者和企业所有者的双重身份。为此，1988 年到 1993 年，在推行企业承包责任制的同时，财政部推行“税利分流”试点，着力理顺国家和企业之间的分配关系。这一阶段的“税利分流”在 1988 年首先在重庆市的国营企业试行，至 1991 年 3 月，推行至 27 个省市的 1900 户国有企业。这次试点虽然首次从分配形式上明确了国家对国有企业的双重身份，从长期来看代表着未来改革的方向和潮流，但由于推进速度较猛，坚持“转变机制”① 和“提高比重”② 两目标一步到位，企业和地方政府参加试点积极性不高，改革缺乏群众基础，要在更大范围内推行税利分流，还需改进操作方式。这些政策实践为下一步改革提供了明确的方向。

多种所有制企业并存的局面对利润分配改革构成了新的压力。改革开放带来了多种所有制经济的蓬勃发展，这些非公有制企业实现了以规范的渠道向国家交税。如果国有企业继续实行承包制，将难以保证市场的公平竞争原则，这形成了国企利润分配改革的外在压力。

4.1.2 1994 年以来国有企业利润分配改革的演变历程

过去数十年的改革探索，为 1994 年从根本上改革国家与企业间分配关系创造了条件，新的历史条件下的经济和社会环境，也为实现这一创新提供了契机。1993 年 3 月底，全国人大通过了《宪法修正案》，将“国营经济”、“国营企业”改为了“国有经济”、“国有企业”，一字之变折射出国家与国有企业的分配关系的巨大变化，这意味着国家与国有企业的关系开始转变为所有者权益关系。因此，1993 年 11 月的十四届三中全会通过了《中共中央关于建立社会主义市场经济体制若干问题的决定》，对政府职能、经济成分、国家与企业的关系、国有企业改革的方向均有所涉及，这表明必然会对与计划经济相适应的政府与企业分配关系进行调整。此外，还对财税改革提出了具体而明确的要求。紧接着，1993 年 12 月国务院做出《关于实行分税制财政管理体制的决定》，将国有企业利润分配制度改革作为分税制改革的配套改革。时任国家财政部长刘仲黎指出，税制改革、分税制改革、国有企业利润分配制改革是 1994 年财政工作的中心任务。可以说，分税制改革开启了国有企业利润分配制度改革的全新历程。

出台《企业财务通则》和《企业会计准则》

国有企业利润分配制度改革中，企业财务会计制度改革是先行者。1992 年 11 月 30 日，经国务院批准，财政部分别以第四号、第五号部长令发布了《企业财务通则》和《企业会计准则》（简称“两则”），于 1993 年 7 月 1 日开始实施。根据“两则”要求，结合不同行业特点，财政部分别制定了工业企业、交通运输、商品流通、金融、施工、农业企业等 13 个全国性、分行业的会计制度及十大行业财务制度（简称“两制”）。“两则两制”的出台为理顺和规范国有企业利润分配制度奠定了财务会计制度基础。

---

① 指转变企业经营机制和稳定国家与国有企业分配关系的机制。

② 指的是提高财政收入占 GDP 的比重。

在高度集中的计划经济体制时期，国营企业是国家的附属物，生产什么、生产多少均要服从国家计划。国家与国营企业在资金上的关系，从企业一方看，企业生产经营所需的资金全部由财政拨款，亏损由财政弥补，但实现的利润及固定资产折旧基金则要全部上缴财政。从财政一方看，财政资金大部分用于国营企业，包括固定资金、流动资金以及企业固定资产更新改造等专项资金的拨付。相应地，企业财务、会计制度要适应这样的体制环境，即实行计划经济体系下三段平衡论的会计模式，主要由多种记账方法和资金平衡表，产权关系不明确，无偿占用资金，借款无需还本付息，固定资产折旧和报废直接冲销国家资本等等。

1978年党的十一届三中全会召开后，我国开始实行改革开放，计划经济体制过渡为有计划的商品经济体制。此改革背景下，增强企业活力成为改革的中心环节，以放权让利为主线，先后实行了企业基金与企业留利、利润留成、两步利改税等一系列改革。企业财务会计制度并没有进行根本性变革，已经不能适应企业发展环境的变化，暴露出种种弊端，甚至到了不改不可的地步。

财务会计制度改革的呼声先从理论界传出，随之引起实务界的呼应和决策层的重视。这一时期，财政部会计司着手做了两件事。

在深入调研和广泛征求意见的基础上开始起草《会计改革纲要草案》，包含了会计管理制度、审核制度、电算化、基层单位会计工作、注册会计师、会计人员培训等改革内容。1989年4月，该草案送审稿完成。

成立了会计准则组，着手制定会计准则。在实地调研的基础上，完成了《关于拟订我国会计准则问题的调查报告》并拟定了会计准则草案。此后，开始对该草案广泛征求意见，并考察了英国的会计准则，最终于1990年11月将《中华人民共和国会计准则草案》提交全国会计工作会议，旨在进一步征求意见，完善内容。1991年7月29日，财政部发布了《我国会计改革纲要（试行稿）》。1992年邓小平同志南方谈话为“两则”的最终落地提供了契机。

与“两则”同时执行的“两制”的诞生也经历了一个曲折过程。此次改革前，我国会计制度按照行业、部门、所有制制定，据财政部会计司不完全统计，改革前夕我国有56个行业会计制度，核算方法、报表格式和内容、指标口径均不统一。如此次复杂和政出多门的会计制度难以一下统一起来，所以这次改革保留了行业会计制度的做法，在“准则通驭制度”的原则下，将行业会计制度大幅减并为13个，并把制定和管理权收归财政部会计司。1992年10月，规定了会计要素和财务报告体系的行业会计制度和财务制度被最终确定下来。

“两则两制”体现的制度创新包括：一是区分企业财务管理和会计核算。《企业财务通则》面向企业财务管理，制定财务政策，解决对经济业务事项的确认和计量问题，如固定资产的标准、计提折旧的方法等等。《企业会计准则》面向企业会计核算，制定会计核算方法，解决对经济业务事项的记录、报告问题，规定会计科目和会计报表的设置。二是建立了资产、负债、所有者权益、收入、费用和利润六大会计要素。三是确立了会计恒等式“资产=负债+所有者权益”，并在此基础上建立了资本金制度，引入资本保全原则，保障了投资者和债权人的利益。四是将多种记账方法统一为借贷记账法。五是采取权责发生制进行会计确认，企业可在规定的比例内提取坏账准备金和削价准备金。六是将全额成本计算法改为了制造成本计算法，管理部门所发生的管理费用（包括退休经费）、财务费用、销售费用直接归到期间费用，冲减当期损益。同时，允许采用后进先出法对销售成本、材料成本计价。七是固定资产折旧方法突破单一的使用年限法，将加速折旧法纳入会计制度框架，虽然实际当中没有发挥作用，但仍然体现了制度创新。八是统一、规范税前列支项目和标准。包括固定资产投资借款利息进成本，奖金进成本，研究

专栏 4 -1

资金平衡表

财建 01 表

编制单位： 年 月 日 金额单位：元

资产类	行次	年初数	期末数	负债及权益类	行次	年初数	期末数
流动资产				流动负债：			
货币资金	1			短期借款	32		
短期投资	2			应付票据	33		
应收票据	3			应付账款	34		
应收股利	4			预收账款	35		
应收利息	5			其他应付款	36		
应收账款	6			应付工资	37		
预付账款	7			应付福利费	38		
应收补贴款	8			应付股利	39		
其他应收款	9			应交税金	40		
存货	10			其他未交款	41		
待摊费用	11			预提费用	42		
一年内到期的长期债券投资	12			预计负债	43		
其他流动资产	13			一年内到期的长期负债	44		
流动资产合计	14			其他流动负债	45		
长期投资				流动负债合计			
长期股权投资	15			长期负债：	46		
长期债权投资	16			长期借款	47		
长期投资合计				应付债券	48		
其中：合并价差	17			长期应付款	49		
固定资产：				专项应付款	50		
固定资产原价	18			其他长期负债	51		
减：累计折旧	19			长期负债合计			
固定资产净值	20			递延税项：	52		
减：固定资产减值准备	21			递延税款贷项	53		
工程物资	22			负债合计			
在建工程	23						
固定资产清理	24			所有者权益或股东权益：	54		
固定资产合计	25			实收资本	55		
无形资产及其他资产：				减：已归还投资	56		
无形资产	26			实收资本净额	57		
长期待摊费用	27			资本公积	58		
其他长期资产	28			盈余公积	59		
无形资产及其他资产合计	29			其中：法定公益金	60		
递延税项：				未分配利润	61		
递延税款借项	30			所有者权益合计	62		
资产总计	31			负债及权益合计	63		

单位负责人： 财务负责人： 复核： 制表：

开发支出摊入成本，增提折旧等。九是财务报表由资金平衡表改为资产负债表。

历时5年终于出台的“两则两制”结束了在我国运行40多年的旧会计制度，既适应了改革开放与国际会计准则接轨的要求，又为1994年大规模财税改革和以其为开端的市场化改革奠定了基础，更开启了国有企业利润分配制度改革的序幕。“两则两制”之后出台的《中共中央关于建立社会主义市场经济体制若干问题的决定》距今已有20年，国营企业也已改为国有企业，国企改革的目标也被确定为建立现代企业制度。在社会主义市场经济体制建立健全的过程中，国有企业改革不断深入，国有企业经营机制不断转换，国有企业利润分配制度日益趋于完善，作为其重要组成部分的国有企业会计制度改革在此过程中也从未间断。

1997年，财政部发布了第一个具体会计准则：《关联方关系及交易的披露》，1998年及以后，又陆续发布了15项具体会计准则。2001年、2002年、2004年财政部相继制订并颁布了《企业会计制度》、《金融企业会计制度》、《小企业会计制度》，这一会计制度体系取代了此前的十三个行业企业会计制度，基本实现了会计核算制度的统一，并基本完成了企业会计制度的改革。2001年财政部出台《关于企业实行财务预算管理的指导意见》和《企业国有资本与财务管理暂行办法》，对国有企业的资产与财务实行统一管理，是加强国有出资人财务管理的一项重要举措。2006年2月，财政部公布《企业会计准则》。该准则体系由1项基本准则、38项具体准则和准则应用指南三部分构成，成功实现了与国际财务报告准则的实质性趋同。2006年，财政部对《企业财务通则》进行了重新修订，成为《公司法》等市场经济主体法律的有效补充和细化。2014年1至7月，财政部修订或新增了7项会计准则、1项准则解释，是继2012年会计准则修订后的又一次大规模修订，目的是提高财务报表列报质量和会计信息透明度，适应国际会计准则的改革，保持与国际准则的接轨。

“税利分流”

“税利分流”是分税制改革的重要组成部分之一，目的是建立一个规范、科学、合理的国有企业利润分配制度。其一，国有企业实现的利润先以统一的所得税形式上缴一部分给国家，构成政府公共财政收入的来源；其二，国有企业税后利润，扣除贷款本息和企业留利外，其余部分作为国有资本投资收益也必须上缴国家，从而构成政府国有资本财政收入的一项主要来源。

“税利分流”的主要思想可以具体为以下四项：

企业所得税统一实行33%的比例税率。考虑到部分企业经济效益较差，利润上缴水平较低，作为过渡办法，增设27%和18%两档照顾税率。同时，取消国有大中型企业征收的调节税，减轻企业负担。

建立统一、规范、合理的企业所得税税基。稳定税基才能在规范企业经营行为的基础上，使国家与企业分配关系清晰化，保证税利分流的充分实现。企业固定资产投资贷款本金一律用留用资金归还，不再从税前扣除。而且要求增提折旧，将固定资产贷款利息、各种奖金福利费用、研究开发费用等列入成本，使企业成本核算真实合理。

实行税后分利，多种形式收取国家资本投资收益。国有企业以及国有资本参与投资的其他企业在实现利润上缴所得税后，还要向作为国有资本所有者的国家上缴一部分利润，即“税后分利”。税后分利的形式有多种，国有独资企业实行税后利润上缴形式，而对国有资本参与投资的其他企业，如股份制企业、合资企业及合伙制企业，则按照投资比重收取股息、红利、租金等投资收益形式。

取消“两金”。取消对所有国有企业征收能源交通重点建设基金和预算调节基金。“两金”是在20世纪80年代国家财政极其困难的

专栏4－2

资产负债表

编制单位： 年 月 日 金额单位：元

资金占用	行次	年初数	年末数	资金来源	行次	年初数	年末数
一、基本建设支出合计	1			一、基本建设拨款合计	37		
（一）交付使用资产	2			（一）以前年度拨款	38		
1. 固定资产	3			1. 中央财政性资金拨款	39		
2. 流动资产	4			2. 地方财政性资金拨款	40		
3. 无形资产	5			3. 其他拨款	41		
4. 递延资产	6			（二）本年拨款	42		
（二）待核销基建支出	7			1. 中央财政性资金拨款	43		
（三）转出投资	8			2. 地方财政性资金拨款	49		
（四）在建工程	9			3. 其他拨款	53		
1. 建筑安装工程投资	10			（三）预收下年度财政性资金拨款	54		
2. 设备投资	11			其中：中央财政性资金	55		
3. 待摊投资	12			地方财政性资金	56		
4. 其他投资	13			二、项目资本	61		
二、应收生产单位投资借款	14			其中：中央财政性资金拨入	62		
三、器材	15			地方财政性资金拨入	63		
其中：待处理器材损失	16			三、项目资本公积	64		
四、货币资金合计	17			其中：中央财政性资金形成	65		
其中：银行存款	18			地方财政性资金形成	66		
现金	20			四、基建借款	67		
五、预付款合计	22			其中：企业债券资金	68		
1. 预付备料款	23			五、待冲基建支出	69		
2. 预付工程款	24			六、应付款合计	70		
3. 预付设备款	25			（一）应付器材款	71		
六、应收款合计	26			（二）应付工程款	72		
1. 应收有偿调出器材及工程款	27			（三）应付有偿调入器材及工程款	73		
2. 应收票据	28			（四）应付票据	74		
3. 其他应收款	29			（五）应付工资及福利费	75		
七、固定资产合计	30			（六）其他应付款	76		
固定资产原价	31			七、未交款合计	77		
减：累计折旧	32			（一）未交税金	78		
固定资产净值	33			（二）未交基建收入	79		
固定资产清理	34			（三）其他未交款	80		
待处理固定资产损失	35			八、上级拨入资金	81		
资金占用合计	36			资金来源合计	82		

情况下所采取的一种特殊的取财措施，具有不规范性，有悖于国家与企业利润分配关系的规范性要求，在新的制度条件下应该予以取消。

上述大部分改革措施得到实施，解决了利改税遗留下来的税利不分问题。然而1994年改革时，国有企业面临多重运营压力，改革难以一步到位。一是国有企业固定资产投资由拨款改为向银行贷款，还本付息由企业来负担。二是国有企业承担了相当多的社会服务职能，如企业承担了离退休职工费用、企业办社会等职能。三是国有企业大面积亏损，实现扭亏为盈成为阶段性目标。在这种情况下，即便规定了分红制度，实际上也“无红可分”。

为使改革方案兼顾企业发展，鼓励企业增加创新投资，提高综合竞争力，本着“不竭泽而渔，要放水养鱼”的原则，国务院在1994年改革文件中，对国有企业利润分配问题作出了界定：应该上缴国家的部分采取税的形式，按照统一的税率征收，剩余部分全部归企业所有，即决定在一段时期内不向国有企业收取利润。作为实行新税制的过渡措施，近期可根据具体情况，对1993年以前注册的多数国有全资老企业实行税后利润不上交的办法。这是特殊背景下的权宜之计，违背了国家作为国有资本所有者应享有的国有资本收益权，表明这一阶段的国有企业利润分配制度改革还未真正到位。

合理规范税基

国有企业利润分配制度改革不但统一按国家规定的33%税率交纳企业所得税，还采取多种措施规范国有企业所得税税基，涉及取消税前还贷、固定资产加速折旧和固定资产投资借款利息进成本等方面。

取消税前还贷。税前还贷是20世纪80年代利改税大环境下政府对企业做出的让利行为。第二步利改税实施后，国营企业在归还技措性借款[①]和基建改扩建项目借款时，经过财政部门批准后，可在缴纳所得税之前，用借款项目投产后新增利润归还。企业用利润归还上述借款的，可提取职工福利基金和职工奖励基金。税前还贷一定程度上解决了企业投资过程中的资金困难，但在减轻企业负担时也带来了一些问题，例如引发企业投资冲动，导致企业挤占政府税收用来还贷，牺牲了政府应有的财政收入。

为了解决现实问题，国家对税前还贷进行改革，采取了先试点的办法。1991年8月14日，财政部、国家体改委印发《国营企业实行“税利分流、税后还贷、税后承包”的试点办法》。税利分流是将国营企业实现的利润分别以所得税和利润形式上交国家一部分，并实行所得税后还贷、所得税后承包。按照税后还贷的要求，企业的固定资产投资借款，应用企业留用资金（即税后留利、更新改造资金和其他可以用于发展生产的资金）归还。1992年7月29日，全国财政工作会议推出6项改革措施，包括加速推行“分税制”财政体制，规范国家与国营企业之间利润分配关系的“税利分流、税后还贷、税后分利”办法等。直至1993年12月15日，国务院发布《关于实行分税制财政管理体制的决定》，确定从1994年1月1日起开始分税制改革，企业税前还贷被彻底取消。

第一，加速折旧。加速折旧是将企业的固定资产折旧提前进行扣除，促进企业将更多利润以折旧方式将转换为内部积累，为企业提供更多资金来源促进设备更新及技术进步。

20世纪80年代，国有企业固定资产平均折旧率仅为2%，后来才提高到5.5%，而其他经济成分企业的固定资产折旧率一般达到10%，“三资”企业的折旧率则更高[②]。为增

① 技措性借款是指企业为实现挖潜、革新和改造向银行筹集的贷款。1980年，国家经委、国家计委、财政部联合颁发了《关于加强现有工业交通企业挖潜、革新、改造工作的暂行办法》，《办法》第五条规定了挖潜、革新、改造资金的五项来源，其中包括“银行可能提供的贷款（包括小型技措贷款和专项贷款）”。

② 夏杰长：“促进国有企业改革与发展的财税对策”，《理论与改革》，2000年第1期。

强国有企业活力，增强其进行技术改造、新产品试制和科技开发能力，国家先后多次出台政策措施，逐步提高国有企业折旧率。

1991 年 5 月 16 日，国务院发布《关于进一步增强国营大中型企业活力的通知》，提出要适当提高部分企业的折旧率，逐步完善折旧制度。选择一些符合国家产业政策，产品在国际、国内市场上销路好，技术改造和新产品开发任务较重的国营大中型企业，在有消化能力条件下适当提高折旧率。国务院规定，从 1991 年起增提折旧 30 亿元。新增加的折旧基金，在国家下达的定额内免交能源交通重点建设基金和预算调节基金。同年出台的税利分流试点办法规定，对于新借款项目形成的固定资产投资，可以在分类折旧的基础上适当加速折旧，以增强企业的技术改造、新产品试制以及科技开发能力。

1994 年分税制改革开始后，陆续有提高企业折旧率的政策出台，目的大都是促进企业技术改造，且规定了企业最短折旧年限，加速折旧的政策逐渐明晰和完善。1996 年 4 月 7 日，《财政部国家税务总局关于促进企业技术进步有关财务税收问题的通知》第四条第三款规定，企业技术改造采取融资租赁方法租入的机器设备，折旧年限可按租赁期限和国家规定的折旧年限孰短的原则确定，但最短折旧年限不短于 3 年。

2007 年 3 月 19 日，新修订的《中华人民共和国企业所得税法》第三十二条规定，企业的固定资产由于技术进步等原因，确需加速折旧的，可以缩短折旧年限或者采取加速折旧的方法。同年出台的实施条例列举了采取缩短折旧年限或者采取加速折旧方法的两种情况：由于技术进步，产品更新换代较快的固定资产；常年处于强震动、高腐蚀状态的固定资产。采取缩短折旧年限方法的，最低折旧年限不得低于规定折旧年限的 60%。

第二，固定资产投资借款利息进成本。1991 年出台的税后还贷试点办法规定，企业新借入的各种固定资产投资借款的利息，应区别以下情况处理：一是在借款期限内，企业支付在建项目的借款利息，计入在建固定资产的造价；企业支付已竣工投产项目的借款利息，计入企业生产成本（费用）。二是在借款期限内未能偿还的逾期借款的利息和加收的利息，均用企业留用资金支付。财税部门应严格审查企业逾期新借款的利息，不准将逾期新借款的利息和加收的利息，计入企业生产成本（费用）。而 1994 年 1 月 1 日开始，企业固定资产贷款的利息列入成本，本金一律用企业留用资金归还。扣除固定资产贷款利息支出的做法缩小了国有企业的税基，有助于增强国有企业活力。

免除“一税两金”

免除“一税两金”是指免除利润调节税、国家能源交通重点建设基金和国家预算调节基金。它是国有企业利润分配制度改革的重要组成部分。

第一，免除利润调节税。国有企业调节税与 20 世纪 80 年代“利改税”关系密切。1983 年实施第一步“利改税”时，国务院批转《财政部关于国营企业利改税试行办法》中规定，凡有盈利的国营大、中型企业，均根据实现的利润，按 55% 税率缴纳所得税，缴纳所得税后的利润，一部分上交国家，一部分按照国家核定的留利水平留给企业。上交国家的部分，可根据企业不同情况，分别采取递增包干上交。固定比例上交、定额包干上交和缴纳调节税的办法。1984 年第二步“利改税”时，基本上维持第一步“利改税”时的调节税征收办法，只是增长利润的减征比例，由 60% 提高为 70%，增长利润的计算办法由环比改为定比，使企业从增长利润中能得到更多的好处。

利润调节税出台两年，国家为增强大中型国营企业活力对调节税实行了减免政策，对于经济效益好、调节税率高的先进企业，有计划、有步骤地减免调节税。首先，取消调节税税种，改为其他分配办法。1991 年出台的“税利分流、税后还贷、税后承包”的试点办法提出，取消调节税税种，企业缴纳所得税后利润应当上交国家的部分，可以实行承包等各种形式的分配办法。主要采取“按比例上交”，“定额上交、增长分成”，“递增上交”或者其他形式。其次，彻底取消调节税和承包上交所得税。

1994 年 1 月 1 日开始施行的工商税制改革方案，取消原来设置的国营企业所得税、国营企业调节税、集体企业所得税和私营企业所得税；同时不再执行企业承包上交所得税的办法。这个举措增强了国企实力，为国企实现税后还贷创造了条件。

第二，免除“两金”。1983 年起设立国家能源交通重点建设基金，目的是集中必要资金进行能源交通建设。1989 年起设立国家预算调节基金，对国营企事业单位、机关团体、部队与地方政府的各项预算外资金和所有集体企业、私营企业以及个体工商户缴纳所得税后的利润征集而成。

免除“两金”改革始于大中型公交企业。1991 年 12 月 22 日，全国企业技术进步工作会议提出全面推进大中型企业技术进步的 12 条政策措施。其中第一条是“三年内全部免掉从国营大中型公交企业折旧基金上缴的‘两金’”。1993 年《关于实行分税制财政管理体制的决定》确定的国有企业利润分配制度改革四条办法中，有一条明确规定，取消对国有企业征收的能源交通重点建设基金和预算外调节基金。然而，由于遗留的清欠问题尚未完结，国企并未能在 1994 年开始停缴“两金”。企业上缴“两金”，直到 1997 年才完全停止[①]。

恢复国有企业上缴利润

1994 年分税制改革明确提出“要逐步建立国有资产投资收益，按股分红、按资分利或税后利润上交的分配制度”，为缓解国有企业困难而暂停收缴国有企业税后利润只是过渡措施，国家作为国有资本的所有者权益主体应享有的投资收益权必须得到落实。

分税制改革之后，国家在支持国有企业改革和发展方面采取了一系列政策措施，国有企业经营状况发生了巨大变化。特别是 2003 年以后，国有企业尤其是中央企业经营状况逐渐好转并开始实现盈利。2003 年至 2006 年，中央企业主营业务收入由 4.47 万亿元增加到 8.14 万亿元，增长 81.9%，实现利润由 3006 亿元增加到 7547 亿元，增长 151.1%。2003 年，只有 6 户中央企业进入世界 500 强，到了 2006 年增加到 16 户。这时，建立国家作为国有资本所有者享有收益权的国有企业利润分配制度，已是时代要求和社会众望所归。在此背景下，恢复国有企业上缴利润的时机已经成熟。

第一，国有企业恢复上缴利润。2007 年 9 月 13 日，国务院公布了《关于试行国有资本经营预算的意见》，决定自 2007 年进行国有资本经营预算试点，收取部分企业 2006 年实现的国有资本经营收益，2008 年起开始实施中央本级国有资本经营预算，对实施范围内企业收取 2007 年的国有资本收益。这标志着国家以国有企业“股东”的身份获取收益，结束了国有企业只向政府上交税收、不交红利的历史。接着，2007 年 12 月 12 日，经国务院批准，财政部与国资委发布了《中央企业国有资本收益收取管理办法》，正式收取对国资委所监管企业 2006 年实现的国有资本收益。

根据以上两个文件，国有资本收益包括：国有独资企业按规定上交国家的利润；国有控股、参股企业国有股权（股份）获得的股利、股息；企业国有产权（含国有股份）转让收入；国有独资企业清算收入（扣除清算费用），以及国有控股、参股企业国有股权（股份）分享的公司清算收入（扣除清算费用）；其他收入。国有资本收益的收取对象为国资委监管的一级企业和中国烟草总公司，应交税后利润比例按 3 类不同行业执行：第一类为烟

---

① 章迪诚、张星伍：《中国国有企业改革的正式制度变迁》，经济管理出版社，2008 年。

草、石油石化、电力、电信、煤炭等具有资源型特征的企业，上交比例为10%；第二类为钢铁、运输、电子、贸易、施工等一般竞争性企业，上交比例为5%；第三类为军工企业、转制科研院所企业，暂缓3年上交或者免交。

第二，国有企业上缴利润标准的逐步调整。在恢复上缴利润后，国有企业经历了持续的快速发展期。国有企业利润从2007年的1.62万亿上升至2013年的2.4万亿，年均增长近7%。为适应形势变化，又对国有资本经营预算实施范围和利润上缴比例进行了数次调整。

2010年11月，财政部发布《关于完善中央国有资本经营预算有关事项的通知》，将教育部、中国国际贸易促进委员会等所属600余家企业纳入中央国有资本经营预算实施范围。同时，提高中央企业国有资本收益收取比例，其中功能性企业的收取比例由10%提高到15%，一般竞争类企业的收取比例由5%提高到10%，军工科研类企收取比例维持5%不变，中储粮和中储棉两家企业免缴国有资本收益。2012年，国务院颁发《关于提高中国烟草总公司国有资本收益收取比例的函》等文件，规定烟草企业执行最高的利润提取比例，达到20%。

2013年2月5日，国务院批转的《关于深化收入分配制度改革的若干意见》提出，要建立覆盖全部国有企业、分级管理的国有资本经营预算和收益分享制度，合理分配和使用国有资本收益，扩大国有资本收益上缴范围。适当提高中央企业国有资本收益上交比例，“十二五”期间在现有比例上再提高5个百分点左右，新增部分的一定比例用于社会保障等民生支出。为贯彻这一文件的精神，财政部于2014年4月发布《关于进一步提高中央企业国有资本收益收取比例的通知》，将烟草企业利润收取比例提升至25%，其余各类企业依次提高5个百分点。

十八届三中全会报告提出要进一步完善国有资本经营预算制度，提高国有资本收益上缴公共财政比例，到2020年提高到30%，划转部分国有资本充实社会保障基金，用于保障和改善民生。可以看出，对国有企业利润分配机制的改革还远未结束，随着经济和社会的发展，必然还将在分税制建立的制度框架基础上进行顺应形势的调整。

专栏4-3　新中国成立以来国有企业利润分配制度沿革

◇　统收统支（1949—1978年）。新中国成立后的经济恢复时期，国有企业实现利润全额上缴。“一五”时期，国家实行企业奖励基金和超计划利润分成制度，企业自主财力扩大，但受“左”的思想干扰，企业未能有效使用这笔资金，这一时期国有工业企业留利占实现利润的10.2%。为弥补“大跃进”造成的巨大损失，国家在三年调整时期取消了利润留成办法，恢复企业奖励基金制度，期间国有工业企业留利占实现利润的3.8%。“文革”期间，国家取消企业奖励基金制度，企业实现利润基本全额上缴，国有工业企业留利仅占实现利润的0.17%。

◇　放权让利（1978—1993年）。1978年11月，国务院批转了财政部《关于国营企业试行企业基金的规定》，对独立经济核算的国营企业、基本建设单位和地质勘探单位试行企业基金制。1979年7月，国务院下发《关于国营企业实行利润留成的规定》。1980年1月，国务院批转国家经委、财政部《关于国营工业企业利润留成试行办法》，规定利润增长的40%留企业，60%交国家。1983年4月，国务院批转财政部《关于国营企业利改税试行办法》，即

专栏 4-3（续）

第一步利改税，规定有盈利的国营大中型企业根据实现的利润按 55% 的税率交纳所得税。企业交纳所得税后的利润一部分上缴国家，一部分按照国家核定的留利水平留给企业。1984 年 9 月，国务院同意财政部《关于在国营企业推行利改税第二步改革的报告》和《国营企业第二步利改税试行办法》，把工商税按性质划分为产品税、增值税、营业税和盐税等四种税，对某些采掘企业开征资源税，恢复和开征房产税、土地使用税、车船使用税和城市维护建设税等四种地方税，对盈利的国营企业征收所得税，对国营大中型企业征收调节税等，实现了完全的“以税代利”。1988 年国家进行税利分流试点，国家作为社会管理者先向内资企业征收 33% 的所得税，然后再以国有资产管理者身份参与国有企业税后利润分配。同时，逐步减免并取消能源交通重点建设基金和预算调节基金。在利改税和利税分流的同时，由于农村家庭联产承包制的成功，为举步不前的城市国有企业改革注入了新的动力，自 1982 年起，首钢开始实行上缴利润递增包干办法；1987 年，国家推行多种形式的经营承包责任制；1990 年第二轮承包开始。

◇ 利润留存（1993—2007 年）。1993 年 12 月，国务院下发《关于实行分税制财政管理体制的决定》，规定国有企业统一按国家规定的 33% 税率交纳所得税，增设 27% 和 18% 两档照顾税率。取消对国有大中型企业征收的调节税，取消对国有企业征收的能源交通重点建设基金和预算调节基金，并逐步建立“税后分利”制度，即国有企业以及国有资本参与投资的其他企业在实现利润上缴所得税后，还要向作为国有资本所有者的国家上缴一部分利润。作为过渡办法，对 1993 年以前注册的多数国有全资老企业实行税后利润不上缴的办法，同时，微利企业缴纳的所得税也不退库。但是这一过渡办法持续了 13 年之久，直到 2007 年。

◇ 分类上缴（2007 年至今）。随着国有企业的外部经营环境和盈利状况的显著改善，2007 年 9 月，国务院发布《关于试行国有资本经营预算的意见》。同年 12 月，财政部会同国资委发布《中央企业国有资本收益收取管理办法》，明确国有资本收益主要形式是国有企业上缴的税后利润，国有资本收益收取对象为中央管理的一级企业，中央企业上缴利润的比例分三类执行，上缴比例为 0、5% 和 10%。此后分别于 2011 年、2012 年、2014 年进行了“扩围”、“提率”，目前，中央企业按照行业特性分为五类：第一类为烟草行业，上缴标准为税后利润的 25%；第二类包括石油石化、电力、电信、煤炭在内的 14 家资源垄断型企业，上缴比例提高至 20%；第三类为包括中国铝业、中国建材等 69 家一般竞争性领域的企业，上缴比例提高至 15%，第四类军工、转制科研院所等 34 家企业，上缴比例提高至 10%；此外中国储备粮管理总公司和中国储备棉管理总公司两家企业免缴红利。2013 年十八大三中全会通过的《中共中央关于全面深化改革若干重大问题的决定》中提出：“完善国有资本经营预算制度，提高国有资本收益上缴公共财政比例，2020 年提到 30%，更多用于保障和改善民生”。

资料来源：财政部网站，http：//www. mof. gov. cn/preview/czzz/zhongguocaizhengzazhishe _ daohanglanmu/zhongguocaizhengzazhishe _ kanwudaodu/zhongguocaizhengzazhishe _ zhongguocaizheng/333/23568/4456/200905/t20090525_160266. html。

4.2 改革评价标准的依据、原则和主要内容

在我国经济体制中，国有企业对国民经济运行发挥了重要作用，是我国国民经济的重要支柱，做出了巨大的经济贡献和社会贡献。从本质来说，国有企业具有企业的一般性，又具有国有企业自身的特殊性。它和一般企业无异，具有一定程度的营利性，目的是追求国有资产的保值和增值，而它还具有公益性，承担较多的社会责任，设立国有企业的重要目标是作为国家调节经济运行的一种手段，发挥宏观调控功能。

4.2.1 制定改革评价标准的依据

国有企业利润分配制度是体现政府与企业分配关系的重要内容。1994 年分税制财政体制改革中，一个非常明显特点是国有企业利润分配制度的调整贯穿于分税制改革的全过程，它标志着我国的经济体制改革从宏观经济领域和微观主体领域同时展开。它的改革正是体现了国有企业功能的巨大转变，是其功能逐渐“归位”的过程。

《国务院关于实行分税制财政管理体制的决定》（国发［1993］第 85 号）（下简称“分税制决定”）在“（四）配套改革和其他政策措施”指出，“改革国有企业利润分配制度。根据建立现代企业制度的基本要求，结合税制改革和实施《企业财务通则》、《企业会计准则》，合理调整和规范国家与企业的利润分配关系。从一九九四年一月一日起，国有企业统一按国家规定的 33% 税率交纳所得税，取消各种包税的做法……逐步建立国有资产投资收益按股分红、按资分利或税后利润上交的分配制度”。

“分税制决定”的提出，对国有企业的本质、作用和功能有了更加科学、深刻的认识，与之相适应的是国家与国有企业的分配关系更加科学、合理，其中重要体现在国有企业利润分配制度的变革。

过去相当长一段时间内，我国采取了“渐进式”改革策略，1994 年分税制改革亦是如此，它仅是树立了一个财税运行机制的一个基本目标，搭建了一个重构国家与企业分配关系的基本框架，许多改革内容没有“一蹴而就”，具有强烈的过渡性特点，许多内容仍需要进一步深化落实。例如，分税制改革中，一定程度上考虑了既得利益格局，影响了改革效果。有些改革内容则没有一次到位，短期内效果不明显，等等。而且，现实中，分税制财政体制在过去二十年的运行中，的确出现了一些新情况、新问题，有些问题一定程度上是改革不到位所造成的，急需在全面深化改革中加以解决。

正是此改革背景下，中共十八届三中全会审议通过《中共中央关于全面深化改革若干重大问题的决定》，明确了全面深化改革的主要要点，其中经济体制改革的主要方向是：一是，全面深化改革的总目标是完善和发展中国特色社会主义制度，推进国家治理体系和治理能力现代化；二是紧紧围绕使市场在资源配置中起决定性作用深化经济体制改革，坚持和完善基本经济制度，加快完善现代市场体系、宏观调控体系、开放型经济体系，加快转变经济发展方式，加快建设创新型国家，推动经济更有效率、更加公平、更可持续发展；三是经济体制改革是全面深化改革的重点，核心问题是处理好政府和市场的关系，使市场在资源配置中起决定性作用和更好发挥政府作用。积极稳妥从广度和深度上推进市场化改革，大幅度减少政府对资源的直接配置，推动资源配置依据市场规则、市场价格、市场竞争实现效益最大

化和效率最优化。

决定还指出，财政是国家治理的基础和重要支柱，科学的财税体制是优化资源配置、维护市场统一、促进社会公平、实现国家长治久安的制度保障。深化财税体制改革、建立现代财政制度，这既是对我国历史和现实经验的总结，也是深刻把握国家治理规律所作出的战略决策。因此，在深化财税体制改革方面取得根本突破，能够为实现国家治理现代化目标构建坚实的基础。

本次全面深化改革既是针对以往改革不到位的突出问题，采取了全方位的改革措施，破除各方面体制机制弊端，又是对以往改革的全面深化，更加注重改革的系统性、整体性、协同性。但 1994 年分税制改革所构建的财税运行机制以及国家与企业分配关系的基本框架没有变化，深化财税体制改革只是对现行财税体制的继承与重构，在基本框架的基础上继续深化，让它更加完善、合理，更加“有血有肉”，更加适应我国目前的社会经济发展的实际状况。

4.2.2　改革评价标准所考虑的主要方面

无论是 1994 年分税制改革，还是十八届三中全会所提出的全面深化改革任务，对于国有企业利润分配制度而言，改革主要涉及三个层面：一是宏观层面。主要是完善基本经济制度，处理好政府和市场的关系；二是中观层面。主要是国家和国有企业的分配关系；三是微观层面。主要是国有资产管理体制、国有企业改革等。因此，国有企业利润分配制度改革评价标准的制定也应该改革的宏观、中观、微观层面分别展开，依次递进、相互影响。

从政府功能和职能边界的角度来把握

政府功能和职能边界的核心，是正确认识和处理政府与市场的关系，这是改革国有企业利润分配制度的基本前提和依据。

在传统计划经济体制下，政府和企业的角色混淆，职能重合，国有企业只是政府的附属物，集体企业按国有企业模式进行经营。政府是企业从事微观经济活动的指挥者，企业只需要按照国家计划指令进行生产，生产什么、生产多少等都需要由指令性计划决定，企业没有任何自主权。企业生产经营所需要的一切资金和物资都由政府按照计划统一配置，企业实现的所有利润都需要全额上缴财政，如果发生亏损，由财政来弥补，可以说，财政支出延伸到社会的各个领域、各个方面。

社会主义市场经济体制确立之后，企业拥有了自己的经营决策权，有了独立的生产经营活动，独立自主、自负盈亏。这个时期，政府职能逐步向提供公共服务转变，财政支出不再直接干预企业运行，逐步退出一般竞争性领域，重点保障和改善民生领域。

财税体制改革的一个重要内容就是确定政府功能和职能的范围。国有企业利润分配制度的不断调整优化体现了政府职能边界的不断变化和政府行为的不断规范。1992 年，党的十四大提出“建立社会主义市场经济体制”的改革目标。同时明确提出，“社会主义市场经济体制，就是要使市场在社会主义国家宏观调控下对资源配置起基础性作用，使经济活动遵循价值规律的要求，适应供求关系的变化……同时也要看到市场有其自身的弱点和消极方面，必须加强和改善国家对经济的宏观调控”。在社会主义市场经济体制的确立过程中，政府职能从直接配置资源转变为微观市场主体创造一个公平竞争环境，同时建立完善的宏观调控体系，克服市场的弱点和消极方面。这种情况下，国有企业利润分配制度必然会随着政府职能的定位和范围变化而改变。因此，国有企业利润分配制度改革过程就是进一步明确政府和国有企业的权利和责任的过程，它本身反映了分税制改革后政府功能和职能边界的重构。

从国有企业产权制度改革的角度来把握

在计划经济体制下，某种程度上来说，企业是政府的“附属物”，它们之间的关系存在不同程度的混淆，企业的任何收入、支出都非常单一，每年形成的利润并不是真正意义上的“利润”。随着经济体制改革的不断深入，政府从全能型向公共服务型转变，政府的公共管理职能和国有资产出资人职能逐渐分开，税收制度逐渐规范。与之相对应的是，政府和国有企业之间的分配关系，也转变为两个方面：一是以政治权力为依据，以满足公共需要为目的的公共财政分配活动，以此为基础形成了国有企业同样适用的税收制度；二种是以所有者权益为依据，以实现国有资产保值增值为目的的国有资本收益分配活动，以此为基础建立了国有企业利润分配制度。在这种制度下，国有企业依法自主经营、自负盈亏，政府按照投入国有企业的所有者权益比例，对国有企业债务承担有限责任。政府不能直接干预企业的日常生产经营，企业也受到所有者权益的约束。

此外，政府预算需要建立国有资本经营预算制度，集中体现了国有资产出资人的职能。这项预算是国家以所有者身份依法取得国有资本收益，并对所得收益进行分配而发生的各项收支预算。它是政府预算的重要组成部分。它正确处理了国有资本经营收益与公共财政预算的关系。

从国有资产管理体制的角度来把握

国有资产管理体制是作为产权所有人的国家管理国有资产的具体实现方式，反映了国有企业利润分配制度的多元性和层次性。

按照不同类型、不同层次国有企业的产权关系来说，中央政府和地方政府分别代表国家履行出资人职责，享受所有者权益，建立管资产和管人、管事相结合的分级国有资产管理体制。这也是各级政府国有企业利润分配制度的基础和依据。

从国有企业建立现代企业制度来把握

从本质上来说，国有企业也是企业，它理应按照现代企业制度的理念、治理方式来运行。因此，按照“产权清晰、权责明确、政企分开、管理科学”的基本思路，对国有企业实行规范的公司制改革，完善法人治理结构，规范国有企业经营决策，增强国有企业活力，实现国有资产保值增值，使企业成为适应市场的法人实体和竞争主体，也成为国有企业利润分配制度的基础和依据。

可以说，在分税制改革前的国家与国有企业之间分配关系中，总体存在“错位交叉、关系混乱”的特点，这成为制约国有企业发挥自身功能的主要瓶颈，“分税制决定”按照国际通行做法，从制度上解决了国有企业利润分配不规范的问题，也为对改革的评价提供了有效的思路。

4.2.3 制定改革评价标准的原则

在制定改革评价标准时，需要充分考虑改革评价标准的上述依据，从多个角度、多个层面来全方位反映 1994 年分税制改革以来国有企业利润分配制度的改革成果，遵循以下基本原则：

评价内容的全面性

本书对 1994 年以来的国有企业利润分配制度改革作出系统梳理和评价，但它并不仅限于利润分配领域，而且与税收制度等领域有着密切的关系，因此，本书将进行综合评价；此外，改革评价将从国有企业改革领域的宏观、中观、微观三个层面来展开。

评价目标的前瞻性

本次评价，既满足于 1994 年分税制改革时的阶段性目标，又要放置于未来全面深化财税体制改革的大局中。以 1994 年分税制改革为基本尺度，但并不局限于这次改革本身，能够适应未来深化财税体制的目标和实现方式的要求，特别是中共十八届三中全会之后全面深化改革的总目标。

4.2.4 改革评价标准的主要内容

对国有企业利润分配制度改革的评价标准涵盖各个层面，主要包括五个方面的内容。

对政府功能和职能转变的评价

第一，国有企业利润分配制度改革是否符合转变政府功能和职能的方向和趋势，是否实现了政企分开，并有利于市场在国家宏观调控下对资源配置起基础性作用。政府运用经济手段、法律手段和必要的行政手段管理国民经济，管理国有资产和监督国有资产经营，但不直接干预企业的生产经营活动，企业按照市场需求组织生产经营，以提高劳动生产率和经济效益为目的，在市场竞争中优胜劣汰。政府功能和职能的转变是评价国有企业利润分配制度改革是否成功的一个基础标准。

第二，国有企业是否将所有承担的政府功能和职能交还给政府，例如企业“办社会”的问题。长期以来，国有企业承担了一些应由政府承担的功能和职能，这违背了国有企业作为独立市场主体所发挥的功能。评价国有企业利润分配制度改革是否实现既定目标的一个重要标准是，国有企业是否将此类功能和职能成功交给政府，减轻了国有企业的社会职能负担，强化了政府的公共服务职能。

第三，国有企业的经营领域和行为是否符合其功能定位。国有企业不同于一般企业，它的设立具有多方面的功能定位：国有企业的功能定位应更多地体现在经济社会发展中的支撑、保障作用；国有企业应该承担较多的社会责任；国有企业应该成为政府宏观调控的重要手段；国有企业的战略性调整应实现优化布局的目标，构建国有资本有进有退、合理流动机制，促进国有资本向关系国家安全和国民经济命脉的重要行业和关键领域集中。等等。国有企业的经营领域和行为须符合上述功能定位，否则也不能说国有企业利润分配制度改革完全实现了既定目标。

对国有资产产权关系的评价

第一，是否建立了政府代表国家履行国有资产出资人职责，享受所有者权益，义务和责任相统一的国有资产产权关系。随着经济体制改革的不断深入，国有资产所有权属于国家，政府代表国家行使国有资产的出资人职责，国家按投入企业的资本额享有所有者的权益，即资产受益、重大决策和选择管理者等权利；全部法人财产权属于国有企业，成为独立法人的经营实体，以全部法人财产权利承担法律责任，依法自主经营，自负盈亏，照章纳税，对出资者承担资产保值增值的责任。政府按照产权关系原则，来获得相应的经营收益；政府不应随意干扰国有企业的生产、经营活动。政府代表国家，分别作为社会管理者和资产所有者向国有企业征收税收和收取经营收益。

第二，国有企业是否完全根据国有资本的产权关系比例来上缴国有资本经营收益。如果完全按照产权关系中的“同股同权”原则，国有资本经营收益应完全上缴国家，如果上缴比例过低，既不符合基本的产权关系原则，也无法有效调控国有企业的投资行为，不利于国有企业的结构调整。因此，对于国有资本经营收益上缴比例的评价也是判断国有企业利润分配制度改革是否到位的重要标准。

第三，国有资本经营预算制度。对收入范围是否完全覆盖到所有类型的国有资本，支出范围的合理性、科学性以及它的完整性和相对独立性，以及国有资本经营预算与其他预算的相互衔接情况做出评价。

对国有资产管理体制的评价

改革国有资产管理体制，既是深化经济体制改革的重大任务，也是直接关系到国有企业利润分配制度改革的重要领域。评价国有资产管理体制运行状况，是评价国有企业利润分配制度的重要尺度，甚至反映了国有企业改革的重要成果。

第一，评价国有资产出资人职责的履行状

况。早在十六大就提出，“在坚持国家所有的前提下，充分发挥中央和地方两个积极性。国家要制定法律法规，建立中央政府和地方政府分别代表国家履行出资人职责，享有所有者权益，权利、义务和责任相统一，管资产和管人、管事相结合的国有资产管理体制。”

第二，对国有资产的监督管理制度进行评价。对加强国有企业国有资产的监督管理，实现国有企业国有资产保值增值的制度设计进行评价，包括国有资产监督管理机构、国有企业负责人管理、国有企业重大事项管理以及国有企业国有资产的管理监督等内容。

对国有企业建立现代企业制度的评价

与国有企业利润分配制度改革有关的一项重要改革是在国有企业建立现代企业制度。党的十四大提出，“转换国有企业特别是大中型企业的经营机制，把企业推向市场，增强它们的活力，提高它们的素质……通过理顺产权关系，实行政企分开，落实企业自主权，使企业真正成为自主经营、自负盈亏、自我发展、自我约束的法人实体和市场竞争的主体，并承担国有资产保值增值的责任”。因此，对国有企业建立现代企业制度的评价包括：

第一，是否真正落实了企业自主权，实现了国家作为出资人的所有权与国有企业法人财产权的分离。按照“产权清晰、权责明确、政企分开、管理科学”的要求，对国有企业实行公司制改革，使国有企业真正成为法人实体和竞争主体。

第二，国有企业利润分配制度是否根据建立现代企业制度的基本要求，并结合税制改革和实施《企业财务通则》、《企业会计准则》，实现了合理调整和规范国家与国有企业利润分配关系的目标。

4.3 对国有企业利润分配制度改革的评价结果

过去二十年国有企业利润分配制度改革的理论和实践探索，取得了非常丰硕的成效，对该领域改革的评估，紧紧围绕以上四个方面的标准，科学、客观地对每个改革领域的成效进行评价。

4.3.1 对政府功能和职能转变的评价结果

国有企业利润分配制度改革最重要成绩之一是促进了政府功能和职能的转变。

第一，“两则两制”是在新的经济体制下得以运用的，也就成为从计划经济到市场经济过程中企业财务、会计核算制度转换的标志，其最大的意义就是为国有企业利润分配制度改革奠定企业财务管理和会计核算基础。

“两则两制”提供了社会主义市场经济所要求的国有企业经营机制转换的制度条件，使政府与企业的关系得到理顺。因为在“两则两制”的约束下，国家改变了对国有企业财务管理大包大揽的方式，将企业理财权回归企业，不再代替企业作出生产经营方面的决策。与此同时，政府职能也从“越位”状态回归理性，走上社会主义市场经济所要求的轨道；“两则两制”要求企业按照实际情况编制统一的会计报表，而不再是按照主管部门的要求编制形式各异的会计报表，有利于调整各级政府和各部门在宏观管理和调控方面的职能分工，并使该职能得到强化，解决企业发展面临的深层次矛盾；“两则两制”对涉及企业生产经营的各方面均进行了规范，国家干预企业活动的手段，不得不从直接的行政手段向间接的经济、法律手段转换，并仅限于对企业在经济活动中涉及的财务行为提供指导，补充原来政府职能在此方面的“缺位”。

第二，税利分流制度及其之后国有企业利润上缴的改革，强化了国家宏观管理和调控职能，促进了政府职能转变和国有企业运营机制转变，是1994年分税制改革成功实现的重要基础。

国有企业所得税制度和利润上缴制度的建立和完善，建立了宏观政策目标和手段之间稳定的关系，为建立充分适应市场经济体制的宏观调控体系奠定了基础。通过改革，政府的社会管理者职能和国有资产所有者职能实现了有效区分：政府作为社会管理者，执行社会职能，要对包括国企在内的所有企业普遍征税，征收的税款用于巩固政权并进行社会公共管理；作为国有资产所有者，可凭借所有权参与国有企业税后利润的分配，用于民生及国企的再分配。国有企业建立与市场中其他所有制企业平等的利润分享机制，曾经在计划经济体制下额外承担的社会职能也就失去存在的依据。同时，还兼顾了国家、企业、个人的利益，保证了即使在宏观经济形势发生大的变化时，国家与企业间的分配关系和分配格局也能保持相对稳定，实现了国家与国有企业的利益共享与风险分担。

第三，合理规范税基、免除“一税两金”的改革措施，使得国家与国有企业的分配关系逐步规范，国有企业逐步成为独立经营的经济实体。国家不再直接干预企业的日常生产经营活动。各种不同所有制的企业在平等纳税的基础上进行自主经营和平等竞争，有利于实现市场竞争的公平性，维护市场秩序。

4.3.2 对理顺国有资产产权关系的评价结果

理顺国有资产产权关系主要体现为国有企业所有权和经营权相分离，国有企业利润分配制度的一系列改革为“两权分离”成功奠定了制度基础，使国有企业将主要精力从争取政策支持转变到加快自身发展、增强竞争力上来，能够在全社会营造出公平竞争的产业环境。企业所有权与经营权的分离，有利于企业建立规范的现代企业制度，促进企业经营机制的转型和效益的提高，利于市场更好地发挥基础性的资源配置作用。

第一，规范国家与国有企业的分配关系（见图4－1）。国有企业利润分配制度的改革，使得国家的社会管理者身份和所有者身份分别以税和利的形式予以体现，为利润分配改革找到了正确的路径，开始把产权制度作为利润分享制度的基础，强化了所有者对利润的索取权，这保证了所有者的利益能得到切实的实现，从而调动了所有者的积极性。

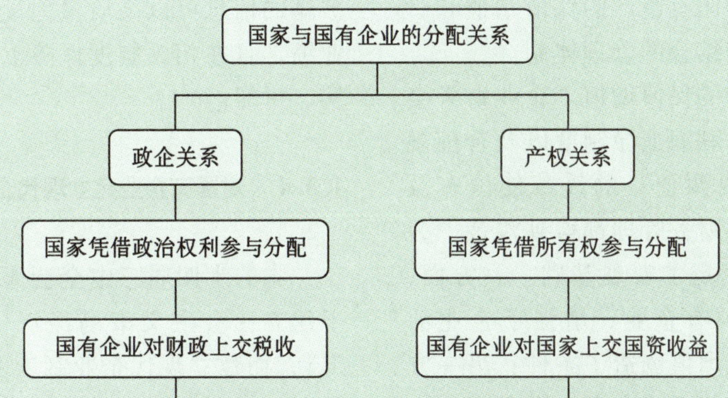

图4－1 国家与国有企业的分配关系

第二，规范资产与所有者权益的关系。企业财务会计制度改革后，会计恒等式为：资产=负债+所有者权益，在此基础上，对企业资产、负债价值的计量采用了新的方法。表明国有企业资金只来源于投资和借债，所有者权益和债权人权益均需要企业通过其资产的保值增值给予保障，不再存在无偿占用的资金。

第三，明确国有资产产权和经营权的关系。在资产与所有者权益得到规范之后，国有资产产权和经营权的关系也得到了明确，从而解决了计划经济时期产权关系不明、风险责任不清的问题。由于国家出资国有企业要享受所有者权益，不再有义务包销国有企业的产品和负担国有企业的亏损，企业成为真正的生产经营主体，无法把盈利责任推给国家。

第四，保护国有资产产权。使国有资产产权得到了制度和法律保障，对涉及国有企业所有者权益的资本金筹集、管理、核算等方面作出了明确的规定，尤其是改变了固定资产计提折旧的会计核算方法，计入当期损益递减当期利润，而不再直接冲销国家资本，确保国有资产产权不受到侵蚀。

4.3.3 对完善国有资产管理体制的评价结果

依据完善国有资产管理体制的标准评价主要关注两个方面，即国有资产的保值增值和管资产、管人、管事相结合的管理体制。

第一，国有资产的保值增值。企业财务会计制度、税利分流、利润上缴制度以及合理规范税基、免除“一税两金”的改革使国有及控股企业生产经营、财务管理都得到规范，为国有资产保值增值奠定了宏观基础。一方面，将理财自主权回归国有企业，增强了企业活力，为国有资产保值增值创造了条件；另一方面，明确了财政部门作为国有资本出资人代表行使“出资人财务管理”职责，面向资本保值增值，对国有资本进行合理配置和运营监管，保证国有资产不因财务管理问题而流失，在此基础上，实现有效增值。

第二，降低国有企业负担和依赖心理。国有企业利润分配制度改革转换了企业经营机制。为了实现这一系列改革目标，首先实现了国有经济合理布局，改变了“大而全”、“小而全”的状况，提高了国有资本配置效率；其次为国有企业分离了“办社会”职能，有效减轻了国有企业的社会负担；再次，实现国家与企业之间通过经济和法律手段相联系，有效减轻国有企业等、靠、要的依赖心理和短期化行为，使之成为对市场信息和政府宏观调控信息主动反应、完善内部控制、重视成本收益对比关系的市场竞争主体。这样，国有企业的经营能力、抗风险能力和盈利能力显著提高，为国有资产保值增值奠定了微观基础。

第三，规范政府政令和国有企业的生产经营行为。一方面，为国有企业的经营管理活动提供了基本的制度依据，规范了国有企业的生产经营行为；另一方面，为相关政府管理部门发布政令提供了基本的制度依据，防止了政出多门、政令不一的问题。

第四，为国有资产监管提供基础性保障。国有资产经营的监督管理的基础是会计报告，只有通过会计报告才能发现企业对国有资产的经营管理问题。会计报告的改革是财务、会计制度改革的重中之重。改革后，我国的会计报告体系已经实现与国际接轨，其包含的数据和披露的信息可以高质量地反映企业运行状况和业绩，且在相关制度保障下，报表数据信息真实、可靠。

4.3.4 对国有企业建立现代企业制度的评价结果

党的十四届三中全会通过了《中共中央关于建立社会主义市场经济体制若干问题的决定》，而建立现代企业制度就是若干决定之一。国有企业利润分配制度改革的重要内容之一恰恰是在国有企业建立现代企业制度，“产权清晰、权责明确、政企分开、管理科学”，健全决策、执行和监督体系，使企业成为自主经营、自负盈亏的法人实体和市场主体。

第一，为国有企业营造现代企业制度环境。现代企业制度实际上包含现代企业财务制度和现代企业会计制度，它们共同为国有企业营造现代企业制度环境。一是权责发生制符合市场经济的要求，有利于产品销售和货款结算。二是资产减值准备相关科目的设立有利于国有企业稳健经营。三是公允价值的计价方法能够有效考虑市场情况对国有企业的影响。四是固定资产可以加速折旧的规定有效减轻国有企业负担。五是财务报告与国际接轨有利于外向型经济发展，为国有企业“走出去”寻求海外资源、参与国际竞争扫清会计语言障碍。

第二，为国有企业公平参与市场竞争提供制度平台。财务、会计制度改革通过财务通则、会计准则、会计制度，遵循企业活动的客观规律对各类企业的各项财务活动和财务关系进行了规范和安排，结束了各类企业差别化的财务会计制度体系，统一了各类企业会计处理的基本原则和基本方法，规范了国有企业理财行为。税利分流、利润上缴制度改革，从而将各类企业放到平等竞争的平台上，各类企业不会再面对不同的优惠政策，也不会再互相攀比；合理规范税基、免除“一税两金”改革，合理规范了税基，促进国有企业建立规范化的企业还贷制度，有效提高了国有企业竞争力，有利于企业加速资金积累对建立现代企业制度发挥了显著辅助作用。

第三，为国有企业应对变化的外部环境提供与时俱进的制度保障。国有企业利润分配制度改革是一个动态的体系，能够随着体制变迁、内外市场变化等企业经营环境的变化而调整，甚至进行深度改革。从而保障在任何时候、任何情况下，都能够对国家、利益相关者与国有企业的分配关系以及企业内部投资者、生产经营者与其他主体之间的分配关系进行规范和调整。

第四，引导国有企业转换经营机制。国有企业利润分配制度的一系列改革措施引导了国有企业须明确其作为生产经营者的身份，根据各自情况转换经营机制，建立有效的内控制度，强化自负盈亏的意识，多方面提高企业效益，完善了企业成本补偿机制，增加企业价值和还贷能力，为吸引更多资金流入和参与国内外市场竞争争取机会。

综上所述，国有企业利润分配制度改革初步实现了改革之初树立的改革目标，有效转变了政府职能，根据建立现代企业制度的基本要求，结合税制改革和实施《企业财务通则》、《企业会计准则》，国有资产产权关系得到了明晰，合理调整和规范国家与企业的利润分配关系。

过去二十年的改革仍然有些不到位的地方，急需进一步深化。其中一个最突出的表现是国家作为国有资产所有者的权益仍然没有得到完全体现和保障。虽然在 1992 年出台“两则两制”后，国家向国有企业收缴税后利润就已经有了制度保障，但“全资老企业暂不上缴”的过渡性做法竟然沿用了 13 年之久。这种状况虽然在新的《企业会计制度》、《企业财务通则》、《企业会计准则》出台和恢复中央企业利润上缴之后有所改善，但仍然没有根本解决。其原因在于这些制度不能约束所有国有企业，会计准则大多面向上市公司，财务通则适用于非金融企业，会计制度在国有企业则是“逐步推行”，从而造成现行制度对国有企业缺乏应有的约束力。与此同时，国家向国有企业投入了大量财政资金，保障国有企业能够快速发展。这实际是对所有者权益的一种变相侵蚀，国家对国有企业仍然只承担义务而不能享有与之相配比的权利。

4.4 对深化国有企业利润分配制度改革的展望

党的十八届三中全会通过的《中共中央关于全面深化改革若干重大问题的决定》指出，“财政是国家治理的基础和重要支柱，科学的财税体制是优化资源配置、维护市场统一、促进社会公平、实现国家长治久安的制度保障。”在全面深化改革的大趋势下要进一步理顺国家与国有企业的分配关系，要求以规范经营决策、资产保值增值、公平参与竞争、提高企业效率、增强企业活力、承担社会责任为重点，进一步深化国有企业改革，推动国有企业完善现代企业制度。所以，未来一段时期内，国有企业利润分配制度改革还需要进一步深化。

第一，从转变政府职能的角度来看。切实转变政府职能，明确国家与国有企业的功能定位，国家应主要通过经济手段和法律手段规范国有企业的行为，而尽量避免行政手段。企业则应按照市场要求组织生产经营，努力提高劳动生产率和经济效益，促使国有经济持续健康发展。

第二，从完善国有企业产权关系的角度来看。发展国有资本、集体资本、非公有资本等交叉持股、相互融合的混合所有制经济。努力做到出资人职责“归位”，在制度上明确“出资人”职责，政府不干预国有企业的生产经营活动，但要对其有效引导和监督，从而保障国有企业资本权属清晰、财务关系明确、符合法人治理结构。国家应主要通过经济手段和法律手段规范国有企业的行为，而尽量避免行政手段。这项任务早在 1994 年改革时期就已确立，但至今仍没有根本性完成，也已被纳入当前的深化改革的进程中，力争到 2020 年基本到位。此外，未来还应该逐步提高国有企业资本收益收取比例，更多用于保障和改善民生。

第三，从完善国有资产管理体制的角度来看。以管资本为主加强国有资产监管。改革国有资本授权经营体制，组建若干国有资本运营公司，支持有条件的国有企业改组为国有资本投资公司。

第四，从完善现代企业制度的角度来看。努力完善国有企业自身的公司治理体系。加快国有企业改革，完善公司治理，完善相关方面的职责，将技术创新、环境生态保护等观念纳入企业经营理念，引导和促进企业着眼长远发展战略，避免短期行为，谋求持续提升企业价值，实现国有企业可持续发展①。包括这项任务的“推动国有企业完善现代企业制度”改革已经纳入当前深化改革的进程，预计在 2020 年能够实现。

第五，从完善国有企业财务会计制度的角度来看。我国对国有企业的绩效评价一直与利润增长、国有资产保值增值等指标挂钩，应改革国有企业绩效评价体系；现行会计准则只对上市公司全覆盖，而非上市公司有的执行新会计准则，有的执行新会计制度，还有的执行“两则两制”时期的行业会计制度。为了消除这一影响，应统一财务、会计制度，加速与国际会计准则接轨，力争在 2020 年以前实现新会计准则对各类企业的全覆盖，逐步推动会计准则自身的完善，提高准则对环境的适应性，包括：降低操作难度、消除准则盲点、提高公允价值的使用效率、降低准则修订频率、加强准则的前瞻性等等；需要以提高会计信息质量为目标，打造一支高素质、技术过硬的会计队伍。同时，以优化财务会计制度环境为目标，认真执行《中华人民共和国会计法》的有关

---

① 崔也光、高勇：“金融危机对非上市公司执行企业会计准则的影响与启示——来自北京市国有企业集团的数据”，《经济与管理研究》，2010 年第 5 期。

规定，对造成会计信息失真的国有企业负责人、当事人严肃追究其法律责任。如果将这两项任务纳入当前深化改革的进程，预计在5年内能够基本到位。

主要参考文献

陈木平："中国企业会计规范的变迁与演进"，《中小企业管理与科技（下旬刊）》，2009年第4期。

陈少辉、朱珍："国有经济改革与国有企业利润分配制度的历史嬗变"．《经济研究参考》，2011年第63期。

崔也光："国有非上市公司执行企业会计准则接轨问题探讨———基于北京市国有企业集团的数据分析"，《贵州财经学院学报》，2009年第6期。

邓子基、陈少晖：《国有资本财政研究》，中国财政经济出版社，2006年。

高培勇主编：《中国财政政策报告2008/2009：实行全口径预算管理》，中国财政经济出版社，2009年。

高培勇、杨志勇主编：《中国财政政策报告2013/2014：将全面深化财税体制改革落到实处》，中国财政经济出版社，2014年。

顾明：《中国改革开放辉煌成就十四年》（财政卷），中国经济出版社，1993年。

刘克崮："抓住时机全面推行国有企业利润分配制度改革"，《交通财会》，1993年第12期。

刘克崮、贾康：《中国财税改革三十年：亲历与回顾》，经济科学出版社，2008年。

刘菊花、任芳：2003—2006年中央企业主营业务收入增长81.9%，http：//news. xinhuanet. com/fortune/2007－06/05/content_6202249. htm。

刘玉廷：《新时期财政企业工作若干问题思考》，财政部网站，http：//qys. mof. gov. cn/zhengwuxinxi/lingdaojianghua/201211/t20121121_700799. html。

李儒训、陈文浩、顾旭："制定《企业财务通则》促进企业财务管理规范化"，《外国经济与管理》，1993年第2期。

罗捷："国有企业实施企业会计准则问题研究"，《财经界》，2013年第20期。

时辉："体制转型视角下国有企业会计准则的变迁与特征"，《企业改革与管理》，2014年9月下。

项怀诚：《中国财政体制改革》，中国财政经济出版社，1994年。

夏杰长："促进国有企业改革与发展的财税对策"，《理论与改革》，2000年第1期。

章迪诚、张星伍：《中国国有企业改革的正式制度变迁》，经济管理出版社，2008年。

《中共中央关于建立社会主义市场经济体制若干问题的决定》。

《中共中央关于全面深化改革若干重大问题的决定》。

5

中央与地方财政关系改革：评估与展望

- 1994年分税制财政体制改革，首次实行在划分事权的基础上划分税种，并分设征管机构，确立了财政分级管理的原则，是中央地方分配关系上的重大制度创新
- 1994年分税制改革着重应对的是财政自身的危机，特别是中央财政的危机，在度过了最初的危机之后，中央地方财政关系改革走入了权宜主义的发展道路，分税制越来越地表现出走向“分钱制”的迹象
- 1994年以来的中央地方关系改革，在事权和支出责任的配置、收入的划分上，未能兼顾中央和地方两个积极性，至今尚未形成稳定的政府间财力分配方式。在缩小区域财力差距和实现基本公共服务均衡化目标上，依然有很大的作用空间
- 中央与地方关系改革的终极目标，不应仅仅是化除财政自身的危机，而应当是整个政治、经济和社会系统的良好治理，是国家治理体系和治理能力的现代化
- 从“分钱制”回归分税制轨道，把分税制财政体制改革进行到底，是新一轮财政管理体制变革不可动摇的、必须坚守的基本目标和行动路线

Central-local Fiscal Relation Reform: Evaluation and Prospect

- Tax-sharing system reform of 1994 introduced the division of taxes on the basis of the division of administrative authority for the first time, set up central and local tax administration respectively and established the principles of fiscal management at different levels. It was a major institutional innovation of the central-local fiscal relation
- After tax-sharing system reform of 1994 overcame central fiscal crisis and improved overall fiscal situations, the central-local fiscal relation reform was advanced with expediency and the tax-sharing system increasingly showed a sign towards revenue-sharing system
- The central-local fiscal relation reform since 1994 failed to take into account both the central and local initiative in term of allocation of administrative authority and expenditure responsibility and tax-sharing and has not formed a stable intergovernmental fiscal resource allocation so far. The reform should be deepened so as to narrow fiscal resource gap between regions and equalize basic public services
- The ultimate goal of the central-local fiscal relation reform should not only resolve fiscal problems but also prompt modernization in the state governance system and governance capability, thus realizing good governance of the political, economic and social system as a whole
- Getting back to tax-sharing system from revenue-sharing system and deepening tax-sharing system reform comprehensively should be the fundamental goal and the course for action which a new round fiscal and tax system reform must adhere to

5 中央与地方财政关系改革：评估与展望

自新中国成立以来至1994年之前，我国的中央与地方财政关系，先后经历了“统收统支”（1949—1979年）和包干制（俗称“分灶吃饭”，1980—1993年）。在统收统支的财政体制下，地方缺乏自有收入，地方财政支出由中央通过各“口”予以满足。地方完全没有发展经济和组织收入的积极性。在包干制下，地方组织的收入除按合同以定额或比例形式上交中央外，均可自留，这一方面激发了地方的积极性，另一方面导致地方以采取各种手段隐瞒收入，其结果是“包死”了中央，导致中央财政所占比重和中央宏观调控能力萎缩。不仅如此，由于包干制缺乏通用规则，如何包干依赖于中央与地方一对一的谈判，导致中央与各地方的财政规则不统一，且变化频繁，中央地方财政关系极不稳定。

1994年以后改包干制为分税制，主旨是要理顺和建立稳定的中央与地方政府间财政关系。中央与地方财政关系自古以来是各国国家治理的核心制度之一，事关国家繁荣和长治久安。中国历朝历代的统治阶层对此都有深刻认识。典型的如北宋苏辙所说“财者，为国之命而万世之本。国之所以存亡，事之所以成败，常必由之”。再如西汉贾谊在《治国策》中说，“郡县治，天下安”。在中华民族走上复兴之路和致力于国家治理现代化的今天，对过去20年以来中央与地方财政关系改革的回顾，不仅仅是为了纪念，更是为了站在更高的历史起点上，厘清认识上的障碍与迷雾，探索未来改革的方向。

5.1 分税制的由来

5.1.1 1994年分税制财政管理体制改革的历史背景

1994年以前，我国财政体制实行包干制。随着市场在资源配置中的作用不断扩大，这种财政体制的弊端日益明显，主要表现为国家财力过于分散，中央财政收入比重不断下降，中央政府的调控能力日益削弱，地方保护主义和地方政府对税收的干预不断滋长，甚至出现比较严重的地域经济封锁和市场割据。为理顺中央和地方的财政分配关系，初步建立适应市场经济发展的财政体制，1994年，我国按市场经济原则，在借鉴国外的成功经验的基础上，实行了分税制财政体制改革。

中国政府、特别是中央政府财政能力恶化，要求提高"两个比重"，特别是中央财政能力

促使实行分税制改革最直接的动力，源于高层对国家能力持续恶化及其后果的忧虑。

20世纪80年代起在世界范围内兴起了一股私有化、市场化和分权化的浪潮。这一方面意味着横向分权，即权力向政府部门之外转移；另一方面意味着纵向分权，即权力从中央向地方的转移，后者导致了一种世界性的财政分权趋势（刘晓路，2010）。与之平行发展的另一政治事件，即前苏联东欧国家解体和执政的共产主义政党政治权威的消散，在相当程度上被理解为中央政府财政能力、从而国家能力下降的后果。

中国在此时也出现了由经济改革中产生的腐败、官商勾结和社会不公现象引起的政治风波，前苏东国家殷鉴未远，中国执政高层不会无动于衷。定额包干的办法捆住了中央政府手脚，财政赤字越滚越大，甚至无法履行政府职能。在有的年份，只能向地方借钱过日子，中央财政能力日趋削弱。1993年，朱镕基（2011）在广东省的一次谈话中指出："这次实行分税制的目的，是为了解决中央财政的困难。目前中央财政十分困难，已经到了难以为继的地步。"

王绍光、胡鞍钢（1993）推出的《中国国家能力报告》对这种"弱中央、强地方"财力分配格局表示了极大的忧虑，力荐决策层早下决心，实现改革由"放权让利"到"制度创新"的转型，以"重构现代国家制度与建立现代市场经济制度，包括中央与地方的现代分税制等根本性措施，使中国长治久安"。

社会主义市场经济体制的改革取向已经确立，要求建立与之相适应的财政体制

1992年小平同志南方谈话之后，市场取向的经济体制改革基调已经确定。与市场经济体制相适应的"分税制财政体制"至少具有"分事、分税、分管"三层含义（高培勇，2014）：所谓"分事"，就是在明确政府职能边界的前提下，划分各级政府间职责（事权）范围，在此基础上划分各级财政支出责任。所谓"分税"，就是在划分事权和支出范围的基础上，按照财权与事权相统一的原则，在中央与地方之间划分税种，即将税种划分为中央税、地方税和中央地方共享税，以划定中央和地方的收入来源。所谓"分管"，就是在分事和分税的基础上实行分级财政管理。一级政府，一级预算主体，各级预算相对独立，自求平衡。

当时我国中央地方财政关系的现实距离这一市场经济的要求还相差甚远。1992年10月，党的十四大明确提出了我国经济体制改革的目标是建立社会主义市场体制。随后十四届三中全会通过的《中共中央关于建立社会主义市场经济体制若干问题的决定》，明确提出要将现行地方财政包干制改为分税制度、改革税制、改革和规范预算制度。

在上述背景下，《国务院关于实行分税制财政管理体制的决定》（国发［1993］第85号）中对此次改革的目标界定得非常明确①。（1）理顺中央与地方的财政分配关系，以便更好地发挥国家财政的职能作用；（2）增强中央的宏观调控能力；（3）促进社会主义市场经济体制的建立和国民经济持续、快速、健康的发展。在这三大目标中，目标（2），即提高增强中央的宏观调控能力成为短期内政策优先考虑的目标，而目标（1）、目标（3）则是长期目标。

5.1.2 1994年分税制财政管理体制改革的主要内容②

划分中央与地方政府事权和支出责任

事权划分以当时中央政府与地方政府事权实施的现状为基础。由于事权划分涉及行政和政治体制的内容，而后者并不是此次改革的首要关注点。因此，此次改革是在事权划分基本不变的前提下，原则上确定了各级财政的支出范围。

其中，中央财政主要承担国家安全、外交和中央国家机关运转所需经费，调整国民经济结构、协调地区发展、实施宏观调控所必需的支出以及由中央直接管理的事业发展支出。具体包括：国防费，武警经费、外交和援外支出，中央级行政管理费，中央统管的基本建设投资，中央直属企业的技术改造和新产品试制费，地质勘探费，由中央财政安排的支农支出，由中央负担的国内外债务的还本付息支出，以及中央本级负担的公检法支出和文化、教育、卫生、科学等各项事业费支出。

地方财政主要承担本地区政权机关运转所需支出以及本地区经济、事业发展所需支出。具体包括：地方行政管理费，公检法支出，部分武警经费，民兵事业费，地方统筹的基本建设投资，地方企业的技术改造和新产品试制经费，支农支出，城市维护和建设经费，地方文化、教育、卫生等各项事业费，价格补贴支出以及其他支出。

划分税收，建立中央和地方税收体系，分设中央与地方两套税务机构分别征管

一是根据事权与财权相结合的原则，按税种划分中央与地方的收入，建立了中央和地方税收体系。

划分税收的原则是，将维护国家权益、实施宏观调控所必需的税种划为中央税；将同经济发展直接相关的主要税种划为中央与地方共享税；将适合地方征管的税种划为地方税，并充实地方税税种，增加地方税收入。具体划分参见表5－1。

二是从1994年1月1日起，在现有税务机构基础上，分设中央税务机构和地方税务机构③。

1994年分税制改革之前，中央政府不具备独立的税收管理机构，而是委托地方政府行

---

① 原文是："根据党的十四届三中全会的决定，为了进一步理顺中央与地方的财政分配关系，更好地发挥国家财政的职能作用，增强中央的宏观调控能力，促进社会主义市场经济体制的建立和国民经济持续、快速、健康的发展，国务院决定，从1994年1月1日起改革现行地方财政包干体制，对各省、自治区、直辖市以及计划单列市实行分税制财政管理体制"。

② 参见《国务院关于实行分税制财政管理体制的决定》（国发［1993］第85号）。

③ 国家税务局系统实行国家税务总局垂直领导的管理体制，省、自治区、直辖市设分局，地（市）设中心支局；县（市）设支局（后均改为××局——作者注）；税务所（征收处）按经济区划设置，为支局的派出机构。省级分局局长由国家税务总局任命，省以下各级局长、所长由上一级国家税务局任命。国家税务总局在各地直属税务机构的人员编制由国家税务总局报中央机构编制委员会审定。各地设立的地方税务局实行地方人民政府和国家税务总局双重领导，以地方政府领导为主的管理体制。其局长人选由地方人民政府征求上一级国家税务局意见以后，按照当地审批程序任命。地方税务局的人员编制由同级人民政府核定。

表 5－1 1994 年税收收入划分

中央固定收入	地方税	中央和地方共享收入
关税 海关代征消费税和增值税 消费税 中央企业所得税 地方银行和外资银行及非银行金融企业所得税 铁道部门、各银行总行、各保险总公司等集中交纳的收入（包括营业税、所得税、利润和城市维护建设税） 中央企业上交利润等 外贸企业出口退税，除1993年地方已经负担的20%部分列入地方上交中央基数外，以后发生的出口退税全部由中央财政负担	营业税（不含铁道部门、各银行总行、各保险总公司集中交纳的营业税） 地方企业所得税（不含上述地方银行和外资银行及非银行金融企业所得税） 地方企业上交利润 个人所得税 城镇土地使用税 固定资产投资方向调节税 城市维护建设税（不含铁道部门、各银行总行、各保险总公司集中交纳的部分） 房产税 车船使用税 印花税 屠宰税 农牧业税 对农业特产收入征收的农业税（简称农业特产税） 耕地占用税 契税 遗产和赠予税 土地增值税 国有土地有偿使用收入等	增值税（中央分享75%，地方分享25%） 资源税（按不同的资源品种划分，大部分资源税作为地方收入，海洋石油资源税作为中央收入） 证券交易税（中央与地方各分享50%）

使税收管理职权。因此，广泛存在着代理人侵蚀委托人利益的情况。实行分税制的一个直接目标就是要提高中央收入在全部财政收入中的比重，增强中央宏观调控能力。而组建两套税务机构是税制改革和分税制财政体制顺利实施的重要组织保证，其根本目的是加强中央政府的税收征管能力，使之能够更好地服务于提高中央政府宏观调控能力、完善社会主义市场经济体制的需要。

1993年12月4日，国家税务总局向国务院报送了《关于组建在各地的直属税务机构和地方税务局的实施意见》，对税务组织机构的分设原则进行了一般性的规定，标志机构分设的改革大幕正式拉开。其中规定，为有利于加强税收征收管理，减少不必要的重叠征收，国家税务局征收范围为中央税，地方税务局征收范围为地方税，共享税以国家税务局征收为主。机构分设的工作原计划在半年内完成，事实上持续了超过两年才走上正轨。

逐步实行比较规范的中央财政对地方的税收返还和转移支付制度

实行分税制以后，由于中央集中的税收占比增加，地方财政支出有一部分要靠中央财政税收返还来安排。为保证地方财政支出的资金需要，应建立中央财政对地方的转移支付制度。

若要取得地方对改革的支持，必须维护地方既得利益格局，在这种情况下，中央对地方的资金转移以税收返还为主，税收返还数额以1993年为基期年核定。按照1993年地方实际收入以及税制改革和中央与地方收入划分情况，核定1993年中央从地方净上划的收入数额（即消费税＋75%的增值税－中央下划收入）。

1993年中央净上划收入，全额返还地方，保证地方既得财力，并以此作为以后中央对地方税收返还基数。1994年以后，税收返还额在1993年基数上逐年递增，递增率按全国增值税和消费税的平均增长率的1∶0.3系数确定，即上述两税全国平均每增长1%，中央财政对地方的税收返还增长0.3%。如若1994年以后中央净上划收入达不到1993年基数，则相应扣减税收返还数额。

1994年之前，中国尚未形成现代国家意义上的政府间财政转移支付制度。1994年推行的分税制财政体制改革，要求从制度设计上进一步明确各级政府的支出责任和支出范围，在建立中央与地方税收收入体系的基础上，逐步理顺中央与地方的分配关系，包括实行比较规范的中央对地方的税收返还和转移支付制度。尽管从1992年开始，中央政府就已经启动配合分税制预算管理体制改革的政府间财政转移支付改革试点工作，试点改革为1994年之后逐步推进政府间财政转移支付制度改革奠定了基础，积累了经验①。不过，改革初期，转移支付制度尚未形成清晰的框架，更多的制度设计集中在税收返还部分。

建立和健全分级预算制度，硬化各级预算约束

实行分税制之后，改变了当时中央代编地方预算的做法，每年由国务院提前向地方提出编制预算的要求。地方编制预算后，报财政部汇总成国家预算。根据分税制财政体制的要求，原则上一级政府一级财政，同时，相应要有一级金库。要求中央与地方财政之间都不得互相挤占收入。

1994年3月22日，八届全国人大二次会议审议通过《预算法》。该法分别对预算管理职权、预算收支范围、预算编制、预算审查和批准、预算执行、预算调整、决算、监督、法律责任等作了规定。这是我国财政预算管理方面的第一部法律，标志着我国政府预算管理开始走向法制化、规范化，对于强化预算的分配和监督职能，健全国家对预算的管理，加强国家宏观调控，保障经济和社会的健康发展，都将发挥重要作用。

5.2 1994分税制改革以来的中央与地方财政关系

1994年分税制财政体制改革，建立了与市场经济体制相适应的财税体制的基本框架。但是由于改革受当时的历史条件制约和照顾既得利益的考虑，这一体制本身，也存在着不少问题，主要表现为：一是各级政府事权不清，职责高度同构，地方既作为中央政府的派出机构，完成中央政府委派的职责，还要作为地方利益的代表，在与中央政府的关系中维护地方利益。地方政府的这种角色冲突在包干制下体现得尤其明显，包干制在客观上强化了地方政府损害中央政府利益的行为激励。二是在职责不清这个大前提之下，按事权划分财权的原则无法落实，导致如何“分钱”成为中央地方财政谈判的主要诉求。三是由于收入划分和事权相互脱节，收入划分缺乏客观依据，于是按什么规则来“分钱”的随意性很大，具体规则往往取决于中央地方政府双方的谈判实力。四是转移支付不规范，过多地照顾了地方既得利益。五是分级在财政在原则在执行中没有很好地实施，既存在中央财政搭地方财政便车的情形，也存在中央财政为地方财政兜底的现象。

正是由于1994年分税制财税体制改革存在上述种种不足，在此后20年里，对这一财

① 改革试点地区包括辽宁、浙江、天津、沈阳、大连、重庆、武汉、新疆、青岛9个省、自治区、直辖市。

政体制的完善和调整一直持续。这期间，国家的社会经济形势、中国政府所处的内外部环境、老百姓的各种诉求等，都发生了巨大的变化。财政体制的改革既要推进1994年分税制的完善，又要回应各种新的时代和政策要求，任务殊为艰巨。下文仍然从四个方面对1994年之后中央与地方关系的渐进性调整做一描述。

5.2.1 政府间收入划分的调整

1994年分税制改革虽然建立了中央和地方之间划分税收的基本原则，但由于这一划分并不完全合理，以至于在改革后至今政府间收入划分一直处于不断的调整之中。主要措施有：

调整证券交易印花税中央与地方分享比例

分税制建立之初，证券交易印花税收入按央地（上海、深圳两市）5∶5分享。随着1996年股票市场新一轮上涨行情的开启，上证、深证指数一路走高，证券交易印花税收入也随之水涨船高，在这种情况下，国务院决定自1997年1月1日起，将央地证券交易印花税分享比例调整为8∶2。后又由原来对买卖双方征收（各3‰），改为只对卖出方征收5‰①，因税率调高而增加的收入归中央政府，因此，实际分享比率为8.8∶1.2。2000年起，中央分享比例再度提高至97%②，中央因此增加的收入主要用于支持西部贫困地区发展，并作为补充社会保障资金的一个来源。

金融保险业营业税收入划分的调整

从1997年1月1日起，金融保险业营业税税率由5%提高到8%。提高营业税税率后，各银行总行、保险总公司缴纳的营业税仍全部归中央收入，其他金融、保险业缴纳的营业税，按5%税率征收的部分，仍归地方财政，提高的3个百分点，归中央财政。由于国内经济形势的变化，为支持金融保险行为的改革，从2001年起，金融保险业营业税税率每年下调1个百分点，分三年将其重新降回5%，中央分享增加的部分也随之取消。

实施所得税收入分享改革

1994年的分税制改革，在企业所得税的收入分享上，延续了此前按企业隶属关系划分中央和地方税收收入的做法，从2002年1月1日起，企业所得税划分办法改为中央与地方按统一比例分享（铁路运输、国家邮政、中国工商银行、中国农业银行、中国银行、中国建设银行、国家开发银行、中国农业开发银行、中国进出口银行，以及海洋石油天然气企业除外）。

中央以各地区2001年地方实际所得税收入为基数，实施增量分成。2002年所得税收入中央与地方按5∶5分享，2003年以后按6∶4分享。中央因所得税收入分享办法改革而增加的收入全部用于对地方（主要是中西部地区）的一般性转移支付。为妥善处理地区间利益分配关系，跨地区经营企业集中缴纳的所得税，按分公司（子公司）所在地的企业经营收入、职工人数和资产总额三个因素在相关地区间分配。

出口退税负担机制改革

1994年分税制改革时，增值税收入在中央和地方政府间按比例分享，但出口退税改由

---

① 1997年5月12日，印花税率由3‰提高到5‰，1998年6月12日，印花税率从5‰下调到4‰，1999年6月1日，B股印花税率降低为3‰，2001年11月16日，印花税率从4‰下调到2‰，2005年1月，财政部又将证券交易印花税税率由2‰下调整为1‰。2007年5月30日，财政部宣布将两市证券交易印花税由1‰上调至3‰。2008年4月24日，财政部又出手"救市"，将印花税下调至1‰，同年9月19日，财政部又将印花税改为单边征收。

② 国务院决定，将证券交易印花税分享比例由现行的中央88%、地方12%，分三年调整到中央97%、地方3%。2000年中央91%、地方9%；2001年中央94%、地方6%；从2002年起中央97%、地方3%。其中，2000年的分享比例，自2000年10月1日起执行。

中央财政全额负担，已经埋下了欠退的种子。1998年实施积极财政政策后，由于外贸出口持续高速增长，出口退税增长远高于国内值税增长，中央财政负担沉重，欠退税情况越来越严重。在这一情况下，经国务院批准于2004年1月1日起实施出口退税机制改革。

由于前期欠退数额较大，不可能在短时间内完全清退，因此改革的指导思想确定为“新账不欠，老账要还，完善机制，共同负担，推进改革，促进发展”。具体做法：一是适当降低出口退税率。二是加大中央财政对出口退税的支持力度。2003年底之前累计的欠退税额，全部由中央政府承担。从2003年起，中央进口环节增值税、消费税收入增量首先用于出口退税。三是建立中央和地方共同负担出口退税的新机制。以2003年出口退税实退指标为基数，增量部分的应退税额，由中央地方按75∶25比例分担。至2005年1月1日，这一比例再次调整为中央、地方各按92.5∶7.5的比例分担。省以下各级政府退税分担办法，由各省、自治区、直辖市根据本地实际情况，自行制定。

5.2.2 事权和支出责任的调整

1994年改革时的事权界定基本上是对现状的白描（楼继伟，2013），进一步明确中央和地方的事权显然是必要的。然而，1994年以来，对于事权和支出责任的调整，并未在合理化和规范化的方向上有显著的进步。

中央与地方政府事权高度同构且相互交叉

我国的宪法和有关法律法规对各级政府的事权划分只作了原则性规定，具体划分不够明晰也不尽合理，地方政府拥有的事权几乎全是中央政府事权的翻版，呈现出“上下对口、职责同构”的特征，中央设部、省里设厅、市里设局，县乡在各自水平上再复制。

明确应由中央政府承担的国防、国税、海关等属于中央政府的事务，地方财政也负担了部分支出责任，承担国防建设费的城市比比皆是；而对于明确属于地方的支出责任，如一些地方文化、城市基础设施建设等项目，中央财政也通过大量专项转移支付予以补助。如国防、武警和国家安全应完全属于中央事权，但2013年地方承担了200多亿元的国防支出，近400亿元的武警支出；应由中央全额负担、统筹的养老保险，实际上采取了中央和地方共同承担的方式，即中央补助90%，地方承担10%，决策权主要在中央，统筹层级主要在市县级，执行权主要在地方，这与当前我国人口流动规模庞大的现状很不适应。又如应由地方全额负担的医疗保险、社会救济和社会福利，均得到中央安排较大力度的专款补助（中国社科院财经战略研究院课题组，2014）。

事权和支出责任的分权化取向明显

20世纪末期以来，中国财政制度由以往的经济建设型财政，向更加注重民生和社会支出的公共财政转型。新增了一些政府职能，如农村义务教育、城市低保、农村医疗和养老等社会保障职能。随着社会经济事务的复杂化，一些原有的政府职能的范围有所扩大，如环境保护、食品卫生监督等。一些原有的政府职能被赋予了新的含义，如随着国有经济逐渐退出经营性领域，以前的经济建设职能，在新的历史时期被转化大规模基础设施改造和建设职能，由于大量基础设施投资能够带动本地经济发展和GDP增长，各级地方政府对此尤其热衷。

对这些新增职能的事权和支出责任，在划分规则上缺乏法治化和规范化的程序，大多数情况下是一事一议，导致了事权和支出责任划分的分权化倾向明显。

一方面，在实践中忽视事权的划分，而将精力放在了支出责任上。正是由于上下级事权的高度同构，中央在地方缺乏独立的执行机构，其职能不得不依赖于地方实施，因此，既存在着“下级吃饭，中央买单”（上级出钱，下级办事）的情况，也存在“中央点菜、地方买单”（上级政府干涉下级政府事务）的现象，后一种情况尤其严重。中央部门出台了涉及卫生、社保、公安等领域的一些支出达标政策，导致地方政府支出责任大大扩充。

另一方面，具体支出责任划分的过程往往是下级听从上级指令，由地方政府承担了主要的支出责任。执行中调整较为频繁，中央各部门甚至可以自行出台财政支出政策，且要求地方自行承担或予以配套，也给地方政府有效安排财政支出造成了干扰（中国社科院财经战略研究院课题组，2014）。

现行财政体制下，地级市和县级市是提供社会安全网的主体，县乡两级政府则负责提供基础教育和公共卫生，此外，地方政府还负责为那些对推动经济增长和发展至关重要的基础设施投资提供资金。可以说，省级以下政府（市、县、乡/镇）负责提供所有重要的社会支持或几乎所有的公共服务（黄佩华、迪帕克等，2003）。

地方财力与支出责任不对称，转移支付比重过高

中央不断地对地方下放事权和支出责任，但在事权和支出责任下放的同时却没有赋予地方政府相应的自主财力，导致在当前的财政管理体制运行格局中，存在着中央财政收支和地方财政收支平衡关系的“双失衡”的问题（高培勇，2014）。在中央财政那里，虽然集中的收入规模很大，但发生在本级的支出仅占30%，所占比重高达 70% 的支出要落实在地方。在地方财政那里，虽然花费的支出规模很大，但由自身收入来源弥补的支出仅占 55% 左右，所占比重高达 40% 以上的支出，要依赖于中央财政的转移财源。

2013 年中央对地方转移支付加税收返还总额达 48019 亿元，占地方本级支出的比例已经达到 40.1%。分地区看，即使是发达的东部沿海地区，财力自给度也仅在 80% 左右，即还需要中央政府的转移支付；而不发达的西部地区，财力自给度均在 40% 以下。与之相比，2007 年美国联邦对州和地方政府的转移支付只占州和地方支出的 21.6%。由此可见，中国的财政转移支付总量十分庞大。这有助于增强中央政府的调控能力，但不利于地方政府积极性的发挥（中国社科院财经战略研究院课题组，2014）。

5.2.3 税收返还和财政转移支付制度的调整

1995 年，中央开始实施过渡期转移支付方案。该方案包括两个层次：第一个层次是中央对少数民族地区和经济不发达地区的纵向转移支付，以缓解这些地区在体制转轨期的财政运行困难与矛盾。当年，中央财政共拿出 34.6 亿元资金用于该层次的转移支付。第二个层次是各省、市、自治区内部转移支付制度，主要是省级政府对市、县级政府转移支付。1995 年的过渡期转移支付方案，在一定程度上缓解了地方政府财政困难的局面，最重要的是为推动纵向转移支付制度的建设奠定了基础。

1996 年，财政部提出完善省以下分税制财政管理体制。同时，财政部本着规范转移支付制度的基本原则，在总结 1995 年过渡期转移支付方案的基础上，借鉴国际经验，从三个方面修改和完善了过渡期转移支付方案。这三个方面包括：一是以“标准收入”替代“财力”并进行了计算；二是“标准支出”的测算进一步细化；三是为了调动地方政府组织收入的积极性，对获得转移支付的地区，引入了收入激励机制。

2002 年，国务院决定推动所得税分享改革，中央与地方分享比例从 5∶5 改为 2003 年之后的 6∶4。与此同时，2002 年中央将通过所得税分享比例重新调整后增加的收入约 124 亿元，全部用于地方转移支付，尤其是针对中西部地区的转移支付。经过 2002 年的调整，中央政府逐渐加大了对地方政府的转移支付力度，从一定程度上缓解了县乡财政困难的局面。同在 2002 年，财政部将过渡期转移支付方案正式变更为一般性转移支付。

随后在2003年，中央政府在财政收入总规模超预算543.34亿元的背景下，继续加大了对地方政府税收返还、一般性转移支付、民族地区转移支付等方面的支出力度。尽管，为配合分税制财政体制规则的落实，中央政府不断在税收返还的基础上，加大各类转移支付的力度。但是，从2002年开始，县乡财政困难的问题愈加突出。审计署在2003年的审计报告中明确指出，中央政府必须重视县乡财政困难的问题，加大解决力度。直到2005年1月，财政部制定了《关于切实缓解县乡财政困难的意见》，明确提出了包括“三奖一补”在内的缓解县乡财政困难的政策措施。重点是通过明确标准，加大对困难县乡的财政转移支付力度。

随着改革的推进和转移支付制度的不断完善，中央对地方政府的转移支付形式逐渐固定。主要包括六大类：一是税收返还；二是一般性转移支付（由过渡期转移支付转化而来）；三是体制补助；四是结算补助；五是专项拨款（以后逐渐演变为专项转移支付）；六是其他转移支付，主要包括民族地区转移支付、调整工资转移支付、农村税费改革转移支付、缓解县乡财政困难“三奖一补”。通常，人们将税收返还和专项拨款（或专项转移支付）之外的转移支付称作财力性转移支付。2009年，财政部统一调整一般性转移支付和专项转移支付的统计口径。一般性转移支付主要包括原来的财力性转移支付，并将一些补助额度相对稳定的专项转移支付也纳入其中。这些相对稳定的专项转移支付包括教育、社会保障和就业、公共安全、一般公共服务等。

经过二十年的时间，现在中国中央政府对地方政府的转移支付形式基本固定位三大类型：一是刚性的税收返还；二是一般性转移支付；三是专项转移支付。详见图5－1。

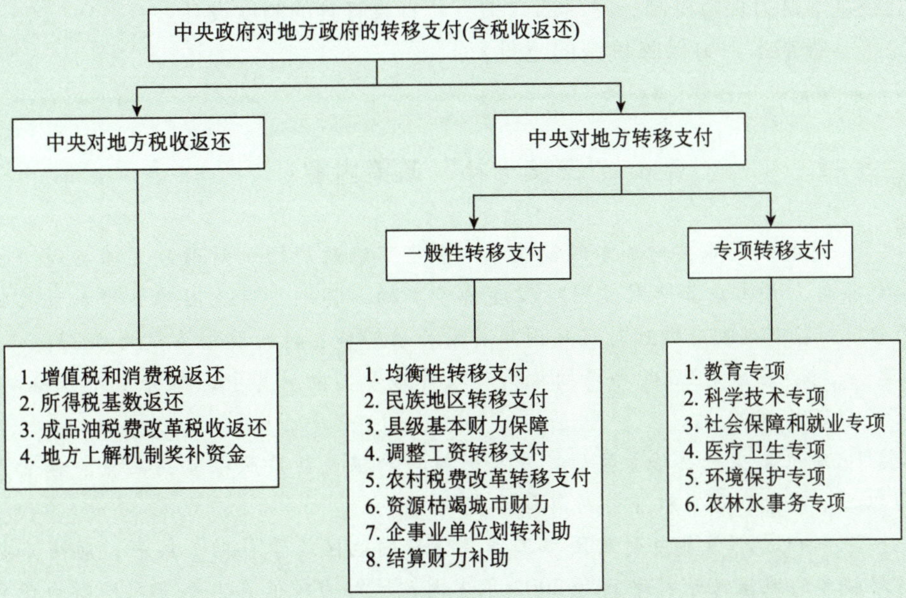

图5－1　中央政府对地方政府转移支付（含税收返还）结构图

5.2.4　分级财政管理制度的调整

分税制财政体制和1994年颁布的《预算法》，从法律与制度层面规定了“一级政府、一级财政和预算”的分级财政预算管理制度，然而，鉴于我们在上文中分析过的原因，分税制在实际运行中，不可避免地出现了县乡财政困难和地方财政严重依赖中央政府财政转移支付的问题。

为了解决分税制改革过程中出现的新问题，中央政府在不断规范转移支付制度的同时，加大促进省以下财政体制的改革步伐。1996年财政部有针对性地提出完善省以下分税制财政管理体制的指导意见，主要包括四个方面：一是要求各地区参照中央对省级分税制模式，完善省以下体制；二是严格执行分税制财政体制的收入划分原则；三是要充分考虑县级财政困难，调动基层财政组织收入积极性；四是逐步解决分税制后收入增量重复上解的问题，取消下级财政原体制递增上解。

2005年1月，财政部制定了《关于切实缓解县乡财政困难的意见》，明确提出了包括"三奖一补"在内的缓解县乡财政困难的政策措施。重点是通过明确标准，提高省级政府向县乡增加转移支付的积极性，加大对困难县乡的财政转移支付力度。2010年，中央政府推进了新的县级基本财力保障机制，财政部《关于建立和完善县级基本财力保障机制的意见》中，提出"保工资、保运转、保民生"的基本目标，按照"明确责任、以奖代补、动态调整"等基本原则，加大中央对地方财政的奖励力度。

过去二十年间，在遵循分税制财政体制基本原则的前提下，为了理顺省以下财政体制，加大对直接提供基本公共服务的基层政府财力的支持力度，中央政府除了在配合转移支付制度改革的同时，加大对县乡财政的补贴力度之外，还非常重视推动省以下财政管理体制的改革。从2005年以后，在中央政府的鼓励下，各级地方政府积极探索，相继推出了乡财县管和省直管县、"扩权强县"等财政体制改革措施。尤其是省直管县财政体制改革，得到了中央政府的大力支持。中央政府曾计划要求在2012年底，力争除民族自治地区外全面推进省直管县财政管理体制改革。时至今日，尽管没有完全实现中央政府2012年的政策目标，但是全国大多数省份还是在一定范围内落实了省直管县的制度设计。

专栏5-1　"三奖一补"政策内容

"一奖"：对财政困难县增加本级税收收入和省市级政府增加对财政困难县财力性转移支付按一定的系数，并考虑各地财政困难程度给予奖励。其中，财政困难县增加税收收入的奖励系数为0.3，省市级政府增加对财政困难县财力性转移支付的奖励系数为0.23。

"二奖"：对县乡政府2004年精简机构和人员给予奖励。其中，撤并1个乡镇奖励50万元，精简1人奖励4000元。

"三奖"：对粮食生产县给予奖励。中央财政对产粮大县按照粮食商品量、粮食产量、粮食播种面积三个因素和各自权重，计算给予奖励。

"一补"：对以前环节县乡财政困难工作做得好的地区给予补助。第一，对省市级政府财力向下转移较多的地区给予补助。对2003年省内人均财力较低县占全省人均财力比重超过全国水平地区，中央财政根据超出的额度按0.3的系数给予补助；第二，对机构精简进度较快、财政供养人员控制有力的地区给予补助。中央财政按2000—2003年撤并乡镇的个数和精简人员数给予一次性补助，分三年到位。撤并1个乡镇补助40万元，精简1人补助3000元。

资料来源：《财政统计年鉴2006》。

5.3 1994年以来中央与地方财政关系改革评估标准的界定

时隔20年，再次回顾自1994年以来的中央与地方关系改革过程，旨在通过对历史的梳理，总结经验教训，廓清未来深化改革的新起点，联系新的历史条件，对照十八大以来的系列改革布置，对未来10年内的财税体制改革做出展望。因此，对1994—2013年间中央与地方财政关系改革的评估拟从两个方面进行。一是评估1994年财税体制改革及其后续调整是否实现了其最初的目标。二是站在新的起点上回看历史，评估以往的中央与地方关系改革与十八届三中全会以来确定的改革方针、政策之间有何差距。

相对而言，前一种评估的标准较为清晰，即5.1.1中所提到的三大目标的实现程度：是否提高了两个比重，特别是中央财政收入占全国财政收入的比重，增强了中央的宏观调控能力；是否建立了与社会主义市场经济体制相适应的财政体制；是否理顺了中央与地方的财政分配关系，发挥了中央和地方两个积极性。此外，考虑到1998年以来中国财政由建设财政向公共财政的转型，我们增加一条评估标准：是否促进了区域间人均财力和基本公共服务均等化。

后一种评估，即以十八届三中全会所确立的改革方向来考察过去20年的改革，除了上述三项标准外，还应加入新的评估标准：是否适应国家治理体系现代化的要求。

5.3.1 是否提高了两个比重，特别是中央财政占全国财政收入的比重，增强了中央的宏观调控能力

“两个比重”是指“财政收入占国民生产总值的比重”和“中央财政收入占全部财政收入的比重”。改革开放之初，一系列“归还旧债、落实政策”的改革措施，都导致财政支出快速增长，使得原本脆弱的财政收支平衡更加脆弱。1979—1980年，财政出现135.41亿元和68.90亿元的巨额赤字，各方都伸手向中央要钱，中央财政不堪重负（高培勇，2009）。1981—1983年，中央财政向地方借款，但是并没有阻止1982—1984年的连续财政赤字再现（见图5-2）。

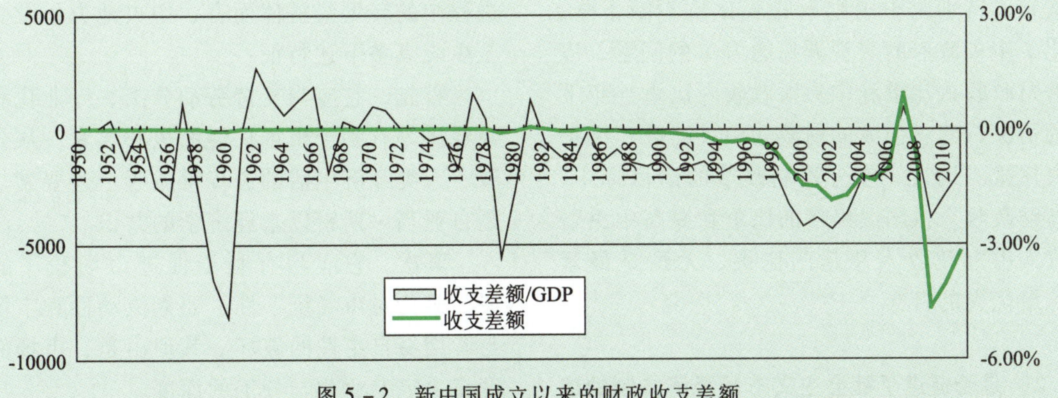

图5-2 新中国成立以来的财政收支差额

注：左轴表示财政收支差额，右轴表示财政收支差额占当年GDP的比重。凡是有数据更新的，以更新后的数据为准。

资料来源：《中国统计年鉴2012》和《新中国60年统计资料汇编》。

20世纪80年代中期到90年代上半期，中国经历了更长时期的财政危机（杨志勇，杨之刚，2008）。1986—1993年，财政出现了连续8年的赤字局面，这在中国历史上是从来没有过的。赤字的连续出现的背后，是中央财政在财政收入中的比重和财政收入占GDP的比重连年下降。中央财政为了弥补赤字而连续发行货币，导致通胀高企，到1994年居民消费价格指数已经达到了创纪录的24.1%，居民抢购热潮连续涌现，供求关系高度进展，市场秩序混乱，社会几近失控。

分税制改革之前，全国财政收入占GDP的比重已经达到了历史最低的10%左右，政府已经不可能提供经济发展所必需的基本公共服务。中央财政收入比重自1984年也开始下降，到1993年已经下降到22%达到了改革开放以来的最低点，中央财政捉襟见肘，政府宏观能力收到很大限制（见图5-3）。

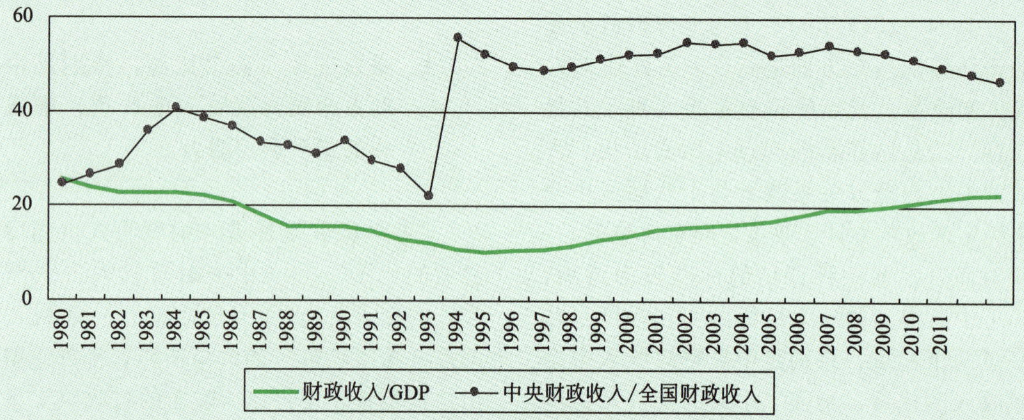

图5-3 两个比重的变化情况（1980—2013年）

资料来源：《中国统计年鉴2013》和《新中国55年统计资料汇编》。

十四届三中全会《决定》明确提出要“更好地发挥国家财政的职能作用，增强中央的宏观调控能力”，而提高两个比重，就是为了解决“国家财力偏于分散，制约财政收入合理增长，特别是中央财政收入比重不断下降，弱化了中央政府的宏观调控能力”的问题，以缓解财政收入比重和中央财政收入比重连年下滑的情况，建立强大的财政和中央财政，维护中央权威。因此，在分税制改革的诸目标中，提高财政收入占国民经济的比重和提高中央财政收入占财政收入总量的比重，无疑是最紧迫、最优先的目标。

5.3.2 是否促进了社会主义市场经济体制的建立和国民经济持续、快速、健康的发展

1994年分税制改革是建立健全社会主义市场经济体制战略的重要组成部分，因而，正确评价此次分税制财政体制改革的成就，就不能不强调它对于建立完善的社会主义市场经济体制的重要意义。笔者以为，对于一个市场化进程中的转型经济体而言，中央地方财政关系至少应具备下述特征：

首先，它应当支持劳动分工、专业化和规模经济等有利于市场扩展的核心要素。从长期看，人类经济生活的进步得益于上述要素，乃是自亚当·斯密以来经济学的共识。

其次，它应当有利于促进市场秩序的扩展，避免对市场统一性、要素流动性和市场参与者交易自主性的破坏。其理由是，市场的广度将决定专业化与分工的深度。

正如《关于实行分税制财政管理体制的决定》指出的那样，财政包干体制弊端日益明显，主要表现在：一是税收调节功能弱化，影

响统一市场的形成和产业结构优化；二是按企业隶属关系划分中央和地方所得税收入，制约了国有企业改革的逐步深化和现代企业制度的建立，客观上助长了重复建设和地区封锁，妨碍了市场公平竞争和全国统一市场的形成；三是财政包干制促使地方政府千方百计保护本地税源，其中重要的一条措施就是采用大量采用行政壁垒来阻止本区域之外产品的进入，为本地商品市场采用“与邻为壑”的分割性政策，从而导致了“诸侯经济”的形成（沈立人、戴园晨，1990；银温泉、才婉茹，2001）。凡此种种，都不利于社会主义市场经济体制的建立和国民经济持续、快速、健康发展。

最后，它应当建立一种合理、规范而稳定的政府间财政关系，有利于发挥中央、地方政府两个积极性。鉴于这一点的重要性，本书拟作为独立的评估标准来处理，详见5.3.3。

5.3.3　是否理顺了中央与地方的财政分配关系，发挥了中央和地方两个积极性

政府间财政分配关系的“顺”与“不顺”，很难直接衡量。然而从一般经验上来看，顺则各级政府各得其所、各安其位、各尽其责，顺则关系稳定，从而得以发挥中央和地方两个积极性；不顺则各级政府不能得其所应得，导致不能安于其位和责任消怠，不顺则中央地方财政分配关系多变、规则失范，两个积极性难以兼得。

回顾分税制以前，政府间关系的不稳定性，变动频繁。文革结束后，中国重新恢复了总额分成体制，周期为一年一变，具有明显的过渡性特征。改革开放后，对于政府间财政分配关系调整的探索并不是一帆风顺。资料显示，1978—1988年，中国共发生过6次明显的政府间财政分配关系调整，平均不到两年一次（见表5-2）。

政府间分配关系是否理顺，根本上取决于是否存在一个界定政府间关系的稳定的规则框架。政府间关系随内外部环境的变化而及时调整，是正常的和不可避免的，只要能够按普遍适用的规则和程序行事，则这种变化就是可预期的，从而称得上是稳定的。只有在一个规则稳定的政府间财政分配关系的框架下，才能充分发挥中央和地方两个积极性。这一规则框架包含以下四大要素：清晰的事权和支出责任划分、明确的收入归属、科学而规范的转移支付制度、各级财政管理的适度自主。

5.3.4　是否促进了区域间人均财力和基本公共服务均等化

作为分税制改革的重要内容，转移支付制度设计的目的是为了实现区域间人均财力和基本公共服务均等化。最初的过渡性转移支付以税收返还为主，不利于实现区域间人均财力的平衡和基本公共服务服务远行化。曾军平（2000）通过比较1994—1997年转移支付前后省间人均财政收入和支出的基尼系数和变异系数发现，转移支付后的不均等指标上升。

至20世纪末，随着中央财政实力的增强，中央财政开始有越来越多的实力来解决人均财政和基本公共服务均等化问题。特别是通过后期的所得税分享和转移支付体系建设，区域人均财力和基本公共服务均等化的目标越来越明确。《国务院关于印发所得税收入分享改革方案的通知》明确提出，实施所得税收入分享的目的是“减缓地区间财力差距的扩大，支持西部大开发，逐步实现共同富裕……现行按企业隶属关系划分中央和地方所得税收入的弊端……是不利于促进区域经济协调发展和实现共同富裕……通过实施这项改革，不仅有助于消除现行所得税收入划分办法不科学给国民经济发展带来的消极影响，而且有助于缩小地区间发展差距，促进社会稳定、民族团结，实现国家长治久安”。

随着中央财政的进一步集中，用于均衡性转移支付的增量支出快速增长，导致均衡性转移支付规模开始稳步超过税收返还规模（见图5-4），在基本公共服务均等化中发挥越来越

表5-2 财政（管理）体制调整（1976—2012年）

时间	文件（会议）	内容
1976年3月3日	财政部通知从1976年起试行“定收定支挂钩、总额分成，一年一变”的财政管理体制	
1978年2月17日	财政部发出《关于试行“增收分成、收支挂钩”财政体制的通知》	
1979年7月13日	国务院发布《关于试行“收支挂钩、金额分成、比例包干、三年不变”财政管理办法的若干规定》	1980年起在各地试行，同时在四川进行“划分收支、分级包干”试点。7月15日，中共中央原则上同意广东、福建两省实行“划分收支、定额上缴（或补贴）、五年不变”的包干办法。
1980年2月1日	国务院发布《关于实行“划分收支、分级包干”财政管理体制的暂行规定》	实行“分灶吃饭”，即“划分收支、分级包干”财政体制；共有四种形式：“固定比例分成”、“调剂收入分成”、“定额补助”、“大包干制”，基本按照企事业单位隶属关系来划分中央地方收支范围，分成比例或补助数额，一定五年不变。
1982年12月4日	国务院发布《关于改进“划分收支、分级包干”财务管理体制的通知》	1983年起，除广东、福建两省外，其他各省、自治区一律实行收入按固定比例总额分成的包干办法。
1985年3月21日	国务院发出《关于核定收支、分级包干财政管理体制的通知》	划分中央和地方财政的固定收入；划分各级财政支出，制定中央和地方共享收入，实行比例分成；继续实行分级包干。
1988年	实行“大包干”财政体制	共有六种形式：“收入递增包干”、“总额分成”、“总额分成加增长分成”、“上解递增包干”、“定额上解”和“定额补助”。
1993年12月15日	国务院发布《关于实行分税制财政管理体制的决定》	从1994年1月1日起施行，包括三个部分：中央地方税收的划分、中央与地方事权和之初的划分、中央对地方税收返还数额的确定。
2001年12月31日	《国务院关于印发所得税收入分享改革方案的通知》	2002年1月1日起，实施所得税分享改革。将按照企业隶属关系划分中央与地方所得税收入的办法，改为中央与地方按统一比例分享。2002年中央与地方各50%，2003年起中央分享60%、地方分享40%。

资料来源：依据高培勇（2009）、刘佐（2009）等整理。

显著的作用。尹恒和朱虹（2009）利用2000—2005年中国近2000个农村县的数据分析后发现：2003年以后从公共财政角度看转移支付的均等性有所改善，转移支付开始表现出关心公共服务均等化的倾向。

5.3.5 是否适应国家治理体系现代化的要求

《中央关于全面深化改革若干重大问题的决定》（2013年11月12日中国共产党第十八届中央委员会第三次全体会议通过）提出“全面深化改革的总目标是完善和发展中国特色社会主义制度，推进国家治理体系和治理能力现代化。”其中“经济体制改革是全面深化改革的重点，核心问题是处理好政府和市场的关系，”经济体制改革的重心又放在财税改革上。可以说，财税改革是全面深化改革任务的重中之重。因此，未来能否通过财税体制改革，卓有成效地建立起适应国家治理体系现代化要求的现代财政制度，对于改革总目标的实现可谓至关重要。

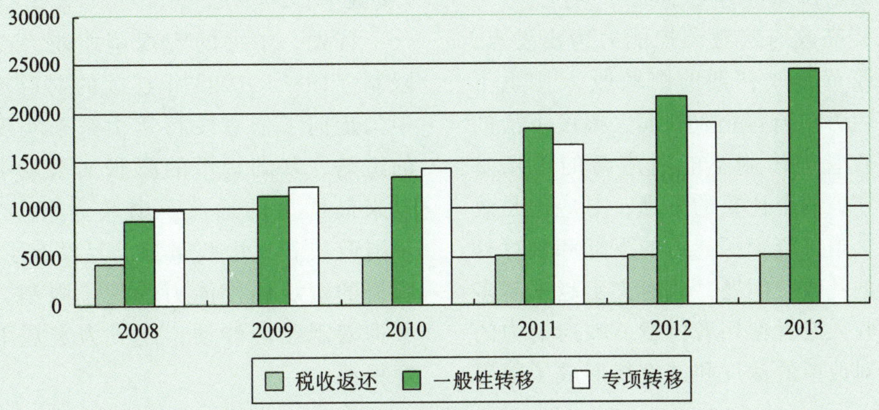

图 5－4　三类政府间转移支付（2008—2013 年）

资料来源：财政部《中央对地方税收返还和转移支付预算表》中的年度决算数，2008 年的一般性转移支付采用“财力性转移支付”口径。

如果说 1994 年财税改革的目的是建立“与社会主义市场经济体制相适应”的体制框架，那么，新一轮财税体制改革就是要匹配全面深化改革的总目标，要建立“与国家治理体系和治理能力现代化相适应”的制度基础（高培勇，2014；楼继伟，2014）。

《决定》在第五部分“深化财税体制改革”中，以前所未有的历史高度，给予了财政以全新的定位，即“财政是国家治理的基础和重要支柱”。强调“科学的财税体制是优化资源配置、维护市场统一、促进社会公平、实现国家长治久安的制度保障”。并提出下述改革取向：必须完善立法、明确事权、改革税制、稳定税负、透明预算、提高效率，建立现代财政制度，发挥中央和地方两个积极性。

由“适应市场经济体制”到“匹配国家治理体系”，从“建立与社会主义市场经济体制相适应的财税体制基本框架”到“建立与国家治理体系和治理能力现代化相匹配的现代财政制度”，标志着中国的财税体制改革迈上了一个新的更高的平台。这也可说是一种中国财税体制改革战略的重大转型。新一轮财税体制改革应以此为基点，构筑具有顺应历史规律、切合时代潮流、代表发展方向的现代财政制度（高培勇，2014）。

5.4 1994 年分税制及后续中央与地方财政关系改革效应的系统评估

5.4.1 “两个比重”持续提高，中央财政能力和宏观调控能力大为增强

分税制财政体制改革迅速扭转了“两个比重”持续下降的趋势。首先是财政收入占国民经济的比重不断上升，分税制改革后，财政收入占 GDP 的比重平均每年上升 0.5 个百分点。2013 年中国一般公共预算财政收入占 GDP 比重已经达到 22.71%，财政支出占 GDP 比重则为 24.65%。考虑到政府性基金预算、国有资本经营预算和社会保障预算，全口径的宏观税负已经达到 GDP 的 37%。中央财政收入比重迅速上升，从 1993 年的 22% 上升到 1994 年的

56%，目前稳定在50%左右。

如果以提高政府宏观调控能力为出发点，不难发现，改革开放初期的财政收入比重下降，主要是因为在国有企业利润大幅度下滑的背景下，财政管理体制不能适应新的市场基础。这个时期，两个比重的下降，对应的是政府通过正规渠道筹资资源能力的下降和预算外收入与严重的乱收费问题。政府支出越来越多的依靠商业收入或者使用者付费，政府财力的严重不足，对改革的深度和进度都形成了阻碍（黄佩华，2009）。

首先，中央的宏观调控能力受到了严重限制。1986—1993年连续的财政赤字，促使中国走向了依靠发行货币来来实现赤字融资的道路，基础货币的膨胀又引发了改革开放以来最严重的通胀。财政赤字和货币增发，使财政或者货币政策都已经没有了政策空间，政府的宏观调控能力受到了限制，不但不能平抑宏观经济波动，还成为宏观不稳定的制度根源。

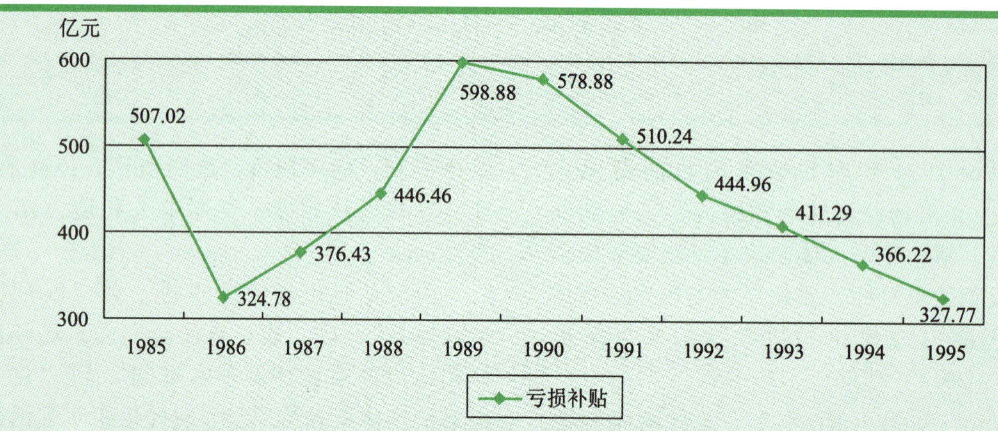

图5-5 财政承担的国有企业亏损补贴

资料来源：《中国统计年鉴2000》。

其次，中央的收入分配调节工具也不能适应市场基础的变化。在旧有的计划格局下，财政承担者扭曲资源价格和筹集社会生产资金的重要作用，突出表现为计划经济时期国有和农村部门的低工资、国有企业高利润和国民经济高积累。随着民营经济的兴起，国有企业的低工资等历史欠账需要弥补，国有企业亏损需要补贴（见图5-5），中央对于贫困地区的补助规模明显下降，中央政府1987年宣布，对贫困省份的“定额补贴”在未来几年将冻结在1986年的86亿元的名义规模，按照可比价格计算，1994年时的86亿元仅相当于1986年的35亿元。当然，更多再分配工具的缺失体现在了“税收返还”的讨价还价中（黄佩华，2009）。

随着中央财力日渐雄厚，政府的宏观调控能力得到了明显增强，在1998年和2008年两轮经济危机中得到了明显的体现。但这种宏观能力的增强能不能转变成良好的宏观调控效果依然是个未知数。因为中国政府基本保持的是朴素的预算平衡观，在这一点上，《预算法》的规定就是最好的体现，在最近十年来，尤其是2007年这样的经济繁荣年份依然保持较大赤字，很难做到逆周期调控。近十年来，中国政府的顺周期特征明显加强（付敏杰，2014）。

5.4.2 建立了与市场经济相适应的财政体制基本框架，促进了社会主义市场经济体制的建立和国民经济持续、快速、健康的发展，但细部仍待完善

1994年分税制度财政管理体制改革的主要成就在于，初步建立了与市场经济体制相适应的财政体制主体框架。其中，首次就中央和地方事权做出了原则性的划分，划分了税收并

分设征管机构，确立了财政分级管理的原则。可以说，大体搭建了与市场经济体制相适应的财政体制的基本框架。这一财政体制基本框架的确立，促进了社会主义市场经济体制的建立和国民经济持续、快速、健康的发展。

第一，为配合分税制改革而实施的1993年工商税制改革，取消了以多环节重复课征的产品税（属于货物与劳务税）为主体的税制，建立了支持劳动分工、专业化和规模经济的新税制，激励微观经营主体充分利用专业化和规模经济的优势，提高市场经济效率。

第二，通过统一税制来促进公平竞争的改革措施。[①] 通过“统一税法、公平税负、简化税制、合理分权”，税收立法权集中到中央，地方政府的“包税”行为被制止，减免税的权力受到极大限制，按税率依法征税逐步成为常态，财税基本制度上的区域性市场分割已经不复存在。

第三，为了建立全国统一市场，中央政府连续出台《国务院关于禁止在市场经济活动中实行地区封锁的规定（2001）》《国务院关于整顿和规范市场经济秩序的决定（2001）》，并在20世纪90年代后期进行了大规模的整顿市场经济秩序专项行动，对于消除地方市场格局，促建全国统一市场的形成起到了良好的作用（张应武、李小瑛，2010）。分税制改革后，来自中央财政的巨额转移支付，从一定程度上促进了国内市场的整合（范子英、张军，2010）。目前来看，全国统一市场经济体制已经建立，并处在不断完善中。

促进国民经济健康发展，是分税制所确立的财税制度作为国家基本经济制度所必需实现的功能，也是下一轮财税体制改革的主要目标。在所有的评估目标中，国民经济健康发展，无疑是最难定量评估的。从几个主要的宏观经济指标来看，分税制改革以来的中国经济发展比之前更加健康。

经济增长加速。分税制改革后的时期是中国经济增长最快的时期，若采用GDP来衡量，增长率平均增加了0.2个百分点（9.875—10.072），相当于加速2%；若采用人均GDP增长率来衡量，则经济增长加快了0.93（8.25—9.93）个百分点，相当于加速11%。人均GDP增速高于GDP增速意味着资源配置效率更高，从而带来了收益递增。从趋势上来看，分税制以后的人均GDP增速上行趋势明显高于改革前。

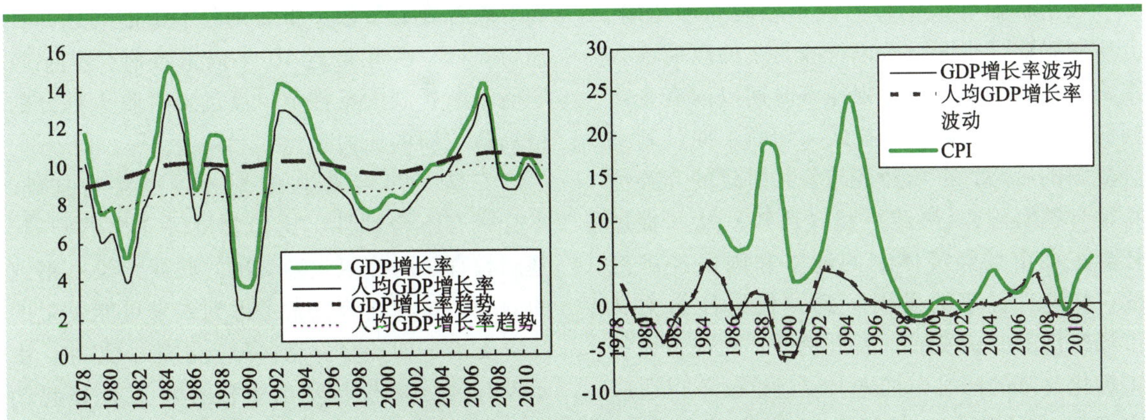

图5-6 分税制前后的经济增长（左）与宏观形势（右）

注：经济增长趋势是经过HP滤波处理的结果，波动是其剩余部分。

资料来源：《中国统计年鉴2012》和《新中国60年统计资料汇编》的相关指数部分，凡是有数据更新的，以更新后的数据为准。

① 见《国务院批转国家税务总局工商税制改革实施方案的通知》（国发［1993］090号）。

经济波动变缓，通胀更加温和，宏观经济形势总体可控。尽管受到了1998年东南亚金融危机和2008年美国金融危机的影响，分税制改革依然带来了宏观经济形势的好转。表现为：经济波动更加平缓，GDP的波动幅度下降了一半（50.83%），人均GDP波动幅度下降更多（51.31%）；物价变动趋于平稳，CPI指数均值从分税制改革前的9.72%下降到改革后的4.31%，下降了55.71%。经济波动变缓和物价变动平稳的背后，是经济形势的总体可控，财政制度作为国家基本经济制度的核心地位得到了巩固，财政政策从国家强制资本形成机制开始逐步向社会安全网过渡，尽管还没有实现发达国家的完全逆周期调控（付敏杰，2013）。

公共部门运转更加健康。公共部门是现代市场经济运行的重要依托，一个运转良好的公共部门，对于经济稳定增长和社会健康发展具有尤其重要的意义。随着分税制带来的政府财力、尤其是中央政府财力的增加，成为公共部门改革的重要依托，中国的公共部门运转日益健康，并且向现代公共治理转变的趋势更加明显，各级政府间界限、政府与市场界限、公私之间的界限日益分明。

经济体制和政治体制改革取向更加明确。分税制确立了中国财政以税收为主的政府收入结构，打破了原有的计划经济时期以国有企业利润为主体的财政收入模式，切断了向计划经济复归的后路，市场经济与公共财政的互补性特征日益明显，《决定》和《通知》从“促进社会主义市场经济体制的建立和国民经济持续、快速、健康的发展”到“促进社会主义市场经济的健康发展”就是例证。在经济体制市场化改革的同时，推进上层建筑改革以适应市场基础的变化，就成为政治体制的长期目标。

5.4.3 中央和地方两个积极性未能兼顾，稳定的政府间财力分配方式仍未形成

1994年分税制财政体制改革的指导思想中，强调要“正确处理中央与地方的分配关系，调动两个积极性”，但为了提高中央财政收入比重，以保证中央财政收入的稳定增长，在执行的过程中注重发挥了中央积极性，对发挥地方积极性有所忽略。从事权和支出责任方面看，1994年以来出现了不断下放的趋势（见5.2.2），而收入划分上则出现越来越集中的趋势（见5.2.1），此种格局不利于地方积极性的发挥。

目前来讲，1994年分税制改革虽然初步建立了与市场经济体制相适应的财政体制基本框架，但是这一框架还相当粗放，尽管经历了20年不断调整，仍然不够完善。具体表现在：

一是事权和支出责任仍不清晰。鉴于改革之初的特定历史背景（见5.1.1），1994年的改革较多地关注了当时面临的紧迫问题，特别是中央财政收入占全部财政收入比重和中央宏观调控能力亟待提高的问题。这一关切造成改革重点实际上落在了塑造一种新的“分钱”机制上，而本应作为其基础的事权和支出责任划分问题，仅止于给出若干原则，而未被认真落实。改革实际上从分钱（分税）开始，而不是从划分和落实事权、支出责任开始，使得当时就存在着事权、事责划分不清的问题，且遗留至今，并在最近10年以来政府公共服务职能不断扩展的条件下，反过来对收入划分的格局造成新的压力。

二是1994年事权的划分以现状为基础，本身带有不合理性。比如公检法支出的归属、基础教育、医疗卫生等支出的归属，没有细致的划分。这种划分更未考虑到未来可能发生的政府支出，如社会养老保障支出等。此外，由于没有区分事权与支出责任并将二者挂起钩来，以至于无法应对后期产生的大量事权与支出责任分离的情况。随着政府新增职能和支出的增加，中央采取了直接下移支出责任的做法，这也成为近年来地方财政压力持续增大的重要原因之一。

三是政府间收入划分与事权和支出责任划分的脱钩。由于事权不清、支出责任不明，政

府间收入划分就难免成为人们眼中的“分钱制”，有的情况下甚至流于随意。改革之初由于急于提高财政收入、特别是中央财政收入所占比重，这一做法可以理解。但随着中央财政能力的迅速提高，必须以新的原则来规范中央地方政府间收入分配。最合适的规则就是财权与事权相匹配的分税制原则，但这一规则始终没有真正建立起来。

四是地方政府的财政自主性有待提高。从收入一方看，现行体制下税收收入的划分体现出明显的集权性，意味着地方税收收入自主性的不足。历经多次收入划分的调整，从现行税制的税收收入归属来看，虽然地方税种的数量较多，但其税收总额在全部税收中所占的比重却极低，2012 年地方自有税种①占全部税收收入的比重仅为 10.58%。而在共享收入中，归属中央政府的收入占大头，地方收入只占小头。若是考虑到整个税收收入归属划分的动态过程，就更容易看出地方政府在收入归属决定方面的被动性。例如，当个人所得税的收入筹集能力不强时，一度被划为地方税，随着居民收入水平提高和个人所得税制的完善，个人所得税的增收潜力不断提高，中央政府就将之划为共享税，并分享总税额的 60%。企业所得税上也经历了类似的过程。随着“营改增”的全面实施，地方第一大税种营业税还将被纳入中央地方共享税的范围。现行税制安排不仅在收入归属上、而且在收入归属的决策机制上都具有高度的集权性。在划分税种时中央政府充分享有了大税种的利益，而只把小税种和一部分大税种的小部分分享收入留给地方政府。

从支出一方看，由于中国行政管理体制非常独特的“职责同构”现象，应由政府承担的职能基本上仍是上下对口，上面出政策，对口执行，最终都压到基层政府，所谓“上面千根线，基层一根针”。由此导致几乎所有事务都是共同事务，造成了你中有我，我中有你，职权不清，责任不明的局面。中央几乎不负责具体事项的执行权，但在所有事项上都以审批、备案、检查、评比、达标、专项转移支付等方式高度干预地方，造成地方自主权缺失（中国社科院财经战略研究院课题组，2014）。

分税制以来，中央财力明显增强，中央的财政政策意图通过一般性转移支付和专项转移支付得以贯彻并介入到地方财政支出中，地方“一级政府，一级预算”的自主权收到严重压缩，地方财政很多退化为“打酱油财政”（高培勇，2014）。

五是仍然欠缺科学而规范的转移支付制度。中国转移支付制度主要包括三种具体形式：税收返还、一般性转移支付、专项转移支付。其中，税收返还一直延续分税制改革初期的规则与程序，按照“基数 + 增长”的模式进行分配，这是一种照顾地方既得利益的分配方式，不利于实现区域人均财力和基本公共服务的均等化。一般性转移支付主要采用因素法来实施资金分配，对于实现区域人均财力均等化和基本公共服务的均等化能够起到一定的积极作用。但是，因素法中关键指标的确定过程却是缺乏广泛讨论，甚至是神秘的，这对于形成规范的制度也非常不利。中央专项转移支付的总规模在不断增长，从 1994 年的 361 亿元增长至 2013 年的 18610 亿元。与此同时，专项转移支付的规则与程序更是饱受诟病。从 1998 年至 2014 年的国家审计报告来看，其中所揭露的专项转移支付问题，多数集中在分配权力过于分散、规则不清晰等方面。以“项目制”为特色的专项转移支付制度，既是中国政府间权力分配模式的真实体现，也反过来固化了中央与地方之间事权与财权难以匹配的现实。

六是省以下分税制有待完善。1994 年分税制度改革，并未涉及省以下财政管理体制的安排，作为改革的配套措施，要求各省、自治区、直辖市以及计划单列市人民政府按国务院

① 指收入全部划归地方政府的 7 类税种，分别是契税、城镇土地使用税、车船税、土地增值税、耕地占用税、房产税、烟叶税。即使将印花税、城镇维护建设税、资源税、个人所得税等主要收入归地方政府的税收计算在内，这一比率也仅为 17.36%。

改革决定的原则，制定对所属市、县的财政管理体制。但实际上省级以下分税制进展缓慢，直到2005年以后，各地才相继推出乡财县管和省直管县、“扩权强县”等财政体制改革措施。

十八届三中全会《决定》明确提出要“发挥中央和地方两个积极性”，而实现这一目标，需要“完善立法、明确事权、改革税制、稳定税负、透明预算、提高效率，建立现代财政制度”。现代财政制度不仅要与市场经济体制相适应，更要与国家治理体系的现代化相契合。如何在法治的框架下发挥地方积极性，对于新一轮财税体制改革至关重要。

5.4.4 在缩小区域财力差距和实现基本公共服务均衡化目标上，依然有很大的作用空间

分税制改革后，中央财政收入得到了明显保障，财政支出结构开始发生明显变化，突出表现为从城市部门财政走向城乡全覆盖的公共财政，民生支出和基本公共服务支出逐步成为政府支出的重点。《国家基本公共服务体系“十二五”规划》将基本公共教育、劳动就业服务、社会保险、基本社会服务、基本医疗卫生、人口和计划生育、基本住房保障、公共文化体育等内容列入“基本公共服务均等化”纲要，将基本公共服务制度作为公共产品向全民提供。

整个20世纪90年代，各省之间的财力差距持续扩大，并且影响了社会服务开支。富裕地区的居民享受到了数量更多、质量更好的服务，而贫困地区的居民享受的服务质量较差，甚至经常得不到服务（黄佩华，2009）。截止到2003年，来自上级部门的转移支付不但没有缩小县级财力差距，反而拉大了区域差距。分税制改革后的转移支付，造就了近一半的县级财力差距（尹恒等，2007；贾晓俊，2009）。

区域财力均等化目标是针对上述情况而设立的分税制第二阶段改革目标，突出表现为《国务院关于印发所得税收入分享改革方案的通知》中明确提出“减缓地区间财力差距的扩大，支持西部大开发”。2002所得税分享改革后，中央集中了更多财力，对地方转移支付的力度不断加大，税收返还在中央地方纵向转移支付中的相对规模不断下降，一般性转移支付和专项转移支付成为2012年高达4.5万亿的转移支付的主体。尽管区域差距并没有缩小，所得税分享和西部大开发政策，使转移支付正在对平衡地区间财政能力发挥着越来越大的作用（尹恒、朱虹，2009）。

可以从制度效应和财政效应两个层面上理解分税制改革对区域财力均衡化所发生的动态影响。分税制改革和后续的入世等改革措施，促进了中国以国际市场为导向的工业化进程，东部地区获得了相对更快的发展，从而发展差距拉大（至少在本次金融危机之前，见孙久文、胡安俊（2013）），从而产生了扩大区域间财力的制度效应。在分税制改革初期，以税收返还为主体的转移支付并有没有起到缩小地区差距的作用，这就是财政效应。随着西部大开发政策和所得税分享改革，意在从制度效应和财政效应两个层面分别缩小地区财力差距，目前来看制度效应并没有发生明显变化，也就是区域发展差距并没有发生明显改变，但是以一般性转移支付和专项转移支付为主的财政效应正在对地区财力差距的缩小起到积极作用。

《中国公共财政建设报告2013》采用人均财政支出、人均教育支出和人均卫生支出三个指标的相对值和离散程度详细分析了中国公共支出的区域均等化趋势①。发现各省之间的人均财力差距逐步缩小，基本公共服务均等化程度明显提高（见表5-3）。如果采用上述指标的城乡差距和城乡各自内部差距，也能得到相同的结论（高培勇等，2013）。

① 公共服务区域均等化的三个指标和省际间人均财政收入的均等化指标在计算时，删除了北京、天津、上海三个直辖市和西藏的数据，以27个省际单位的数据计算离散系数，得分以离散系数为1作为0分的极值进行折算。

例如，2011年人均财政支出最高的西藏为24995.38元，人均财政支出最低的是河南省为4525.80元，前者是后者的约5.52倍。2005—2010年该比值分别为7.95倍、6.37倍、5.88倍、5.68倍、5.29倍和5.04倍，离散系数变化趋势也相同，2005—2011年分别为73.31%、66.95%、65.66%、61.68%、57.96%、51.49%和52.25%。

表5-3 省间人均财政支出的均等化（2005—2011年）

年份	人均最高		人均最低		最高比最低	离散系数31	离散系数27
	省份	金额（元）	省份	金额（元）			
2005	上海	9259.03	安徽	1165.14	7.95	73.31%	30.75%
2006	上海	9892.93	河南	1533.31	6.37	66.95%	29.62%
2007	上海	11742.08	河南	1998.52	5.88	65.66%	28.70%
2008	上海	13735.62	河南	2419.78	5.68	61.68%	28.23%
2009	西藏	16209.78	河南	3062.89	5.29	57.96%	30.11%
2010	西藏	18323.79	河南	3632.08	5.04	51.49%	34.84%
2011	西藏	24995.38	河南	4525.80	5.52	52.25%	36.11%

注：离散系数31是全国31个省份人均财政支出的离散系数，离散系数27是删除北京、上海、天津、西藏后27个省份的离散系数。

资料来源：高培勇等主编：《中国公共财政建设报告2013》（全国版）。

如果我们的视野更长一些，则关于区域人均财力和基本公共服务均等化趋势的判断会更加明确。图5-7演示了1995年以来区域人均财政支出水平的变异系数。1994年分税制改革初期，区域人均财力确实呈现出扩大趋势。但随着转移支付力度的加大，31个省份区域人均财政支出差距从1997年的0.83稳步下降到2000年的0.73，随后重新开始放大。2003—2010年，随着中央财力的明显增强，省级人均财政支出差距从0.78下降到0.53，2011年略有上升。如果剔除几个特殊区域，结论依然稳健。

值得注意的是，我们仅仅采用了区域财力差距的投入指标，而不是采用以居民效用来衡量的产出指标。同时，现有的研究基本都采用财力数据，与基本公共服务均等化要求的公共服务及其分类支出依然相去甚远。在缩小区域财力差距和实现基本公共服务均衡化目标上，财政依然有很大的作用空间。

5.4.5 财政作为国家治理的基础和重要支柱，距离国家治理体系现代化的要求仍有较大距离

无论是在十八届三中全会《决定》中，还是在此后的学术讨论中，对国家治理体系和治理能力现代化内涵，都缺乏概念清晰的表述。因此，要以新的视角对中央与地方关系改革作出评估：一是要准确理解国家治理体系现代化的内涵；二是要对现代化的国家治理体系下财政体制的特征作出勾画。

现代国家治理

从国家治理体系现代化的要求来评价1994年至今的财税体制改革成果，一个重要前提是要对现代化的国家治理体系有清晰的认知。我们用三个标准来区分现代国家治理相对于传统国家治理（见表5-4）：权力分流标准、法治标准和理性商谈标准（任剑涛，2014）。

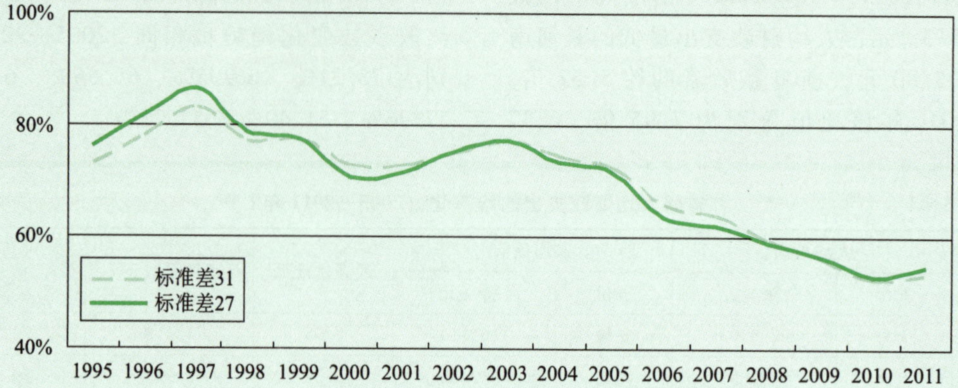

图5-7 1995年以来的区域人均财力均等化趋势

注：采用地方财政支出与年末人口数的比值。离散系数31是全国31个省份人均财政支出的离散系数，离散系数27是删除北京、上海、天津、西藏后27个省份的离散系数。

资料来源：CNKI数据库。

表5-4 现代国家治理VS传统国家治理

权力分流标准	子系统间的权力分流：政治、经济、社会系统是否相互独立？（力在各系统间的分布是否形成多权力主体格局？——多元共治的政治基础
	各子系统内部的权力制衡
宪政/法治结构标准	政府的权力是否受到限制？——多元共治的法律保障
理性商谈标准	权力主体间是否存在有效互动？——多元共治的运作机制

相对于传统的国家治理，现代化的国家治理具有三大重要特征。

其一，权力分离、多元共治特征。借用财政社会学的观点（神野直彦，1998，第8页）："社会"是广义的社会体系，由政治体系、经济体系、社会体系三个子系统构成，三者相互作用。在传统的国家治理体系中，往往在不同程度上表现出政治、市场与社会合一的特征。例如，在封建社会，经济体系并未明显从家庭、共同体中分离出来，政治体系和经济体系亦未分离，人们生活在约定俗成的社会习俗中。换言之，"社会"尚未分化为经济体系、政治体系和社会体系这三个子系统。社会成员的生活、分配、消费等一系列活动是根据领主的命令、依据共同体的约定俗成而进行的，个人对于领主存在着人身依附关系。在这种治理体系中，领主和王室的收入主要来源于其自有土地、资源及供奉。其支出也主要是为了维持政权永续与稳固，公共性程度低。

政治、经济和社会各子系统的相对分离，是实现社会多元共治的政治基础。在这一背景下，现代化的国家治理体系进一步要求各子系统内部权力合理配置，形成对各权力主体的有效制衡。中国的人民代表大会制度、美国式的三权分立、英国的议会民主制等均可看作各自政治系统内部实现权力分离的不同模式。

其二，法治特征。社会的多元共治要求权力格局的均衡分布，但由于权力的分布在各个系统间和各系统内部事实上总是不均衡的，特别是，合法的暴力手段为政治系统所掌握，因此，政治、经济和社会系统的关系是否平衡，很大程度上取决于政治力量或者国家如何对待经济和社会；因此能否实现多元共治，至关重要的一点是社会是否依照法治规则运转，特别是，政府的权力是否受到限制，这是实现多元共治的法律保障。

其三，理性商谈特征。社会的不同领域和不同权力主体间是否存在有效互动，是实现多元共治的运作机制。在现代治理体系下，不同领域之间以及各个领域内部的交流互动不是通过纯粹的权力逻辑实现的，无论在宪法、立法的层面，还是在日常政治、经济、社会生活中，理性商谈是现代社会运作的基本规则。这意味着，不仅自上而下的指令是畅通的，且自下而上的信息传达和民主决策过程也必不可少。

从上述三方面来看，与传统计划经济体制对应的国家治理体系下，由于其中的国家权力统领经济、社会和政治领域，从而导致整个社会的高度政治化，这样，政治、经济、社会诸领域都统合为政治领域，前二者在这种统合中完全失去了自主性和独立性。政治力量不受约束，社会的运转谈不上是法治化的。社会互动缺乏协商、交易和妥协，通常是一方权力独大，“统治”而非“治理”的特色突出。因此，我们不能将之称作是现代国家治理体系，而这些与计划经济体制相适应的特色，在当前的国家治理体系中还不同程度地存在着。

现代国家治理体系下的财税制度

有什么样的国家治理体系，就有什么样的财政制度。财政既是政府治理的表现形式，也是联结政治、经济、社会三大治理体系的结点，或是“连接政治、经济和社会三大子系统的媒介”。

在现代国家治理体系下，财政所媒介的政府、市场、社会的关系发生了分离。只有政治与市场的分离，才会产生税收国家，即税收成为国家的主要收入形式（熊彼特，1954）。市场经济出现后，形成了市场社会，经济活动就不是为了领主和共同体来进行，而是为自己谋利益。人身依附关系的去除，政治体系及维系政治体系存在的税收必然要求其在经济和政治上的合理性。

其经济上的合理性，表现为必须为其取得的收入提供对等公共服务和产权保护，此为协商财政的含义，意味着财政建立在“交易”而非“强制”的基础之上。其政治上的合理性表现为政治过程中运用同意原则，关于提供什么样的公共物品与服务（公共支出结构与规模）、从经济体系筹措多少货币（财政负担）、以什么方式筹措货币（收入结构）等决策需征得尽可能多数纳税人的同意，此为民主财政的含义。

租税国家的产生，进一步引起社会权力分配格局的变化，使社会权力在各领域的分布趋向平衡。传统治理体系之下，领主或王室通过身份取得收入，纳税或奉供是臣民的绝对义务，而在现代租税国家，政府通过交换取得收入，税收从绝对义务变成相对义务，因此税收和支出的过程要求被控制，现代预算制度应运而生。现代预算制度的发展为财政制度走向民主财政、法治财政和协商财政提供了制度保障。

综上所述，现代国家治理体系下的财政制度是必然是协商财政、民主财政和法治财政。

从国家治理现代化的角度看 1994 年至今的财税体制改革

1994 年以来的财税体制改革，其成绩当然是不容置疑的，特别是其在提升中央财政收入比重及中央宏观调控能力方面，成绩更是不可否认。1994 年及其以后的渐进改革过程中，一个与社会主义市场经济体制基本适应的财税体制框架已经建立起来，这也是事实。但成绩不意味着没有问题。1994 年分税制改革着重应对的是财政自身的危机，特别是中央财政的危机，而在这一目标达成之后，财政及其体制改革明显动力不足、方向不清，后续改革措施在某些方面距离现代化国家治理体系的要求相差甚远。

就我们关心的中央地方财政关系改革来说，最明显的问题就是，在渡过眼前的财政危机之后，由于缺乏顶层设计和整体考虑，中央地方关系改革走入了权宜主义的发展道路。哪里出了“问题”，就针对哪里出台一个政策以解决问题，而缺乏结构性变革的视野，在过去的 20 年中，经过一系列的所谓适应性调整，分税制越来越地表现出走向“分钱制”的迹象（高培勇，2014）。

理想的分税制应当使各级政府事权与财权相统一，这也是1994分税制度改革提出的原则。然而由于种种原因，这一原则未能得到很好的实施（高培勇，2014）。

第一，分税制财政体制的灵魂或设计原则，就在于“财权与事权相匹配”。然而，在“财权”和“事权”始终未能清晰界定的背景下，先是修正为所谓“财力与事权相匹配”。由于财力和事权分别处于“钱”和“权”两个不同的层面，在实践中，财力与事权之间的匹配方式很难规范化。后来，又在预算法的修订中以“支出责任”替代“事权”，从而，名义上的“财力与事权相匹配”演化成了事实上的“财力与支出责任相匹配”。问题在于，“财力”指的是“钱”，“支出责任”无疑指的也是“钱”，由两“权”层面上的匹配退居为两“钱”层面上的匹配，虽可说是迫于现实条件的一种不得已的选择，但终归是从分税制财政体制基点的倒退之举。

第二，将现行税制体系中的18个税种划分为中央税、地方税和中央地方共享税，是分税制财政体制的一个重要基石。基于当时的特殊背景，1994年财税改革的主要注意力放在了中央税和中央地方共享税建设上。在此之后的调整，并未适时实现主要注意力向地方税建设的转移。2002年的所得税分享改革，以及即将全面完成的“营改增”，均使地方税体系被进一步弱化。

第三，分税制财政体制的另一个重要基石，是在“分事”、“分税”的基础上实行分级财政管理。作为一级政府财政的基本内涵，就在于它须有相对独立的收支管理权和相对独立的收支平衡权。但是，这些年来，随着中央各项转移支付规模及其在全国财政收支规模中所占比重的急剧增长和扩大，不仅地方财政可以独立组织管理的收入规模及其在地方财政收入中的占比急剧减少和缩小，而且地方财政支出的越来越大的份额依赖于中央财政的转移支付。倘若此种格局长期化，甚至于体制化，那么，多级财政背景下的各级地方财政，将由于缺乏相对独立的收支管理权和收支平衡权而在事实上带有“打酱油财政”的性质，它将导致地方财政自主性和责任心的双双滑落。

5.5 未来改革展望

财政制度安排体现并承载着政府与市场、政府与社会、中央与地方等方面的基本关系（楼继伟，2014），财政改革的终极目标，不应仅仅是化除财政自身的危机，而应当是整个社会，即政治、经济和社会系统的良好治理，或曰“善治”。用三中全会《决定》中的话语，就是国家治理体系和治理能力的现代化。

正是基于上述种种考虑，《决定》在将新一轮财税体制改革目标与全面深化改革总目标相对接的同时，破天荒地第一次以“建立现代财政制度”标识新一轮财税体制改革的方向。要通过建立一种科学的财税体制，也就是现代财政制度，使之能够担负起作为国家治理的基础和重要支柱之使命。不仅如此，围绕建立现代财政制度，《决定》还提出了“完善立法、明确事权、改革税制、稳定税负、透明预算、提高效率”等24字的指导方针（高培勇，2014）。

《决定》指出，建立现代财政制度包含三大内容：一是要建立全面规范、公开透明的现代预算制度；二是要建立健全有利于科学发展、社会公平、市场统一的税收制度体系；三是要调整中央和地方政府间财政关系，建立事权和支出责任相适应的制度。本章特别关注的，乃是未来中央与地方政府间财政关系改革的可能取向。

5.5.1 重返分税制轨道

十八届在事全会《决定》明确指出了新一轮财政管理体制改革的基本方向，这就是“明确事权”、“发挥中央和地方两个积极性”。

对于上述两个概念，我们并不陌生。在1994年之前的岁月，无论学术界还是实践层，都几乎无例外的将它们锁定为财政管理体制改革的目标。只是在1994年财税体制改革之后，随着形势的变化和工作重心的调整，这两个概念，尤其是其中的“发挥中央和地方两个积极性”，才逐渐淡出了人们的视野。这两个概念被重提并写进《决定》之中，意味着新一轮财政管理体制改革的方向已经回归分税制的轨道。

回顾前述的有关分税制财政体制的三层含义，认识到“明确事权”就是分税制财政体制含义中的“分事”，“发挥中央和地方两个积极性”肯定要在“分权”、“分管”的基础上才能提及和实现，这又意味着，新一轮财政管理体制改革所回归的轨道是本来意义上的分税制，而非走了样的、带有分钱制印记的分税制。

所以，瞄准本来意义的分税制方向，把分税制财政体制改革进行到底，是新一轮财政管理体制变革不可动摇的、必须坚守的基本目标和行动路线（高培勇，2014）。

5.5.2 在宪法层面确立中央地方关系框架

到目前为止，中国的中央地方关系改革依然具有很强的非规范色彩。对中央而言，应当避免随意更改分权规则。过去的实践中，无论在共享税分享比率的调整，还是在重要公共服务支出责任的分配上，我们都很容易看到中央政府在分权规则上的支配地位和随意性；对地方而言，重要的是如何做到不仅享有分权的利益，更要承担分权的义务，过去若干年里地方政府不负责任行为导致中央政府埋单的情况同样并不少见。

尽管在理论和经验建议的基础上，建立一个规范的分权框架是可能的。然而，为了保证分权框架的可信度和必要的弹性，关于如何分权的规则需要在宪法层面加以清晰化和确认。只有如此，才能使后续改革不因中央地方权力格局的不对等而受挫。

5.5.3 各级政府事权和支出责任进一步明晰化

事权划分需要明确界定政府职能。由转型期社会现实所决定，虽然市场在资源配置中的基础性作用正得到发挥，但是政府与市场关系的规范化仍需假以时日。政府与社会关系也是一个尚待解决的问题。现实中，复杂的政府职能直接导致事权在不同级别政府之间划分的困难（杨志勇，2014）。

在政府职能范围尚未清晰的前提下，要使各级政府事权和支出责任得以明确界定，符合现代国家治理要求的方法，是坚持协商政治的原则，中央和地方政府按照事先同意的决策规则，在各个公共服务领域内明确地划分事权并承担相应的支出责任。

未来各级政府事权和支出责任进一步明晰化，在很大程度上意味着缩减地方政府的事权范围和相应支出责任。《决定》强调了适当缩小地方事权与支出责任，从中央政府角度看，就是要“适度加强中央事权和支出责任”。

一方面，“必须完善立法、明确事权”，使“各级政府职责分明”。包括重新界定和清晰划分中央和地方事权范围，特别是确立近年来新增事权的归属，明确各级政府职责，有利于适当减少地方事权。这些新增事权包含环境保护、食品药品安全管理、社会稳定、养老和医疗保障等。在1994年实施分税制改革并划分中央和地方事权时，社会对以上政府职能的需要还不强烈，因此这些政府职能未被视为主要事权做出清晰划分。

另一方面，要“建立事权和支出责任相适应的制度”，使“中央和地方按照事权划分相应承担和分担支出责任”。明确各级政府支出责任，也就是明确谁的事权谁出钱，有利于解决中央请客、地方埋单问题。事实上，自1994年分税制改革以来，原有的中央和地方政府间的事权与财权格局并未发生改变。地方财力明显拮据，一个根本性的原因，是中央政府在原有事权未变的前提下，将大量原有和新增事权的支出责任"委托"给地方政府，并不附带相应的资金转移。这些支出责任包括基础教育、司法公正和社会维稳等，致使"父债子偿"现象普遍化。

5.5.4 地方政府财权与地方税体系建设

研究发现，地方财力吃紧是一个世界性的课题（见专栏5-2）。缓解此问题，理论上可从减支和增收两个方面上想办法。仅从增加地方可支配收入这一方来看，不外乎有以下四种渠道：一是扩大地方政府财力与财权，包括在不调整现有中央和地方财力格局的情况下，调整中央对地方转移支付的结构，扩大一般性转移支付规模，减少专项转移支付和相应的地方配套资金要求。二是健全和完善地方税体系，增加共享税中划为地方收入的比例，以壮大地方自有财力。三是允许地方根据实际财务情况拥有一定债务自主权，以平衡可能出现的财政赤字。四是扩大地方税收立法权，使其根据地方财政支出需要，在税基、税率和税收优惠等制度要素上充分自主。

专栏5-2　　地方财力吃紧是一个世界性的课题

20世纪70年代以前，世界各国税制普遍具有明显的集权特征，主要表现为中央政府享有较大的税收决策权、拥有收入较稳定且数量较大的税种，在全部税收中占有较大的份额；而地方征收的则多为小税种，相应的税权也较小，在总税额中所占比例较小。这种不对称首先是由财政职能上的集权性质所决定的，因为相比较地方而言，中央政府承担了较多的财政职能。20世纪50年代后期，财政分权的理论日渐兴起，20世纪70年代以来，从发达国家开始，出现了一种财政责任下放的趋势，后来这种理论又逐渐向发展中国家和转轨国家蔓延。然而，政府间财政收入的分配格局，并未伴随着财政职能的下放而发生根本性的变革，因此，地方财力吃紧是一个世界性的课题。长期以来，各国解决这一问题的重点，仍然放在政府间转移支付方面，即力图通过中央对地方的财政转移支付弥补地方财力不足。

但是，从世界其他国家财政分权的经验来看，虽然通过一般性转移支付，扩大地方转移支付规模，实现地方事权与其支出责任对应的做法，能够在一定程度上缓解地方财力之困，但是未能在增加地方财力的同时，同等程度地提升地方政府对地方性公共事务的回应性和责任心。

因此，各国亦广泛尝试了其他权宜性手段。这些手段分别体现在对各个具体税种的改革上，中国政府当前所主张的消费税的改革，就有着相同的考虑。一方面，它们都不同程度地起到了缓解地方财政困难的作用；另一方面，似乎都存在着与转移支付同样的问题，即在激发地方政府回应当地公共服务需求的责任心方面，显得欠缺。

20世纪90年代以后，为弥补分权体制下地方政府收入与其支出责任不对称的差距，各国开始在理论和实践上转向探索健全、完善的地方税体系建设的问题。至今，关于地方税体系的建设，在收入归属权的配置上应当满足地方事权和支出需要方面，没有争议，但在多大程度上给予其地方税的立法权和税收管理权，仍然处在实验阶段，理论上也很难给出规范性的指导意见。

可以看出，《决定》在上述四大方面均做出了努力，但所赋予的重要性略有不同。一是“完善一般性转移支付增长机制”。这意味着在转移支付总盘子规模不变的前提下，“清理、整合、规范专项转移支付项目，逐步取消竞争性领域专项和地方资金配套，严格控制引导类、救济类、应急类专项，对保留专项进行甄别，属地方事务的划入一般性转移支付”。特别指出，“中央出台增支政策形成的地方财力缺口，原则上通过一般性转移支付调节”。此举有利于扩大中央对地方转移支付总盘子中地方政府可自主支配的转移支付份额，提高地方政府财力自主度。二是“完善地方税体系”，并在“保持现有中央和地方财力格局总体稳定”的前提下，“结合税制改革，考虑税种属性，进一步理顺中央和地方收入划分”。三是在地方税权方面并未放开，特别强调“加强对税收优惠特别是区域税收优惠政策的规范管理”，由于规范清理税收优惠是深化预算管理体制改革的重要内容，而实现预算管理体制改革的目标在当前优于地方税权建设，因此，在地方税种的税率和税基自主权上，短期内不会出现太大的松动。可以预测，“完善地方税体系”对于地方财力自主性的意义将仅仅体现在地方税的收入归属上，而不会涉及赋予地方税立法和管理方面的更大自主权。四是关于地方政府举债权的问题，《决定》中提出了“建立规范合理的中央和地方政府债务管理及风险预警机制”的原则性表述。此后，《国务院关于深化预算管理制度改革的决定》明确提出“赋予地方政府依法适度举债权限，建立规范的地方政府举债融资机制 ”。因此，笔者认为，此举在实施方面会慎重考虑，审慎推出。

需要强调的是，健全和完善地方税体系，增加共享税中划为地方收入的比例，是壮大地方自有财力、保证地方财力自主与稳定的治本之道，但从上述分析可见，在保持现有中央地主财力格局稳定的约束之下，短期内对此所能起到的作用难以有乐观的估计。然而《决定》作为中长期的发展战略，在实施中应当保持适当的开放性。随着中国财政分权实践的发展，行政体制改革，官员考核、晋升和任命制度的变化，以及人民代表大会制度和社会主义民主制度的日益完善，应考虑逐渐将全面的地方政府税权建设纳入制度建设中去，使财权与事权相适应的分税制原则能够真正落到实处。

此次，《决定》一方面从解决各级政府事权与支出责任相适应问题入手，规范各级政府各自的事权和支出责任；另一方面从满足各级政府履行其支出责任的可支配财力入手，规范各级政府相应的财力配置。这既解决了事权与支出责任不相适应的顽疾，又回归了财力与事权相对应的分税制轨道，还符合全球经验中的传统做法。可见，《决定》不仅体现了决策层对财政制度运行中存在问题的深刻把握，也意味着其对现有研究成果的充分吸收，是在对我国具体国情的准确认识基础上，作出的较为谨慎的决策。

主要参考文献

付敏杰：“市场化改革进程中的财政政策周期特征转变”，《财贸经济》，2014 年第 10 期。

傅勇：“中国的分权为何不同：一个考虑政治激励与财政激励的分析框架”，《世界经济》，2008 年第 11 期。

高培勇：“由适应市场经济体制到匹配国家治理体系——关于新一轮财税体制改革基本取向的讨论”，《财贸经济》，2014 年第 3 期。

黄佩华：“中国能用渐进方式改革公共部门吗?”，《社会学研究》，2009 年第 2 期。

黄佩华：“中国事业单位改革的一个经济学分析框架”，载于《比较》（第 12 辑），中信出版社，2004 年。

黄佩华、迪帕克等：“中国：国家发展与地方财政”，中信出版社，2003 年。

马骏：“中国省级预算中的非正式制度：一个交易费用的理论框架”，载于《中国公共预算改革：理性化与民主化》，中央编译出版社，2005 年。

马骏：“中国省级预算中的政策过程与预算过程：来自两省的调研”，载于《中国公共预算改革：理性化与民主化》，中央编译出版社，2005 年。

刘晓路："财政分权理论：国内外比较"，《公共经济评论》，2010年第7、8期。

楼继伟，2013：《中国政府间财政关系再思考》，中国财政经济出版社，2013年。

楼继伟："深化财税体制改革 建立现代财政制度"，《求是》，2014年第20期。

乔宝云、范剑勇、彭骥鸣："政府间转移支付的地方财政努力"，《管理世界》，2006年第3期。

任剑涛："党权与国权分流是中国现代化国家治理的基础"，《中国与世界观察》2014年第1期。

沈立人、戴园晨："我国'诸侯经济'的形成及其弊端和根源"，《经济研究》，1990年第3期。

［日］神野直彦：《体制改革的政治经济学》，社会科学文献出版社，2013年。

苏明："科学划分事权 推进财政改革"，《中国国情国力》，2014年第5期。

孙久文、胡安俊：《区域经济学学科前沿研究报告》，经济管理出版社，2013年。

［美］约瑟夫·熊彼特：《经济分析史》，商务印书馆，1994年。

杨志勇、杨之刚：《中国财政体制改革30年》，格致出版社、上海人民出版社，2008年。

尹恒、朱虹："中国县级地区财力缺口与转移支付的均等性"，《管理世界》，2009年第4期。

银温泉、才婉茹："我国地方市场分割的成因和对策"，《经济研究》，2001年第6期。

中国社科院财经战略研究院课题组：《理顺中央和地方事权关系研究报告》（打印稿）。

王绍光、胡鞍钢：《中国国家能力报告》，辽宁人民出版社，1993年。

杨志勇："现代财政制度：基本原则与主要特征"，《地方财政研究》，2014年第6期。

曾军平："政府间转移支付制度的财政平衡效应研究"，《经济研究》，2000年第6期。

朱镕基：《朱镕基讲话实录》（第一卷），人民出版社，2011年。

6

财政管理制度改革：评估与展望

- 1994 年以来的财政管理制度改革，是 1994 年启动的为适应分税制而进行的财政管理制度改革的自然延续和重要构成
- 1994 年以来的财政管理制度改革，促进了 1994 年财税体制改革的顺畅实施，基本履行或完成了财政管理制度改革的阶段性任务，并向着构建符合现代财政制度要求的财政管理制度不断迈进
- 未来的财政管理制度改革，应按照深化财税体制改革的路线图与时间表，以预算管理制度改革为着力点，构建符合现代财政制度要求的财政管理制度

Fiscal Management System Reform: Evaluation and Prospect

- Fiscal management system reform since 1994 is a natural continuation and an important component of fiscal management system reform started for tax – sharing system reform in 1994
- Fiscal management system reform since 1994 has prompted the smooth implementation of fiscal and tax system reform of 1994, basically performed or completed phased mission of the reform and is making progress towards the fiscal management system which complies with the requirements of a modern fiscal system
- Fiscal management system reform in the future should, according to the roadmap and timetable of deepening fiscal and tax system reform, focus on government budget management system reform and build up the fiscal management system in consistent with a modern fiscal system

6 财政管理制度改革：评估与展望

1994年财税体制改革，不仅仅实施分税制的改革，而是在从计划经济向市场经济转轨过程中，以税制改革为切入点，对中国财税体制进行的一场具有深远意义的变革。在这场财税体制改革的推动下，或者说为适应实施分税制改革而形成的对财政管理制度的新要求，中国也启动了财政管理制度改革。一方面，《中华人民共和国预算法》（以下简称《预算法》于1994年颁布，并在1995年正式施行；另一方面，《预算法》实施后，随着中国公共财政体制的建立，一些重大的财政管理措施陆续出台，如政府采购、国库集中收付、部门预算等。这些后续的改革措施，虽然在时间上不是1994年前后实施的，与当时的税制改革存在一定的时差，但从改革逻辑上，它们与1994年财政体制改革及其相应财政管理管制改革一脉相承，因此属于当时财政管理制度改革的自然延续，并且是重要的构成部分。

6.1 财政管理制度改革的基本脉络

财政管理制度改革是中国财税体制改革的一部分，也是经济体制改革的必然要求。中国确定的建立与完善社会主义市场经济体制的基本国策，是财政管理制度改革的最主要的动因；1994年以实施分税制为核心的财税体制改革，为财政管理制度改革提供了重要契机；《预算法》的颁布与实施，则进一步细化了财政管理制度改革的具体内容。

6.1.1 1994年财税体制改革成为财政管理制度改革的起点

1994年税制改革，是为适应构建社会主义市场经济体制而进行的一次具有深远意义的改革。在“统一税法、公平税负、简化税制、合理分权”的指导思想下，以实行规范化的增值税为核心，相应设置消费税、营业税，建立了新的流转税体系，对内资企业实行统一的企业所得税，对个人收入和个体工商户的生产经营所得征收统一的个人所得税，调整、撤并和开征了其他一些税种；按税种划分中央与地方收入，并分设中央与地方税务管理机构分别管理相应收入；确定了中央财政对地方税收返还数额等。

这一新中国成立以来规模最大、范围最广、内容最丰富、力度最强的综合性税制改革，为社会主义市场经济条件下的财政管理改革提供了动力，意味着财政管理改革在社会主义市场经济条件下，必须向服务于新税制、反映新税制需要的方向推进。

首先，税制改革为规范收入形式、明确收入主管部门奠定了基础。在税制改革之前，无法用财政收入来描述政府所有的收入形式，因为政府的收入，除了税收，还包括国营企业的利润上缴，以及数额庞大的基金收入、费收入，以及相对隐秘的制度外收入，而且收入主管部门不仅有财税部门，也有因征收基金、费而存在的其他政府部门，即收入形式多样化、收入部门分散化。税制改革确立了税收为财政收入的基本形式①，明确了财税部门为财政收入的主管部门，这为以后的一系列财政管理改革铺设了基础，如收支两条线改革等。以此为先导，随后而来的财政管理改革基本上都是紧紧围绕着规范政府收支形式、强化财税部门在政府收支活动中的主导地位来进行的。

其次，为财政管理的信息化建设提出了要求。税制改革使中国引入了增值税以替代原有的产品税，根据货物购进、销售发票上注明的税额，以"扣税法"计算增值税应纳税额。这一特点，必须以税务部门征管的信息化和现代化为支撑，才能防止利用伪造、倒卖、盗窃、虚开增值税专用发票等手段进行偷、逃、骗税活动，避免税收流失。为此，在实行增值税不久，中国便启动了"金税工程"，引入现代化技术手段加强对增值税的监管。在此推动下，中国于1999年下半年开始规划建立"政府财政管理信息系统"；2002年初，国务院决定将财政部规划建立的"政府财政管理信息系统"定名为"金财工程"；2005年，财政部开始着手建设"金财工程"应用支撑平台，启动大系统建设工作。财政管理的信息化建设，提高了财政管理的现代化水平，既是财政管理改革的重要内容，也为财政管理改革的深化提供了技术保障。

6.1.2 《预算法》颁布实施与修订

为了保证新体制的顺利运转，巩固改革成果，1994年3月，第八届全国人民代表大会第二次会议审议通过了《中华人民共和国预算法》，并于1995年1月1日起正式施行。为配合这部法律的实施，1995年11月国务院颁布了《中华人民共和国预算法实施条例》。至此，在社会主义市场经济条件下"强化预算的分配和监督职能，健全国家对预算的管理，加强国家宏观调，控保障经济和社会的健康发展"的预算法律制度框架初步形成，标志着中国财政预算制度建设开始步入法制化、规范化的轨道。

不仅如此，《预算法》也为财政管理改革的深化预留了空间。比如它所规定的复式预算、部门预算、国库制度等，都成为日后财政管理改革不可或缺的内容。如果说1994年税制改革着重从收入方面促进了财政管理改革，那么《预算法》则重点从支出方面为财政管理改革做了方向性的指导。

为了适应社会主义市场经济的发展并满足财税体制改革的需要，在预算法实施10年后的2004年，全国人大便启动了《预算法》的修订工作。2011年12月全国人大常委会对《预算法》修正案草案进行了初审；2012年6月进行了二审，且草案通过全国人大网向社会公开征求意见；2014年4月完成了三审，并

① 最典型的例子是取消国家交通能源重点建设基金和国家预算调节基金。

与8月31日完成四审，最终获得第十二届全国人大常务委员会第十次会议的通过，于2015年1月1日起正式施行。

6.1.3 公共财政体制的确立进一步推动了财政管理制度改革

1998年12月，在每年一度的全国财政工作会议上，当时的中央政治局常委、国务院副总理李岚清代表中共中央明确指出，要“积极创造条件，逐步建立公共财政基本框架”①。至此，中国财政改革的方向——构建社会主义市场经济条件下的公共财政体制，得以正式确认。

公共财政体制的三个基本特征，即公共性、非营利性和法治性，都不同程度推动了财政管理制度改革的进展。以构建公共财政基本框架为契机，中国在财政管理制度改革方面推出了一系列改革举措。如果说1994年税制改革是侧重于从收入方面初步规范了政府的收入行为，那么在公共财政体制确立后及其推动下，侧重于支出方面的财政管理制度改革逐步展开，并取得明显成效。其中，部门预算、国库集中收付和政府采购制度改革的深化，是中国财政支出管理改革的三驾马车，平衡了长期以来重收入管理、轻支出管理的状况，将财政支出管理与财政收入管理置于同等重要的地位。“收支两条线”管理制度改革的时间比较早，它的继续深化，为上述三项改革奠定了基础，也是这三项改革应有的基本内容。政府收支分类改革，实现了与部门预算、国库集中收付、政府采购制度等其他公共财政管理改革同步，是公共财政管理方面的又一次重大调整。此外、财政监督、预算绩效管理、财政信息化建设等，都紧紧围绕着构建公共财政基本框架这一目标而展开。

6.1.4 党的十八届三中全会为深化财政管理制度改革提供了新的动力和方向

2013年11月，党的十八届三中全会通过的《中共中央关于全面深化改革若干重大问题的决定》（简称《决定》），将“推进国家治理体系和治理能力现代化”作为全面深化改革的总目标之一。在深化财税体制改革中，不仅提出“财政是国家治理的基础和重要支柱”，将财税体制改革予以战略上的高度重视，而且，通过“完善立法、明确事权、改革税制、稳定税负、透明预算、提高效率”，构建“科学的财税体制”，从而“建立现代财政制度”。

根据《决定》精神，中共中央政治局2014年6月审议通过了《深化财税体制改革总体方案》（简称《方案》）。《方案》将《决定》中提到的深化财税体制改革定位于“改进预算管理制度”、“优化税制结构”、“调整中央与地方政府间财政关系”三大重点推进的改革任务，并规定了具体的路线图和时间表，即预算管理制度改革先行启动，税制改革和政府间财政关系重构循序渐进地依次进行，2016年基本完成深化财税体制改革的重点工作和任务，2020年各项改革基本到位，现代财政制度基本建立。

“三大”改革任务都与财政管理制度改革息息相关。预算管理制度改革是财政管理制度改革的重要内容，税制改革和政府间财政关系重构也必须依赖于财政管理制度改革才能得以顺利推进。从这个意义上，《决定》为新一轮财税体制改革谋篇布局，为进一步深化财政管理制度改革提供了新的动力和方向，以建立现代财政制度为宗旨，构建符合财政制度的财政管理制度。

---

① 高培勇主编：《共和国财税60年》，人民出版社，2009年，第242页。

6.2 财政管理制度改革评估标准的界定

对财政管理制度改革进行评估，首先是要选定合适的评估标准。财政管理制度改革是众多政策措施的综合，而非单纯一项政策，评估标准很难用数量标准来衡量，因此，需考虑从财政管理制度改革的渐进性、综合性的角度去设定评估标准。鉴于此，对财政管理制度改革可以从以下三条线索中提炼评估标准：一是根据1994年财税体制改革为财政管理制度改革所设定的目标；二是1994年财税体制改革以例次五年规划（或计划）提出的财政管理制度改革内容；三是党的十八届三中全会通过的《决定》中对深化财税体制改革中的财政管理制度改革提出的改革任务。

6.2.1 评估标准1：是否有助于促进1994年财税体制改革的顺畅实施

根据《国务院关于实行分税制财政管理体制的决定》（国发［1993］85号），中国从1994年1月1日起对各省、自治区、直辖市以及计划单列市实行分税制财政管理体制。这次财税体制改革，重点是改革税制，形成以税收为主要形式的政府收入新格局，构建各级政府以分税为主要特征的政府间财政关系。财政管理制度改革，是作为配套改革和其他政策措施的形式出现的，是对分税制财政管理体制的必要补充。尽管没有直接的表述，但“改革预算编制办法，硬化预算约束”体现了改革财政管理制度、促进确立分税制财政管理体制的内涵（见专栏6－1）。

专栏6－1 《国务院关于实行分税制财政管理体制的决定》中关于“改进预算编制办法，硬化预算约束”的表述

（三）改革预算编制办法，硬化预算约束。实行分税制之后，中央财政对地方的税收返还列中央预算支出，地方相应列收入；地方财政对中央的上解列地方预算支出，中央相应列收入。中央与地方财政之间都不得互相挤占收入。改变目前中央代编地方预算的做法，每年由国务院提前向地方提出编制预算的要求。地方编制预算后，报财政部汇总成国家预算。

资料来源：摘自《国务院关于实行分税制财政管理体制的决定》（国发［1993］85号）。

1994年财税体制改革是在建立社会主义市场经济体制大背景下实施的。早在1992年，中共十四大确定了社会主义市场经济体制的改革目标；1993年，中共十四届三中全会通过《中共中央关于建立社会主义市场经济体制若干问题的决定》，对十四大明确提出的建立和完善社会主义市场经济体制的总目标做了具体的部署，也为1994年财税体制改革确定了方向。由此来看，1994年财税体制改革所引致的财政管理制度改革，是深植于建立社会主义市场经济体制大背景下、为1994年财税体制改革起着重要支撑作用的改革。由此，可以确定评估1994年以来财政管理制度改革的第一项标准，即是否有助于促进1994年财税体制改革的顺畅实施及后续改革效应的全面显现。

6.2.2 评估标准2：是否实施或完成了财政管理制度改革的阶段性任务

自上个世纪90年代以来，中国历经了

“八五”计划、“九五”计划、“十五”计划、“十一五”规划四个时期，现在则是“十二五”规划时期。以历史的角度看，中国每一次的五年计划（规划），都为下一个五年的国民经济和社会发展制定了具体目标和任务，这自然也包括了财税体制及财政管理制度改革开放方面的内容。有关历次五年计划（规划）中关于财政管理制度改革方面的表述见专栏 6－2。

专栏 6－2 历次五年计划（规划）中关于财政管理制度改革的主要内容

“九五”计划（1996—2000 年）

清理整顿预算外收支和财政信用。对各级政府的预算外收支，根据不同情况，分别在预算内列收列支，并加强规范化管理和审计监督。将财政信用纳入信用计划管理，用于固定资产投资的财政信用资金，必须纳入各级政府的投资计划。

“十五”计划（2001—2005 年）

增强预算的透明度和约束力。实行部门预算，逐步以“零基预算”取代“基数预算”。改革国库制度，建立以国库单一账户体系为基础的现代国库集中收付制度。规范政府采购行为，全面推行政府采购制度。调整财政支出结构，压缩竞争性领域的支出。强化财政监督。

“十一五”规划（2006—2010 年）

改革预算编制制度，提高预算的规范性和透明度。继续深化部门预算、国库集中收付、政府采购和收支两条线管理制度改革。建立国库现金管理和国债余额管理制度，推进政府会计改革。加强预算执行审计，提高预算执行的严肃性。建立财政预算绩效评价体系，提高财政资金使用效率。完善非税收入管理制度，规范对土地和探矿权、采矿权出让收入的管理。

“十二五”规划（2011 年至今）

实行全口径预算管理，完善公共财政预算，细化政府性基金预算，健全国有资本经营预算，在完善社会保险基金预算基础上研究编制社会保障预算，建立健全有机衔接的政府预算体系。完善预算编制和执行管理制度，强化预算支出约束和预算执行监督，健全预算公开机制，增强预算透明度。深化部门预算、国库集中收付、政府采 购及国债管理制度改革。进一步推进政府会计改革，逐步建立政府财务报告制度。

注：由于“八五”计划制定于社会主义市场经济体制确立之前的 1991 年，不可避免地带有某些传统计划经济的痕迹，与 1994 年财税体制改革的内容相差甚远，因此“八五”计划未列入表中。

资料来源：根据历次五年计划（规划）整理。

由专栏 6－2 可知，从“九五”到“十二五”，各个时期都对财政管理制度改革提出了具体要求。这些要求各个各的侧重点，既反映了不同时期财政管理制度改革的特点，也大致勾勒出财政管理制度改革的基本轨迹。与 1994 年财税体制改革，特别是《国务院关于实行分税制财政管理体制的决定》，对财政管理制度改革的要求相比，随着时间的推移，各个时期制定的五年（或规划）所提出的财政管理制度改革要求更能反映中国在不同时期的财政管理工作实践，尤其值得指出的是，“十五”时期提出的“逐步建立适应社会主义市场经济要求的公共财政框架”，在当时确立了面向公共财政的财政管理制度改革的方向性问题，使此后的财政管理制度改革被纳入到公共财政框架的范畴内。这一财政建设理念上的进展，显著推动了后续的财政管理制度改革，使之不断地向公共财政三大特征的公共性、非营利性和法治性逼近。而 1994 年财税体制改革，尽管提出“分税制改革是发展社会主义市场经济的客观要求”，但限于当时的历史条件，还未触及公共财政问题。因此，公共财政体制的确立，既是1994年财税体制改革的延续，又是对其重要的补充，体现了中国财政管理制度改革的渐近性，不断地进行阶段性的财政管理制度改革，并取得一定的成效。所以，考虑到财政管理制度改革具有渐近性和阶段性的特点，而这种渐近性和阶段性改革亦属于1994年财税体制改革的范畴，由此，可以确定评估1994年以来财政管理制度改革的第二项标准，即是否实施或完成了财政管理制度改革的阶段性任务。

6.2.3 评估标准3：是否有助于构建符合现代财政制度要求的财政管理制度

党的十八届三中全会通过的《中共中央关于全面深化改革若干重大问题的决定》（简称《决定》），对深化财税体制改革做出了重大部署，指出“科学的财税体制是优化资源配置、维护市场统一、促进社会公平、实现国家长治久安的制度保障，”并明确了“改进预算管理制度、完善税收制度、建立事权和支出责任相适应的制度”为新一轮财税体制改革的“重头戏”。

随着财政管理制度改革实践的发展，中国政府预算不再是由原先的一本公共财政预算构成，而是包括了政府性基金预算、国有资本经营预算和社会保险基金预算在内的四本预算构成，这意味着预算管理制度必须要面对这种新情况。预算管理很大程度上起统领财政管理的作用，财政管理的诸多内容最终必然要反映到预算管理上。因此，虽然《决定》未直接提及深化财政管理制度改革，但预算管理制度是财政管理制度的重要组成部分，从《决定》中“改进预算管理制度”的具体内容来看（见专栏6－3），基本上都是下一阶段财政管理制度改革的重点内容。所以，“改进预算管理制度”的提出，预示着下一阶段的财政管理制度改革须从预算管理入手，突出预算管理的角色，以预算管理制度改革带动财政管理制度改革。

专栏6－3 《中共中央关于全面深化改革若干重大问题的决定》关于“改进预算管理制度”的内容

改进预算管理制度。实施全面规范、公开透明的预算制度。审核预算的重点由平衡状态、赤字规模向支出预算和政策拓展。清理规范重点支出同财政收支增幅或生产总值挂钩事项，一般不采取挂钩方式。建立跨年度预算平衡机制，建立权责发生制的政府综合财务报告制度，建立规范合理的中央和地方政府债务管理及风险预警机制。

完善一般性转移支付增长机制，重点增加对革命老区、民族地区、边疆地区、贫困地区的转移支付。中央出台增支政策形成的地方财力缺口，原则上通过一般性转移支付调节。清理、整合、规范专项转移支付项目，逐步取消竞争性领域专项和地方资金配套，严格控制引导类、救济类、应急类专项，对保留专项进行甄别，属地方事务的划入一般性转移支付。

资料来源：摘自党的十八届三中全会通过的《中共中央关于全面深化改革若干重大问题的决定》。

1994年财税体制改革的时空背景与当前的背景有着不小的差别，如果说那时的改革属于经济体制改革背景下的制度创新，那么《决定》使当前及未来的改革是在经济、政治、社会、文化等各方面改革联动背景下的制度创新。虽然背景有所不同，但深化财税体制改革的对象仍然是1994年财税体制改革所构建的财税体制，是后者的延续，也是在后者基础上的进一步创新。这对于财政管理制度改革而言，亦是如此。以改进预算管理制度为切入点的财政管理制度改革，既有助于解决以往改革中的“老大难”问题，又为深化改革增添了新的内容。特别是“建立现代财政制度”的战略部署，有利于在时空转换的背景下站在更高的角度上回溯、审视20年来的财政管理制度改革，并为新一轮的财政管理制度改革明确“主攻”方向。由此，可以确定评估1994年以来财政管理制度改革的第三项标准，即是否有助于构建符合现代财政制度要求的财政管理制度。

6.3 财政管理制度改革效应的系统评估

财政管理制度改革是政府有意识地为提高财政管理水平而制定并实施的一系列政策措施，它属于公共政策的范畴，因此，评估财政管理制度改革，其实也就是对改善财政管理的公共政策进行评估。“政策评估是依据一定的标准和程序，对政策的效益、效率及价值进行判断的一种政治行为，目的在于取得有关这些方面的信息，作为决定政策变化、政策改革和制定新政策的依据”①。这意味着，对财政管理改革改革进行评估，需着眼于改革效果的评估。

在评估过程中，按照前面所确定的评估标准，一方面要立足于当时改革实施的政策环境，去评估财政管理制度改革取得的政策效果；另一方面要以现时的眼光去衡量已有的财政管理制度改革情况，用发展的观点，从当前出发，对过去的财政管理制度改革做规范性判断。此外，在评估时间段的选取上，考虑到1994年财税体制改革后财政管理改革并非一蹴而就，而是具体的改革措施陆续出台，具有逻辑上和时间上的连贯性与延续性，并且都属于1994年财税体制改革所引发的财政管理改革的范畴。因此，为了全面综合地进行在评估，在时间截取上，不仅考察1994年当时的财政管理制度改革情况，也把1994年之后的一系列财政管理制度改革情况列入考察范围。

6.3.1 积极效应

构建了财政管理的法律法规制度

1994年税制改革之前，中国财政管理大多是以行政规章为依据的，如计划经济时期，中央人民政府政务院于1951年8月颁布的《预算决算暂行条例》；改革开放后，国家务于1991年10月发布的《国家预算管理条件》。这些行政规章在当时条件下，起到了指导财政管理工作的作用。然而，由于未上升到法律层次，因此权威性与严肃性不足，尤其是财政管理从广义上讲还应包括各级权力机关的权限，而政府部门颁布的行政规章，从法源上看是无法涉及权力机关的。

行政规章的先天不足，随着《预算法》在1994年的颁布及其在1995年的施行，得到了相当程度上的弥补。《预算法》在财政法律体系中的地位非常重要，“没有预算法，财政法就难以成为一个独立的法律部门，甚至可以认为，预算法就是狭义上的财政法②。从这个意义上，《预算法》统领了财政管理的法律制度，使财政管理的法治建设取得了较大的进展：它规范了中央与地方、权力机关与行政机关、行政机关内部各单位在财政管理上的职责权限，从法律上强化了预算约束，保证了预算收支的严肃性，改变了预算执行中的随意性，扭转了预算约束日趋软化的状况，还明确规定了违法、违规的法律责任。

为配合和落实《预算法》的实施，国务

---

① 陈振明：《公共政策分析》，中国人民大学出版社，2002年，第203页。

② 刘剑文主编：《财政税收法》（第三版），法律出版社，2003年，第85页。

院于1995年11月发布了《中华人民共和国预算法实施条例》，1997—1998年，财政部发布了《财政总预算会计制度》、《事业单位会计准则》、《行政单位会计制度》，1999年12月全国人大常委会通过了《关于加强中央预算审查监督的决定》。此外，财政部还发布实施了若干预算管理方面的规章制度，各地也先后出台了贯彻落实《预算法》的地方性法规、规章和其他规范性文件。《预算法》在颁布实施后的2004年，各方面启动了它的修订工作。经过全国人大常委会的四审，最终于2014年8月获得全国人大常委会的通过，将于2015年1月1日起正式施行。从2004年启动修法到2014年完成修法，可谓“十年磨一剑”（有关具体修订过程见专栏6-4）。

专栏6-4　《预算法》修订历程

1994年3月22日，《中华人民共和国预算法》通过全国人民代表大会第二次会议，并于1995年1月1日起施行。作为中国第一部规范预算行为的法律，它改变了中国预算管理无法可依的状况，标志着中国预算管理纳入法制化轨道。

2004年，《预算法》修订首次列入全国人大的立法规划，修订工作由人大牵头，并成立《预算法》修订领导小组和起草小组，正式启动《预算法》修订工作。

2006年，全国人大预算工委牵头起草了《预算法》修正案第一稿。但由于各部门意见不统一等原因，此次修订最终搁置。

2009年2月，《预算法》修订小组再次组建，由全国人大常委会预工委、财政部、审计署等部门成立了《预算法》修订领导小组，重启《预算法》修订。

2011年11月，《预算法修正案（草案）》经国务院常务会议讨论通过，并决定提交全国人大常委会审议。

2011年12月31日，十一届全国人大常委会第24次会议初次审议《预算法修正案（草案）》，但草案并未对外公开。

2012年6月，十一届全国人大常委会第27次会议二次审议《预算法修正案（草案）》，并对外公开征集意见，征得意见数超过33万多条，打破了全国人大立法史上单项立法征求意见数纪录。

2013年8月，原定三审的《预算法修正案（草案）》“缺席”十二届全国人大常委会四次会议，三审延期。

2014年4月21日，十二届全国人大常委会第八次会议三次审议《预算法修正案（草案）》。

2014年8月31日，十二届全国人大常委会第十次会议审议通过《预算法修正案（草案）》，新《预算法》于2015年1月1日起施行。至此，《预算法》完成首次大修。

资料来源：摘自《财政监督》2014年第18期。

首先，新预算法是推进国家治理能力与治理体系现代化的具体落实。《中共中央关于全面深化改革若干重大问题的决定》将“推进国家治理能力与治理体系现代化”列为全面深化改革的总目标之一，为中国经济、政治、社会、文化、生态文明“五位一体”改革增添了新的内容和新的动因，也为中国财税体制改革提供了新的视角和新的切入点。这意味着，财税体制改革，应从国家治理的需要出发并有利于推进国家治理能力与治理体系现代化。以往的财税体制改革，常常归类为经济体制改革的范畴，着眼于适应社会主义市场经济体制的需要。党的十八届三中全会提出“财政是国家治理的基础和重要支柱”后，财税体制改革便有了重要的重新定位。预算法常被视作财政基本法，起到统领财税诸多领域改革的作用，是这些改革措施出台、实施与评价的法律依据，这与国家治理中所高度强调的法治精神一脉相承。从这点上，新预算法不单单是财经领域的一部法律，更是国家治理下依法治国的重要体现，自然也是国家治理能力与治理体系现代化推进过程中的阶段性成果之一。

其次，新预算法是对财税体制一系列改革措施的法律确认。中国财税体制改革起步于1994年：先是侧重于收入一翼的改革，构建与社会主义市场经济体制相应的税收制度；后随着公共财政体制的确立，侧重于支出一翼的改革摆上日程，如政府采购、国库集中收付、部门预算等。这些改革，多是以行政部门主导，虽然取得了不错的绩效，但相比之下，由于预算法出台时间相对较早，受历史条件所限，尽管其中的一些法律条文为这些改革做了框架性的规定，但财税体制改革进展的内容，已大大超出了预算法相关规定的内涵。比如，预算法第19条对预算收入组成的规定与当前的预算收入组成就明显相左，因此新预算法将此修改为“一般公共预算收入包括各项税收收入、行政事业性收费收入、国有资源（资产）有偿使用收入、转移性收入和其他收入”。此外，更重要的是，财税体制改革的一些举措，像是政府采购、国库集中收付、政府收支分类、政府预算体系的构成、跨年度预算平衡机制之类的，在1994年版的预算法中都没有明文规定，使得这些改革措施缺乏法律上的依据，权威性不足。因此，在日前通过的预算法修正案草案中，财税体制的众多改革措施被写进了新预算法中，这对于建设法治财政乃至依法治国都具有重大的现实意义。

最后，新预算法重视并及时回应了社会各界对财税体制改革的关切。随着经济社会的发展，依法理财意识的提高，社会各界越来越关注财税体制改革，由此形成了一些共识性的热点问题。大体上，一是应强化人大在整个预算过程中的法律地位，二是需加大政府预算的透明度、公开性，三是如何化解地方政府性债务问题，四是要大力压缩“三公经费”。社会各界的这些关注，在新预算法中都得到了不同程度的相应回应。新预算法对人大如何在预算过程中发挥作用作了较多具体的规定，使人大的地位得到了明显提高；新预算法也规定了批准的预算、预算调整、决算、预算执行情况的报告及报表在批准后的20日内向社会公开；新预算法还对地方政府举债的条件、投向、债务风险评估和预警机制、预算管理、偿还等都做了明确规定，为规范地方政府举债行为，缓解地方政府财政压力提供了法律依据；新预算法还严格控制各部门、各单位的机关运行经费和楼堂馆所等基本建设支出。预算法条文数从79条增到100条，总计修改达82处，这从一个侧面反映了新预算法对社会各界期待的回应。可以说，以《预算法》为核心、以法规、行政规章等为辅助的预算法律体系已初步形成。

1994年财税体制改革，也促进了税收立法的步伐。当时除了为适应改革开放、吸引投资的《中华人民共和国外商投资企业和外国企业所得税法》（1991年7月1日起施行，已废止），为配合1994年税制改革的实施，1994年1月全国人大将三部旧的个人所得税收法规①经过修订合并为现行的《中华人民共和国个人所得税法》正式颁布实施，1995年2月全国人大通过并实施《中华人民共和国税收征收管理法》，以及1993年12月国务院发布《中华人民共和国企业所得税暂行条例》（已废止）、《中华人民共和国增值税暂行条例》、《中华人民共和国营业税暂行条例》、《中华人民共和国消费税暂行条例》等一批法律法规。

① 1994年以前，中国针对三类纳税个人制定了三部个人所得税的法律、法规：即在本国境内取得收入的外籍人员适用修订前的《个人所得税法》、本国居民适用的《个人收入调节税暂行条例》以及本国个体工商户适用的《城乡个体工商业户所得税暂行条例》。

1994年财税体制改革催生的这些法律法规，无论是预算管理方面的，还是税收方面的，无不与财政管理密切相关，它们都是日常财政管理工作及财政管理改革实践的重要法律依据，尽管依今天的眼光看依然存在这样或那样的不足与缺陷，但财政管理的各个环节基本上做到了有法可依、有章可循，也为日后根据需要适时修改或制定新的法律法规积累了经验。

推动了传统财政体制向公共财政体制的转变

1998年之际公共财政体制的确认，促进财税体制要进一步深化改革。至此，1994年财税体制改革有了新的方向和内容，它不但要适应社会主义市场经济体制的发展，也要符合公共财政理念，推动公共财政基本框架的构成。其中，财政管理制度改革扮演了它应有的角色。公共财政体制的三个基本特征，即公共性、非营利性和法治性，在财政管理改革中都得到了不同程度的体现，换言之，财政管理制度改革实践，都不同程度地推动着中国传统计划经济体制下的建设财政开始了向市场经济体制下的公共财政过渡。

第一，1994年财税体制改革，终结了内资企业因不同身份而负担不同税负的局面。如取消原来分别设置的国营企业所得税、国营企业调节税、集体企业所得税和私营企业所得税，国营企业不再执行企业承包上缴所得税的包干制；再如取消个人收入调节税和城乡个体工商户所得税税，对个人收入和个体工商户的生产经营所得统一实行修改后的个人所得税法。这些税制上的改变，意味着税收机关对国内纳税人都必须一视同仁，而非区别对待。由此，财政管理开始具备了公共性的特征。

第二，财政管理以非营利性为目的。1995年实施的《预算法》虽然还带有传统体制的痕迹，但其第二十六条“中央预算和地方各级政府预算按照复式预算编制”及其《预算法实施条件》第二十条的详细解释“各级政府预算按照复式预算编制，分为政府公共预算、国有资产经营预算、社会保障预算和其他预算”，可以解读为对不同的经济活动，尽管采取不同的财政管理手段，但宗旨都是追求非营利性。公共预算、社会保障预算的非营利性特征不言而喻；国有资本经营预算是促进国有资本的保值、增值，防止国有资产流失，这表面上似乎有营利性的考量，但政府的这种资本性活动，实质是通过“有进有退”、“有所为和有所不为”，从满足社会公共需要出发为市场经济的发展创造良好的发展环境，而非与民争利，因此它的落脚点是追求非营利性。政府预算的这种格局，必然决定了财政管理改革的内容是以非营利性为目的。

第三，财政管理包含了法治性的因素。为了配合1994年财税体制改革，中国制定并实施了一批财税方面的法律，如《预算法》、《企业所得税法》等，也颁布并实施了行政部门制定的若干规章，如《预算法实施条例》、《增值税暂行条例》等。尽管法治建设差强人意，突出的问题是财税法律少、行政规章多，但与过去相比财政管理毕竟实现了依法依规，为财政管理改革奠定了法治基础，也为通过财政管理改革实现收支行为规范化提供了法治保障。在此情形下，1995年起，中国开始了旨在规范政府部门收支的改革尝试。不仅有加强对预算外资金的管理，也进行“费改税”以及后续的“税费改革”进程，以及更具改革意义的部门预算、国库集中收付、政府采购等具体的强化财政管理的措施。因此，可以认为，财政管理制度改革的具体实践，无一不是以法治性为圭臬的。

形成了财政管理的良性机制

（1）预算外资金走入历史。

预算外资金诞生与计划经济时期，改革开放后开始迅速膨胀。在当时背景下，预算外资金主要包括：法律、法规规定和行政事业性收费、基金和附加收入；国务院或省级人民政府及其财政、发改委等部门审批的行政事业性收费；国务院以及财政部门审批建立的基金、附加性收费；主管部门从所属事业单位集中的上缴资金；其他未纳入预算内管理的财政性资金。

预算外资金通过赋予地方、部门单位一定的财务自主权，有助于调动其发展地方建设事业、增收节支的积极性，并弥补政府预算内资金的不足，减轻国家财政的负担。然而，随着预算外资金规模的膨胀，它的负面效应日益显现出来：它与政府预算的完整性是矛盾的；加剧了财政分配主体的多元化和分配秩序混乱；分散了国家应统筹安排的财力，挤压了一般预算收支；助长了“乱收费、乱罚款、乱摊派”，并诱发腐败。

加强预算外资金管理的“收支两条线”管理制度改革从1990年开始起步。1996年，国务院发布了《关于加强预算外资金管理的决定》，明确指出“预算外资金是国家财政性资金，实行收支两条线管理”。同时，国务院决定将养路费、车辆购置附加费、铁路建设基金、电力建设基金、三峡工程建设基金等13项数额较大的政府性基金（收费）纳入财政预算管理。地方财政部门按国家规定收到的各项税费附加，从1996年起统一纳入地方财政预算，作为地方财政的固定收入，不再作为预算外资金进行管理。2001年底，国务院办公厅转发了财政部《关于深化收支两条线改革，进一步加强财政管理意见的通知》，从2002年起选择部分单位进行深化“收支两条线”改革试点。

随着财政管理制度改革的推进，当初以预算外资金为目标的“收支两条线”管理制度改革，开始了向以非税收入为管理目标的转变。在部门预算、政府收支分类、国库集中收付制度改革的支撑下，根据《财政部关于将按预算外资金管理的收入纳入预算管理的通知》（财预［2010］88号）的有关规定，从2011年起，除教育收费纳入财政专户管理外，其他预算外资金全部纳入预算管理。此举意味着从2011年开始，预算外资金成为了历史。

（2）全面推行政府采购制度。

中国于1996年开始政府采购的试点工作，并自1998年开始全面推行政府采购制度，2003年《政府采购法》开始实施。经过多年的探索发展，极大地推动了中国的财政管理改革。作为财政管理改革的重要内容，政府采购在中国的“十五”计划和“十一五”规划中都得到了相当的重视：“十五”计划提出“规范政府采购行为，全面推行政府采购制度”；“十一五”规划和“十二五”规划强调继续深化政府采购制度改革。

从1996年至今，中国政府采购规模成倍的扩大，2013年，全国政府采购金额为16381.1亿元①；采购范围从中央扩展到县级，从简单的货物采购发展到工程、服务类采购。根据国务院《国家基本公共服务体系“十二五”规划》的要求，政府采购服务项目开始从传统的专业服务扩展到公共服务领域，除了物业、保安、法律咨询等项目外，廉租房、社区医疗、群众健身、城市规划编制服务等新型服务也纳入了政府采购。这不仅节约了大量的财政资金，也有意识地配合政府财政政策的实施，并有助于从源头上防止腐败的发生。

随着政府采购规模的扩大，采购开始作为为一种公共政策工具来运用，成为政府有意识调控经济、实现经济社会发展目标的手段。比如，为了扶持中小企业发展、促进节能环保，政府便鼓励中小企业积极参与政府采购市场竞争，加强节能环保领域的政府采购活动。这不仅丰富了政府采购的内涵，也有利于充分发挥政府采购的政策导向功能，成为当前及今后政府采购制度不断深化的重要立足点。

（3）实行部门预算改革。

1994年的分税制财政体制改革，从收入方面初步理顺了中央与地方间的分配关系，增强了中央财政的宏观调控能力。但是，在财政支出管理方面，旧体制所造成的预算不够统一、规范，预算软约束，财政支出效益不高等

① 中国政府采购网：《全国政府采购规模达13977.7亿元》，http：//www.ccgp.gov.cn/cgtt/201307/t20130724_2889042.shtml，2013年7月24日。

问题却日益突出，具体表现在：预算编制内容不完整、预算编制程度不细化、预算资金使用效益不高①。1999年7月，财政部向国务院报送了《关于落实全国人大常会会意见，改进和规范预算编制工作的请示》，提出了编制部门预算的构想；经国务院批准，财政部制定了《关于改进2000年中央预算编制的意见》。由此，部门预算改革拉开了序幕。在地方层面上，1998年，河北省在全国范围内率先启动部门预算改革。2006年8月，财政部印发了《关于完善和推进地方部门预算改革的意见》，进一步完善和规范了地方部门预算编制的主要内容、方法，提出了下一步深化部门预算改革的方向和重点，并明确提出“十一五”期间全国县级以上都要实行比较规范的部门预算。到2013年，全国各级政府都普遍实行了部门预算制度，报送人大审议的部门数量不断增加，如中央部门预算，2000年有4个部门的部门预算报送全国人大审议，2013年则增加到99个。同时，根据《政府信息公开条例》要求，积极推进部门预算、决算和“三公经费”向社会公开。

通过部门预算改革，既有利于摸清部门“家底”，较为全面反映部门的各项收支来源及用途，也有利于财政部门对政府资金进行全面管理，初步实现了政府资金由分散预算、多头管理到统一预算、集中管理的转变，增加了政府预算的完整性，为以后彻底实现全部政府资金完全由财政部门统筹安排使用奠定了基础。

（4）实施国库集中收付制度。

国库集中收付制度改革始于“十五”时期。“十五”规划明确指出“改革国库制度，建立以国库单一账户体系为基础的现代国库集中收付制度”。2001年，经国务院批准，财政部会同中国人民银行联合印发了《财政国库管理制度改革方案》，决定从当年起在中央实施国库管理制度改革试点，选择水利部、科技部、国务院法制办、财政部本级、中科院、国家自然科学基金会6部门作为首次改革的试点部门，由此启动了中国国库管理制度改革的进程。2002年，中央改革试点部门增加了人事部、外经贸部等37个部门，同时在河北、黑龙江等地方实行改革试点。

经过多年的努力，中国在构建国库单一账户体系方面取得了重要进展，初步建立了以国库单一账户体系为基础、以国库集中收付为主要特征的现代国库管理制度。在收入上，是将各种财政资金都集中存入一个银行账户中；这些收入，不仅包括税收收入，也包括非税收入与债务收入。而在支出上，避免了多账户多环节支出的情况，而是由国库单一账户直接支付给商品供应或劳务提供者。国库单一账户体系的建立，使财政性资金的收支都能够在账户体系内运行，为预算执行管理、监控和信息反馈提供了机制保障，为有效控制和管理国库现金提供了手段②。截至2012年底，中央166个部门及所属1.5万多个基层预算单位，全国36个省（自治区、直辖市、计划单列市）、51万多个地方预算单位实行了国库集中支付制度改革，资金支付范围涵盖公共财政预算、政府性基金和国有资本经营预算；绝大多数中央部门及所属1万多个中央基层预算单位，全国36个省（自治区、直辖市、计划单列市）38万多个地方预算单位实行了公务卡制度改革③。通过国库单一账户制度，实现了财政资金的集中收付，从而使财政收支活动得到基本规范。

（5）实施政府收支分类改革。

2007年，中国实施了政府收支分类改革，这是继1994年分税改革、2000年部门预算改革后财政管理方面的又一次重大调整。收支分类改革包括两方面内容：一是扩大收支分类范围。原来的预算科目分类范围只包括纳入预算管理

① 财政部：《中央部门预算改革的背景》，http：//yss. mof. gov. cn/zhuantilanmu/yusuanguanligaige/zybmysgg/200806/t20080627_54294. html，2014年10月11日。

② 张通：“关于当前进一步加强财政国库管理的几个问题”，《预算管理与会计》，2009年第6期。

③ 财政部：《中国财政情况（2012—2013）》，http：//www. mof. gov. cn/zhuantihuigu/czjbqk1/jbqk2/201405/t20140504_1074631. html，2014年10月12日。

的政府收支，不包括预算外收支、社会保险基金收支。改革后，政府收支分类范围包括政府预算收支、预算外收支和社会保险基金收支。分类范围较以前完整、全面。二是调整分类办法，建立新的收支分类体系。也就是将政府预算收支、预算外收支、社会保险基金收支并在一起，按新的标准分类，设置收入分类、支出功能分类和支出经济分类（见专栏6－5）。

专栏6－5　2013年政府收支分类科目

政府收入分类是将各类政府收入按其性质进行归类和层次划分，以便全面、准确、明细地反映政府收入的总量、结构及来源情况。《2013年政府收支分类科目》收入具体分类情况是：第一类：税收收入，下设增值税等21款；第二类：社会保险基金收入，下设基本养老保险基金收入等9款；第三类：非税收入，下设政府性基金收入等7款；第四类：贷款转贷回收本金收入，下设国内贷款回收本金收入等4款；第五类：债务收入，分设国内债务收入、国外债务收入2款；第六类：转移性收入，分设返还性收入等9款。

政府支出分类是将政府支出的内容进行合理的归纳，以便准确反映和科学分析支出活动的性质、结构、规模以及支出的效益。政府收支分类改革后，我国现行支出分类采用了国际通行做法，即同时使用支出功能分类和支出经济分类两种方法对财政支出进行分类。

《2013年政府收支分类科目》支出功能分类类级科目包括：一般公共服务、外交、国防、公共安全、教育、科学技术、文化体育与传媒、社会保障和就业、社会保险基金支出、医疗卫生、环境保护、城乡社区事务、农林水事务、交通运输、资源勘探电力信息等事务、商业服务业等事务、金融监管等事务支出、地震灾后恢复重建支出、国土资源气象等事务、住房保障支出、粮油物资管理事务、储备事务支出、预备费、国债还本付息支出、其他支出和转移性支出等26类。支出经济分类类级科目包括：工资福利支出、商品和服务支出、对个人和家庭的补助、对企事业单位的补贴、转移性支出、赠与、债务利息支出、债务还本支出、基本建设支出、其他资本性支出、贷款转贷及产权参股和其他支出等12类。

资料来源：根据财政部《中国财政情况（2012—2013）》整理。

新的政府收支分类在很大程度上消除了旧的政府收支分类与市场经济条件下政府职能转换不匹配、不能清晰反映政府职能、内容不完整、不透明、分类不科学、与国民经济核算体系和国际通行做法不相适应的弊端，实现了与部门预算、国库集中收付、政府采购制度等其他财政管理制度改革同步，对不断提高中国财政管理的科学化、民主化、规范化和精细化水平，都将产生比较深远的影响。

（6）推动预算绩效管理。

党的十六届三中全会通过的《中共中央关于完善社会主义市场经济体制若干问题的决定》，明确提出要“建立预算绩效评估体系”，尽管预算绩效与绩效预算有所区别，但发达国家对绩效预算的实践推动了中国开展绩效预算的尝试，并选择预算绩效考评作为切入点。

从2003年起，财政部开始制定部分行业的绩效考评管理办法；2005年，为了规范绩效考评工作，财政部制定了《中央部门预算支出绩效考评管理办法（试行）》，各地财政部门也分别制定了符合本地特点的绩效考评管理办法。一些走在预算管理制度改革前面的地方政府，如广东、河北、北京等，也纷纷开展了对预算支出项目资金使用情况的绩效考评工作。在制度建设上，财政部继2011年出台《关于推进预算绩效管理的指导意见》、《财政支出绩效评价管理暂行办法》后，2012年印发了《预算绩效管理工作规划（2012—2015

年)》，确定了今后一段时期预算绩效管理的总体目标、基本任务和重点工作等；2013 年制定了《预算绩效评价共性指标体系框架》，加强对绩效评价工作的规范和指导。在组织保障、机构建设上，2012 年，财政部正式成立了预算绩效管理工作领导小组；全国 36 个省（自治区、直辖市、计划单列市）财政厅（局）中已有 19 个设立了专门的预算绩效管理机构，其他未设立专门机构的也主要在预算处明确了预算绩效管理职能①。

（7）健全财政监督机制。

财政监督贯穿于财政管理的整个过程，只要存在着财政，必须有财政监督相伴随。随着中国公共财政制度的建立，财政监督的主体不仅限于财政部门，也包括了非财政部门，诸如人大监督、审计监督、纪检监察监督、社会监督等监督主体，各级财政部门不断强化财政监督，促进内部监督与外部监督有机结合；财政监督的内容也发生了变化，覆盖了所有政府性资金和财政运行的全过程。从中央层面看，2012 年，中央财政监督机构全年受理各种审核审批事项涉及金额 2835 亿元，核批中央基层预算单位银行年检账户 78863 个，征收中央非税收入 2122 亿元，共查出各种违规违纪资金 3153 亿元，挽回损失 169 亿元，建议追究责任人 63 名，为经济平稳较快发展和社会和谐稳定做出了积极贡献②。同时，地方财政监督工作也在全方位的推进中。

（8）规范政府会计制度。

中国目前的政府会计制度框架，是 1998 年 1 月 1 日开始实施的《财政总预算会计制度》、《行政单位会计制度》、《事业单位会计制度》等制度，基本上是以收付实现制为记账基础。“十一五”规划提出“推进政府会计改革”，目标是按照社会主义市场经济条件下公共财政管理的要求，建立规范、统一的政府会计准则体系、制度体系；“十二五”规划再次提出“进一步推进政府会计改革”。为适应财政改革和事业单位财务管理改革的需要，进一步规范事业单位的会计核算，促进公益事业健康发展，2012 年财政部修订发布了《事业单位会计准则》和《事业单位会计制度》，增加了统一会计要素确认计量原则、强化会计信息质量要求、基建并账、引入折旧/摊销、改进财务报表格式等内容。为提高新旧会计制度衔接的可操作性，2013 年，财政部制定了《新旧事业单位会计制度有关衔接问题的处理规定》，对新旧会计制度的衔接流程和会计科目结转作出规定，为新旧会计制度的顺利转换奠定基础。为适应高校、中等学校、科学事业单位、彩票机构财务制度改革的需要，2013 年财政部修订了《高等学校会计制度》、《中等学校会计制度》、《科学事业单位会计制度》，制定了《彩票机构会计制度》③。

（9）推进财政信息化建设。

按照党中央、国务院关于深化财政体制改革，建立社会主义市场经济体制下公共财政体系框架的总体要求，财政部在推进部门预算、国库集中支付改革的同时，自 1999 年下半年开始着手规划建立“政府财政管理信息系统”，2001 年初完成初步设计，下半年开始试点。2002 年初，国务院决定将财政部规划建立的“政府财政管理信息系统”定名为“金财工程”，《中共中央办公厅、国务院办公厅关于转发〈国家信息化领导小组关于我国电子政务建设指导意见〉的通知》（中办发［2002］17 号），将金财工程列为当时国家电子政务十二个重点工程之一。

在“金财工程”建设过程中，逐渐暴露了诸如技术规范不统一、信息系统繁多、编制与执行不能无缝链接等问题。为此，2005 年财政部开始着手建设“金财工程”应用支撑

① 财政部：《中国财政情况（2012—2013）》，http：//www.mof.gov.cn/zhuantihuigu/czjbqk1/czgl/201405/t20140505_1075221.html，2014 年 10 月 12 日。

② 财政部：《中国财政情况（2012—2013）》，http：//www.mof.gov.cn/zhuantihuigu/czjbqk1/czgl/201405/t20140505_1075197.html，2014 年 10 月 12 日。

③ 财政部：《中国财政情况（2012—2013）》，http：//www.mof.gov.cn/zhuantihuigu/czjbqk1/czgl/201405/t20140505_1075196.html，2014 年 10 月 12 日。

平台，启动大系统建设工作。按照“大财政、大系统”的原则，中国于2010年、2011年全面完成省、市级财政部门平台推广实施的基础上，2012年又全面完成了平台在所有县区级财政部门的推广实施，实现了全国省、市、县三级贯通。

（10）政府预算实行全口径管理。

1994年财税体制改革后相当长的一段时期中，中国政府预算只有一本预算，即一般预算。在政府性基金预算、国有资本经营预算和社会保险基金预算尚未出现前，它事实上是唯一的政府预算。因此，长期以来，所谓的预算管理指的就是一般预算管理，也就是单一预算管理。这样一种预算管理，没有将一部分政府收支涵盖进来，所以才有了预算内资金管理与预算外资金管理的现象。为了统揽所有政府收支，全口径预算管理应运而生。

所谓全口径预算管理，是指政府所有的收入和支出都应纳入预算管理体系。早在2003年10月，党的十六届三中全会所通过的《中共中央关于完善社会主义市场经济体制若干问题的决定》中，第一次明确提出了“实行全口径预算管理”。此后，国务院在《关于2005年深化经济体制改革的意见》中进一步提出，要“改革和完善非税收入收缴管理制度，逐步实行全口径预算管理”。党的十八大报告再次明确提出，要“加强对政府全口径预算决算的审查和监督”。中国政府预算管理改革的进程，从部门预算、国库集中收付、政府采购、政府收支分类等预算管理技术、手段的改革入手，对公共财政预算管理进行重点重构。2007年开始，中央开始编制国有资本经营预算；2010年，财政部首次对外公布2010年中央国有资本经营预算收入表、支出表及说明。国有资本经营预算作为重要的内容列入了每年全国人民代表大会的审议和表决程序。2010年是中国试行编制社会保险基金预算的第一年；2013年全国社会保险基金预算首次提交全国人大审议，从而使目前所有政府预算——公共财政预算、政府性基金预算、国有资本经营预算和社会保险基金预算——都提交到全国人大审议。这标志着当前在中央一级，中国政府的全部四项预算都已进入立法机构审议的时期，全口径预算管理的格局初步形成，使政府预算管理进入了一个新的发展阶段。

在公共财政预算、政府性基金预算、国有资本经营预算和社会保险基金预算索构成的全口径预算管理中，公共财政预算是主体，它所对应的是所有能统筹安排使用的政府资金。那些具有专款专用性质且现阶段不宜纳入公共财政预算管理的政府资金，则归入政府性基金预算范畴。国有资本经营预算管理的是国家以所有者身份依法取得的国有资本收益所产生的分配而发生的各项收支。社会保险基金预算的对象是通过一般性税收、社会保障费（税）等方式筹集并专门用于社会保障的各项收支。

与公共财政预算可以统筹安排所纳入的政府资金相比，其他三项预算一般都有各自的收支范围，相对独立。各项预算之间可以建立一定的有机联系，比如公共财政预算可以拿出部分资金，投入到社会保险基金预算中；国有资本经营预算的部分收入可用来补充社会保障支出。在2014年3月财政部向全国人大提交的《关于2013年中央和地方预算执行情况与2014年中央和地方预算草案的报告》中，2013年中央预算执行时就有这样的安排：中央国有资本经营支出978.19亿元，其中调入公共财政预算用于社会保障等民生支出65亿元；社会保险基金预算收入34515.56亿元中，财政补贴收入7371.5亿元。这两组数字表示，中央国有资本经营预算对公共财政预算的资金支持以及公共财政预算对社会保险基金预算的资金支持。从规模上看，在这四项预算中，公共财政预算一枝独大，政府性基金预算次之，国有资本经营预算居第三位，社会保险基金预算最小（见图6-1）。

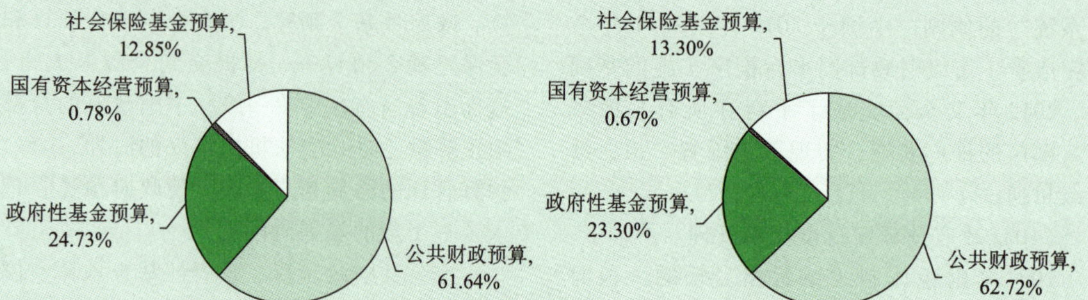

图6-1　2013年政府预算总规模及其结构（左图：收入，右图：支出）

注：剔除了国有资本经营预算与公共财政预算、公共财政预算与社会保险基金预算之间转移支出所形成的重复计算因素。

资料来源：根据财政部向全国人大提交的《关于2013年中央和地方预算执行情况与2014年中央和地方预算草案的报告》有关数据整理。

（11）向全面规范、公开透明的预算制度迈进。

《中共中央关于全面深化改革若干重大问题的决定》在“改进预算管理制度”的部署中提出“实施全面规范、公开透明的预算制度”。纵观1994年财税体制改革以来的财政管理制度改革，可以这样认为，诸多的改革措施，为实施全面规范、公开透明的预算制度奠定了基础，促进了中国预算制度向全面规范、公开透明的方向发展。

以税收为政府主要收入形式的税制改革，以及相应的“费税改革”，既有助于形成稳定的政府收入来源，也极大地规范了政府收入形式，促进了政府收入的透明，改变了以前收入渠道混乱、“费大于税”的局面；由于税收具有固定性的特点，这也使纳税人能够较为稳定地预期到自己的纳税情况，一定程度上理顺了政府与纳税人之间的收入分配关系。

部门预算、国库集中收付和政府采购制度的建立与实施，是中国财政支出管理改革的“三驾马车”。将部门全部收支都纳入到一本预算的部门预算制度，初步实现了预算编制的完整性；通过国库单一账户制度，有助于实现财政资金的集中收付，使政府财政收支活动得到基本规范；管采分离、机构分设、政事分开、相互制约的政府采购机制的形成，不但提高了政府采购活动的规范和高效，也有利于保证政府采购活动的公开、公平与公正。

新的政府收支分类体系设计主要遵循的基本原则之一便公开透明。确保按新科目编制的预算符合市场经济条件下公共财政的基本要求，能够让社会各界可以知晓政府收入是从哪里取得的、政府在一定时期内都从事了哪些满足社会公共需要的活动以及政府支出的性质、结构、规模及支出效益如何。

此外，以“金财工程”及其应用支撑平台为代表的财政信息化建设，夯实了财政管理的技术基础，为大数据时代财政收支数据的收集、整理、分析与预测提供了技术保障，使实施全面规范、公开透明的预算制度有了可靠的技术依托。

尤其值得指出的是，自2003年开始启动的全口径预算管理，定位于将政府所有收支都纳入预算管理，并形成了以公共财政预算为主体、政府性基金预算、国有资本经营预算和社会保险基金预算为辅助的政府预算体系，这对中国预算制度的全面规范、公开透明起到了明显的推动作用，也有利于社会各界能够从整体上把握政府预算的总规模。

除了各级政府每年在人大会议期间向社会公布上年度预算执行情况和下年度预算草案外，预算制度不断走向公开透明的一个典型缩影是部门预算与“三公”经费[1]的公开。2009年12月，国务院首次为公开部门预算列出时间表，争取3年内实现向社会公开全部部门预算。2011年，按照国务院要求，在6月全国人大常委会审查批准2010年中央决算后，98个中央部门要公开部门决算；中央各部门要公开本部门“三公”经费的2010年决算数和2011年预算数。自此，各级政府开始了部门预算及相应“三公”经费的公开透明进程，从而为建立全面规范、公开透明的预算制度迈出了重要的一步（有关部门预算及相应“三公”经费公开情况见专栏6-6）。

专栏6-6　中央部门预算及“三公”经费向社会公开

2014年7月18日，2013年度中央部门决算和“三公”经费决算密集亮相。已有98个中央部门公开了部门决算和“三公”经费决算，公开部门数创下了近年来新高。

2013年，中央行政事业单位财政拨款的“三公”经费支出合计70.15亿元，比预算数减少9.54亿元。其中：因公出国（境）经费减少4.73亿元；公务用车购置及运行费减少1.99亿元；公务接待费减少2.82亿元。主要是各部门压缩、取消部分出国（境）团组，加强公务用车管理，进一步规范公务接待活动，使“三公”经费中各单项支出均出现了明显下降。

从总体情况看，今年中央部门决算公开范围进一步扩大，从以往报送全国人大审查的部门，扩大到除涉密部门以外所有使用财政拨款的部门和所有财政拨款安排“三公”经费的部门。而且，中央各部门大都在下午5点下班前，将决算信息安排在了门户网站首页明显位置，方便媒体和公众查阅。

资料来源：摘自《98个中央部门公布2013年度决算》，《人民日报》2014年7月19日。

6.3.2　问题与不足

财政管理制度改革的每一项具体措施，相较于未改革前的情况来看，无疑都起到提高财政管理水平的作用。然而，中国经济体制改革的渐近性特点也决定了财政管理改革不可能一步到位，每一项改革措施的出台，在向改革目标逼近的同时，为减少改革阻力，也一定程度上延续了财政管理原有的某些作法，因此存在着一定的问题与不足。

财政管理制度改革的法治化保障薄弱

根据法律规范的效力等级，中国财政法律体系由宪法有关财税的规定、全国人大及其常委会制定的财税法律、国务院制定和发布的财税行政法规、国务院财税主管部门发布的财税规章以及地方人大及其常委会与地方政府制定、发布的地方性财税法规和规章构成。总体上看，由全国人大及其常委会制定的财税法律数量较少，而行政法规、部门规章及其他规范性文件占较大分量，尽管这些法规、规章的制定、修改、废止在操作上较法律灵活，但法律上的严肃性和权威性不足，也缺乏稳定性和约束性，而且不同法律、法规和规章相互之间还存在抵触的问题，对同一事项规定不一致，造成有法难依[2]。

人大的预算权有待进一步加强

《预算法》诞生于计划经济向市场经济体制转轨之际，当时分税制改革才刚刚起步，公共财政体制改革尚未拉开大幕，全面的预算管

① “三公”经费是指用财政拨款开支的因公出国（境）经费、公务用车购置及运行费、公务接待费。

② 比如为了规范政府采购行为，颁布实施了《政府采购法》、《招标投标法》，但两部法的关系尚未理顺，在各自的适用范围与管理职责方面的规定还存在差异，给政府采购的具体操作带来困难。

理制度改革方向仍处于探索阶段，这导致了《预算法》不可避免地带有传统体制的烙印。在财政改革方向还不十分明朗的情况下，《预算法》的法律规定不得不是粗线条的、概括性的，而将具体的预算实践交由行政机构，即政府去执行，《预算法实施条例》就是一个很好的佐证。这意味着，在预算管理方面，政府具有实际的权威，而人大的权力更多是象征意义。尽管近些年来人大强化了对政府预算活动的监督，也取得了积极的效果。但总的来看，行政主导预算的倾向依然存在。例如，人大拥有预决算审批权、不适当决议的撤销权、预算执行的监督权等权力，但人大在执行这些权力时，并没有达到预期的效果，常常是对政府的预算活动“照单全收”①。

财政部门尚难实现统揽全部政府收支

根据《预算法》的规定，按照公共财政的理念，在政府体系中，财政部门是预算的主管机构，负责财政资金的收支管理。换言之，行政部门的预算权应统一集中于财政部门。然而，在实际中，预算权除财政部门行使外，其他政府部门，如发改委、教育、科技等部门，也拥有一定的预算权。分散的预算权不同程度上影响了预算的完整性、权威性和法律性。

在公共预算方面，由发改委的主要职责决定了该部门拥有诸如资金分配权、项目建议权及审批权、监督权等之类的一定的预算权，尤其是在项目资金分配上，发改委的话语权具有“一言九鼎”的分量。类似的，教育支出、农业投入和科技投入这三大强制性法定支出，固然对于促进教育、农业和科技发展有积极作用，却冲击了《预算法》作为财政主导性法律的地位，对预算权统一于财政部门形成挑战：当公共资金分配出现冲突时，如何断定《预算法》和相关部门性法律哪个为准。

公众参与预算的权力未得到有效保障

现阶段，公众预算权力的重要体现是对预算的知情权，也就是预算应具备相当程度的公开性与透明度。中央与地方各级政府部门预算的公开，使公众参与预算得到了一定的改观，这是公众参与预算方面的实质性进步。虽然近年来政府每年向人大提交的预算报告内容有了较大的进步，但仍显简单，没有细化到具体的支出项目上；即便是比过去相对丰富的预算数据信息，也因技术性较高、易懂性较差而使公众难以了解，这也影响到公众的知情权；对于一些较敏感的预算数据，如政府债务信息，包括显性债务和隐性债务、直接债务和或有债务，公众更是难以从预算报告中获得详细的披露。反映在预算实践中，中国政府的预算透明度还不高，既达不到国际组织对预算透明度的要求，也使公众很难具体了解财政资金的收支情况、预算执行的效果如何。

财政管理的具体措施还需不断改革完善

（1）政府采购。

政府采购虽然从采购金额的绝对值上增长显著，但无论是占GDP比重还是占财政支出比重，仍然处于低水平，说明政府采购还有很大的发展空间。当前中国政府采购市场基本上是面向国内的，政府采购的制度建设与操作规范与国际通行做法有较多不一致的地方。面对要求开放中国政府采购市场的压力以及为了让中国企业对待加入到国外政府采购市场的考虑，中国逐步开放政府采购市场将是一个必然的趋势。为应对可能的政府采购市场的开放，既需要尽快国内产业、企业尽快提高竞争力，也需要尽快将政府采购的制度建设与操作规范与国际通行做法靠拢。

（2）部门预算。

部门预算改革所体现的预算分配权的统一是形式大于实质。财政部门能够统筹安排的仅是部门预算中的预算内资金，政府性基金等其他形式的资金，虽反映在部门预算中，但支配权在很大程度上仍属于部门，财政部门只不过

① 新修订的《预算法》使这一情况从法律意义上有所改善，但实际执行效果如何还有待观察。

是账面管理。某些部门，沿袭了旧体制的作法，对一些预算资金的分配仍具有决定权，并没有实现部门预算体制下预算分配权的统一，造成大量预算资金仍然游离于财政部门的监控之下，不利于预算资金的统筹安排。另外，定额标准体系和资金绩效评价体系都有待健全和完善。

（3）国库集中收付。

在国库集中收付制度实施中，各项预算收支因进度不均衡造成国库收入与支出的现金流不能完全相符，预算实际执行数与计划数存在差异等出现的未支付的财政性资金都会保留在国库，产生国库现金余额。如何管理好这部分国库现金，是国库集中收付制度实施中面临的问题。从目前看，国库现金管理才刚刚起步，一些问题，诸如国库现金管理操作规模够大、投融资工具不多、运行机制还需进一步规范、如何保障国库资金安全、地方国库现金管理如何运作、预算执行的分析预测能有不足等问题，制约着国库现金管理的实施。

（4）预算绩效评价。

党的十六届三中全会提出“建立预算绩效评价体系”，这有助于推动绩效预算制度的实施，不过从大环境来看，行政管理体制改革较之公共财政管理改革的相对迟缓，制约了绩效预算的实施与推广。绩效衡量指标基本分为定量指标和定性指标，定量指标使绩效评价有个清晰的依据和测度，而定性指标往往是从主观认识出发，使衡量标准缺乏精确性。如何科学的衡量这些无法量化的预算绩效，是各国普遍面临的难题。鉴于此，中国在开展预算支出绩效考评过程中，基本上集中在“项目支出”中可量化部分的绩效考评上，忽略了对其产生的社会效益的考评，还避开了对“基本支出”的绩效考评。

（5）政府财务报告。

总预算会计报表、行政单位会计报表和事业单位会计报表分别自成体系、分别编报，没有一套完整的，能够反映各级政府资源状况、负债和净资产全貌的合并报表，并缺少了一些与预算收支没有直接关系，但具有重要意义的财务信息，如国有资源、国有资产、政府债权债务以及政府管理的社会保险基金等。这样，不仅政府无从清楚地了解政府自身的资产负债情况，也增加了立法机构和社会公众进行监督的难度，不利于对政府绩效和受托责任情况进行完整的确认、评价和分析。此外，以预算收支为主要内容的政府财务报告，忽视了社会公众等外部机构、人员对此类信息披露的需求。尽管近年来开始重视对外界的信息披露，但与国际上的通行做法还相差较远。

（6）财政信息化建设。

部门预算、国库集中收付、政府采购、预算绩效评价等财政管理措施，都离不开财政信息化的建设与发展。以国库集中收付为例，由于各种条件的限制，与国库管理相关的财政信息管理系统建设还需进一步加强，国库管理的信息化程度较低，财政、税收、国库、银行之间横向计算机联网程度不高，运行技术不稳定，数据信息共享程度低；尚未建立起高效的银行资金清算系统，影响了国库资金的及时有效支付；国库集中收付过程中产生的大量数据信息，还有待于相应的软件开发对这些数据信息进行综合分析；与中央财政相比，地方财政的国库管理信息建设相对薄弱。

6.3.3 评估结果分析

1994 年财税体制改革以来的财政管理制度改革，正如前面所分析的，既有取得积极效应的一面，也有存在相对不足和问题的一面。对财政管理制度改革评估的分析，要根据文中所确定的三项标准，并结合当时的背景，才能得出有益的结论来。

1994 年以来的财政管理制度改革，促进了 1994 年财税体制改革的顺畅实施

客观而言，1994 年财税体制改革的核心是实行分税制，其配套改革措施则是紧紧围绕着分税制，其涉及的财政管理制度改革所着笔墨不多，能直接可见的是“改革预算编制办法，硬化预算约束”的表述。不过，分税制的实施以及分税制财政体制的建立，成为此后一系列财政管理制度改革的起点。

这些财政管理制度改革，是1994年财税体制改革所推动的。众多的改革举措，如“收支两条线”改革、建立部门预算制度、实施国库集中收付制度、推动政府采购制度、政府收支分类改革等等，都是在1994年财税体制改革之后出现的。尽管囿于历史条件所限，当年的财税体制改革没有提出更多的改革计划来，但后续的财政管理制度改革无疑从各方面保障了1994年财税体制改革的顺畅实施，并在很大程度上超出了当时财税体制改革的设想，使得今天的财税体制与当时的财税体制相比，更加规范、科学、合理，也更加符合现代财政制度下的财政管理的一般规律。

1994年以来的财政管理制度改革，基本上实施并完成了财政管理制度改革的阶段性任务，尽管还存在某些不足与问题

这里所指的阶段性任务，既指1994年财税体制改革所提出的财政管理制度改革要求，更是指1994年财税体制改革以后各个五年计划（规划）时期所提出的财政管理制度改革任务。

在基本完成方面，比如“九五”计划提出的“清理整顿预算外收支”，通过“收支两条线”改革以及非税收入管理改革、部门预算制度等，中国政府的预算外收支已不复存在，基本上所有政府收支都纳入了预算管理。因此，就“清理整顿预算外收支”而言，可以认为就是基本完成了当时提出的改革任务。

随着1998年公共财政体制的确立，财政管理制度改革走入了快车道，并发生了质的变化。像是“十五”计划提出的“增强预算的透明度和约束力”、“实行部门预算”、“建立以国库单一账户体系为基础的现代国库集中收付制度”、“规范政府采购行为，全面推行政府采购制度”，“十一五”规划提出的“改革预算编制制度，提高预算的规范性和透明度”、“继续深化部门预算、国库集中收付、政府采购管理制度改革”，“十二五”规划提出的“实行全口径预算管理”、“健全预算公开机制，增强预算透明度”等，都是改革任务提出与改革举措同时进行的，并且是在不断地深化改革中。从这个意义上讲，可以认为是基本履行了各个时期所提出的改革任务来，且取得了良好的效果。

不可否认，有的改革任务，也受各方面条件的制约，对阶段性改革任务的落实不如预期。比如“十五”计划提出的“逐步以‘零基预算’取代‘基数预算’”，目前来看，并没有达到预期的效果；再如“十一五”规划提出的“推进政府会计改革”，近些年来并未见到实质性的进展。

1994年以来的财政管理制度改革，有助于构建符合现代财政制度要求的财政管理制度

十八届三中全会提出“建立现代财政制度”，这无疑为当前及今后一段时期内的财政管理制度改革明确了方向，也为财政管理制度改革树立了更高的标尺。以这样的标尺来衡量过去以往的财政管理制度改革，不难发现，距离符合现代财政制度要求的财政管理制度还有不小的差距，继续深化财政管理制度改革自然是题中之义。1994年财税体制改革所引致的当时的财政管理制度改革，是构建符合现代财政制度要求的财政管理制度的起始点，各个阶段实施或基本完成的财政管理制度改革任务，既是1994年财税体制改革的延续，更是向构建符合现代财政制度要求的财政管理制度的不断逼近。据此可以认为，每一项财政管理制度改革的深化，都是朝着既定目标迈出的坚定步伐。

6.4 未来10年财政管理制度改革展望

按照《深化财税体制改革总体方案》规划的时间表，2020年各项改革基本到位，现代财政制度基本建立。据此，未来的财政管理制度改革，需紧紧围绕这一时间表，以预算管理制度改革为着力点，带动财政管理制度的其他改革，从而在未来10年里，构建符合现代财政制度要求的财政管理制度。为实现这一改革任务，需将以下几个领域作为改革的重点。

6.4.1 继续深化全口径预算管理

全口径预算管理，是实施全面规范、公开透明的预算制度的基础。在前期全口径预算管理取得积极成效的基础上，未来还应继续深化这方面的改革。全口径预算管理包含两层含义：一是在行政层次上所有政府收支都应有财政部门统揽，即必须应由财政部门统一行使所有政府收支的日常管理权，这是全口径预算管理的阶段性目标。二是所有政府收入必须接受立法机构的控制，也就是所有政府收支规模、收入筹集、支出用途都必须应由各级人大授权，接受人大及社会公众的监督，这是全口径预算管理的最终目标。

为此，一是在厘清政府各相关部门职责权限的前提下，高度强调财政部门对所有政府收支的统揽权，在行政层面上把分散在相关政府部门的预算权统一集中到财政部门手中，清理规范涉及教育、科技、农业、文化、医疗卫生、社保、计划生育等与财政收支增幅或GDP挂钩的重点支出，使所有政府收支都归口集中由财政部门管理，最能实现财政部门可以统筹安排全部预算资金。二是提高人大在预算管理中的话语权，减少预算管理中存在的人大向政府授权较多的现象，对预算管理的各具体事项都应尽可能地做出明确的法律规定，做到有法可依，使人大在预算编制、审批、执行以及预算调整、决策审查中享有充分的决策权，在预算管理的全过程中能够行使全方位的监督权，实现四本预算都在接受人大审查批准时都适用相同的标准与程序，从而最终确立全口径预算管理的立法控制。

6.4.2 着力构建公开透明的预算制度

除继续深化全口径预算管理外，还应在制度、机制建设上，深入推进政府和部门预算、决算公开。公开透明的方向是社会各界都能依法了解并掌握预算资金的来龙去脉。为此，除涉密信息外，政府预决算支出全部细化公开到功能分类的项级科目，专项转移支付预决算按项目按地区公开；细化部门预决算公开内容，逐步将部门预决算公开到基本支出和项目支出；在按功能分类公开的基础上，扩大政府预决算和部门预决算按照经济分类的公开内容，预决算数据背后的原始数据和信息也应逐步向社会公开；预决算报告应尽可能地做到通俗易懂，普及预决算知识，能够让非专业人士清晰便捷地知晓预决算相关内容；创造条件，积极探索公众参与预算决策过程的机制与渠道，使财政资金能够最大限度地满足社会公共需要。

6.4.3 建立跨年度预算平衡机制

改变现行的单一年度预算平衡机制，在政府预算编制、执行等环节，实现合理的跨年度平衡机制，改进年度预算控制方式，以便更好地发挥财政宏观调控作用。对于当年的超收，原则上不安排使用，削减财政赤字、化解政府性债务，或补充预算稳定调节基金，用于纳入以后年度预算统筹安排使用；对于当年的短收，应按程序通过调入预算稳定基金、消减支出或扩大赤字来解决；弱化对收入预算的考核，收入预算从约束性转向预期性；强化支出预算约束，加强对支出政策和支出预算的审查；借鉴国外经验，试编跨年度预算，确定合理的时间跨度和价格基准；跨年度预算的基本内容，除了包括传统年度预算中的财政收支，还应包括宏观经济形势的分析与预测以及为实现既定政策目标所可能采取的政策措施。

6.4.4 完善政府财务报告制度

随着市场经济的发展以及公共财政管理水平的逐步提高，建立更为全面的、符合国际惯例的政府财务报告制度将是一个必然的趋势。《国际公共部门会计准则第1号——财务报表的列报》指出，一套完整的政府财务报告体系应包括：财务状况表（又称资产负债表），财务业绩表（又称收益表、收入与费用表等），净资产/权益变动表，现金流量表，会计政策和财务报表附注。为了能够完整地反映政府财务状况，可以考虑根据上述所列内容，结合中国实际，形成包括资产负债表、财务业绩表、现金流量表等在内的政府财务报告体系，从而能够全面真实地反映政府财务状况。政府财务报告的主体应有三部分：一是各级政府，二是与政府直接发生预算缴、拨款关系的行政事业单位，三是包括国有独资企业、国有控股（参股）企业等的政府相关单位。在此基础上，总汇形成统一的政府财务报告。为了适应加强政府性债务管理的需要，真实反映各级政府的应债能力，当务之急是编制各级政府的资产负债表。

6.4.5 继续完善财政管理的技术性措施

深化预算管理改革，离不开预算管理技术手段的支撑。下一阶段，应在总结经验的基础上，继续深化已有的财政管理技术手段，包括政府采购、部门预算、国库集中收付、国库现金管理、财政管理信息化系统、预算绩效、等内容，并积极探索新的管理技术手段，如探索权责发生制的政府会计、试编税式支出预算等。

主要参考文献

财政部：《中国财政情况（2012—2013）》，财政部网站，2013年。

陈庆云主编：《公共政策分析》（第二版），北京大学出版社，2013年。

邓淑莲、于洪、马国贤：“关于中国《预算法》修订的若干重大问题研究——基于预算纵向关系视角的研究”，《财政研究》，2009年第9期。

高培勇主编：《中国：启动新一轮税制改革》（中国财政政策报告2003/2004），中国财政经济出版社，2003年。

高培勇主编：《中国财税体制改革30年研究——奔向公共化的中国财税改革》，经济管理出版社，2008年。

高培勇主编：《共和国财税60年》，人民出版社，2009年。

高培勇主编：《实现全口径预算管理》（中国财政政策报告2008/2009），中国财政经济出版社，2009年。

高培勇主编、张德勇副主编：《“十二五”时期的中国财税改革》（中国财政政策报告2010/2011），中国财政经济出版社，2010年。

高培勇、杨志勇主编：《将全面深化财税体制改革落到实处》（中国财政政策报告2013/2014），中国财政经济出版社，2014年。

叶青、王佳：“中国提高政府财政管理能力的措施与经验”，《上海财经大学学报》，2008年第1期。

张德勇：“‘十二五’时期的财政管理改革”，《财政研究》，2010年第11期。

张通：“关于当前进一步加强财政国库管理的几个问题”，《预算管理与会计》，2009年第6期。

7

政府债务管理制度改革：评估与展望

- 以转变中央财政赤字弥补方式为切入点，1994 年以来国债发行、国债市场建设均已取得长足进步，有力支撑了分税制改革。但地方政府性债务在缺乏明确制度框架背景下快速膨胀
- 以地方融资平台为主体的地方政府性债务满足了地方实际需要，但制度框架亟待重建
- 未来十年，应落实新《预算法》及相关法律法规的规定，完善国债法律法规及国债市场，重构地方政府债务制度体系

Government Debt Management System Reform: Evaluation and Prospect

- Through changing the way of making up for central deficit, treasury bond issue and bond market construction have made great advances since 1994, which strongly support for tax - sharing system reform. But the local government debt has rapidly expanded in the absence of a clear institutional framework
- Taking local government - backed investment units as the main body, local government debt met the actual need for the local, but the institutional framework should reestablished
- In the next decade, China should put into practice the revised Budget Law, perfect legal regulations of treasury bond and treasury bond market and reconstruct local government debt management system

7　政府债务管理制度改革：评估与展望

7.1　基本脉络

7.1.1　国债管理改革的基本内容

1994年以来的中国政府债务管理制度改革，是以国债改革为起点的。1993年12月15日，国务院发布《国务院关于实行分税制财政管理体制的决定》（国发［1993］第85号，下简称《分税制决定》），其中第四部分“配套改革和其他政策措施”中的第五条要求“建立并规范国债市场”。《分税制决定》对此具体的要求是：“为了保证财税改革方案的顺利出台，一九九四年国债发行规模要适当增加。为此，中央银行要开展国债市场业务，允许国有商业银行进入国债市场，允许银行和非银行金融机构以国债向中央银行贴现融资。国债发行经常化，国债利率市场化，国债二级市场由有关部门协调管理。”自此，国债改革作为分税制改革的配套改革的重要组成部分，开启了20年国债管理的改革之路。

中央财政赤字弥补方式转变

1994年改革时，国债管理改革的切入点和最重要的内容之一就是转变了中央财政赤字的弥补方式。在分税制改革前的1981年至1993年共13年间，共有12个年份产生中央财政赤字（见表7－1）。其中有9个年份的中央财政赤字都是通过向中央银行透支或借款来弥补，弥补的赤字总额达956.93亿元；有3个年份的中央财政赤字是通过发行国内债券弥补，弥补的赤字总额为300.07亿元。可见，分税制改革前的实际操作中，向中央银行透支或借款是弥补中央财政硬赤字的主要方式，只有少数中央财政硬赤字是通过发行国内债券弥补的。

1993年12月25日，国务院发布的《国务院关于金融体制改革的决定》提出“财政部停止向中国人民银行借款，财政预算先支后收的头寸短缺靠短期国债解决，财政赤字通过发行国债弥补”，从行政层面，禁止了财政部向央行借款弥补财政赤字的行为。其后全国人大通过的《中国人民银行法》则进一步规定“中国人民银行不得对政府财政透支，不得直接认购、包销国债和其他政府债券”，以及“中国人民银行不得向地方政府、各级政府部门提供贷款”，从法律层面彻底结束了政府财政赤字通过向央行透支或借款弥补的历史。自此，国债完全成为政府弥补财政赤字的主要方式。

表7-1　1981—1993年中央决算赤字及弥补方式

单位：亿元

年份	中央决算赤字（硬赤字）	弥补方式	来源
1981	25	1981年发行国库券所取得收入	《关于一九八一年国家决算的报告》；《中国财政年鉴1992》
1982	29.34	向人民银行透支弥补	《关于一九八二年国家决算的报告》
1983	43.46	向人民银行透支弥补	《关于1983年国家决算和1984年国家预算草案的报告》
1984	50（预算数）	向人民银行透支弥补	《关于1984年国家预算执行情况和1985年国家预算草案的报告》
1985	基本平衡	—	《关于一九八五年国家决算的报告》
1986	94.18	向人民银行透支弥补	《关于1986年国家决算的报告》
1987	96.78	财政部向各专业银行和社会发行债券解决	《关于1987年国家决算的报告》
1988	106.51	发行保值公债弥补	《关于1988年国家决算的报告》
1989	109.86	向人民银行透支弥补	《关于1989年国家决算的报告》
1990	107.97	向人民银行借款弥补	《关于1990年国家决算的报告》
1991	182.54	向人民银行借款弥补	《关于1991年国家决算的报告》
1992	206.59	向人民银行借款弥补	《关于1992年国家决算的报告》
1993	204.77	向人民银行借款弥补	《关于1993年国家决算的报告》

注：1981年发行的国库券除了用于弥补1981年财政赤字外，还用于弥补1980年财政赤字。

专栏7-1　我国中央财政赤字的两种口径

我国的财政赤字，在统计口径上发生过较大变化。从1953年起，我国的财政赤字是所谓的硬赤字或者窄口径赤字，即财政赤字=当年财政支出总额-当年财政收入总额，支出总额中包括债务支出，收入总额中则包括了债务收入。这种赤字一般通过财政发行来弥补（财政发行是指国家为弥补财政赤字或财政透支而进行的超经济货币发行），也可以用以前年度财政结余或银行透支来弥补。与硬赤字相对应的是所谓软赤字，即财政赤字=经常收入-经常支出，经常收入中不含债务收入，经常支出中不含债务利息支出。在分税制改革之前，我国财政上发生的赤字都是硬赤字口径，故而需要从硬赤字的角度来考察国债与中央财政赤字弥补方式的联系。

资料来源：董霞飞：“谈谈财政赤字的几个问题”，《财政研究》，1990年第10期，第19—31页。

包丽萍：“基于制度变迁视角的中国财政赤字计算口径的解释”，《财政研究》，2011年第12期，第40—43页。

国债发行改革

国债发行方式方面，分税制改革前，我国国债发行主要依靠行政分配的方式，1994 年分税制改革明确提出了国债发行经常化，彰显了国债发行的市场化改革趋势。

初始，改革的方向主要在于实行招标发行方式。1995 年，财政部首次试行招标方式发行国债，此后不断加强和完善招标发行，通过扩大发行范围、实现滚动发行等改革举措，使国债发行方式进一步市场化。至 2000 年，招标方式发行国债已得到全面推广。

招标发行改革基本稳固后，改革的重心逐渐转向国债承销团制度建设。从 1999 年开始为建立国债承销团创造条件起，财政部推出了一系列举措，到 2005 年已逐步确立了以国债承销团制度为基础的国债发行制度。目前，我国的国债一级市场已经基本形成，市场化程度不断提高。

国债利率方面，分税制改革前，国债发行以国库券为主，无论是利率结构还是期限结构都比较简单。分税制改革文件提出了国债利率市场化，客观上要求后续改革中逐步完善国债的利率和期限结构，这在实际操作中主要是通过国债发行的相应改革来实现的。起初的做法是增加发行国债的品种和期限，逐步改变原先国债品种和期限过少的情况。2005 年以后，国债收益率曲线的完善开始得到重视，典型做法是发行关键期限国债发行品种（指对国债收益率曲线的形成和完善具有关键作用的记账式国债），以促进国债社会基准利率地位和国债收益率曲线的形成。至今为止，1 年、3 年、7 年和 10 年等关键期限品种国债已实现滚动发行，国债收益率曲线不断得到完善。

国债市场改革

1994 年分税制改革明确提出要建立并规范国债市场，并实施了相关措施，此后的改革基本上也围绕这一要求来进行。改革初期，一部分证券中介机构以开具保管单的形式超过其所持有的券面卖出国债（即卖空），从而扩大了国债发行数额，带来较大危害。针对这一行为，财政部、人民银行和证监会联合出台了《关于坚决制止国库券卖空行为的通知》来加强管理，维护了国债二级市场正常的交易秩序。1995 年，国债期货市场发生了重大波折，连续发生国债“321”事件、国债“319”违规，严重危害了国债期货市场的稳定和健康发展。中国证券监督管理委员会和财政部等监管部门和相关机构接连采取多项补救措施，并发布相应的管理办法，但最后仍不得不决定暂停国债期货交易试点。直至 18 年后的 2013 年 9 月 6 日，国债期货才得以重启。

国债现货市场上，改革主要包括三方面。首先是维护市场秩序。财政部和央行批准在原中国证券交易系统有限公司的基础上，改组设立中央国债登记结算责任有限公司，并由央行清理证券回购业务。1997 年 4 月 10 日，财政部颁布《中华人民共和国国债托管管理暂行办法》，并于 6 月 10 日批转了中央国债登记结算有限责任公司的《实物国债集中托管业务（暂行）规则》，规范了国债托管行为，进一步维护了国债市场秩序。其次是提高国债市场的流动性。2001 年，为完善市场制度建设，推出了国债净价交易，并于 2003 年全国推行，提高了国债市场整体的流动性。2007 年，实施短期国债净价交易，在操作层面上解决了短期国债利息免税问题，从而进一步提高了短期国债市场流动性。最后是初步建立起统一的国债市场。2002 年后实行的国债跨市场发行和托管等一系列相关改革，为构建统一互联、结构合理的国债市场体系发挥了良好的促进作用。

反危机中的国债支撑

国债资金使用方面的改革是国债改革进程中的另一项最重要的内容。在分税制改革前，我国发行国债的主要用途基本是集中财力统一使用或统筹安排（见专栏 7－2）。在财政赤字弥补方式转为以发行国债为主后，按照历年的预决算报告，数年间我国发行的国债只有两种用途：一是用于弥补财政赤字，二是用于偿还国债本息。也就是说长期以来国债资金的使用或者缺乏明确的目的性，或者缺乏使用的主动性，这种状况在 1998 年亚洲金融危机时得到了改变。

专栏 7－2　分税制改革前我国国债资金的主要用途

从各年的国库券条例来看，1981 年的国库券条例中规定发行国库券的目的在于“为了调整与稳定国民经济，适当集中各方面的财力，进行社会主义现代化建设，逐步提高人民物质和文化生活水平”；同时又提到，所筹集的资金“由国务院根据国民经济发展和综合平衡的需要，统一安排使用”。此后，从 1982 年至 1988 年的国库券条例中，发行筹集资金的安排需要都采用了同样的表述。从 1989 年起，国库券条例中删除了发行筹集资金的具体安排需要，仅表述为“发行国库券筹集的资金，由国务院统一安排使用”，该表述一直持续到 1992 年颁布的《中华人民共和国国库券条例》。由此可见，分税制改革前，发行国债应是主要用于经济建设，但缺少明确的目的性。

1998 年，为了应对亚洲金融危机的影响和扩大内需，政府开始主动使用国债作为反危机的有力工具，这既拓展了国债资金的用途，又增强了国债资金使用的目的性和主动性。从 1998 年《全国人民代表大会常务委员会关于批准国务院增发今年国债和调整中央财政预算方案的决议》获得通过起，1998 年至 2002 年，累计发行长期建设国债 6600 亿元；至 2004 年，共发行长期建设国债 9100 亿元。这些国债资金的使用对我国扩大内需、促进国民经济稳定和发展起到了积极的作用。

2008 年，我国又遭受国际金融危机影响，中央及时采取包括扩大公共支出在内的多项措施予以应对。国债再次成为积极财政政策的重要工具，2009 年和 2010 年的财政赤字，均相应增加了国债发行规模，同样为我国抵御这一轮金融危机发挥了重要作用。

其他改革

一方面，国债改革加强了财政与金融的联系，加强了国债成为连接财政与金融之纽带的作用。1994 年的改革文件中明确提出，中央银行要开展国债市场业务、允许国有商业银行进入国债市场、允许银行和非银行金融机构以国债向中央银行贴现融资。虽然这些改革未能全部到位，但依然为协调我国财政政策与货币政策、密切财政与金融的联系产生了重要影响，加强了国债作为财政与金融的桥梁与纽带的地位。

另一方面，国债改革加强了与国库现金管理之间的联系。2004 年，财政部提前兑付了部分年内即将到期的 3 期记账式国债，为国库现金管理进行了有益的探索，节约国库支出约 8000 万元。2005 年，财政部积极推动实行国债余额管理，几经努力，实行国债余额管理终于获得批准，为开展国库现金管理创造了条件。此后，定期滚动发行短期国债、主动减少国债预算筹资发行等举措的实施，都强化了国债与国库现金管理之间的联系。

7.1.2　地方债管理改革的基本内容

中国地方债的重新起步并不晚于国债，早在 1979 年就有 8 个县区当年举借了政府负有偿还责任的债务（见表 7－2），甚至早于国库券发行的 1981 年。但 1994 改革以来，与国债的改革相比地方债改革取得的进展并不大。首要原因之一就在于 1994 年通过的《预算法》第二十八条规定：“除法律和国务院另有规定外，地方政府不得发行地方政府债券”，这条规定几乎堵死了地方政府发行债券之路。紧随而至的，针对一些地方拟以地方政府名义发行境外债券，并请国际评级机构进行地方信用评级的情况，1995 年国务院办公厅发布了《国务院办公厅关于地方政府不得对外举债和进行信用评级的通知》，同年通过的《中国人民银行法》第二十九条则规定："中国人民银行不得向地方政府、各级政府部门提供贷款"。尽管至少可以明确地方政府负有统借自还外债的债务，但这些规定再加上当时对地方政府债务存在形式和种类理解的局限，无疑强化了人们关于地方政府不得承担债务的感觉，从而使得地方政府债务长期未得到重视，影响了地方债管理的改革进程。以下从地方政府债券和地方融资平台两方面简要勾勒地方债改革的脉络[①]。

表 7-2 全国各地区政府性债务发生起始年情况表

年度区间	省级			市级			县级		
	当期开始举借个数	累计个数	累计占总地区比例	当期开始举借个数	累计个数	累计占总地区比例	当期开始举借个数	累计个数	累计占总地区比例
1979—1980	0	0	—	4	4	1.02%	51	51	1.84%
1981—1985	28	28	77.78%	56	60	15.31%	300	351	12.63%
1986—1990	5	33	91.67%	121	181	46.17%	833	1184	42.61%
1991—1996	3	36	100%	172	353	90.05%	1221	2405	86.54%

资料来源：审计署：《2011 年第 35 号：全国地方政府性债务审计结果》。

地方政府债券相关改革

由于《预算法》约束，1994 年之后较长一段时间内，地方政府债券方面未有明显的相关改革举措，两次金融危机改变了这一局面。1998 年，我国为应对 1998 年亚洲金融危机实施积极财政政策，增发国债的一部分转贷给地方。这部分转贷国债由省级财政部门作为人民政府的债权、债务人的代表，负责对财政部的还本付息工作，一定程度上可视作 1994 年改革后我国地方政府债券改革的试探。到 2008 年金融危机时，经国务院批准，2009 年财政部首次代理发行地方政府债券，并代办还本付息和支付发行费，开启了我国地方政府债券改革的新时期，地方政府债券进入"代发代还"阶段。时隔两年，地方政府债券进一步改革，上海等地开展自行发债试点，由财政部代办还本付息，地方政府债券进入"自发代还"阶段。2011 年至 2013 年，自发代还地方政府债券试点改革稳步推进，试点范围由初始的 4 省市扩大为 2013 年的 6 省市，为此后地方政府债券进入"自发自还"阶段的改革铺垫了道路。

地方融资平台相关改革

早在分税制改革之前，地方融资平台就已经出现，但其真正发展却始于 1994 年改革之后。1996 年项目资本金制度规定银行贷款的重要条件之一是中央政府、地方政府和银行应分别为项目提供配套资金，成为地方融资平台产生的直接诱因[②]。缺乏资金的地方政府为绕开举债约束，采取了许多迂回举债的方式，地方融资平台是其中最重要的一种。

或许由于地方融资平台债务具有较强的隐

① 由于地方债务的种类繁多，与地方政府债务管理有关的改革较为零散，若全面刻画会显得线索庞杂，故本章选择脉络较为清晰的这二者进行勾勒。实际上，就地方债管理制度改革而言，这种处理也涵盖了 1994 年以来多数较为重要的改革。其他相关改革包括 1998 年、2004 年、2006 年的粮食流通体制和粮食挂账改革，1999 年的乡村不良债务清理，2005 年县乡财政困难缓解和 2007 年农村义务教育"普九"债务清理等。

② 唐洋军："财政分权与地方融资平台的发展：国外模式与中国之道"，《上海金融》，2011 年第 3 期，第 19—26 页。

蔽性，1994年后与地方融资平台有关的改革长期寥寥无几。1999年为纠正有些地方政府直接或变相地为基础设施项目贷款提供担保的做法，财政部出台的《财政部关于禁止各级地方政府或部门违法直接从事担保业务的紧急通知》是为数不多的与地方政府融资平台管理相关改革之一。此后，直至2009年后地方融资平台债务激增、问题凸显（见表7-3），地方政府融资平台管理改革才再次引起重视。2010年，国务院发布《国务院关于加强地方政府融资平台公司管理有关问题的通知》，财政部、发改委和人民银行据此发布《关于贯彻国务院关于加强地方政府融资平台公司管理有关问题的通知相关事项的通知》，开始加强对地方融资平台的管理。2012年，财政部、发改委和人民银行再次出台文件《关于制止地方政府违法违规融资行为的通知》，进一步加强了对地方融资平台的管理。至此，地方融资平台改革方初步建立起管理框架，为进一步规范地方融资平台和之后的改革打下基础。

表7-3 截至2010年底地方融资平台债务情况

举债主体类别	三类债务合计		政府负有偿还责任的债务		政府负有担保责任的债务		其他相关债务	
	债务额	比重	债务额	比重	债务额	比重	债务额	比重
融资平台公司	49710.68	46.38%	31375.29	46.75%	8143.71	34.85%	10191.68	61.04%

资料来源：审计署：《2011年第35号：全国地方政府性债务审计结果》。

7.2 评估标准的界定[①]

对1994年及其后政府债务管理制度改革的评估需要谨慎细致地进行，评估的标准尤为重要。但尽管与1994年财税改革相关的评估已不在少数，公认的评估标准却并未形成。因此，本章要对政府债务管理制度改革进行评估，界定合理、有效的评估标准必然是先行之举。

7.2.1 改革评估标准界定的原则

首先，1994年的财税改革，既可以说是一项改革成果，更可以说是一个改革过程。因此，评估1994年以来的财税改革，实质是对20年以来财税改革进程的总体效应评估。因此，评估政府债务管理制度的改革，不仅要站在20年前分税制改革时的设立目标上进行，还应注重站在20年后全面深化改革的新视野上进行。这就要求界定改革评估标准时，需将1994年分税制改革和2013年全面深化改革的内容均纳入分析。

其次，政府债务管理是财政体制的重要内容，其相关改革的影响不单单局限于政府债务管理本领域，而是会牵涉到预算、国库等财政体制的其他方面。同时，政府债务是国民经济的重要内容，政府债务的借入和偿还、债务总额的变化、财务资金的使用等都会对国民经济产生各种不同的影响，相应地，政府债务管理领域的改革变化，也会对国民经济产生影响。

① 需要指出的是，本章与其他各章之间既相互联系又适度独立，故在评价标准的界定上，各章既可能相同或相似也可能有所差异。

因此，在界定改革评估标准时，需注重政府债务管理改革与财政体制其他领域和国民经济之间的关系，特别是改革效应对财政体制和国民经济的影响。

最后，在界定标准时应考虑评估时是“标准套改革”还是“改革套标准”的问题。前者是指用所界定的标准进行评估时，以政府债务管理每一方面的改革为基础，用标准分别对每一方面改革进行对照，以此评估每一部分改革的效应；后者是指用界定标准进行评估时，以标准为基础，将改革整体而非每一部分改革与每一条标准进行对照，以此评估改革整体的效应。二者的区别在于前者实际上是将改革整体分解成各个部分，对每一部分进行局部性评估；后者则是对改革整体进行的总体性评估。

基于以上三个方面，同时兼顾其他因素，可以得出在界定改革评价标准时，需要遵循或充分考虑的相应原则：

一是综合性原则。由于评估改革既需要考虑 1994 年财税改革的基本目标，又需要涵盖 2013 年全面深化改革的新内容；既要放置于 1994 年分税制改革时的背景下，又要放置于 2013 年全面深化改革的大局中；既要以 1994 年分税制改革为基本尺度，又要以 2013 年全面深化改革为新的标杆。因此，界定标准时需要综合考虑这两个方面，注意这两次改革之间一以贯之的线索和前后的衔接。

二是全面性原则。由于政府债务管理制度改革效应并非局限于本领域之内，而是涉及财政体制和国民经济的多个方面，因此界定标准时必须注重能够实现对改革效应的全面评估。

三是分解性原则。这一原则的设立出于对前述“标准套改革”还是“改革套标准”问题的考虑。应该说，如果从本报告整体的高度看，可能需要更注重后者，也即是对 20 年改革进程整体效应的评估。但具体到每一块的改革时，这种做法就略显得有些笼统，且可能与报告整体的处理有一定的重复意味。因此，考虑到应注意报告整体的宏观把握与报告局部的微观细致之间的有效结合，以及政府债务管理改革的实际情况，本章决定使用“标准套改革”的原则来界定改革评估的标准并依此进行评估，也就是政府债务管理改革按基本脉络分解成几个部分，对每一部分分别用所界定的标准进行评估。界定标准时需注意契合这一原则。

四是适度性原则。该原则是指所界定的标准，其涵盖的面不能过于宽泛，应当有一定限度。这与分解性原则具有内在一致性，因为分解性原则决定了本章的评估是将政府债务管理改革分解成多个部分来分别进行，这与评估改革整体在层次上有所差异，涉及的面会较窄但涉及的内容会更加具体。这样，就要求所界定的评估标准应适度，不能面面俱到。

五是异质性原则。对政府债务管理改革的评估是多方面的，仅仅一条标准难以顾及所有内容，因此改革的标准必然不会仅有一条，而应是多条标准共同组成的标准集合。为了满足评估的全面性，这多条标准应当是各有侧重，专门针对某一方面进行衡量，从而尽可能展现被评估的每一部分改革的全貌。由此，制定标准时应注意体现标准的个体差异，尽量避免标准之间出现交叉重复。

7.2.2 改革评估标准界定的依据

结合前述界定标准的五个原则，考察 1994 年财税改革至今的 20 年进程，可以发现界定标准有两大支撑点。一是 1994 年分税制改革的基本目标。《国务院关于实行分税制财政管理体制的决定》指出，“为了进一步理顺中央与地方的财政分配关系，更好地发挥国家财政的职能作用，增强中央的宏观调控能力，促进社会主义市场经济体制建立和国民经济持续、快速和健康的发展，国务院决定，……实行分税制财政管理体制”。可见，1994 年分税制改革的基本目标应包括理顺中央地方财政关系、更好发挥国家财政职能作用等多个方面，其最终落脚点在于促进社会主义市场经济体制建立和国民经济发展。

二是 2013 年全面深化改革的总目标。《中共中央关于全面深化改革若干重大问题的决定》指出，“全面深化改革的总目标是完善和发展中国特色社会主义制度，推进国家治理体系和治理能力现代化”。可见，2013 年全面改革总目标包括两个方面，最终落脚点在于中国特色社会主义制度和国家治理体系和治理能力。

由以上两个支撑点可以得出界定评估标准的基本依据。从 1994 年财税改革基本目标、最终落脚点和时代背景入手，可以推知促进社会主义市场经济体制建立是 1994 年财税改革的内在驱动力。由此，是否有利于中国社会主义市场经济体制的建立，或者说是否对中国社会主义市场经济体制建立起促进作用，应为我们界定评判标准的一个基本依据。从 2013 年党的十八届三中全会所处的新历史时期的要求入手，从新视野、新高度回望过去二十年的改革，其总目标为完善和发展中国特色社会主义制度，推进国家治理体系和治理能力现代化。由此，是否有利于中国特色社会主义制度完善和发展、有利于推进国家治理体系和治理能力现代化，应为我们界定标准的另一个基本依据。

7.2.3 政府债务管理改革评估标准的具体界定

以上两个基本依据框定了本章界定评估标准的大方向和总原则。基于这两个基本依据，通过遵循前述五个界定评估标准的原则进行分解和细化，可以归纳出一系列具体的政府债务管理改革评估标准。

第一，应从是否促进市场经济体制建设和完善的角度来进行评估。1994 年财税改革的内在驱动力在于促进社会主义市场经济体制的建立，按照《中共中央关于建立社会主义市场经济体制若干问题的决定》，培育和发展市场体系是建立社会主义市场经济体制的一个关键，“发挥市场机制在资源配置中的基础性作用，必须培育和发展市场体系”。2013 年全面深化改革同样强调市场体系的作用，按照《中共中央关于全面深化改革若干重大问题的决定》，“建设统一开放、竞争有序的市场体系，是使市场在资源配置中起决定性作用的基础”。可见，市场体系是 1994 年财税改革至 2013 年全面改革整个进程中一以贯之的线索，应将是否促进了市场体系的发展和完善作为评估 20 年政府债务管理改革的一个标准，此为第一个标准，即“市场体系标准”。

第二，应从是否增强我国的宏观调控能力的角度来进行评估。1994 年财税改革明确提及“增强中央的宏观调控能力”，这也是保证“国民经济持续、快速和健康的发展”的必然要求。2013 年全面改革也明确提及要“健全宏观调控体系”、“增强宏观调控前瞻性、针对性、协同性”，言下之意同样包括了增强宏观调控能力。可见，宏观调控能力也是 1994 年财税改革至 2013 年全面改革整个进程中一以贯之的线索，应将是否增强了宏观调控能力作为评估 20 年政府债务管理改革的一个标准，此为第二个标准，即“宏观调控标准”。

第三，应从是否建立了政府债务管理制度的基本框架并逐步完善来进行评估。1994 年分税制改革文件《国务院关于实行分税制财政管理体制的决定》提到：“总之，通过渐进式改革先把分税制的基本框架建立起来，在实施中逐步完善”。回过头来仔细地审视一下 20 年间的演变历程，可以发现，如果说那一轮的财税改革为我们所搭起的是社会主义市场经济条件下的财税体制基本框架，那么，在此之后，旨在完善这一基本框架的改革一直在持续，相关改革举措的出台从来就没有停止过，这也是本报告评估的一个基本出发点。因此，建立相关基本框架并逐步完善应作为政府债务管理制度改革评估的一个重要方面，应将是否建立了政府债务管理制度的基本框架并逐步完善作为评估 20 年政府债务管理改革的一个标准，此为第三个标准，即“制度框架标准”。

第四，应从是否促进了全面规范、公开透

明的角度来进行评估。国家治理是2013年全面深化改革总目标的重要内容。《中共中央关于全面深化改革若干重大问题的决定》明确“财政是国家治理的基础和重要支柱”，并提出建立现代财政制度需“完善立法、明确事权、改革税制、稳定税负、透明预算、提高效率”。从政府债务管理本身来说，其与预算管理息息相关，政府债务本身也是预算的重要组成部分。因此，2013年全面改革中对预算管理制度要求的重点，即“全面规范、公开透明”，也适用于政府债务管理制度。同样，1994年《国务院关于实行分税制财政管理体制的决定》中也提及“建立并规范国债市场”。故应将是否促进了全面规范、公开透明作为评估20年政府债务管理改革的一个标准，此为第四个标准，即“规范透明标准”。

7.3 政府债务管理制度改革效应系统评估

7.3.1 国债管理改革评估

根据前面界定的“市场体系标准”、“宏观调控标准”、“制度框架标准”和“规范透明标准”这四个标准，依照20年政府债务管理改革的基本脉络，可以对政府债务管理制度改革的效应进行系统评估。

中央财政赤字弥补方式转变评估

与1994年财税改革中的其他改革相比，中央财政赤字弥补方式转变比较特殊。因为与中央财政赤字弥补方式转变有关的内容并不能从财税改革的相关文件中直接看出，而是隐含其中。因此要对此改革进行评估，需先厘清这一情况。

1993年12月15日国务院发布了《国务院关于实行分税制财政管理体制的决定》（下称《决定一》），其中关于国债的内容主要有：“建立并规范国债市场。为了保证财税改革方案的顺利出台，1994年国债发行规模要适当增加。为此，中央银行要开展国债市场业务，允许国有商业银行进入国债市场，允许银行和非银行金融机构以国债向中央银行贴现融资。国债发行经常化，国债利率市场化，国债二级市场由有关部门协调管理”。显然，从这些内容中并不能直接看出与财政赤字弥补方式转变有关的内容。

直到1993年12月25日，国务院发布的《国务院关于金融体制改革的决定》（下称《决定二》）才明确提出与财政赤字弥补有关的内容。《决定二》中关于国债的改革内容为：“完善国债市场，为人民银行开展公开市场业务创造条件。财政部停止向中国人民银行借款，财政预算先支后收的头寸短缺靠短期国债解决，财政赤字通过发行国债弥补。政策性银行可按照核定的数额，面向社会发行国家担保债券，用于经济结构的调整。邮政储蓄、社会保障基金节余和各金融机构的资金中，要保有一定比例的国债，全国性商业银行可以以此作为抵押向人民银行融通资金”。

单从《决定一》中很难直接看出与财政赤字弥补方式转变相关的内容，似乎财政赤字弥补方式转变与分税制改革无关。但若将《决定一》与《决定二》联系起来看，可以发现分税制改革中有关国债改革的内涵十分丰富，涵盖了与改变以往中央财政赤字弥补方式有关的内容。

具体而言，表面看《决定一》中的内容与财政赤字弥补方式转变似乎并无关联，但与《决定二》中的“财政部停止向央行借款、财政预算先支后收的头寸短缺靠短期国债解决、财政赤字通过发行国债弥补”等内容相结合，则可以发现《决定一》的内容与财政赤字弥补方式之间隐含的关系。例如《决定一》中的“1994年国债发行规模要适当增加”，由表7－1可知，1993年中央财政赤字约205亿元，为硬赤字；《决定二》停止财政部向央行借款，并将赤字改为由国债弥补后，可以预见1994年的中央财政赤字将变为软赤字，会大幅增加并全部通过发行国债弥补①，因而1994年的国债发行额自然也需要有相应的增加。又如《决定一》中的“中央银行要开展国债市场业务”、“允许国有商业银行进入国债市场”、“国债发行经常化”和“国债利率市场化”等内容，由于财政赤字转为由国债弥补，国债发行量增加，需要中央银行开展公开市场操作业务予以配合，并需要国有商业银行这样有能力大量购入国债的金融机构成为国债认购主体；国债发行经常化、利率市场化也都有利于发行国债弥补赤字的有效实现。由此可见，虽然《决定一》中没有关于国债同财政赤字弥补方式转变的明确表述，但分税制改革实际上为这一改革隐含了配套措施。

从四个标准来看，中央财政赤字弥补方式转变改革在宏观调控方面取得了最大成效。由表7－1可知，自恢复发行国内债券至1993年，我国的财政赤字几乎都是通过向中央银行透支或借款以及举借国债两种方式进行弥补的，但硬赤字绝大多数靠向央行透支或借款予以弥补。这使得我国的财政赤字几乎始终与通货膨胀如影随形，不仅构成影响社会主义市场经济体制建立和稳定的重要不利因素，更容易使得宏观调控陷入进退维谷的境地。而中央财政赤字弥补方式转变为依靠国债弥补，切断了长期以来我国财政赤字与通货膨胀之间的必然联系，从而为政府实施宏观调控解除了一道枷锁，使宏观调控能力得到了有效加强。可以说，国债成为政府弥补财政赤字的主要方式，是我国国债管理改革中的一项十分重要内容，不仅是规范财政同银行之间关系的明智之举，而且，从规范社会主义市场经济体制下的财税运行机制的角度来讲，更具有特别重要的意义②。因此，以“宏观调控标准”衡量，中央财政赤字弥补方式转变的改革效应十分明显。

在规范透明方面，中央财政赤字弥补方式转变改革也有较好成效。财政赤字弥补方式由主要向中央银行透支或借款转为依靠发行国债，全面规范了中央财政赤字的弥补方式，理顺了财政与央行之间的关系，促进了我国国民经济的健康发展。财政赤字弥补方式转变后，围绕赤字弥补的各种事项也更加公开透明，尤其是弥补财政赤字的操作过程及相关收支基本上都展现在公众视野中，有利于社会各界的监督。以“透明规范标准”衡量，中央财政赤字弥补方式转变的改革获得了较好的效果。

在市场体系方面，1994年分税制改革中为财政赤字弥补方式转变准备的一系列配套措施，特别是国债发行经常化、国债利率市场化和国债二级市场由有关部门协调管理等，对于培育和发展我国国债市场乃至债券市场都起到了突出的促进作用。可以说，国债市场在1994年以后取得的巨大发展均与此改革有关，是这一改革产生的直接结果。由于财政赤字弥补方式转变从根本上斩断了赤字与通货膨胀之间的联系，撤去了制约中国市场化改革的一道障碍，间接促进了中国社会主义市场体系的培育、发展和完善。因此，以“市场体系标准”衡量，中央财政赤字弥补方式转变改革的效应，不论在直接影响还是在间接影响上都十分有利。

在制度框架方面，中央财政赤字弥补方式改革则存在瑕疵。主要体现在中央银行开展国债市场业务因种种原因未能按计划实现，使得国有商业银行等金融机构在较长一段时间内未能成为国债认购主体，导致国债利率需以较高水平来保证发行。中央银行开展国债市场业务的缺失意味着财政赤字弥补制度框架存在缺陷，在1994年之后的改革中也未能得到足够

① 由《关于1994年国家决算的报告》可知，1994年中央财政决算赤字为666.97亿元。

② 高培勇：“当前财政形势分析与对策”，《财政研究》，1995年第4期，第2—8页。

的完善。并且，中央银行开展国债市场业务的缺失还削弱了国债作为财政与金融之间桥梁与纽带的作用，致使中央银行货币政策工具的完备性面临考验，不利于财政政策与货币政策的协调，从而也使得我国宏观调控体系框架存在一定的短板。因此，以“制度框架标准”衡量，中央财政赤字弥补方式转变改革的效应有所不足。

国债发行改革评估

按照四个标准衡量，20 年来国债发行改革的成效是十分明显的，但同时也存在一定不足。

国债发行改革在市场体系、规范透明和宏观调控方面都取得较显著的成效，主要表现在两方面：一是国债发行不断向市场化推进，二是国债的利率结构和期限结构逐渐成熟。

国债发行市场化方面。分税制改革前，我国国债发行长期主要依靠行政分配的方式。分税制改革明确提出国债发行经常化且二级市场由有关部门协调管理，彰显了国债发行后续改革的市场化方向。

起初，相关的改革主要在于实行招标发行方式。1994 年，财政部推出了一系列国债发行的改革措施，包括实行“以旧换新”政策、首次面向社会公众发行无纸化国债等。1995 年，财政部首次试行招标方式发行国债，并加强国债一级自营商队伍建设，扩大了记账式国债的发行范围。1996 年，财政部增加了国债发行的频率和速度，发行次数远超历年，初步实现了滚动发行；发行方式进一步市场化，全年大多数国债发行通过竞争招标方式进行。2000 年，实行按季度公布国债发行计划，并全面推广招标方式发行国债。2001 年，改进了国债招标发行技术，为今后实现国债投标更加市场化奠定基础。

此后，改革的重心逐渐转向国债承销团制度建设。1999 年，首次采取浮动利率方式向机构投资者发行国债，并拓宽了市场参与者范围，保险公司、证券投资基金和部分证券公司陆续获准进入银行间债券市场参与国债承销和承购，为建立国债承销团创造了条件。2000 年，建立了银行间债券市场国债承销团制度。2002 年，加强国债承销团制度建设，实现全年所有国债通过承销团发行，从根本上保障了国债承销队伍的稳定和承销行为的规范。2003 年，继续完善承销团制度，强化成员义务。在当年承销团组建中，明确区分了甲、乙类成员，进一步引进竞争机制，提高了国债承销积极性。按照组建办法规定，甲类成员承担更多的承销义务并享有相应权利，促使实力较强的机构能够更快地成长并发挥更大作用，有利于为推出做市商制度培养机构；同时，规定了各成员的最低投标限额，对国债顺利发行建立了制度保障；发行基准期限国债，建立收益率基准；2004 年，进一步完善承销团制度，在减轻乙类成员承担义务的同时，进一步强化甲类成员义务；增加基准期限国债的发行品种，增加了 2 年和 5 年期品种，实现均衡滚动发行，为建立真实、可靠的收益率曲线奠定了基础。推出了混合式招标方式。鉴于市场行情变化较快导致确定招标利率上限困难的实际情况，从综合控制发行成本考虑，推出了混合式招标方式。混合式招标方式兼有荷兰式和美国式招标方式的优点，在解决了招标利率上限确定问题的同时，很好地引导承销机构进行理性投标，调动了承销机构投标的积极性。2005 年，实现银行间和交易所市场国债承销团的统一，逐步确立了统一规范的国债发行制度，即国债发行以国债承销团制度为基础，储蓄国债采用承购包销方式，记账式国债采用公开招标方式跨市场发行。2013 年，推出国债预发行试点，有利于促进国债一、二级市场的衔接。目前，我国国债发行一级市场已经比较完善。

国债利率方面。分税制改革前，国债发行以国库券为主，无论是利率结构还是期限结构都比较简单。分税制改革提到了国债利率市场化，客观上要求后续改革中逐步完善国债的利率和期限结构。

1994 年，首次发行储蓄性质的“凭证式国库券”以及半年和一年期国库券，丰富了国债的品种和期限结构。1996年，增加了国债的期限品种，尤其是对短期国债首次实行贴现发行，以及第一次发行长期附息国债，进一步调整了国债的期限结构。1998年，由于受到亚洲金融危机等不利影响，为了应对危机、扩大内需、促进国民经济持续稳定发展，我国国债发行采取了两项重大举措。一是增发1000亿元长期国债，作为国家预算内基础设施性建设专项投资，用于国民经济和社会发展急需的基础设施建设投入；二是发行2700亿元特别国债，用于补充国有独资商业银行的资本金。这两次国债发行一定程度上丰富了国债的利率和期限结构。2001年，探索性地发行了10年期以上的超长期国债，调整了国债期限结构；增加固定利率国债发行，改善了国债利率结构。

2005年开始，国债利率和期限结构的改革逐渐开始注重国债收益率曲线。2005年增加一年期关键期限国债发行品种（指对国债收益率曲线的形成和完善具有关键作用的记账式国债），促进国债社会基准利率地位和国债收益率曲线的形成。2006年首次实现定期滚动发行短期记账式国债，三个月短期国债按季发行。定期滚动发行短期国债对于适当调整国债期限结构，建立短期利率市场基准都具有重要作用。2007年，尝试定期发行短期国债及把10年期国债作为关键期限国债。首先，尝试定期发行了期限为3个月和6个月的短期国债。其次，首次将10年期国债作为关键期限国债，开始定期滚动发行1年、3年、7年和10年四种关键期限国债，这对于均衡发债节奏、形成合理的期限结构以及促进国债收益率曲线的不断完善具有重要作用。2008年，定期滚动发行1年期、3年期、7年期和10年期关键期限国债品种，关键期限国债占记账式国债的发行比例占至一半一是，增强了国债收益率在金融市场中的基准作用。2009年，引入273天记账式贴现国债，提高贴现国债发行频率，有利于完善记账式贴现国债期限结构和货币市场国债收益率曲线；丰富关键期限记账式国债品种，在2008年4个关键期限品种的基础上，引入5年期品种，发行频率也得到适当提高。2011年，继续加大关键期限国债发行力度，合理安排期限结构，适当提高关键期限国债发行次数及单次规模，共发行34次计9812.6亿元，比2010年增加1080.1亿元，促进了收益率曲线的不断完善。目前我国国债的利率结构和期限结构已逐渐成熟，收益率曲线也日趋完善。

2005年获得批准实施的国债余额管理也是国债发行管理的一项重要改革。自1981年恢复发行国债以来，我国一直采取逐年审批年度发行额的方式管理国债。这种管理方式存在五个方面的问题：年度国债发行额不能全面反映国债规模及其变化情况，控制年度国债发行额不利于合理安排国债期限结构，不利于促进国债市场平稳发展，不利于财政与货币政策协调配合，不利于提高国债管理效率。实行国债余额管理则能够有效解决这些问题。

由以上对国债发行改革取得成效的详细论述容易看出，按照“市场体系标准”衡量，20年来我国国债发行改革取得了显著成效，不仅确立并完善了国债发行的一级市场，而且通过不断努力使得利率市场化的目标更加接近，成效明显；以“规范透明标准”衡量，通过改革，我国国债发行从公告、招标、承销到上市、交易、兑付几乎整个流程的规范性和透明度都大大提高，改革效果比较显著。按“宏观调控标准”衡量，国债发行改革实现了国债发行经常化的1994年财税改革预设目标，公债这一重要财政政策工具的数量、种类大大增加；理应成为基准利率的国债利率通过发行时的不断调整，在期限结构等方面也更加成熟；国债余额管理促进了财政政策与货币政策的协调，这些有利于宏观调控能力的增强。

在取得成效的同时，国债发行改革在制度框架方面仍存在一定缺陷，主要表现为国债法制建设滞后。

分税制改革前，国债法律制度主要体现为

前后两部法律法规，先是1981年发布的《中华人民共和国国库券条例》，后是1992年发布的《中华人民共和国国库券条例》。这与分税制改革前发行的国债主要为国库券的情形还是基本相符的。分税制改革后，国债的种类、发行量、流通市场等都有了极大的发展和变化，但是我国关于国债管理的法律制度却未能同步跟上。当前国债管理的法律制度方面仅有一些由国务院、财政部、中国人民银行等部门颁布的行政法规和部门规章，这与国债在我国经济社会中的地位是不相称的。

1994年是分税制改革正式施行的第一年，与分税制改革相关的多项法律、法规陆续通过或实施。1994年3月22日第八届全国人民代表大会第二次会议通过的《中华人民共和国预算法》是其中最重要的内容之一。但预算法中有关国债的内容非常稀少，除了第二十七条规定“中央政府公共预算不列赤字。中央预算中必需的建设投资的部分资金，可以通过举借国内和国外债务等方式筹措，但是借债应当有合理的规模和结构”外，几乎就再没有其他涉及国债的内容。

1992年的国库券条例是我国现行立法层级最高的国债法规，但只能对国库券适用且存在诸如规定内容过于简单、一些内容已经不适合当前实际等缺陷。财政等有关部门也已认识到这一点，自分税制改革后采取一系列措施推进国债法制建设，并取得了一定进展。如2002年财政部加紧对《国债条例》的修订工作，完成《国债条例》第二修订稿，其中对国债规模审批、国债市场管理分工及国债发行、流通和偿还等问题都作出了明确而具体的法律规定；2003年，财政部开始重新对1992年《国库券条例》进行修订，《国债条例》修订工作完成了第四稿；2005年财政部再次组织《国债条例》修订工作，新《国债条例》将分别从国债管理框架、国债发行、兑付、流通以及登记、托管与结算等方面进行规定；2006年继续推进《国债条例》修订工作。但是，《国债条例》至今仍未能正式出台，使得目前我国国债管理在较高立法层级的法律制度方面几乎是一片空白，国债法制建设严重滞后。

除法制外，国债余额管理制度也存在一定缺陷。一是预算方面的缺陷，如我国目前国债余额限额是一年一定，而且与年度财政预算同时审批，年度预算赤字即为当年年度新增国债限额，国债余额与财政预算的同时确定一定程度上削弱了国债余额决策的独立性①。二是国债的统计口径还有待商榷。2005年12月16日通过的《关于实行国债余额管理的意见》规定：“国债余额包括中央政府历年预算赤字和盈余相互冲抵后的赤字累积额、向国际金融组织和外国政府借款统借统还部分（含统借自还转统借统还部分）以及经立法机关批准发行的特别国债累计额，是中央政府以后年度必须偿还的国债价值总额。”可见目前我国国债的统计口径主要是财政部代表中央政府举借的直接债务，既不包括其他政府机构举借的债务，也不包括担保债务等或有负债。从政府债务理论和实践的发展来看，我国国债的统计口径可能还不够完善。因此，以“制度框架标准”进行衡量，则我国国债发行改革仍存在一定不足。

截至2013年，每年国债发行计划的公布内容包括国债的品种、期限、招标日期、新发还是续发和付息方式，但没有公布国债的发行规模，这影响了国债投资者的计划性，以“规范透明标准”来看，一定程度上显现出国债发行的透明度仍有不足。

国债市场改革评估

1994年分税制改革明确提出建立并规范国债市场，后续改革主要围绕规范国债流通管理来进行。按四个指标衡量，国债市场改革在各方面都取得了不小的成效，也都存在一定不足。

---

① 郑春荣：“论建立比例上限的常态国债余额管理制度”，《上海财经大学学报》，2007年第2期，第58—65页。

国债市场改革取得的成效主要表现在三个方面：一是改革初期抑制投机和违规行为，维持了国债市场秩序。二是基本实现了国债净价交易，提高了国债市场的流动性。三是初步建立了统一的国债市场。

国债市场秩序方面。1994年，一部分证券中介机构以开具保管单的形式超过其所持有的券面卖出国债（即卖空），从而扩大了国债发行数额，带来较大危害。针对这一行为，财政部、人民银行和证监会联合出台了《关于坚决制止国库券卖空行为的通知》来加强管理，维护了国债二级市场正常的交易秩序。

1995年，国债期货市场发生了重大波折。2月23日，上海证券交易所“327”国债期货品种发生严重蓄意违规行为，在国内外金融界造成严重影响。事后上海证券交易所采取了补救措施，中国证券监督管理委员会和财政部也联合发布了《国债期货管理暂行办法》，严格了交易条件，但由于市场建设中的根本性问题并未得到解决，5月11日“319”国债期货品种再次违规，严重危害了国债期货市场的稳定和健康发展。在此背景下，5月17日中国证券监督管理委员会发出《关于暂停国债期货交易试点的紧急通知》。此后，各有关交易场所开始了国债期货平仓、清场及善后工作。

1996年国债二级市场蓬勃发展，但仍存在投机气氛较浓、国债价格波动过大等薄弱环节。由此，财政部和央行批准在原中国证券交易系统有限公司的基础上，改组设立了中央国债登记结算责任有限公司，并由央行清理证券回购业务，以维护良好的金融秩序。随后，1997年4月10日，财政部颁布《中华人民共和国国债托管管理暂行办法》，并于6月10日批转了中央国债登记结算有限责任公司的《实物国债集中托管业务（暂行）规则》。这两者是规范国债市场的重要行政法规，规范了国债托管行为，进一步维护了国债市场秩序。

国债净价交易方面。2001年，为完善市场制度建设，推出了国债净价交易。为实现国债交易方式与国际惯例接轨，从7月份开始，在全国银行间债券市场首次推出了国债净价交易方式。同时，上海证券交易所和深圳证券交易所也积极做好了推出国债净价交易的各项准备工作。2003年，全面推行国债净价交易，提高了国债市场整体的流动性。2007年，实施短期国债净价交易，在操作层面上解决了短期国债利息免税问题，进一步提高了短期国债市场流动性。

国债统一市场方面。2002年，成功地跨市场发行了一期额度为600亿元的记账式国债，它在银行间和交易所跨市场上市流通并可以转托管，同时还可进行柜台买卖，这为将来国债市场的统一做了一次有意义的尝试。2003年，进一步推动国债市场的统一进程，发布并实施了《跨市场国债转托管管理办法》。2004年，财政部跨市场发行7年期基准国债，且都设计为可以进行柜台交易，继续为加速国债市场统一创造条件；2005年，继续打通两个市场，构建统一互联、结构合理的国债市场体系。包括加大记账式国债跨市场发行力度，实现记账式国债全部跨市场发行；通过进一步扩大记账式国债柜台交易试点，增加承销机构分销网络和零售渠道等。

从上述改革的详细过程和结果可以看出，按照四个标准来看，无论是改革初期维护市场秩序，全国范围内推行国债净价交易，还是初步建立起国债统一市场，都对国债市场的培育和发展起到了重要的推动作用，并且使得国债市场交易的规范程度得到了较大的提高，国债市场的基本制度框架也已经建立，国债作为重要的财政政策工具获得了比较有利的操作背景和使用空间，成效明显。但也存在一定缺陷，例如，当前我国发行的国债中，较多是1至10年期的中期国债，短期和长期国债所占比例都较低，期限结构仍有不足且刚性较大；银行间市场与交易所市场仍存在分割现象，两个市场的参与主体、交易品种以及托管清算业务都处于不同程度的分割或隔离状态；大部分国债成为机构持有者的优质“不动产”，多数做市商的作用尚未很好发挥，柜台市场也没有得到重视；并且，二级市场的交易主要来自商业银行特别是四大国有商业银行。过于集中的现象在一定程度上影响了国债流通的市场化①。这些不足降低了国债的流动性，既影响了国债流通的市场化，也表明国债流通市场的制度框架仍需完善，透明度还需提高。以上这些情况表明，按照“市场体系标准”、“规范透明标准”和“制度框架标准”衡量，国债流通市场管理改革仍有不少需改进之处。

反危机中的国债支撑评估

显然，反危机中的国债支撑改革，最显著的效应当在于宏观调控方面。在四个评估标准中，这一改革以“宏观调控标准”来衡量取得的成效最高。

在财政赤字弥补方式转为以发行国债为主后，按照历年的预决算报告，数年间我国发行的国债只有两种用途：一是被动用于弥补财政赤字，二是用于偿还国债本息。国债宏观调控的功能并不明显。直至1998年为了应对亚洲金融危机的影响和扩大内需，我国国债的宏观调控功能才逐渐开始得到充分展现。1998年8月13日，财政部发布《关于发行1998年2700亿元特别国债的通知》，向工农中建四家银行定向发行2700亿元特别国债，所筹资金全部用于补充这四家银行的资本金。1998年8月29日，《全国人民代表大会常务委员会关于批准国务院增发今年国债和调整中央财政预算方案的决议》获得通过，批准1998年增发1000亿元国债，作为国家预算内基础设施性建设专项投资，用于国民经济和社会发展急需的基础设施建设投入。同时，向国有独资商业银行发行的特别国债和增发的1000亿元国债中有580亿元国债（转贷地方使用）不列入当年财政预算。由此可以明确，这两次发行的国债既不是用于弥补财政赤字，也不是借新还旧，突破了分税制改革之后国债资金的用途局限，给我国分税制改革后的国债资金使用增加了新的内涵。其中，增发国债用于基础设施建设的意义相当重要，影响十分深远，意味着我国财政政策开启了一个新的阶段，从以往的追求年度预算收支平衡向追求经济总量平衡转变，国债的宏观调控功能开始得到显现。

1999—2004年，积极财政政策进一步实施，国债继续增发。1999年3月份，经九届全国人大二次会议批准，中央财政在1998年发行国债的基础上，再增加250亿元基础设施建设投资和250亿元的农林水利、环境保护投资。1999年8月29日，经九届全国人大常务委员会第十一次会议批准，财政部向国有商业银行发行600亿元国债，重点用于基础设施等方面的建设，全年通过增发国债用于各项建设的专项资金达1100亿元。2000年，年初预算安排发行1000亿元长期国债，重点用于增加基础设施投入等，下半年又增发了500亿元长期国债用于加快在建的国债项目建设。2001年继续增发国债，促进基础设施建设，一是发行1000亿元基础设施建设国债，二是发行500亿元特种国债以支持西部开发。1998至2002年，累计发行长期建设国债6600亿元；至2004年，共发行长期建设国债9100亿元。这些国债资金的使用对我国扩大内需、促进国民经济稳定和发展起到了积极的作用。

2007年，财政部发行1.55万亿元特别国债，购买2000亿美元外汇作为国家外汇投资公司的资本金，又进一步创新了国债资金的用途。财政为购买外汇发行的国债不是对预算赤字的融资，而是有对应的变现能力较强的外汇资产。发行特别国债，吸收了多余的流动性，密切了财政与央行的联系，促进了财政政策与货币政策的协调；所得资金用于购买外汇作为外汇投资公司的资本金，有利于降低外汇储备规模、提高外汇经营收益水平，且能够为国内企业实现“走出去”提供有力支持。这种创新性的国债资金使用方式，进一步增强了我国宏观调控功能。

2008年，我国又遭受国际金融危机影响，

① 周颖刚、陈世渊：“试论我国国债市场的发展”，《当代财经》，2013年第1期，第56—66页。

中央及时采取包括扩大公共支出在内的多项措施予以应对。按照各年预算报告，2008年中央财政预算赤字仅为1800亿元，2009年猛增至7500亿元，2010年进一步增加至8000亿元，有力保证了2009和2010两年新增1.18万亿元公共投资目标的实现，为我国抵御这一轮金融危机发挥了重要作用。2009年和2010年的财政赤字，均相应增加了国债发行规模，国债再次成为积极财政政策的重要工具。与1998年相比，此次使用国债来实施积极财政政策更加成熟。典型表现之一是1998年至2000年这三年，均是在年中向全国人大申请批准增发国债并相应调整预算，前瞻性略显不足；而2009年和2010年则均是在预算中就考虑了国债的增发，且决算都没有超过预算中确定的国债发行规模，显得具有较准确的预见性及合理的计划。这表明我国对国债资金的使用管理上了一个新的台阶，宏观调控功能更加成熟和有效。

从“市场体系标准”来看，国债在两次反危机中都发挥了巨大的作用，为我国抵御金融危机，保持国民经济平稳过渡、避免深陷衰退泥潭作出了重要贡献，从而维护了社会主义市场经济体制，保证了社会主义市场体系的有序发展。因此以“市场体系标准”衡量，反危机中的国债支撑也取得了明显成效。

从“制度框架标准”和“规范透明标准”来看，两次反危机中使用国债的过程略有不同，1998年危机时国债增发多是以申请调整既定预算的方式进行，说明当时是首次运用国债作为主要手段应对金融危机，相应的制度框架还不成熟甚至可能仅是初步建立，在做法在规范性上也还是略有欠缺的。2008年危机时使用国债的过程就得到了改进，两次增发均在预算中体现，并且之后均未有超预算调整，说明此时相应的制度框架已经有了一定程度的完善，规范性也相应得到改善。因此，以“制度框架标准”和“规范透明标准”来衡量，两次反危机中的国债支撑，走过了一条逐步完善的改革之路，取得了较好的成效。

7.3.2 地方债管理改革评估

与国债改革相比，地方债管理改革虽然宏观调控和制度框架方面也有一些亮点，但总体上逊色不少。

从取得的成效看。1998年危机时，部分增发国债转贷地方，用于地方的经济和社会发展建设项目，对扩大有效内需发挥了积极作用。2009年地方政府债券在金融危机中启动，增加了地方政府可使用的反危机资源，使得地方政府能够更充分发挥对本辖区情况熟悉等优势，配合中央搞好宏观调控，为顺利渡过危机增添了不少砝码。

以2009年地方政府债券启动为契机，2009年至2013年，地方政府债券连续推出改革举措，从“代发代还”到“自发代还”，为此后过渡到“自发自还”乃至更为完善的制度设计打下了基础，积累了经验，逐步接近了地方政府债券制度化的目标。

2009年以后，因地方融资平台债务问题凸显，国务院及相关部门接连出台措施，严格管控地方融资平台公司，并制定对策处理地方融资平台的债务。虽难言解决了地方融资平台问题，但在规范地方融资平台行为方面还是取得了一定成效。

尽管取得一些成效，地方政府债务管理改革仍难以摆脱“瑜不掩瑕”的尴尬。从“制度框架标准”和“规范透明标准”看，1994年预算法关于地方政府债务的规定即使在当时尚能称得上符合改革需要，但在20年的改革过程中则早已跟不上形势，却一直未能得到补充或修改，规范合理的中央和地方政府债务管理及风险预警机制婴尚未构建，制度建设明显滞后。在实际操作中，地方政府往往绕开预算法的约束，千方百计以种种方式举借债务，虽然有种种理由和实际困难，但在规范性上远达不到要求，而这些不规范的做法却长期被忽视，在整个改革进程中很少有针对性的措施予以规范。在地方不规范举债的背景下，地方政府债务总额长期缺乏有效或官方权威的统计，债务风险得不到准确认识，地方债务透明度相当低。虽然2011年以来审计署接连对地方债务进行了多次审计并公布了审计结果，但这毕竟属于临时性举措，也称不上地方政府债务管理制度的改革。

从“宏观调控标准”和“市场体系标准”看，问题主要在于地方融资平台。2009年为应对金融危机，在配套资金需求等因素的刺激下，地方融资平台进入快速扩张阶段。借助平台融资地方政府对经济进行了干预，初期也取得了一些效果，但后续的经济过热迹象和激增的平台债务带来的风险事实上缩小了政府宏观调控的空间，从而削弱而不是加强了政府的宏观调控能力。地方融资平台对发展和完善市场体系也有负面影响，融资平台债务过度增加放大了地方政府的债务风险，不仅引发普遍担忧，而且影响了市场微观主体的判断和行动，最终对整个市场体系都产生不良影响。2010年开始实施的地方政府融资平台管控和规范等相关改革措施，主要在于管控和堵漏，目前起到的效果仍只是将恶化的情况挽回出发点，尚难以谈及对初始状态的改善效应。

7.4 未来10年改革展望

以十八届三中全会推出全面深化改革方案为契机，财税领域相关重要改革方案接连出台，包括《全国人民代表大会常务委员会关于修改〈中华人民共和国预算法〉的决定》、《国务院关于加强地方政府性债务管理的意见》、《国务院关于深化预算管理制度改革的决定》和《深化财税体制改革总体方案》等重要文件。这些文件均在不同程度上涉及政府债务制度的改革与完善。其中，《深化财税体制改革总体方案》框定了未来10年改革的重要时间节点，即2016年基本完成深化财税体制改革的重点工作和任务，2020年各项改革基本到位，现代财政制度基本建立①。基于此，未来10年应分为三个阶段：至2016年需完成重点改革，至2020年各项改革需基本到位，2020年之后到2023年的三年为调试期。本节将按照这些重要文件明确的方向以及时间点，按照国债管理和地方债管理两个领域展望未来十年的重要改革措施。

7.4.1 国债管理改革十年展望

未来的国债管理改革，应在加快推进国债法律制度建设，继续完善国债市场、提高市场流动性，不断健全国债管理的预算控制等方面加以改进。应力争在2016年之前形成改革方案；2017—2020年实施相关领域改革，制度落地，并同步进行制度评估；2021—2023年进一步改革完善。

加快推进国债法律制度建设

短期内，当务之急是财政部等有关部门应加紧修订或重新起草《国债条例》并尽快正式出台，使国债的发行、流动、使用等有法可依。长期看，则需更加重视国债立法的地位和意义，从国债的宏观调控功能出发，将国债立法的重心和层级上移。应当从建立和完善国债宏观调控法律制度的角度出发，制定并出台《国债法》，完善国债管理的法律制度。

继续完善国债市场、提高市场流动性

一是要继续完善国债的期限结构，增加短期国债和长期国债的发行规模，尤其应增加短

---

① 财政部网站，《财政部部长楼继伟详解深化财税体制改革总体方案》，http://www.mof.gov.cn/pub/czzz/zhongguocaizhengzazhishe_daohanglanmu/zhongguocaizhengzazhishe_caikuaishijie/201407/t20140704_1108675.html。

期国债的发行，以降低国债期限结构的刚性，增加国债市场流动性。二是要加快消除国债市场的分割状态，尽早建立起国债统一市场。从我国目前国债市场实际来看，推进国债统一市场应有层次地将相互隔离的交易主体、交易品种、托管清算业务等整合至一起，逐步加强两个市场的联系，最终实现国债市场的统一。三是要加强对做市商的支持，特别是加大政策支持的力度，促使做市商的权利和义务对等，激发做市商的积极性。同时还要建立做市商与其他国债市场参与主体的互动和联系，使做市商应有的作用得到充分发挥。四是进一步增加国债发行的透明度，每年公布的发行计划内容应更加详细、全面，帮助投资者更好地进行国债投资计划，从而有利于增加国债市场的流动性。

不断健全国债管理的预算控制

健全的预算控制是国债管理的内在要求。未来的改革应从三个方面加强国债管理的预算控制。一是对国债发行目的及用途等方面的规定进行完善，主要是细化有关表述，使相关规定更加具体、明确。二是改进国债余额管理制度，将国债余额的年度管理改为常态管理。即设定国债余额的上限或国债相对规模的最高比例，在任何时点上国债余额均不能超过这一比例上限①。同时为了避免频繁上调限额，还可仿照其他国家的做法，规定国债余额上限略高于近期政府国债余额预测值。三是研究考虑扩大国债的统计口径。政府债务风险是当前影响我国财政稳定乃至国民经济健康发展的重要因素，国债统计口径的大小，对债务风险有很大影响。出于政府债务风险方面的考虑，应对国债统计口径加以完善。

7.4.2 地方政府债务管理改革十年展望

从目前情况看，由于地方政府性债务问题的重要性和急迫性，到2016年急需完成的改革主要是地方政府债务管理制度的重构问题。从现实需要看，相关制度应自2015年开始即应进入落地阶段，在实践中不断调试并修正，到2016年形成较成熟的制度框架。经过2017—2020年的运行评估，其后三年的调试期，到2023年最终形成举债融资规范透明，规模控制符合实际，债务风险防控有力的地方政府债务制度体系。

按照修改后的《预算法》以及《国务院关于加强地方政府性债务管理的意见》（国发［2014］43号），改革要解决的关键问题有以下几个方面。

建立规范的以政府债券为唯一形式的地方政府举债融资机制

1995年《预算法》不允许地方政府借债，但其后地方政府由于经济社会发展的现实需要，发展出了以地方融资平台为主体的形式多样的举债融资方式。这些举债融资方式虽满足了地方的融资需求，但存在严重不规范、风险难以控制等问题。按照2014年修订后的《预算法》，自2015年开始，地方融资平台的政府融资功能需要剥离，不得再增加政府债务；地方政府因公益性事业资本性支出的需要，可以采取政府债券方式融资。其中，没有收益的公益性事业发展确需政府举借一般债务的，由地方政府发行一般债券融资，主要以一般公共预算收入偿还；有一定收益的公益性事业发展确需政府举借专项债务的，由地方政府通过发行专项债券融资，以对应的政府性基金或专项收入偿还。

按照这些法律规定，除国务院另有规定之外，地方政府债券将成为地方政府举债融资的唯一形式。展望这一领域的改革，落实相关规定关键是两点。一是“修明渠”，赋予地方政府包括一般债券和专项债券在内的适度举债权，处理好中央、省级、市县政府之间的责权关系，构建规范有序的地方政府债券市场，这

① 郑春荣：“论建立比例上限的常态国债余额管理制度”，《上海财经大学学报》，2007年第2期，第58—65页。

应成为2015—2016年的工作重点。二是“堵暗道”，切实剥离地方融资平台的政府融资功能，使政府债券成为政府融资的唯一渠道，地方融资平台公司分类处置。这也应成为2015—2016年的工作重点。实现后者这一目标，一是要加强对地方融资平台公司的监管；二是要大力探索、推广政府和社会资本合作模式，鼓励社会资本参与建设运营城市基础设施等有一定收益的公益性事业，以切实降低政府投资负担，降低政府债务压力。在这一过程中，需要明确政府和企业的责任，特别是明确投资运营项目的收费、补贴以及社会资本获取收益的规则，明确债务主体责任，切实做到谁借谁还、风险自担。

妥善分类处理存量债务

构建规范的地方政府举债融资机制的同时，还要将过去不规范融资导致的地方政府债务存量纳入到新的体系上。要对存量债务按照新标准进行甄别，分清政府市场责任，分类处理。按照国务院文件相关精神，以2013年政府性债务审计结果为基础，可将现有由地方政府、部门和企事业单位举借形成的存量地方政府性债务，按性质区分为三类：一是需政府偿还的一般债务，应纳入一般公共预算管理；二是需政府承担偿还责任，对应项目有一定收益的专项债务，应纳入政府基金预算管理；三是应按照市场原则处理的债务，政府不承担偿还责任，而是需要有关债务举借单位承担偿还责任。地方政府应指导和督促有关债务举借单位加强财务管理、拓宽偿债资金渠道、统筹安排偿债资金。对确需地方政府偿还的债务，地方政府要切实履行偿债责任，必要时可以处置政府资产偿还债务。

对甄别后纳入预算管理的地方政府存量债务，要切实采取措施积极降低存量债务利息负担。按照2013年审计署审计结果估算，地方政府性债务存量中需要政府承担偿还责任的约在13万亿元左右。这些过去形成的存量债务一般借债利率较高，而从自发自还试点地方债来看，地方政府债券的利率接近于国债，大大低于存量债务其他渠道的筹资利率。为此，自2015年开始，应加快由各地区申请发行地方政府债券置换存量债务工作，以降低利息负担，优化期限结构。如能将其借款利率降低3个百分点，每年节省的利息将达到4000亿元。

建立地方政府债务的规模控制和预算管理机制

在满足地方政府正常发展需要的同时，如何抑制其投资冲动和债务膨胀，关键是合理确定地方政府债务需求，建立规模控制机制。按照国发［2014］43号文的精神，地方政府一般债务和专项债务规模都要纳入限额管理，由国务院确定并报全国人大或其常委会批准，分地区限额由财政部在全国人大或其常委会批准的地方政府债务规模内根据各地区债务风险、财力状况等因素测算并报国务院批准。考虑到存量债务置换以及地方基础设施建设的实际需要，近几年的地方政府发债规模应适度定高一些，由此政府总体财政赤字率限制也应适当提高，不应死守所谓欧盟的3%赤字率红线。

控制地方政府债务规模的核心是抑制其投资冲动，为此应采取严格的预算管理限定地方政府举债程序和资金用途。地方政府在国务院批准的分地区限额内举借债务，必须报本级人大或其常委会批准。地方政府举借的债务，只能用于公益性资本支出和适度归还存量债务，不得用于经常性支出。从更好地管理地方政府债务的目的出发，未来可考虑要求各地专门编制公益性事业资本支出和债务预算，将地方债务以及对应的公益性事业支出放在一起交地方人大讨论。

多方发力形成完善的地方政府性债务风险防范机制

从国际经验看，地方政府债务一旦管理不善，易发生区域性金融风险。为此，构建地方政府性债务风险防范机制，应是与构建规范的地方政府债券市场同步进行的改革。按照国发［2014］43号文的要求，地方政府性致癌物风险防范机制主要包括两方面。一是建立地方政府性债务风险预警机制。由财政部根据各地区的经济和债务指标，通过分析评估各地区债务风险状况，对债务高风险地区进行风险预警。二是明确债务风险应急处置规则，在未来要严格遵循规则，建立市场正确的预期。为此要硬化预算约束，防范道德风险，地方政府对其举借的债务负有偿还责任，中央政府实行不救助原则。各级政府要制定应急处置预案，建立责任追究机制。地方政府出现偿债困难时，要通过控制项目规模、压缩公用经费、处置存量资产等方式，多渠道筹集资金偿还债务。地方政府难以自行偿还债务时，要及时上报，本级和上级政府要启动债务风险应急处置预案和责任追究机制，切实化解债务风险，并追究相关人员责任。

除此之外，地方政府债务的规模控制和预算审批，以及严肃财经纪律，建立包含地方政府债务在内的官员政绩考核机制，都将有助于从需求方控制地方政府性债务风险。而整顿债券市场，建立债券市场参与者对“中央不救助原则”的正确预期，通过具体案例的教育在事实上削弱中央政府的隐性担保，也将有助于从供给面通过市场的作用抑制地方政府债务风险。

主要参考文献

包丽萍：“基于制度变迁视角的中国财政赤字计算口径的解释”，《财政研究》，2011年第12期。

财政部网站，《财政部部长楼继伟详解深化财税体制改革总体方案》，http：//www.mof.gov.cn/pub/czzz/zhongguocaizhengzazhishe_daohanglanmu/zhongguocaizhengzazhishe_caikuaishijie/201407/t20140704_1108675.html。

董霞飞：“谈谈财政赤字的几个问题”，《财政研究》，1990年第10期。

高培勇：“当前财政形势分析与对策”，《财政研究》，1995年第4期。

唐洋军：“财政分权与地方融资平台的发展：国外模式与中国之道”，《上海金融》，2011年第3期。

郑春荣：“论建立比例上限的常态国债余额管理制度”，《上海财经大学学报》，2007年第2期。

周颖刚、陈世渊：“试论我国国债市场的发展”，《当代财经》，2013年第1期。

8

国库管理制度改革：评估与展望

- 以国库单一账户体系为基础的国库集中收付制度的建设，从中央到地方启动国库现金管理，政府采购制度和功能不断完善，构成了 1994 年之后中国现代财政国库管理制度改革的主旋律
- 按照“制度框架”和“规范透明”“宏观调控”、和“监督约束”四大标准，中国现代国库制度改革既取得了突出成就，也存在若干有待完善之处
- 实事求是加快推进国库单一账户体系改革，明确财政与央行的协调机制、加大国库现金管理运作力度，完善政府采购领域的法律法规，是未来十年中国现代国库制度进一步完善的关键

State Treasury Management System Reform: Evaluation and Prospect

- The construction of centralized treasury receipt and payment system based on treasury single account system, the implementation of treasury cash management at all levels and the improvement of government procurement system and function constituted the main theme of the modern treasury management system reform in China after 1994
- In compliance with the four standards of institutional framework, specification and transparency, macro regulation and supervision and restriction, China's modern treasury management system has achieved outstanding results, but there are also a number of deficiencies
- The key of China's modern treasury management reform in the coming 10 years should be to accelerate the reform of treasury single account system, to make clear the coordination mechanism between MOF and PBOC, to further strengthen the treasury cash management operations and to improve the laws and regulations of government procurement

8 国库管理制度改革：评估与展望

1994年分税制改革中的国库管理制度改革，是属于分税改革配套改革和其他措施的一个部分。1993年12月15日，国务院发布《国务院关于实行分税制财政管理体制的决定》（国发［1993］第85号），明确提出："要建立适应分税制需要的国库体系，原则上一级政府一级财政，同时，相应要有一级金库。在执行国家统一政策的前提下，中央金库与地方金库分别向中央财政和地方财政负责"。紧接着，1994年3月22日第八届全国人民代表大会第二次会议通过的《中华人民共和国预算法》中，进一步就国库管理作了较为详细的规定。

分税制改革中关于国库改革的内容并不多，但分税制改革本身是我国财政管理体制的一次影响极为深远、意义极为重大的变革，推动了我国经济社会各方面的发展，也促进了现代国库管理之客观环境的形成。与分税制改革相配套的国库相关改革，为我国国库管理适应新的客观环境、持续发展和完善提供了必要准备。此后，我国国库管理制度的相关改革陆续展开。

8.1 基本脉络

按照财政部国库司的观点，现代财政国库管理制度"主要包括国库集中收付制度、政府采购制度、国债与国库现金管理制度三个组成部分"①。鉴于国债管理在本报告中另有专门篇章论述，因此本章主要按照国库集中收付制度、国库现金管理和政府采购三个方向来梳理1994年以后我国国库管理改革的基本线索。

① 詹静涛：《现代财政国库管理制度理论与实践》，财政部网站，http://gks.mof.gov.cn/zhengfuxinxi/guojijiejian/201007/t20100721_329034.html。

8.1.1 以国库单一账户体系为基础的国库集中收付制度改革的基本内容

国库管理制度改革启动

2001 年 2 月，国务院原则同意《财政国库管理制度改革方案》，明确了“建立以国库单一账户为基础、资金缴拨国库集中收付为主要形式”的国库集中收付制度改革目标。同年 3 月，我国正式开始实施财政国库管理制度改革。

改革的主要做法是，建立国库单一账户体系基础上的国库集中收付运行机制，收入收缴资金及时进入国库单一账户或财政专户，财政资金支付按照规范程序，支付到供货商或最终用款单位，取消中间环节，使财政资金在未支付到收款人之前一直保存在国库，资金运行过程通过电子化监控系统实时监控。财政部制定了《中央单位财政国库管理制度改革试点资金支付管理办法》，重点解决财政资金支付过程的规范性管理问题；制定了《财政国库管理制度改革试点会计核算办法》，重点解决试点资金支付改革后的会计核算问题；会同中国人民银行制定了《财政国库管理制度改革试点资金支付银行清算办法》，重点解决试点支付过程中的银行清算问题。同时，财政部成立了国库支付中心，配合国库司建立和完善国库单一账户体系，为预算单位设立收支总账及分类管理系统。

试点覆盖范围和资金规模不断扩大

2002 年至 2011 年，国库集中支付制度沿着逐步试点——扩大改革——深化改革——全面推行——继续深化的轨迹循序渐进，从中央到地方，从一级预算单位到基层预算单位，从一般预算资金到政府性基金乃至国有资本经营预算支出资金，不断深化和扩大改革。从 2003 年至 2011 年，国库集中支付制度改革在中央和地方推广的情况见表 8－1。

表 8－1　2003—2011 年我国国库集中支付制度改革推进的基本情况　　单位：个

年份	中央		地方			
	部门	基层预算单位	省级	地市	县（区）	基层预算单位
2003	82	—	—	—	—	—
2004	140	2600	30	150	部分	《6000（省级）
2005	》160	—	36	》200	》500	—
2006	》160	》6100	36	》270	》1000	》16 万
2007	》160	》9300	36	》300	》1300	》23 万
2008	》160	》12000	36	》300	》1900	》28 万
2009	》160	》12000	36	》320	》2100	》31 万
2010	171	12548	36	327	》2500	》35 万
2011	170	13684	36	320	》2600	》38 万

注：省级包括省、自治区、直辖市和计划单列市。表中所列数字为实施国库集中收付制度改革的单位数量。“》”表示大于或等于，“《”表示少于或等于。此外，2006 年，国库集中支付改革进一步深化，将 150 多个实行代编预算管理的中央企业纳入国库集中支付改革范围；2009 年，全部 179 个代编预算单位都纳入了改革范围。

资料来源：相应各年的《中国财政年鉴》。

除了实施国库集中收付制度改革的预算单位不断扩大外，实施国库集中收付制度改革的资金范围同样不断扩大。2006 年，将政府性基金、预算外资金纳入改革范围。2007 年，改革的资金范围从一般预算资金扩大到政府性基金，并扩大专项转移支付资金国库集中支付试点。2008 年，改革的资金范围从一般预算资金扩大到政府性基金和国有资本经营预算支出的资金。省本级也将政府性基金、预算外资金纳入改革范围，继续扩大专项转移支付资金国库集中支付范围。2009 年，资金范围从一般预算资金、政府性基金扩展到国有资本经营预算资金。全国绝大部分省份的省本级预算单位将政府性基金、预算外资金纳入改革范围。截至 2012 年末，所有县级以上预算单位、有条件的乡级预算单位基本实现了国库集中收付制度，资金范围不仅涵盖了一般预算资金、政府性基金、国有资本经营预算资金，还包括农村义务教育中央专项资金、民口科技重大专项资金等 9 项中央专项转移支付资金。

8.1.2 国库现金管理改革的基本内容

国库现金管理是指在确保财政资金支付需要的前提下，以实现财政闲置的资金余额最小化而投资收益最大化为目标的一系列财政管理活动，是财政国库管理的重要组成部分，也是现代国库管理制度的重要特征①。开展国库现金管理既是深化财政国库管理管理制度改革的需要，也是提高国库现金使用效益的必要手段，还是加强财政政策与货币政策协调配合的重要媒介，是现代国库管理制度的核心内容之一。

2006 年以前，我国的国库现金管理基本没有展开，只是小范围或小幅度地进行一些有限的相关操作或尝试，为将来进行国库现金管理积累经验。如 2002 年发布了《国库存款计付利息管理暂行办法》；2003 年根据国库库款预测情况，规定延迟记账式国债 5 期发行缴款，以避免国库库款的大幅波动；2004 年根据国库现金余额大量闲置的情况，提前买回当年到期的三只记账式国债，减少国库资金的闲置和国债利息支出。

经过数年的理论研究和经验积累后，2006 年，我国的国库现金管理正式开展，总体思路是：在确保国库支付需要和国库现金安全的前提下，按照从易到难的原则，稳妥有序地开展国库现金管理工作：先实施商业银行定期存款和买回国债两种操作方式，待取得较多实践经验后，再实施国债回购和逆回购等其他国库现金管理方式。

2006 年，《中央国库现金管理暂行办法》和《中央国库现金管理商业银行定期存款业务操作规程》等相关制度出台，财政部展开国库现金管理投资操作：一是首次实施买回国债操作，二是首次实施商业银行定期存款操作，三是减少国债发行。2008 年，开展商业银行定期存款、买回国债、减少发行国债等操作，首次实现了年度内商业银行定期存款的滚动操作。2009 年，中央国库现金管理的规模得到扩大，基本上实现了每月 1 次商业银行定期存款操作，中央国库现金管理操作规程也得以完善。2010 年，进一步完善中央国库现金定期存款操作运行机制，制定年度操作计划和月度操作计划调整机制，完善招投标质押操作规程。2011 年以后财政部开始着手涉及地方国库现金管理，包括推动地方国库现金管理制度办法出台、研究起草相关制度等。

8.1.3 政府采购管理改革的基本内容

20 世纪 90 年代，我国开始研究制定政府采购政策和制度并逐步推行，1996 年开始进行改革试点。

2002 年，我国颁布《政府采购法》（下称《采购法》），标志着我国政府采购法制建设进入新的历史时期，政府采购制度改革由试点阶段转向全面推行。同年，还编制政府采购预算和实行政府采购资金财政直接拨付，在一定程度上也支持了部门预算和国库管理制度改革。此后，政府采购管理改革主要沿两条线进行，一条是制度建设，完善政府采购相关法规；另

① 詹静涛：《财政国库现金管理问题研究》，财政部网站，http://gks.mof.gov.cn/zhengfuxinxi/guojijiejian/201007/t20100721_329035.html。

一条则是功能拓展，逐步发挥政府采购的宏观调控和市场导向等作用。

制度建设方面。2004年开始，财政部组织制订、颁布或修改了一系列与政府采购法配套的规章制度，至2007年底已初步建立了以政府采购法为统领的政府采购法律制度体系。之后，2009年至2012年，政府采购在综合性制度建设方面进一步取得进展，政府采购法规体系继续得到健全。

功能拓展方面。2006年，财政部印发《财政部关于实施促进自主创新政府采购政策的若干意见》，并会同环保总局联合印发了《财政部 环保总局关于环境标志产品政府采购实施的意见》，开始重视发挥政府采购的引导功能。2007年，财政部下发了《自主创新产品政府采购预算管理办法》等政策制度，促进政府采购在节能、环保等方面发挥积极作用，初步实现了由单一管理目标向政策目标的转变。2008年以后，国务院办公厅和财政部又多次出台措施，强化政府采购支持国内产业、“三农”、民生和小微企业等，使政府采购的政策功能得到进一步丰富和加强。

8.2 评估标准的界定①

考虑到国债等政府债务与国库之间存在密切联系，故本章沿用“政府债务管理制度改革：评估与展望”一章中对政府债务管理改革评估标准的相关讨论，并依据国库的现实情况进行相应调整。

8.2.1 改革评估标准界定的原则

确定原则的出发点

首先，1994年的财税改革，既可以说是一项改革成果，更可以说是一个改革过程。因此，评估1994年以来的财税改革，实质是对20年以来财税改革进程的总体效应评估。因此，评估国库管理制度的改革，不仅要站在20年前分税制改革时的设立目标上进行，还应注重站在20年后全面深化改革的新视野上进行。这就要求界定改革评估标准时，需将1994年分税制改革和2013年全面深化改革的内容均纳入分析。

其次，国库管理是财政体制的重要内容，其相关改革的影响不单单局限于国库管理本领域，而是会牵涉到预算、政府债务等财政体制的其他方面。同时，国库与国民经济息息相关，国库资金的入库和拨付、国库现金管理、政府采购管理等都会对国民经济产生各种不同的影响，相应地，国库管理领域的改革变化，也会对国民经济产生影响。因此，在界定改革评估标准时，需注重国库管理改革与财政体制其他领域和国民经济之间的关系，特别是改革效应对财政体制和国民经济的影响。

最后，在界定标准时应考虑评估时是“标准套改革”还是“改革套标准”的问题。前者是指用所界定的标准进行评估时，以国库管理每一方面的改革为基础，用标准分别对每一方面改革进行对照，以此评估每一部分改革的效应；后者是指用界定标准进行评估时，以标准为基础，将改革整体而非每一部分改革与每一条标准进行对照，以此评估改革整体的效应。二者的区别在于前者实际上是将改革整体分解成各个部分，对每一部分进行局部性评估；后者则是对改革整体进行的总体性评估。

具体原则

基于以上三个方面，同时兼顾其他因素，

① 需要指出的是，本章与其他各章之间既相互联系又适度独立，故在评价标准的界定上，各章既可能相同或相似也可能有所差异。

可以得出在界定改革评价标准时，需要遵循或充分考虑的相应原则。

一是综合性原则。由于评估改革既需要考虑1994年财税改革的基本目标，又需要涵盖2013年全面深化改革的新内容；既要放置于1994年分税制改革时的背景下，又要放置于2013年全面深化改革的大局中；既要以1994年分税制改革为基本尺度，又要以2013年全面深化改革为新的标杆。因此，界定标准时需要综合考虑这两个方面，注意这两次改革之间一以贯之的线索和前后的衔接。

二是全面性原则。由于国库管理制度改革效应并非局限于本领域之内，而是涉及财政体制和国民经济的多个方面，因此界定标准时必须注重能够实现对改革效应的全面评估。

三是分解性原则。这一原则的设立出于对前述"标准套改革"还是"改革套标准"问题的考虑。应该说，如果从本报告整体的高度看，可能需要更注重后者，也即是对20年改革进程整体效应的评估。但具体到每一块的改革时，这种做法就略显得有些笼统，且可能与报告整体的处理有一定的重复意味。因此，考虑到应注意报告整体的宏观把握与报告局部的微观细致之间的有效结合，以及国库务管理改革的实际情况，本章决定使用"标准套改革"的原则来界定改革评估的标准并依此进行评估，也就是国库务管理改革按基本脉络分解成几个部分，对每一部分分别用所界定的标准进行评估。界定标准时需注意契合这一原则。

四是适度性原则。该原则是指所界定的标准，其涵盖的面不能过于宽泛，应当有一定限度。这与分解性原则具有内在一致性，因为分解性原则决定了本章的评估是将国库管理改革分解成多个部分来分别进行，这与评估改革整体在层次上有所差异，涉及的面会较窄但涉及的内容会更加具体。这样，就要求所界定的评估标准应适度，不能面面俱到。

五是异质性原则。对国库管理改革的评估是多方面的，仅仅一条标准难以顾及所有内容，因此改革的标准必然不会仅有一条，而应是多条标准共同组成的标准集合。为了满足评估的全面性，这多条标准应当是各有侧重，专门针对某一方面进行衡量，从而尽可能展现被评估的每一部分改革的全貌。由此，制定标准时应注意体现标准的个体差异，尽量避免标准之间出现交叉重复。

8.2.2 改革评估标准界定的依据

结合前述界定标准的五个原则，考察1994年财税改革至今的20年进程，可以发现界定标准有两大支撑点。

一是1994年分税制改革的基本目标。《国务院关于实行分税制财政管理体制的决定》指出："为了进一步理顺中央与地方的财政分配关系，更好地发挥国家财政的职能作用，增强中央的宏观调控能力，促进社会主义市场经济体制建立和国民经济持续、快速和健康的发展，国务院决定，……实行分税制财政管理体制。"可见，1994年分税制改革的基本目标应包括理顺中央地方财政关系、更好发挥国家财政职能作用等多个方面，其最终落脚点在于促进社会主义市场经济体制建立和国民经济发展。

二是2013年全面深化改革的总目标。《中共中央关于全面深化改革若干重大问题的决定》指出："全面深化改革的总目标是完善和发展中国特色社会主义制度，推进国家治理体系和治理能力现代化。"可见，2013年全面改革总目标包括两个方面，最终落脚点在于社会主义制度和国家治理。

由以上两个支撑点可以得出界定评估标准的基本依据。一是从1994年财税改革基本目标、最终落脚点和时代背景入手，可以推知促进社会主义市场经济体制建立是1994年财税改革的内在驱动力。由此，是否有利于中国社会主义市场经济体制的建立，或者说是否对中国社会主义市场经济体制建立起促进作用，应为我们界定评判标准的一个基本依据。二是从2013年党的十八届三中全会所处的新历史时期的要求入手，从新视野、新高度回望过去二十年的改革，其总目标为完善和发展中国特色社会主义制度，推进国家治理体系和治理能力现代化。由此，是否有利于中国特色社会主义制度完善和发展、有利于推进国家治理体系和治理能力现代化，应为我们界定标准的另一个基本依据。

8.2.3 国库管理改革评估标准的界定

以上两个基本依据框定了本章界定评估标准的大方向和总原则。基于这两个基本依据，通过遵循前述五个界定评估标准的原则进行分解和细化，可以归纳出一系列具体的国库管理改革评估标准。

第一，应从是否建立了国库管理制度的基本框架并逐步完善来进行评估。1994 年分税制改革文件《国务院关于实行分税制财政管理体制的决定》提到，“总之，通过渐进式改革先把分税制的基本框架建立起来，在实施中逐步完善”。回过头来仔细地审视一下 20 年间的演变历程，可以发现，如果说那一轮的财税改革为我们所搭起的是社会主义市场经济条件下的财税体制基本框架，那么，在此之后，旨在完善这一基本框架的改革一直在持续，相关改革举措的出台从来就没有停止过，这也是本报告评估的一个基本出发点。因此，建立相关基本框架并逐步完善应作为国库管理制度改革评估的一个重要方面，应将是否建立了国库管理制度的基本框架并逐步完善作为评估 20 年国库管理改革的一个标准，此为第一个标准，即“制度框架标准”。

第二，应从是否促进了全面规范、公开透明的角度来进行评估。国家治理是 2013 年全面深化改革总目标的重要内容。《中共中央关于全面深化改革若干重大问题的决定》中则明确了“财政是国家治理的基础和重要支柱”，并提出建立现代财政制度需“完善立法、明确事权、改革税制、稳定税负、透明预算、提高效率”。从国库管理本身来说，其与预算管理息息相关，国库本身也是预算的重要组成部分。因此，2013 年全面改革中对预算管理制度要求的重点，即“全面规范、公开透明”，也适用于国库管理制度。故应将是否促进了全面规范、公开透明作为评估 20 年国库管理改革的一个标准，此为第二个标准，即“规范透明标准”。

第三，应从是否增强我国的宏观调控能力的角度来进行评估。1994 年财税改革明确提及“增强中央的宏观调控能力”，这也是保证“国民经济持续、快速和健康的发展”的必然要求。2013 年全面改革也明确提及要“健全宏观调控体系”、“增强宏观调控前瞻性、针对性、协同性”，言下之意同样包括了增强宏观调控能力。可见，宏观调控能力也是 1994 年财税改革至 2013 年全面改革整个进程中一以贯之的线索，应将是否增强了宏观调控能力作为评估 20 年国库管理改革的一个标准，此为第三个标准，即“宏观调控标准”。

第四，应从是否促进了国库发挥监督约束职能的角度来进行评估。按照《中华人民共和国国家金库条例》的规定，国库的主要权限包括“对擅自变更各级财政之间收入划分范围、分成留解比例，以及随意调整库款账户之间存款余额的，国库有权拒绝执行”、“监督财政存款的开户和财政库款的支拨”等监督约束职能。应将是否促进了国库发挥监督约束职能作为评估 20 年国库管理改革的一个标准，此为第四个标准，即“监督约束标准”。

8.3 国库管理制度改革效应系统评估

根据前一部分界定的“制度框架标准”和“规范透明标准”“宏观调控标准”、和“监督约束标准”这四个标准，依照 20 年国库管理改革的基本脉络，可以对政府债务管理制度改革的基本脉络，可以对政府债务管理制度改革的效应进行系统评估。

8.3.1 以国库单一账户体系为基础的国库集中收付制度改革评估

国库集中收付管理通过设立设计科学的账户制度和资金收支运行机制，可以提高财政资金运行的透明度，使财政部门在预算执行上程序透明，使每一笔财政资金的支付使用过程透明，保障财政资金支付使用的安全性、规范性和有效性；可以简化财政资金收付流程，减少资金运行中间环节，提高资金入库和支付效率。更为重要的是，国库集中收付管理还可以使所有尚未支付的财政资金保留在国库单一账户中，统一归于国库管理，实现财政部门对政府现金流的有效控制①。

三大突破

回顾2001年以来的改革历程可知，国库集中收付制度改革在制度设计取得了三个方面的重要突破②。

一是建立了国库单一账户体系。在以国库单一账户体系为基础的国库集中收付制度改革之前，国库资金收缴和拨付通过征收机关和预算单位自行、分散、多重设置的账户分散进行，致使收缴部门设立过渡账户过多过滥，产生了诸多问题。2001年改革后，形成了主要包括财政部门在人民银行开设的国库单一账户、在商业银行开设的零余额账户等国库单一账户体系（见专栏8－1），所有财政资金收支活动都纳入国库单一账户体系，预算单位应支未支的资金以及已实现的财政收入统一集中到国库，使财政收支账户过多过滥的状况得到了较大改善。

专栏8－1　2001年改革后形成的国库单一账户体系的构成及功能

财政部门在人民银行开设单一账户作为国库存款账户，用于记录、核算和反映纳入预算管理的财政收入和支出活动，并用于与财政部门的零余额账户进行清算；

财政部门按资金使用性质在商业银行（或人民银行国库部门）开设零余额账户，用于记录、核算和反映实行财政直接支付方式的财政性资金活动，并与国库存款账户和财政专户进行清算；

财政部门在商业银行为预算单位开设零余额账户，用于记录、核算和反映实行授权支付方式的财政性资金活动，以及同级预算单位的日常现金支付活动，与国库存款账户和财政专户进行清算；

财政部门在商业银行（或人民银行国库部门）开设预算外资金专户，用于记录、核算和反映预算外资金的收入和支出活动；

经国务院和省级人民政府批准或授权财政部门开设特殊过渡性专户，用于记录、核算和反映预算单位的特殊专项支出活动。

资料来源：中国人民银行国库局、西南财经大学，《国库改革与发展》，中国金融出版社，2007年。

二是改革了资金收缴方式。改革前，资金收缴方式共有就地缴库、集中缴库和自收汇缴三种，后两种方式大多通过设立众多过渡性账户进行，成为延迟预算收入入库、收入退库不规范的主要原因。国库集中收付制度改革后，建立起了财政资金新型收缴管理方式，主要是直接缴库和集中汇缴方式，将税收收入和非税收入直接缴入国库单一账户或财政专户，从而提高了资金收缴入库的效率，改革了传统方式下收入透明度低、收入退库不规范、收缴信息滞后等弊端。

三是改革了资金支付方式。改革前，资金

① 詹静涛：《现代国库管理制度：管理型公共财政的正确选择》，财政部网站，http://gks.mof.gov.cn/zhengfuxinxi/guojijiejian/201007/t20100721_329036.html。

② 刘贵生：《现代国库论》，中国金融出版社，2014年。

支付主要采取“以拨代支”、层层转拨的方式，国库集中收付制度改革实行财政直接支付和财政授权支付方式，通过国库单一账户体系将资金直接支付给收款人，提高了资金的有效性、规范性和安全性。

可见，以国库单一账户体系为基础的国库集中收付制度改革，不仅逐步形成了一套行之有效的基本框架体系，而且实现了一定的制度创新，为我国建设现代国库管理制度打下了良好基础。“成效显著、印象深远”应该可以作为对国库集中支付制度改革的客观评价①。

国库单一账户体系需要进一步调整完善

在改革取得良好成效的同时，缺陷也同样存在。最主要的问题在于距离改革最初国务院明确的“建立以国库单一账户为基础、资金缴拨国库集中收付为主要形式”的国库集中收付制度改革目标还有一定距离。2001年改革以来形成的国库集中收付制度改革是以国库单一账户体系为基础的，“国库单一账户体系”与“国库单一账户”仅有两字之差，内涵却大不相同。

国际通行的国库单一账户制度的基本含义是：将所有的政府财政性资金集中在一家银行的账户上，全部财政收入由纳税人直接缴入该账户，全部财政支出由该账户直接支付给商品或劳务供应商，这一账户被称作国库单一账户②。也就是说国库单一账户仅有一个账户，而不是如国库单一账户体系般有几类账户，只是由于改革初期人民银行不具备相关技术条件等原因，采取了“国库单一账户体系”的做法（二者差异更详细的比较见专栏8－2）。这种做法符合当时中国国情，从结果看也收到了良好的效果，但改革进程中未能很好地根据形势的发展和客观条件的变化进行相应的改进和完善，使得“国库单一账户体系”而不是“国库单一账户”这种改革初期制度设计上带有“折中”意味的选择产生了一定的负面效果。

专栏8－2　不同账户设置框架的差异分析

国库集中收付制度，是以国库单一账户为基础，还是以国库单一账户体系为基础，这是两种不同的制度路径选择。二者因资金账户设置框架不同而产生不同的制度效果，主要区别：

一是账户设置数量不同。国库单一账户，就是各级政府财政部门只需在中央银行开设一个账户来管理全部的资金收支。国库单一账户体系，则是各级政府除在中央银行开设国库单一账户外，还在商业银行开设众多的收入过渡账户和支出过渡账户，来实现资金的收缴和支付活动。账户数量众多，导致政府资金分散管理，信息不完整不透明，影响政府财力的统筹安排与科学调度。

二是业务处理流程不同。国库单一账户制度，要求政府财政收入从纳税人（或缴款人）账户直达国库单一账户，政府财政支出从 国库单一账户直达商品或劳务供应商账户。而在国库单一账户体系下，收入和支出均通过层层过渡性账户来处理，资金流转环节多，业务处理手续烦琐，资金运转效率和安全完整很难保证。

三是国库运作成本不同。国库单一账户制度下的成本仅限于中央银行办理业务所需，而国库单一账户体系下的成本，除中央银行（不会减少）外，还需要向商业银行支付高额的代理费用和其他为防范资金风险而产生的各种监督成本。

资料来源：刘贵生：《现代国库论》，中国金融出版社，2014年。

国库单一账户体系虽然很大程度上改善了原先多头设置账户，多环节收纳和支付财政资

① 刘贵生：《现代国库论》，中国金融出版社，2014年。

② 刘贵生：《现代国库论》，中国金融出版社，2014年。

金、大量滞留财政资金的状况，但并未从根本上解决财政资金分散管理的问题。由于“体系”中大量财政专户和各类收支过渡账户的存在，使得巨额财政资金由原来滞留于“体系外”的征收部门设立账户中变为分散于“体系内”的财政专户中，仍未能集中存放于国库单一账户。

在20年改革进程后期，财政专户的问题已经开始得到重视。2011年起，财政部连续3年组织开展清理整顿地方财政专户工作，累计撤并地方财政专户7.4万多个，撤户率达32.4%[①]。

基于标准的总体评价

综上可见，以“制度框架标准”衡量，国库集中收付制度改革既卓有成效，也存在一定不足，但就20年改革总体而言，成效远大于不足。

从“规范透明标准”和“监督约束标准”来看，在国库集中收付制度改革前，大量财政资金滞留在预算单位，并且由于国库支出实施“以拨代支”，使得财政资金的运行既不规范也不透明、效率低下、难以监督，截留、挤占、挪用资金等问题时有发生，并在不同程度上诱发了腐败现象。改革之后，预算单位不设立财政资金存款账户，所有财政资金收付活动都纳入国库单一账户体系管理，规范化程度和透明度得到提高。财政资金的申请支付程度得到规范，支付过程一定程度上减少了中间环节和过渡账户，既提高了效率也提高了透明度。所有财政资金往来都应当通过国库单一账户体系，从而财政部门有条件对每一笔财政资金收入以及支出情况能够掌握，有利于展开监督。当然，负面效应也依然存在，主要是财政专户种类多、数量大，即使政府及其财政部门对账户的数量、账户内资金的种类和金额也难以完全清楚，透明度依然不高；财政专户游离于国库之外，也不易监管。总的看来，以规范透明标准”和“监督约束标准”进行衡量，国库集中收付制度改革尽管存在一定问题，但与改革之前的情况相比，以国库单一账户体系为基础的国库集中收付制度改革取得的良好效应仍是十分明显的。

从“宏观调控标准”看，改革之前，财政资金离开国库后，其使用、运行等相关信息就无法完整、及时地反馈，一方面难以为宏观经济调控提供准确的决策参数，另一方面也不利于政府适时集中财力以实现政策目标。相比之下，国库集中收付制度改革提高了财政资金相关信息反馈的速度和质量，并且使原滞留在预算单位的资金逐步向国库单一账户体系集中，从而相应改善了政府实施宏观调控的基本条件。因此，以“宏观调控标准”衡量，以国库单一账户体系为基础的国库集中收付制度改革取得了一定的成效。

8.3.2 国库现金管理改革评估

国库现金管理是指在确保财政资金支付需要的前提下，以实现财政闲置的资金余额最小化而投资收益最大化为目标的一系列财政管理活动，是财政国库管理的重要组成部分，也是现代国库管理制度的重要特征。

在1994年财税改革后至我国国库管理制度搞改革前，国库现金管理基本没有开展，从而产生了许多问题（见专栏8-3）。国库现金管理未开展的首要原因在于资金被肢解而未集中，现金管理缺乏必要条件。因此，实行国库单一账户制度，所有财政资金收支活动都纳入国库单一账户体系，预算单位应支未支的资金以及已实现的财政收入统一集中到国库，是实施国库现金管理的基本前提。直至2001年国库管理制度改革，建立起由单一账户、零余额账户、财政专户等共同构成的国库单一账户体系之后，我国国库现金管理的相关改革才陆续进行。

① 《财政部有关负责人就深化预算管理制度改革有关问题答记者问》，财政部网站，http://www.mof.gov.cn/zhengwuxinxi/caizhengxinwen/201410/t20141008_1146864.html。

专栏8-3　我国国库现金管理制度改革前的情况

在2001年我国国库管理制度改革前，政府整体的现金余额被分散在为数众多的支出机构在商业银行开设的大量账户中，这些现金并不与某个国库单一账户相连接，也不实行零余额管理。财政性资金缴库和拨付方式，是通过征收机关和预算单位设立多重账户分散进行的。这种在传统体制下形成的运作方式，越来越不适应社会主义市场经济体制下公共财政的发展要求。一是财政资金被层层分解，化整为零，并游离于国库之外，失去了国库现金管理的基础，无法利用剩余现金投资这一潜在的可获得巨大收益的机会；二是在政府财政整体的现金余额沉淀在外的同时，财政部门在财政年度中未处理经常发生的临时性收不抵支（现金收款不足以递补现金付款），不得不代表政府发行大量的中长期债务，人为地加大了利息负担和交易成本；三是重复和分散设置账户，导致财政资金活动透明度不高，不利于对其实施有效管理和全面监督；四是财政收支信息反馈迟缓，难以及时为预算编制、执行分析和宏观经济调控提供准确依据；无视财政资金入库时间延滞，收入退库不规范，大量资金经常予留在预算单位，降低了使用效率；六是财政资金使用缺乏事前监督，截留、挤占、挪用等问题时有发生，甚至出现腐败现象。

资料来源：中国人民银行国库局、西南财经大学：《国库改革与发展》，中国金融出版社，2007年。

五大成效

以国库单一账户体系为基础的国库集中收付制度改革后，原本分散于各个预算单位账户中的大量资金集中到了国库单一账户体系之内，在实现了国库现金管理前提的同时，也因提高现金余额效益的需求而对国库现金管理的开启产生了推动作用。2006年12月6日，中国人民银行采取单一价格招标方式实施了第一期中央国库现金管理商业银行定期存款操作，正式开始了我国真正意义上的国库现金管理，此后经过7年的发展，中央国库现金管理取得了一定的进展和成效①。

一是初步建立了中央国库现金管理制度。2006年6月和9月，财政部、人民银行分别颁布了《中央国库现金管理暂行办法》和《中央国库现金管理商业银行定期存款业务操作规程》；2006年10月，财政部、人民银行与52家商业银行签署了《2006—2008年中央国库现金管理商业银行定期存款主协议》，此后每3年组织方与参与方签署一次主协议；2012年4月，财政部和人民银行联合发布了《2012年中央国库现金管理商业银行招投标规则》。这些制度保障了中央国库现金管理的规范运行。

二是开发完成中央国库现金管理招投标系统和而业务系统并相继投入使用。这两个系统对于中央国库现金管理招投标和相关业务的安全、准确、高效运行起到了重要的支撑保障作用。

三是努力促进国库定期存款操作常规化。中央国库定期存款操作规模逐年扩大，操作频率稳中有升，定期存款余额稳中有升，滚动操作态势出现，如表8-2所示。

表8-2　2006年—2012年10月中央国库定期存款操作情况

年份	操作规模	操作期数（次）	年末余额（亿元）
2006	200	1	200
2007	300	1	0
2008	2500	5	800
2009	3096.4	11	1200
2010	4000	12	1600
2011	4500	11	2900
2012	5900	12	3400

资料来源：刘贵生，《现代国库论》，中国金融出版社，2014年。

① 刘贵生：《现代国库论》，中国金融出版社，2014年。

四是初步建立了中央国库现金管理风险防范框架。主要措施包括按制度对应对取得国库定期存款的商业银行提供的记账式国债予以质押；加强国债市值检测，确保存放在商业银行的国库存款有足值的质押品；加强监督检查，规范商业银行的相关操作；及时跟分析国库定期存款对参与银行存款量和存贷比的影响情况，检测国库资金运行情况；尝试开展国库现金管理风险收益分析，科学识别、衡量、防控国库现金管理面临的风险。

五是加强国库现金管理与货币政策的协调配合。

基于标准的总体评价

根据以上我国国库现金管理改革的有关情况，从制度框架方面看，2006 年以来中央国库现金管理在操作、运行等技术性层面的制度已经初步建立并稳固，从而促进了中央国库现金管理的平稳发展，既增加了国库现金余额的资金效益，又提高了我国财政管理的水平。但不足之处也依然存在。一是 20 年改革进程中，国库现金管理改革只针对中央国库现金管理，而未针对地方国库现金管理，与之相关的制度框架也未建立起来。虽然从原理上看中央地方国库现金管理有很大相似之处，但地方国库现金管理依然有自己独特的制度需求，改革只建立了中央国库现金管理相关制度而未建立地方国库现金管理相关制度，不能不说是制度框架上的缺失。二是国库现金管理相关法制建设滞后。目前，我国尚没有关于现金管理过程中财政部、中央银行以及现金管理部门的相关职责界定、风险控制管理乃至现金管理具体操作方式等方面的法律法规。同时，《国家金库条例》、《预算法》等法律法规有许多不适合国库现金管理发展需要的方面，如《中国人民银行法》和《国家金库条例》未对国库富余资金的管理进行规定，《预算法》中相关规定未考虑国库现金管理的特点等。总体上看，以“制度框架标准”衡量，20 年改革进程中的国库现金管理改革取得了一定的成效，但并不突出。

从规范透明方面和监督约束方面看，实施国库现金管理改革后，中央国库现金管理建立了从操作方式、操作流程到职责分工等方面的一系列制度，有效保障了中央国库现金管理的规范运行，并且整个流程比较公开、透明；通过建立风险防范框架，对国库定期存款操作的关键环节进行监督和监测，增强了国库现金余额运作的安全性和有效性，改革的成效明显。然而地方国库现金管理却没能实现同样的效果。应该说，中央国库现金管理的展开并获得较好效应刺激了地方国库资金增值需求的高涨，但由于缺少正规途径，促使地方政府及其财政部门普遍进行地方国库现金管理的“暗箱操作”，既不规范，也不透明，缺乏有效的监督，增加了风险。一定意义上这可以看作国库现金管理改革衍生的负效应。因此，以“规范透明标准”和“监督约束标准”衡量，较改革之前，20 年改革进程中的国库现金管理改革取得了不错的成效，同时仍有较大的改进空间。

从宏观调控方面看，中央国库现金管理改革促进了财政部国库司、人民银行货政司和国库局三个相关部门的沟通和交流，建立起了操作规划协调和操作指令通报两个层次的协调沟通机制，对我国财政政策与货币政策的协调配合起到了积极的作用。同时，中央国库现金管理一定程度上优化了政府的财力配置，释放了财力空间，有利于财政政策更有效的制定和实施。但地方国库现金管理的“暗箱操作”对货币政策可能产生一定的冲击，削弱货币政策的调控效果。因此，以“宏观调控标准”衡量，20 年改革进程中的国库现金管理改革取得了一定成效，但并不是非常明显。

8.3.3 政府采购管理改革评估

政府采购是市场经济条件下公共财政支出的一项管理制度，通过确立竞争、公开、公正、公平的支出使用规则，约束政府部门的采购行为，实现财政资金使用的规范性和有效性。不过，政府采购虽然在国际上广泛施行，但并没有规范统一的概念和范围。我国的政府采购在相当长时间里实行自由分散采购，没有统一规范的制度要求。20世纪90年代，我国开始研究制定政府采购政策和制度并逐步推行，1996年开始进行改革试点①。2002年颁布了《中华人民共和国政府采购法》（2003年开始实施），标志我国的政府采购开始步入法制化管理轨道，此后政府采购规模迅速扩大，由1998年的31亿元，发展到2013年的16381.1亿元，每年节约了大量财政资金，取得明显的成效。改革以来，我国政府采购制度建设和采购活动都获得长足的发展，政府采购管理机制和政策功能日益完善。

表8-3　1998—2013年政府采购规模

年度	规模（亿元）
1998	31
1999	130
2000	328
2001	653.2
2002	1009
2003	1659.4
2004	2135.7
2005	2927.6
2006	3681.6
2007	4660.9
2008	5900
2009	7413.2
2010	8422
2011	11332
2012	13977.7
2013	16381.1

资料来源：1998年来自詹静涛：《现代财政国库管理制度理论与实践》，财政部网站，http://gks.mof.gov.cn/zhengfuxinxi/guojijiejian/201007/t20100721_329034.html。

1999年来自《肖捷副部长在全国政府采购工作会议上的讲话》，中国政府采购网，http://www.ccgp.gov.cn/zcfg/zywx/201010/t20101009_1379731.shtml。

2009年来自《2009年全国政府采购规模达7413.2亿元》，中国政府采购网，http://www.ccgp.gov.cn/zycg/cgtt/201009/t20100928_1115893.shtml。

2010年来自《2010年全国政府采购规模达8422亿元》，政府采购信息网，http://www.caigou2003.com/news/focus/pd/20110527/pd_183332.html。

2012年及2013年来自《2013年全国政府采购规模通报》，财政部网站，http://www.mof.gov.cn/pub/guokusi/zhengfuxinxi/gongzuodongtai/201407/t20140716_1113940.html。

其余来自相应年份的《中国财政年鉴》。

政府采购法规体系建设不断完善

由表8-3可知，我国政府采购规模是在2003年《政府采购法》正式实施后迅速增加的法制化管理对政府采购的发展很可能尤为重要，因此，评估政府采购改革的效应，应详细考察政府采购改革的法规体系建设进程。

2002年《政府采购法》颁布后，各种相关法规和规范性文件不断出台。

2004年，财政部组织制订了一系列与政

① 詹静涛：《现代财政国库管理制度理论与实践》，财政部网站，http://gks.mof.gov.cn/zhengfuxinxi/guojijiejian/201007/t20100721_329034.html。

府采购法配套的规章制度，颁布了《中央单位政府采购管理办法》、《政府采购货物和服务招标投标管理办法》、《政府采购信息公告管理办法》和《政府采购供应商投诉处理办法》，对政府采购货物和服务招标投标等事项进一步作出规定。

2005年，财政部修改、颁布和起草了一系列政府采购相关法规；扩大政府采购范围和规模，在维持政府集中采购目录的前提下，扩大了部门集中采购和分散采购的范围，采购规模超出全年预定目标。

2007年，财政部出台了《财政部关于加强政府采购供应商投诉受理审查工作的通知》、《财政部关于加强政府采购货物和服务项目价格评审管理的通知》、《中央单位政府集中采购管理实施办法》、《中央集中采购机构监督考核暂行办法》等制度办法，修订《政府采购货物和服务招投标管理办法》、《政府采购供应商投诉处理办法》两个部长令，继续修改《政府采购非招标采购方式管理办法》、《政府采购分散采购管理办法》等7个具体管理办法。至年底，30多个配套规章和规范性制度涵盖了政府采购招标投标管理、信息公告、投诉处理、代理机构资格认定等各个环节，初步建立了以政府采购法为统领的政府采购法律制度体系。

2008年，国务院办公厅下发了《关于进一步加强政府采购管理工作的意见》（国办发［2009］35号），促进了政府采购监督管理向制度化、常态化和专业化方向发展。

2009年，政府采购在综合性制度建设方面取得进展，财政部发布了《财政部关于进一步加强中央单位集中采购工作有关问题的通知》（财库［2009］101号），从明确目录执行范围，加强政府采购计划管理、创新和规范集中采购形式、建立监督管理工作机制等方面对加强集中采购管理做出了规定。并且发布了《中央单位变更政府采购方式审批管理暂行办法》（财库［2009］48号），细化了审批要素，规范了申报和审批行为。

2010年，政府采购法规体系继续得到健全，财政部制定发布《财政部关于认真做好政府采购代理机构资格认定工作的通知》。建立较为规范的目录准入和退出机制，增强目录执行的可操作性。

2011年和2012年，财政部又起草或修改了一批政府采购相关法规，并制定了若干细化管理的制度办法，包括《财政部对中央集中集中采购机构监督考核暂行办法的补充通知》、《财政部关于进一步规范政府采购评审工作有关问题的通知》等。

由以上可见，自改革以来，政府采购法规体系不断完善。比较规范透明的政府采购流程管理制度和相应的监督约束机制得到建立并不断完善。

《政府采购法》存在的缺陷

《政府采购法》是一个全局性的指导法律，条文一般只做了较原则性的规定，并未涵盖政府采购在实际操作中可能涉及的大多数具体细节，操作性并不强，需要有相应的政府采购法实施条例或细则作为配套措施，来实现《政府采购法》的各项规定和要求。对此，相关部门已经进行了许多努力，如2010年财政部大力推动《政府采购法实施条例》的制定工作，并4次配合国务院法制办研究修改等，但至今仍未能出台，这就给政府采购管理的实际工作造成许多困难，难以满足日益发展的政府采购的需要。

同时，《政府采购法》本身也存在一定缺陷。在采购主体方面，《采购法》第十五条规定“采购人是指依法进行政府采购的国家机关、事业单位、团体组织”，而世界贸易组织《政府采购协议》则将公共企业、事业等公共机构也涵盖在采购实体中[①]。国有企业的采购行为未纳入政府采购的范围，显然会造成政府采购管理上的不全面，削弱了政府采购实现财

① 丁芳：“GPA框架下完善我国政府采购制度的建议”，《财政研究》，2012年第11期，第43—45页。

政资金规范有效使用的作用，也不利于政府采购宏观调控作用的发挥。

在采购范围方面，《采购法》第二条规定："本法所称政府采购，是指各级国家机关、事业单位和团体组织，使用财政性资金采购依法制定的集中采购目录以内的或者采购限额标准以上的货物、工程和服务的行为。政府集中采购目录和采购限额标准依照本法规定的权限制定"。照此理解，纳入依法制定的集中采购目录的货物、工程和服务项目属于政府采购；而在集中采购目录以外的货物、工程和服务项目，只有在采购限额标准之上的才属于政府采购，也就是说，没有达到限额标准的，就不属于政府采购。这就极大地限制了我国政府采购的范围。与欧美国家的普遍做法相比，目前我国《采购法》所限定的政府采购范围也偏窄①。

基于标准的总体评价

综上可见，以"制度框架标准"、"规范透明标准"和"监督约束标准"衡量，20年改革中政府采购管理制度改革可以说取得了很好的成效，也存在一些需要改进和完善之处。

从宏观调控方面看，一方面，政府采购属于政府支出，是财政政策的重要政策工具。政府采购管理改革改革后，采购规模不断扩大，从而其作为政策工作的功效和操作空间也不断增大。另一方面，政府采购管理改革实施后不久，就开始以制度建设和政策功能拓展并重为导向，特别重视政府采购的引导功能，使政府采购在引导和支持节能环保、民生产业、国内产业等方面发挥了重要作用。可以说，以"宏观调控标准"衡量，20年改革中政府采购管理制度改革的效应比较显著。

8.4 未来10年改革展望

本部分以十八届三中全会和深化财税体制改革总体方案为依据进行展望，以此勾画国库管理制度未来10年改革的蓝图。以2013年全面深化改革为契机，财税领域相关重要改革接连出台，包括《全国人民代表大会常务委员会关于修改中华人民共和国预算法的决定》、《国务院关于加强地方政府性债务管理的意见》、《国务院关于深化预算管理制度改革的决定》和《深化财税体制改革总体方案》等。其中总体方案框定了未来10年改革的重要时间节点，即2016年基本完成深化财税体制改革的重点工作和任务，2020年各项改革基本到位，现代财政制度基本建立②。基于此，未来10年应分为三个阶段：至2016年需完成重点改革，至2020年各项改革需基本到位，2020年到2023年的三年为调试期。

实事求是推进国库单一账户体系改革

国库单一账户体系的进一步深化改革是未来10年我国国库管理制度改革的一个重点。国库单一账户体系是我国当前国库管理制度实质上的基础，对其改革的深化势必惠及国库管理制度的方方面面，也能够推动国库管理制度其他各方面的改革。

按照《国务院关于深化预算管理制度改革的决定》的规定，要"全面清理整顿财政专户，各地一律不得新设专项支出财政专户，除财政部审核并报国务院批准予以保留的专户外，其余专户在2年内逐步取消"。由此可见，财政专户的清理整顿是一个近期要集中完成的重点改革。国库单一账户体系改革的一个衍生

① 詹静涛：《现代财政国库管理制度理论与实践》，财政部网站，http://gks.mof.gov.cn/zhengfuxinxi/guojijiejian/201007/t20100721_329034.html。

② 《财政部部长楼继伟详解深化财税体制改革总体方案》，财政部网站，http://www.mof.gov.cn/pub/czzz/zhongguocaizhengzazhishe_daohanglanmu/zhongguocaizhengzazhishe_caikuaishijie/201407/t20140704_1108675.html。

负面效应就是财政专户的数量过于庞大。据不完全统计，财政专户的数量最高曾经达 27 万多个，经过大面积清理后整顿后，财政专户主账户数量下降为 20 万个以内，但子账户数量急剧上升①。若是按照财政部负责人答记者问时提供的对地方财政专户整顿结果，即 2011 年以来 3 年内撤并地方财政专户 7.4 万多个，撤户率达 32.4%，则倒推计算易知 2011 年时地方财政专户的数量应在 22 万个以上，3 年整顿后剩余的地方财政专户仍有 14 万个左右，数量仍旧不小。

这么多财政专户，在规定的两年期间能取消多少？应该说，这并不是最重要的问题。因为财政专户作为国库单一账户体系的组成部分，在目前我国国库管理制度中自然有其发挥作用之处。财政专户的数量过多，滋生种种问题，当然不好。但专户的数量如果过少，影响到其正常功能的发挥，同样也不好，财政部负责人答记者问时说的“目前国库暂时还不能完全替代财政专户”，就有这个意思。当前的实际情况是财政专户数量过多，因此清理整顿的目标之一无疑是减少财政专户的数量，但这并非 2 年内清理整顿财政专户的最终目的。最终目的应在于将多余的财政专户全部清理掉，无论数量多少；仅保留发挥正常功能所必需的财政专户，同样无论数量多少。由此可知，到 2016 年，国库单一账户体系的改革必须完成清理所有多余财政专户，仅保留必要的财政专户。

到 2020 年，国库单一账户体系的改革应当更进一步。比较理想的状态是实现 2001 年国库管理制度改革伊始所明确的，建立国库单一账户的目标。在目前国库单一账户体系下，国库管理中存在许多问题。有些问题是可以通过国库单一账户体系的自身调节解决的，但有些问题则可能需要改革国库单一账户体系、形成国库单一账户才能解决。国库“暂时”还不能完全替代财政专户，意味着改革的实际进程很可能是曲折的，“暂时”难以明确究竟是多久；国库“暂时”还不能完全替代财政专户，同样意味着改革的目标应该是清晰的，因为毕竟这只是“暂时”。

明确财政与央行的协调机制，加大国库现金管理运作力度

国库现金管理的进一步深化改革是未来 10 年我国国库管理制度改革的另一个重要方面。《国务院关于深化预算管理制度改革的决定》提出“各级政府应当加强对本级国库的管理和监督，按照国务院的规定完善国库现金管理，合理调节国库资金余额。”，明确了国库现金管理未来改革的方向。

当前国库现金管理，问题主要存在于地方国库现金管理的普遍“暗箱操作”。应该看到，地方之“暗箱操作”国库现金管理的初衷在于增加国库现金余额的资金效益，是好的，也是合理的。诚然，与中央国库现金管理有所不同，对地方国库现金进行管理可能会带来一些问题甚至风险，但这些问题和风险是可以通过不断深化的改革解决的。因此，对于地方国库现金管理宜“疏”不宜“堵”。目前，地方财政国库现金管理还处在试点阶段，没有全面推开。应当尽快启动地方国库现金管理，争取到 2016 年能够初步实现地方国库现金管理的全面推开。

到 2016 年，国库现金管理还应当实现有效沟通和协调机制的建立。我国国库现金管理主要涉及财政与央行两个部门，但由于种种原因，目前财政与央行的协调机制还没有完全理顺。从技术层面看，建立畅通有效的财政与央行协调机制并没有什么障碍，难度不大，但对于国库现金管理却具有十分重要的意义。应当尽快制定财政与央行在国库现金管理领域的协调机制，加大财政与央行的协调力度，完善国库现金管理运作机制。

到 2020 年，国库现金管理应进一步完善，全面建立或完善现金流量预测体系、库底目标余额制度。国库现金流量预测是国库现金管理

① 刘贵生：《现代国库论》，中国金融出版社，2014 年。

的基础性工作，库底目标余额制度则是实现“合理调节国库资金余额”的有效手段。后者需以前者为基础。目前我国中央财政现金流量预测已经可以按日预测，但现金流量预测体系还不完善，在国库现金管理中的重要性尚未发挥。而地方的现金流量预测则刚刚起步。其实，各级财政部门预测国库现金流量和资金余额，比其他任何部门的信息优势都更明显，因此，到 2020 年，建立起比较完善的现金流量预测体系、库底目标余额制度，国库现金管理得到进一步优化应当是值得预期的。

完善政府采购领域的法律法规

政府采购制度在 20 年改革中，已经从无到有建立起了一整套比较规范、透明、有效的框架体系，其进一步改革的方向，应是着力于继续完善这一体系，推进制度建设。《国务院关于深化预算管理制度改革的决定》明确指出“要健全……政府采购……等方面的制度建设，扎紧制度的篱笆”，事实上指明了这一点。

当前政府采购制度方面的问题，主要是在政府采购的法律法规方面。《政府采购法》实施以来，我国政府采购获得了很大发展，政府采购的规模、覆盖面等都已经不是改革当初之时所能比拟的，当前政府采购的背景环境，与《政府采购法》出台伊始，已经完全不能相提并论。因此，《政府采购法》的许多规定已经与形势不相符合，或者缺位、或者不到位，修改《政府采购法》理应提上日程。进一步地，更具实际操作指导意义的《政府采购法实施条例》久未出台，更是政府采购法制框架的一大缺陷，严重束缚了政府采购的发展。

鉴于目前的实际情况，《政府采购法实施条例》已经多次修改，具备了推出的基础，而《政府采购法》的修订，还需要一段时间的认真探讨。因此，到 2016 年，政府采购管理制度改革应该重点实现《政府采购条例》的出台；到 2020 年，《政府采购法》的修订完善应正逢其时。

主要参考文献

詹静涛：《现代财政国库管理制度理论与实践》，财政部网站，http：//gks. mof. gov. cn/zhengfuxinxi/guojijiejian/201007/t20100721_329034. html。

詹静涛：《现代国库管理制度：管理型公共财政的正确选择》，财政部网站，http：//gks. mof. gov. cn/zhengfuxinxi/guojijiejian/201007/t20100721_329036. html.

詹静涛：《财政国库现金管理问题研究》，财政部网站，http：//gks. mof. gov. cn/zhengfuxinxi/guojijiejian/201007 / t20100721_329035. html.

《财政部有关负责人就深化预算管理制度改革有关问题答记者问》，财政部网站，http：//www. mof. gov. cn/zhengwuxinxi/caizhengxinwen/201410/t20141008_1146864. html.

《财政部部长楼继伟详解深化财税体制改革总体方案》，财政部网站，http：//www. mof. gov. cn/pub/czzz/zhongguocaizhengzazhishe_daohanglanmu/zhongguocaizhengzazhishe_caikuaishijie/201407/t20140704_1108675. html.

丁芳：“GPA 框架下完善我国政府采购制度的建议”，《财政研究》，2012 年第 11 期。

刘贵生：《现代国库论》，中国金融出版社，2014 年。

中国人民银行国库局、西南财经大学：《国库改革与发展》，中国金融出版社，2007 年。

9 结束语

时隔20年，我们来回顾当年的事，评估20年走过的路，是为了总结经验，汲取教训，为未来改革寻路。接下来的十年是中国关键的十年。财政要扮演好国家治理的基础和重要支柱的角色，除却改革，别无他法。经济、政治、社会的发展，都不离开财税制度的支持。更进一步说，财税制度本就是经济、政治、社会制度的重要内容。未来10年财税制度的选择，关乎改革全局。

第三方评估正时行。把时髦的事做好，首先要保证不偏不倚，客观中立说真话。评估的品质离不开有效的方法。评估方法有定性与定量之分。恰当的定性评估，精确的定量评估，都是评估工作所需。从国际上来看，公共政策评估走过了三个阶段。第一是定性评估阶段。在这一阶段，评估刚刚起步，评估方法体系不够成熟，评估所需数据也不够完备。定性评估切合实际。第二是重视定量评估的阶段。这一阶段，评估方法体系逐步成熟，政府信息公开力度加大，评估所需的大量数据也能得到，于是各种定量分析方法粉墨登场。第三是定性评估回归的阶段。这一阶段是努力避免过度强调定量分析的弊病，而回归评估的真谛。定量评估仍然需要，但它服务于定性评估。如果说强调定量评估容易陷入只见树木不见森林的境地，那么这个阶段的回归是既要见到树木，又要见到森林。

理想的评估方法应该是上述第三阶段所用的方法。但是，方法的选择受到各种条件约束。如果没有充分的数据，那么全面的定量分析显然不可行。中国的现实不是没有数据，但是，评估所需的财政相关数据的缺失确实仍是一个严重的问题。国务院发布的政府信息公开条例2008年5月1日就已生效，财政透明度建设也在持续加快，但是，全面定量分析所需的数据，或者品质不高，或者干脆没有。在这样的阶段，做好定量评估，难度很大。1994年以来的财税改革不只是发生在1994年这一年。在过去的20年里，每一年，都有或多或少的改革举措。要对这一动态改革，做定量评估，显然也有技术上的困难。

定量评估，特别是指标化的评估，最终要给出成绩。优、良、合格、不合格，是一种打分方法。50分、60分、70分、80分、90分、100分（满分）也是一种打分方法。给出一个具体成绩是容易的。可是，在打分的同时，我们更要给打分一个依据。

依据就是参照系。最简单的方法是选择目

标，然后参照目标，进行打分。全面实现目标，成绩自然就是优等，就是满分。稍差一点，按照量化打分的方式，成绩可能是90分。要得到准确分数，就必须构建一系列指标体系和具体的打分标准。这一方面受制于时间，另一方面受制于目标确定的困难。财税改革涉及面广，经时长，构建评价指标，既要考虑财税改革总体进展情况，又要兼及各项具体改革绩效。而且，各具体改革在总体改革中的分量需要通过设定权重的方式予以明确。

基于上述因素，本报告暂时舍弃定量分析方法，而更多沿用传统的定性评估方法，对财税改革进行回顾和评估。回顾的目标不只是罗列财税改革大事，更重在寻找财税改革的逻辑。

展望未来，财税改革目标肯定能够实现。但是，这个过程绝不会是坦途。我们应对改革中可能遇到的挑战有充分的认识，做到未雨绸缪，应付自如。

财税改革之路漫漫。前方充满荆棘，披荆斩棘需要勇气。

财税改革目标明确。现代财政制度蓝图的实现，更需要智慧。古今中外，财税改革的经验教训，都可以为我所用。求索创新，适应未来中国发展需要的现代财政制度才能真正形成。

中国财税改革大事记
（1993.1—2014.10）

1993 年

1月　新的《企业财务制度》在全国实施。

5月12日　财政部、中国人民银行、中国农业银行、中国工商银行联合发出《关于做好乡（镇）国库工作的通知》，同时发布了《乡（镇）国库管理办法（暂行）》。

6月14日　国务院办公厅发出《关于筹集三峡工程建设基金的通知》。财政部驻各省、自治区、直辖市财政厅的中央企业财政驻厂员处，要认真担负起“三峡基金”的征收管理和监缴、催缴任务，使“三峡基金”及时、足额入库。

6月24日　国家税务总局发出《关于增值税若干问题规定的通知》，就增值税的计算和征收办法、外购扣除项目的范围、外购扣除项目金额、期初库存等问题作了规定，从1993年7月1日起执行。

6月25日　财政部、农业部、水利部联合发布《发展粮食生产专项资金项目管理实施办法（试行）》。《办法》共8章37条，对发展粮食生产专项资金的筹集、分配和拨付，项目管理体系和管理程序等作了规定。

7月　我国第一部《企业会计准则》实施，明确规定了会计核算的基本前提和一般原则，界定了会计的基本要素。

8月2日　财政部发出通知，要求各地严格加强“两金”（能源交通重点建设基金和预算调节基金）征收管理工作。

8月4日　国务院发布《中华人民共和国税收征收管理法实施细则》。《实施细则》共9章86条，对税务登记、账簿、凭证管理、纳税申报、税款征收、税务检查、法律责任、文书送达等作了规定和解释。

10月9日　中共中央办公厅、国务院办公厅转发财政部《关于对行政性收费、罚没收人实行预算管理的规定》。

10月31日　八届全国人大常委会第四次会议通过《全国人民代表大会常务委员会关于修改〈中华人民共和国个人所得税法〉的决定》。

11月25日—26日　国务院总理办公会议和国务院常务会议研究分税制改革实施方案、工商税制改革实施方案，审议并原则通过国家税务总局报送的《工商税制改革实施方案》。12月，国务院相继发布了中华人民共和国增值税、消费税、营业税、企业所得税、资源税、土地增值税6个暂行条例，自1994年1月1日起施行，标志着适应社会主义市场经济体制需要的税收制度开始建立。

12月9日　根据分税制财政管理体制的需要，国务院办公厅转发《国家税务总局关于组建在各地的直属税务机构和地方税务局实施意见的通知》，决定将省以下税务机构分设为国家税务局和地方税务局两个系统。国家税务局系统实行国家税务总局垂直领导的管理体制；地方税务局系统实行地方人民政府和国家税务总局双重领导，以地方政府领导为主的管理体制。国家税务局系统负责征收中央税和中央与地方共享税，地方税务局系统负责征收地方税。

12月13日　国务院发出《中华人民共和国增值税暂行条例》、《中华人民共和国消费税暂行条例》、《中华人民共和国营业税暂行条例》、《中华人民共和国企业所得税暂行条例》、《中华人民共和国土地增值税暂行条例》，上述条例均自1994年1月1日起施行。

12月15日　国务院发布《中华人民共和国资源税暂行条例》，自1994年1月1日起施行。

12月15日　国务院发布《关于实行分税制财政管理体制的决定》，决定从1994年1月1日起，全国实行新的“分税制”财政体制。为保证这一重大改革的顺利实施，12月18日，财政部、中国人民银行、国家税务总局发出《实行“分税制”财政体制后有关预算管理问题的暂行规定》。实行分税制财政体制改革的指导思想，是正确处理中央与地方的分配关系，调动两个积极性，促进国家财政收入合理增长。分税制财政体制主要由三个方面的内容所构成：中央与地方税收的划分、中央与地方事权和支出的划分、中央对地方税收返还数额的确定。

下半年　中央出台了针对固定资产投资增长过快等的一揽子宏观调控措施，核心是采取适度从紧的财政政策，并与适度从紧的货币政策相配合。

1994年

1月1日　分税制财政体制和新税制开始实施。我国税制进行全面改革。一是建立以增值税为主体的新流转税制度；二是对部分产品开征消费税；三是改革营业税；四是统一企业所得税制度；五是简并个人所得税；六是改革农业税。七是其他税收制度的改革和调整。经过改革，我国工商税制中的税种由32个减少到18个，税制结构趋于合理。

1月1日　根据八届人大五次会议审议通过的《全国人民代表大会常务委员会关于外商投资企业和外国企业适用增值税、消费税、营业税等税收暂行条例的决定》，对外商投资企业和外国企业适用税种等有关问题发出通知，并对外商投资企业改征增值税、消费税、营业税后增加的税负处理问题作出规定。有关中外合作开采石油资源的税收问题，中外合作油（气）田开采的原油、天然气按实物征收增值税，征收率为5%，并按现行规定征收矿区使用费，暂不征收资源税。

1月23日　国务院发出《关于取消集市

交易税、牲畜交易税、烧油特别税、奖金税、工资调节税和将屠宰税、宴席税下放给地方管理的通知》。

1 月 28 日　发布《中华人民共和国个人所得税法实施条例》，对个人所得税的征收对象、征收范围、征收办法等做了规定。

1 月 30 日　发布《国务院关于对农业特产收入征收农业税的规定》。

2 月 4 日　财政部印发《中华人民共和国企业所得税暂行条例实施细则》。《细则》共 7 章 60 条，对企业应纳税所得额的计算、资产的税务处理、税收优惠、税额扣除、征收管理等做了说明和解释。

2 月 7 日　国务院发出《关于教育费附加征收问题的紧急通知》，指出从 1994 年 1 月 1 日起，教育费附加以各单位和个人实际缴纳的增值税、营业税、消费税的税额为计征依据，附加率为 3%，分别与上述三种税同时缴纳。对从事卷烟和烟叶生产的单位，减半征收。教育费附加分别由各地国家税务局和地方税务局征收。

3 月 22 日　第八届全国人民代表大会第二次会议审议通过《中华人民共和国预算法》，自 1995 年 1 月 1 日起施行。《预算法》的发布施行，对强化预算的分配和监督职能，健全国家对预算的管理，加强国家宏观调控，保障经济和社会的健康发展，具有重大而深远的意义。

3 月 25 日　财政部发出《关于行政性收费纳入预算管理有关问题的通知》。《通知》指出，行政性收费应按照执收单位的财务隶属关系和各项收费的不同情况，分批逐步纳入同级财政预算管理。对纳入预算管理的行政性收费收入，在财政部门应实行归口管理。

5 月 9 日　国务院发布《粮食风险基金实施意见》。要求从 1994 粮食年度起，中央和各省、自治区、直辖市都必须建立足够的粮食风险基金。中央粮食风险基金的资金来源由中央财政预算安排，地方粮食风险基金的资金来源由中央补助和地方财政预算安排构成，两项资金的配备比例原则上为 1∶1.5。

5 月 16 日　财政部、国家税务总局、中国人民银行联合发出《关于税制改革后对某些企业实行“先征后退”有关预算管理问题的暂行规定的通知》。《通知》规定了退税的原则及先征税后退税的范围和退税的审批等。

8 月 24 日　国务院发出《关于分税制财政管理体制税收返还改为与本地区增值税和消费税增长率挂钩的通知》。决定将税收返还递增率由原来按全国增值税和消费税的平均增长率的 1∶0.3 系数，改为按本地区增值税和消费税增长率的 1∶0.3 系数确定。

9 月 23 日　国家计委、财政部发出通知，决定从 1994 年 10 月 1 日起，停止执行征收煤炭城市建设附加费政策。

9 月 29 日　财政部发布《财政部社会保障事业周转金管理暂行办法》。《暂行办法》规定了周转金借用原则、借用范围、借用条件、借款程序、借款期限、周转金占用费、借款与回收、周转金使用经济效益考核、周转金的管理与监督。

10 月 25 日　国务院决定在若干城市试行国有企业破产，并就有关问题发出通知，要求实施企业破产必须首先安置好破产企业职工，并对破产企业土地使用权的处置，破产财产的处置、担保的处理、破产企业职工的安置、银行因企业破产受到的贷款损失的处理、破产企业的整体接收、濒临破产企业的重组等问题做了明确的规定。

11 月 2 日　财政部发出《关于中央补助地方有偿使用资金问题的通知》。财政部收回建设银行代行的财政职能后，原由建设银行专用投资室负责管理的中央补助地方“拨改贷”（1988 年改为经营性基金）投资，由财政部基本建设司负责办理。通知对办理中央补助地方有偿使用资金的有关问题作了说明和规定。

11 月 9 日　财政部、国家国有资产管理局和中国人民银行联合制定发布《国有资产收益收缴管理办法》，自 1995 年 1 月 1 日起施行。

11月23日　财政部、国务院住房制度改革领导小组、中国人民银行联合发布《建立住房公积金制度的暂行规定》。起步阶段职工个人和所在单位各按职工个人工资和职工工资总额的5%缴纳住房公积金。另外，还规定了住房公积金的缴存、支付、使用、管理等。

11月23日　财政部、国务院住房制度改革领导小组、建设部发布《国有住房出售收入上缴财政暂行办法》。《办法》规定了此项收入上缴财政的比例，其中房产行政管理部门、行政机关和实行全额预算管理的事业单位，85%上缴财政；实行差额预算管理的事业单位，其自管国有住房出售收入，60%上缴财政；实行自收自支预算管理的事业单位，其自管国有住房出售收入，30%上缴财政；企业自管国有现住房出售收入，10%上缴财政。

12月6日　财政部、国家税务总局发出通知，决定将减免及返还的流转税并入企业利润征收所得税。具体做法是：对企业减免或返还的流转税（含即征即退、先征后退），除国务院、财政部、国家税务总局规定有指定用途的项目以外，都应并入企业利润，照章征收企业所得税。对直接减免和即征即退的，应并入企业当年利润征收企业所得税；对先征税后返还和先征后退的，应并入企业实际收到退税或返还税款年度的企业利润征收企业所得税。

1995年

1月1日　《中华人民共和国预算法》开始施行，标志着我国的预算管理正式纳入法律管理的轨道。

1月1日　国家税务总局下发《关于海洋石油税务系统管理体制调整问题的通知》，调整了海洋石油税务系统管理体制，建立起新的海洋石油税收运行机制。

1月26日　财政部、国家土地管理局发出《关于加强土地使用权出让金征收管理的通知》。《通知》规定，土地出让金全部上缴财政，由财政列入预算、专款专用，专项用于城市基础设施和土地开发。

2月9日　财政部、国家国有资产管理局和中国人民银行联合发布《国有资产权益收缴管理办法》。

2月11日　财政部、国家税务总局发出《关于取消集贸市场税收分成问题的通知》，要求从1995年1月1日起，取消城乡集贸市场税收分成，所征税款全部缴入国库。

2月28日　八届全国人大常委会第十二次会议通过《关于修改中华人民共和国税收征收管理法的决定》。

3月18日　八届全国人大第三次会议通过《中华人民共和国教育法》，对国家财政对教育投入做了规定。

11月22日　发布《中华人民共和国预算法实施条例》，标志着我国预算管理正式纳入法律管理的轨道。

12月26日　国务院发出《关于改革和调整进口税收政策的通知》，规定自1996年4月1日起，对进口设备和原材料等一律按法定税率征收关税和进口环节税。

1996年

1月22日　国务院办公厅转发国家税务总局《关于调整国家税务局、地方税务局税收征管范围意见的通知》，对集贸市场和个体工商户税收、涉外税收、联营企业、股份制企业所得税、证券交易税、教育费附加等税收征管范围进行了调整。

3月26日　财政部下发《关于完善省以下分税制财政管理体制意见的通知》，要求各地区参照中央对省级分税制模式，结合本地区的实际情况，将分税制体制落实到市、县级，有条件的地区可落实到乡级。

4月7日　国务院批转财政部、国家计委、审计署、中国人民银行、监察部《关于清理预算外资金的意见》，重点清理检查1995年度发生的违法乱纪问题。

7月6日　国务院发布《关于加强预算外资金管理的决定》，要求切实加强对财政预算资金和预算外资金的管理，完善对财政资金的监督检查制度。财政部门要严格按照“控制规模、限定投向、健全制度、加强监督”的原则，加强财政周转金管理。各部门、各单位未经财政部门批准，不得擅自将财政拨款转为有偿使用，更不得设置账外账和“小金库”。从1996年起将养路费、车辆购置附加费、铁路建设基金、电力建设基金、三峡工程建设基金、新菜地开发基金、公路建设基金、民航基础设施建设基金、农村教育事业附加费、邮电附加、港口建设费、市话初装基金、民航机场管理建设费等13项数额较大的政府性基金（收费）纳入财政预算管理。地方财政部门按国家规定收取的各项税费附加，从1996年起统一纳入地方财政预算，作为地方财政的固定收入，不再作为预算外资金管理。

8月2日　《中华人民共和国税法》（中央卷）正式出版发行。

11月18日　财政部发布《预算外资金管理实施办法》。《办法》对预算外资金的范围、财政专户管理、对用预算外资金发放工资、奖金、津贴以及福利开支、安排基本建设投资、购买专控商品等作出了相应规定。

12月13日　财政部发布《中央预算外资金财政专户管理暂行办法》，规定中央预算外资金财政专户（简称“中央财政专户”）是财政部在有关银行开设的预算外资金专用账户，用于对中央部门和单位预算外资金实行收支两条线的管理。

1997年

1月2日　财政部发布《职工医疗保险基金会计核算办法》。《办法》对核算的具体内容、会计科目表、会计报表的种类、格式及会计报表的编制都做了详细说明；并宣布各地区自行制定职工医疗保险基金会计核算办法同时废止。

1月23日　国务院办公厅转发国家税务总局报送的《关于深化税收征管改革的方案》。

3月13日　财政部和国家计委联合发出《关于加强涉及外商投资企业行政事业性收费监督管理的通知》。《通知》要求，外商投资企业必须严格按照国家法律、法规的规定，及时足额交纳行政事业性收费，并按国家有关外商企业财务制度的规定进行财务处理。

3月14日　财政部、国家税务总局发出《关于调整金融保险业税收政策的通知》。《通知》决定自1997年1月1日起，调整金融、保险业的税收政策，以发挥税收的调控作用，理顺国家与金融、保险企业之间的分配关系，促进金融、保险业间的平等竞争，保证国家的财政收入。

6月17日　财政部发布《农业事业单位财务制度》，对预算管理、收入管理、支出管理、成本管理、结余及其分配、专用基金管理、资产管理、负债管理、农业事业单位清算、财务报告和财务分析及财务监督等都作了明确规定。

6月18日　国家税务总局发布《企业所得税减免税管理办法》。

6月23日　财政部发布《高等学校财务制度》，对高等学校财务管理体制、单位预算管理、收入管理、支出管理、结余及其分配、专用基金管理、资产管理、负债管理、财务清算、财务报告和财务分析、财务监督等作出规定。

6月25日　财政部发布《财政总预算会计制度》、《事业单位会计准则（试行）》和《事业单位会计制度》。改革的主要内容有：重新划分预算会计体系；把原来的三个会计要素改为五个会计要素；把资金收付记账法统一改为借贷记账法；对事业、行政单位的预算内、外资金，实行统一管理，统一核算；取消事业、行政单位原按预算管理形式分设的三套会计科目，改按行政单位会计、事业单位会计各分设一套会计科目；财政总预算会计对包干经费支出的列报标准，由银行支出数改为财政拨款数；规范财政周转金的会计核算；调整、改进、规范会计报表体系。

7月7日　国务院发布《中华人民共和国契税暂行条例》。

7月16日　国务院发布《关于建立统一的企业职工基本养老保险制度的决定》。

7月28日　财政部发出《关于贯彻〈中共中央、国务院关于治理向企业乱收费、乱罚款和各种摊派等问题的决定〉的通知》。

9月2日　国务院发布《关于在全国建立城市居民最低生活保障制度的通知》。

10月21日　财政部、国家税务总局联合发出《关于事业单位社会团体征收企业所得税有关问题的通知》。

10月21日　财政部发布《关于加强国有企业财务监督若干问题的规定》。

11月7日　财政部、国家税务总局联合发出《关于住房公积金、医疗保险金、养老保险金征收个人所得税问题的通知》。

12月23日　财政部、国家计委发出《关于取消第一批行政事业性收费项目的通知》。

12月26日　财政部发布《外汇外事专项周转金管理办法》。《办法》规定，外汇外事专项周转金包括对外经济合作周转金、外事旅游周转金和境外企业周转金。周转金的使用对象主要是归口管理的预算内国有对外经济合作、旅游、境外企业及事业单位。

12月29日　国务院发出《关于进口设备税收政策的通知》。

1998年

1月27日　财政部、劳动部、中国人民银行、国家税务总局联合发布《企业职工基本养老保险基金实行收支两条线管理暂行规定》。《暂行规定》对基本养老保险基金的筹集、支付、预决算管理、各部门职责分工、监督检查等内容做出明确规定。

2月23日　财政部发布《基本建设财务管理若干规定》。《规定》强调基建财务管理要切实贯彻执行国家有关法律、法规、方针政策，做好基建资金的预算、控制、监督和考核工作，依法、合理、及时筹集、使用建设资金，严格控制建设成本，提高经济效益。《规定》对基建财务管理的主管部门、报表处理办法、基建项目竣工财务决算等也提出了相应要求。

5月12日　财政部与国家发展计划委员会联合发布《关于中央级基本建设经营性基金本息余额转为国家资本金的实施办法》。《实施办法》指出，中央级基本建设经营性基金本息余额，是指从1989年起至1996年底止由中央财政安排的国家预算内基本建设投资中的有偿使用部分。转为国家资本金之后，就作为国家对企业的投入。《办法》还规定，中央级基本建设经营性基金本息余额转为国家资本金的申请报告，应于1998年6月30日前报送国家计委和财政部。

6月12日　财政部和国家税务总局发出《关于调整增值税运输费用扣除率的通知》。从1998年7月1日起，将增值税一般纳税人购进或销售应税货物支付的运输费用的扣除率由10%降低为7%。

7月4日　国务院批准了财政部“三定”方案，确定财政部为国务院主管财政收支、财税政策、国有资本金基础工作的宏观调控部门。根据“三定”方案，对财政部的职能作出了调整。

7月10日　为应对亚洲金融风暴，扩大需求，实施了积极财政政策。一是增发国债，加强基础设施投资；二是调整税收政策，支持出口、吸引外资和减轻企业负担；三是增加社会保障、科教等重点领域的支出；四是充分发挥调节收入分配的作用，提高城市居民个人消费能力，同时大幅增加对“两个确保”和城市“低保”的投入，增加对中西部地区行政事业单位人员工资和建立“三条保障线”的资金补助；五是支持经济结构调整，促进国有企业改革；六是加大治理乱收费力度，减轻企业和社会负担；七是实行“债转股”。

10月12日　财政部发出《关于加强财政监督机构业务工作和队伍建设的若干意见》，意见指出，地方财政监督机构的重点工作：一要监督收入，即对本级财政收入执行情况进行监督检查。二要监督支出，即对财政资金的分配、使用和效益情况进行跟踪检查。三是要对下级财政进行监督检查。尤其要加强下级财政预算执行情况和贯彻国家财政政策、法规情况的指导和监督。四要对财政部门内部进行监督。五要对社会审计机构审计的国有企业年度财务决算的情况进行核查。

12月　全国财政工作会议提出构建公共财政体制框架的目标。

12月14日　国务院发布《关于建立城镇职工基本医疗保险制度的决定》，要求在全国范围内建立以城镇职工基本医疗保险制度为核心的多层次的医疗保障体系。

1999年

1月1日　国务院办公厅转发财政部《整顿财政周转金方案》的通知。《通知》指出，财政周转金是指由财政部门管理，按照有偿原则周转使用的财政资金。从1998年12月1日起，中央及地方各级财政周转金一律只收不贷。同时各级财政部门对已到期的周转金借款要积极清收。回收的财政周转金一律由财政部门统一安排使用，重点用于弥补历年财政赤字、解决财政挂账、增补预算周转金、安排国有企业下岗职工基本生活保障和再就业以及扶贫、教育等方面。

1月6日　财政部部长项怀诚表示，1999年继续实行积极财政政策，对当前形势来说，不会造成新的通货膨胀。1998年实施的积极财政政策，对启动经济增长、调整投资结构产生了良好的效果。中国政府决定加大实施积极财政政策的力度，主要是通过增发国债来增加财政支出，增发的国债除了可以增加直接投资、刺激国内需求外，还能通过补充和增加建设项目资本金，为银行扩大贷款创造条件。

3月30日　财政部发出《关于加强基础设施建设资金管理与监督的通知》。《通知》强调，要加强资金源头管理，确保建设资金及时、足额到位。各地区、各部门要在建设项目的前期工作阶段就将资金来源管理放在突出位置，确保项目建设资金不留缺口，防止形成

“胡子工程”。各地区、部门要统筹规划，确保按时、足额向中央财政归还借用的国债专项资金。

4月17日　财政部发出《关于政府采购管理暂行办法的通知》。《通知》对政府采购方式做了明确规定，即“政府采购采用公开招标、邀请招标、竞争性谈判、询价、单一来源等采购方式”。

5月26日　财政部发出《关于住房公积金财务管理办法的通知》。规定了住房公积金财务管理的主要任务是：编制住房公积金和公积金中心管理费用年度预决算；建立职工住房公积金明细账，记载职工个人住房公积金的缴存、提取等情况；依法办理住房公积金委托贷款业务，防范风险；严格执行住房委员会批准的住房公积金归集、使用计划；核算住房公积金的增值收益；严格执行财政部门批准的管理费用预算，控制管理费用支出，努力降低住房公积金运作成本。

8月18日　财政部发出《关于社会保障基金财政专户管理暂行办法的通知》。《通知》规定：各级财政部门要按照国家有关规定，根据工作需要在与同级劳动保障等主管部门共同认定的国有商业银行开设财政专户。

8月30日　九届全国人大常委会第十一次会议通过《关于修改〈中华人民共和国个人所得税法〉的决定》（第二次修正），对储蓄存款利息所得征收个人所得税。

9月30日　国务院发布《对储蓄存款利息所得征收个人所得税的实施办法》，自1999年11月1日起施行。

12月14日　财政部、国家税务总局和建设部发出《关于对城市居民出售个人住房应如何缴纳个人所得税的问题通知》，规定个人出售自有住房取得的所得应按照个人所得税法的“财产转让所得”项目征收个人所得税。

12月21日　第九届全国人大常委会第十三次会议审议了“关于加强中央预算审查监督的决定草案”。

1999年　实施“金财工程”。财政部按照统一领导、统一规划、统一技术标准、统一系统平台和统一组织实施的原则，不断推进政府预算管理信息化系统建设，使信息技术成功融入财政核心业务，形成以部门预算编制为源头，以国库收支管理为预算执行主线的系统框架，实现财政管理方式的创新，增强财政工作的透明度，提高财政资金使用效益，奠定财政科学决策的基础。

2000年

1月1日　所有中央一级预算单位试编部门预算。主要内容包括：改革预算编制形式，初步实现了“一个部门一本预算”；改革预算编制方法，按照基本支出和项目支出编制部门预算；规范预算编制程序，初步建立起财政部和中央部门的预算编制规程。

1月1日　国库集中收付制度改革开始起步，拟定改革方案并组织试点。

3月2日　中共中央、国务院印发《关于进行农村税费改革试点工作的通知》，明确农村税费改革的主要内容：取消乡统筹费、农村教育集资等专门面向农民征收的行政事业性收费和政府性基金、集资，取消屠宰税，取消统一规定的劳动积累工和义务工，调整农业税和农业特产税政策，改革村提留征收使用办法。

4月11日　中共中央、国务院发出通知，决定在安徽全省和由其他省、自治区、直辖市选择少数县（市）进行农村税费改革试点，探索建立规范的农村税费制度和从根本上减轻农民负担的办法。

5月25日　财政部、国家计委联合发出《关于公布取消部分交通和车辆收费项目的通知》，公布取消238项涉及交通和车辆的行政事业性收费、政府性基金和政府性集资项目。《通知》规定，公布取消的收费项目自2000年7月1日起停止征收。

7月1日　新的《中华人民共和国会计法》正式施行。

7月4日　财政部、国家计委和农业部联合发出通知，取消农村税费改革试点地区有关涉及农民负担的收费项目。

10月8日　财政部发出《关于进一步加强地方政府采购管理工作的通知》，要求各级财政部门加强和完善政府采购管理，各地区必须抓紧建立和完善政府采购预算编制办法，使本地区所有政府采购活动都纳入财政预算或计划管理。

10月22日　国务院颁布《中华人民共和国车辆购置税暂行条例》。

2000年　财政部成立国库司。对山东、湖北、河南和四川省的44个中央直属粮库建设资金实行财政直接拨付，打开了财政国库管理制度改革的突破口。

2001年

1月1日　实施国库管理制度改革试点。财政部在1998年开始全面系统地研究国库集中收付制度的基础上，逐步建立了适合我国政治经济体制的“国库单一账户”和“财政资金集中收付”制度。从2001年起在中央实施改革试点，“十五”期间在中央和地方全面实施国库集中收付制度。

2月28日　财政部、中国人民银行发出《关于政府采购资金财政直接拨付管理暂行办法的通知》。

3月16日　财政部、中国人民银行发出《关于财政国库管理制度改革试点方案的通知》。

3月24日　国务院下发《关于进一步做好农村税费改革试点工作的通知》，要求进一步完善农村税费改革的有关政策，认真做好农村税费改革试点的各项配套工作。

4月9日　财政部发出《关于中央单位政府采购管理实施办法的通知》。《通知》对采购管理程序、资金拨付管理、监督检查等作了明确的规定。

5月1日　《中华人民共和国税收征收管理法（修订案）》开始实施。

5月17日　财政部颁布《企业国有资本与财务管理暂行办法》，就各级主管财政机关和企业的管理与权限、国有资本投入的管理、国有资本营运的管理、国有资本收益的管理以及财务考核与评价和法律责任作出了详细规定。

5月21日　财政部、中国人民银行制定了《财政社会保障补助资金专户管理暂行办法》。

5月24日　监察部、财政部、中国人民银行、审计署颁发《关于清理整顿行政事业单位银行账户的意见的通知》。《通知》要求，严格控制并规范行政事业单位的银行账户，既是加强预算管理、推进国库管理制度改革的基础性工作，也是强化资金监管、从源头上预防和治理腐败的重要措施。

6月12日　国务院发布《减持国有股筹集社会保障资金管理暂行办法》。《办法》明确规定，国有股减持主要采取国有股存量发行的方式。凡国家拥有股份的股份有限公司（包括境外上市的公司）向公共投资者首次发行和增发股票时，均应按融资额的10%出售国有股。国有股存量出售的收入，全部上缴全国社会保障基金。减持国有股原则上采取市场定价方式。

7月10日　财政部、中国人民银行颁布

《关于中央单位财政国库管理制度改革试点资金支付管理办法》。《办法》规定，财政部为预算单位开设预算单位零余额账户、小额现金账户和特设专户，用于纳入改革试点的财政性资金的支付与清算；未纳入改革试点的财政性资金或改革试点实施前财政已拨付的资金，仍通过原有账户支付和核算，根据《银行账户管理办法》，各单位可自主选择银行开设账户。

8月17日　财政部、国家计委、农业部联合发出《关于加大治理向农民乱收费力度切实减轻农民负担的通知》。《通知》要求，各级财政、计划（物价）、农民负担监督管理部门，要对本行政区域内农民负担的行政事业性收费、政府性基金、政府性集资项目作进一步清理。凡未经国务院和省、自治区、直辖市人民政府及其所属财政、计划（物价）部门会同农民负担监督管理部门批准涉及农民负担的行政性收费项目及未经国务院或财政部会同国务院农民负担监督管理部门批准涉及农民负担的政府性基金项目一律取消；凡违反《中共中央、国务院关于切实做好减轻农民负担工作的决定》规定，“九五”期间出台的专门面向农民的行政事业性收费项目也一律取消。

9月20日　财政部发布《关于加强国有金融企业集中采购管理的若干规定》。

11月16日　财政部决定调整证券（股票）交易印花税税率。对买卖、继承、赠与所书立的A股、B股股权转让书据，由立据双方当事人分别按2‰的税率缴纳证券（股票）交易印花税。

11月20日　财政部决定取消以下七项涉及企业资产与财务的行政审批事项：审批国家电力公司的投资收益预决算；审批葛洲坝水力发电厂的专项支出；审批投资单位境外投资经营情况的年度财务报告；审批房地产开发企业提取业务招待费和预提公共配套设施费；审批金融企业和非金融企业变更折旧方法和折旧年限事项；审批国有企业被盗、贪污等财产损失事项；对地方股东单位持有上市公司非发起人国有法人股及非上市公司国有股权，以及上市公司国家股权、发起人国有法人股权中，因司法冻结和质押担保等引起的股权变动及或有变动事项的审批。取消上述行政审批后，财政部将通过建立企业内部议事规则等措施，规范和约束企业的资产财务行为。

12月10日　国务院办公厅转发《财政部关于深化收支两条线改革，进一步加强财政管理意见的通知》。以综合预算编制为出发点，以预算外资金管理为重点和难点，以强调收支脱钩为中心，以国库管理制度改革为保障，明确提出进一步深化“收支两条线”改革的步骤与相关措施，成为新时期加强财政资金管理方面的纲领性文件。

12月12日　为进一步规范外商投资企业的会计核算，统一企业的会计标准，财政部发布《外商投资企业执行〈企业会计制度〉有关问题的规定》。该规定于2002年1月1日起执行。

12月13日　经国务院批准，财政部、劳动和社会保障部联合发布《全国社会保障基金投资管理暂行办法》。《办法》规定，全国社会保障基金理事会负责管理全国社保基金，其基本职责有四个方面：一是制定全国社保基金的投资经营策略并组织实施。二是按照有关规定选择并委托基金投资管理人、托管人对基金资产进行投资运作和托管；对投资运作和托管情况进行检查。三是负责基金的财务管理与会计核算，编制定期财务会计报表，起草财务会计报告。四是定期向社会公布基金资产、收益、现金流量等财务状况。财政部会同劳动和社会保障部拟订全国社保基金管理运作的有关政策，对基金的投资运作和托管情况进行监督。

2001年　进一步完善分税制财政体制，调整政府间的分配关系。

2001年　进一步深化税制改革，调节收入差距。按照十六届三中全会“分步实施税收制度改革”的要求，以“简税制、宽税基、低税率、严征管”为原则，进行了1994年之后又一次大规模的税制调整与改革。

2002 年

1 月 1 日　实施所得税收入分享改革，将按企业隶属关系等划分中央与地方所得税收入的办法改为中央与地方按统一比例分享。2002 年中央与地方各分享 50%；2003 年中央分享 60%、地方分享 40%，2003 年以后根据实际情况确定中央地方分享比例。

1 月 17 日　财政部、中国人民银行联合发出通知，决定自 2002 年 1 月 1 日起，将公安等部门的各项收费（不含所属高校、中专的院校收费）收入全部纳入预算管理，上缴国库。

4 月 27 日　全国财政国库工作会议召开，明确 2002 年财政部进一步深化和完善财政国库管理制度改革，增加新的国库支付管理制度改革试点部门，并结合“收支两条线”管理改革，选择部分中央单位进行预算外资金收入收缴管理改革试点。

5 月 20 日　财政部发出通知，公布 31 项保留的政府性基金项目，其中，26 项基金属法律、国家行政法规、党中央和国务院文件以及财政部会同有关部门批准设立，且明确规定征收对象、征收范围的征收标准的政府性基金；5 项基金计划用燃油税或农业税取代，但在尚未实施相关税费改革之前，暂时予以保留。

6 月 29 日　《中华人民共和国政府采购法》公布。

7 月 2 日　财政部印发《农业税收征管经费管理办法》。

10 月　中央决定在全国建立新型农村合作医疗制度，从 2003 年开始在全国试点推广。新型农村合作医疗制度是由政府组织、引导、支持，农民自愿参加，个人、集体和政府多方筹资，以大病统筹为主的农民医疗互助共济制度。

12 月 26 日　国务院发出《批准财政部〈关于完善省以下财政管理体制有关问题意见〉的通知》。

2002 年　进一步加大和深化了“收支两条线”管理工作。对中央部门区分不同情况，分别采取将预算外资金纳入预算管理或实行收支脱钩管理等办法，编制综合预算。

2002 年　财政部、中国人民银行发布《预算外资金收入收缴管理制度改革方案》和《中央单位预算外资金收入收缴管理改革试点办法》。财政部、建设部等 8 个中央部门作为非税收入收缴管理制度改革第一批试点单位进行改革试点。

2002 年　财政部、中国人民银行发布《国库存款计付利息管理暂行办法》，新中国成立以来财政资金首次实现按照货币市场化计价。初步建立财政国库动态监控系统，实时监控财政资金收付活动。

2002 年　“省管县”财政体制进行试点。“省管县”体制是指省市县行政管理关系由目前的“省—市—县”三级体制转变为“省—市、县”二级体制，对县的管理由现在的“省管市—市管县”模式变为由省替代市，实行“省管县”模式，其内容包括人事、财政、计划、项目审批等原由市管理的所有方面。

2003 年

1 月 1 日　《中华人民共和国政府采购法》正式实施。我国政府采购制度进入全面推行阶段。

1 月 14 日　财政部会同国家计委、国家外汇管理局联合发布《外债管理暂行办法》，这是我国首次从全口径角度制定的规范各类外债管理的规章。《外债管理暂行办法》自 2003 年 3 月 1 日起实施。《外债管理暂行办法》的出台，对于完善我国外债管理法规体系，加强全口径外债管理，规范举借外债行为，提高外债资金使用效益和防范外债风险具有重要意义。

1 月 16 日　财政部、中国人民银行联合发布《国库存款计付利息管理暂行办法》，决定自 2003 年 1 月 1 日起对国库存款计付利息，标志着我国国库资金管理方式发生了重大改变。

1 月　《中华人民共和国政府采购法》正式实施，我国政府采购制度进入了全面推行阶段。

4 月　农村税费改革试点工作在全国范围推开，这是深化农村改革、促进农村发展的一项重大决策。

5 月 9 日　财政部、国家发展和改革委员会、监察部、审计署联合下发《关于加强中央部门和单位行政事业性收费等收入“收支两条线”管理的通知》。《通知》的重点是：明确提出政府非税收入的概念、取消原有的一些过渡性政策措施，加快政府非税收入收缴改革的步伐，严禁未经批准将行政事业性收费转为经营服务性收费管理，以及要求中央部门和单位建立健全内部财务会计核算制度。

6 月 3 日　财政部、国家税务总局就 2003 年农村税费改革试点地区农业特产税有关问题发出通知。通知指出，关于 2003 年是否征收农业特产税问题，各地区可根据统一政策，分散决策的原则，自主决定。条件成熟的省，可结合本地实际，在自行消化财政减收的前提下，对部分农业特产品（除烟叶外）不再单独征收农业特产税，改为征收农业税。

6 月 11 日　财政部、国家税务总局日前发出通知，要求实施农村税费改革试点的地区按照国务院统一部署，逐步取消农业特产税。

9 月 17 日　《国务院关于进一步加强农村教育工作的决定》发布，要求落实农村义务教育“以县为主”管理体制的要求，加大投入，完善经费保障机制。

10 月 13 日　国务院发布关于改革现行出口退税机制的决定，对现行出口退税机制进行改革。决定明确了改革的具体内容。一是适当降低出口退税率；二是加大中央财政对出口退税的支持力度；三是建立中央和地方共同负担出口退税的新机制；四是推进外贸体制改革，调整出口产品结构；五是累计欠退税由中央财政负担。同时，财政部、国家税务总局联合发出了关于调整出口货物退税率的通知。

10 月 14 日　中国共产党第十六届中央委员会第三次全体会议通过的《中共中央关于完善社会主义市场经济体制若干问题的决定》，提出了深化税制改革的原则、内容，确定了“简税制、宽税基、低税率、严征管”的税制改革基本方向。

2003 年　财政部发布《财政部关于深化地方财政国库管理制度改革有关问题的意见》，对地方全面推进改革提出工作要求和指导性意见。中央和地方财政国库管理制度改革继续深化和推进。

2004 年

1月1日　经国务院批准，从2004年1月1日起，我国进一步降低关税，进口关税总水平由11%下降到10.4%。这是我国自2001年12月加入世界贸易组织以来第三次降低关税，是我国履行加入世界贸易组织承诺的又一重要步骤。

1月1日　为进一步规范涉农收费管理，切实减轻农民负担，此前财政部会同国家发展改革委员会联合发出的《关于取消、免收和降低标准的全国性及中央部门涉农收费项目通知》开始执行。

1月1日　《关于严禁截留和挪用学校收费收入加强学校资金管理的通知》开始执行。通知明确要求对学校收费实行“收支两条线”管理。

2月1日　为规范企业国有产权转让行为，促进企业国有资产的合理流动，防止企业国有资产流失，《企业国有产权转让管理暂行办法》开始执行。

4月14日　经国务院批准，财政部、农业部、国家税务总局日前联合下发了《关于2004年降低农业税税率和在部分粮食主产区进行免征农业税改革试点有关问题的通知》。

6月1日　继2002年10月和2003年2月国务院分两批取消和调整行政审批项目后，国务院近日做出决定，第三批再予以取消和调整495项行政审批项目，其中取消涉税行政审批项目44项。

7月1日　为支持东北老工业基地振兴，经国务院批准，财政部、国家税务总局下发通知，自本日起，在黑龙江省、吉林省、辽宁省和大连市实行扩大增值税抵扣范围、调整资源税税额标准和企业所得税优惠等税收政策。

7月23日　财政部发出《关于加强政府非税收入管理的通知》，强调要加强管理，推进政府非税收入管理工作规范化、法制化。明确政府非税收入管理范围包括行政事业性收费、政府性基金、国有资源有偿使用收入、国有资产有偿使用收入、国有资本经营收益、彩票公益金、罚没收入、以政府名义接受的捐赠收入、主管部门集中收入以及政府财政资金产生的利息收入等。社会保障基金、住房公积金不纳入政府非税收入管理范围。

7月23日　财政部颁布《中央单位政府采购管理实施办法》，标志着中央单位政府采购管理工作在科学化、规范化方面又上了一个新台阶。该办法从2004年9月1日起正式执行。

8月11日　财政部发布《政府采购货物和服务招标投管理办法》、《政府采购信息公告管理办法》和《政府采购应商投诉处理办法》。

9月14日　根据中共中央、国务院《关于实施东北地区等老工业基地振兴战略的若干意见》的精神，经国务院批准，财政部、国家税务总局制定了《东北地区扩大增值税抵扣范围若干问题的规定》，选择东北地区的部分行业试行扩大增值税抵扣范围。

10月1日　为促进农业生产发展，切实减轻农民负担，经国务院批准，财政部、国家税务总局联合下发通知，决定自2004年10月1日起对农用三轮车免征车辆购置税。

11月22日　2004年全国财政国库管理制度改革工作会议召开。财政部副部长肖捷在会上明确指出，2005年要继续贯彻落实国务院关于全面推行财政国库管理制度改革的要求，将国库集中支付改革全面推到地市。

12月3日—5日　中央经济工作会议召开。会议提出，实施稳健的财政政策。针对经济运行中出现的突出问题，党和国家将进一步加强宏观调控工作，财政作为重要的调控手段，顺应宏观经济形势的要求，适时转换为稳健的财政政策。

12月27日　财政部、国家税务总局联合下发《关于进一步落实东北地区扩大增值税抵扣范围政策的紧急通知》。该《通知》对东北地区扩大增值税抵扣范围有关政策进行补充，指出东北地区增值税改革从“增量抵扣”政策调整为“全额抵扣”政策。

2004年　改革出口退税机制。按照“新账不欠，老账要还，完善机制，共同负担，推动改革，促进发展”的指导思想，实施出口退税机制改革，建立中央和地方共同负担的新机制。从2004年起，由中央和地方按75∶25的比例共同负担。

2004年　全面取消除烟叶以外的农业特产税，并推进减征、免征农业税改革试点。

2004年　财政部国库司和国库支付中心机构职能进行整合。财政部发布《财政国库管理制度改革单位年终结余资金账务处理暂行规定》，对实施国库管理制度改革的行政单位会计、事业单位会计和国有建设单位会计的结余资金会计核算实行权责发生制。

2005年

1月1日　根据财政部、国家税务总局制定的《2004年东北地区扩大增值税抵扣范围暂行办法》，开始在东北老工业基地八大行业进行增值税转型改革试点。

2月　财政部和国家税务总局下发通知，对东北地区企业固定资产折旧年限优惠政策中的相关时间进行明确。

5月8日　财政部印发《2005年中央财政对地方缓解县乡财政困难奖励和补助办法》的通知，实施“三奖一补”政策，解决县乡财政困难。

10月　十届全国人大常委会审议通过了国务院关于调整个人所得税工薪所得费用减除标准的议案，决定将工薪所得费用扣除标准由800元/人/月提高至1600元/人/月，并从2006年1月1日开始施行。

11月1日　全国36个省、自治区、直辖市和计划单列市全部实施了国库集中收付制度改革。

11月7日　财政部制定《关于切实缓解县乡财政困难的意见》，要求各省、自治区、直辖市要积极推行省对县财政管理方式改革试点。

12月24日　国务院印发《关于深化农村义务教育经费保障机制改革的通知》。按照“明确各级责任、中央地方共担、加大财政投入、提高保障水平、分步组织实施”的基本原则，逐步将农村义务教育全面纳入公共财政保障范围，建立中央和地方分项目、按比例分担的农村义务教育经费保障机制。中央重点支持中西部地区，适当兼顾东部部分困难地区。

12月29日　十届全国人大常委会第19次会议通过从2006年1月1日起废止农业税条例的草案。

2005年　实施稳健的财政政策。针对经济运行中出现的突出问题，顺应宏观经济形势的要求，适时转换为稳健的财政政策。一是国债投资规模调减调向，主要用于农村、社会事业、西部开发、东北地区等老工业基地、生态建设和环境保护。二是推后预算内建设性支出的时间，适当放慢国债项目资金拨付进度。三是有保有控，在总量适度控制下进行结构性调整。大力支持农业生产，对农民种粮实行直接补贴，减免农业税。四是积极推进出口退税机制改革。多次调整出口退税率，降低部分资源性产品进口关税。

2005年　国务院批准《财政部关于开展国库现金管理的请示》。中央和地方如期实现国务院确定的“十五”期间全面推行国库集中收付制度改革的目标。

2006 年

1月1日　即日起废止1958年6月3日通过的《中华人民共和国农业税条例》。在中国大地上延续了几千年针对农业征收的“皇粮国税”正式退出了历史舞台。

1月1日　个人所得税工薪所得费用扣除标准由800元/人/月提高至1600元/人/月。

3月12日　国务院批准政府收支分类改革定于2007年全面实施。

3月14日　十届人大四次会议通过决议，在全国范围内彻底取消农业税。

4月1日　财政部、国家税务总局联合下发通知，对我国现行消费税的税目、税率及相关政策进行调整。

5月30日　财政部发布《事业单位国有资产管理暂行办法》。

7月28日　财政部发布《进一步推进乡财县管工作的通知》，旨在加强乡镇财政管理，规范乡镇收支行为，防范和化解乡镇债务风险。

9月　全面深化农村综合改革。农村综合改革的目标是，按照巩固农村税费改革成果和完善社会主义市场经济体制的要求，推进乡镇机构、农村义务教育和县乡财政管理体制改革，建立精干高效的农村行政管理体制和运行机制、覆盖城乡的公共财政制度、政府投入办学的农村义务教育体制，促进农民减负增收和农村公益事业健康发展，推进农村经济社会全面发展。

10月24日　财政部、国家环保总局联合印发《关于环境标志产品政府采购实施的意见》。要求各级国家机关、事业单位和团体组织用财政性资金进行采购的，要优先采购环境标志产品，不得采购危害环境及人体健康的产品。

11月6日　国家税务总局下发《个人所得税自行纳税申报办法（试行）》，以进一步规范自行纳税申报行为，加强个人所得税征收管理，保障国家税收收入，维护纳税人的合法权益。

12月21日　财政部下发《关于将中央单位土地收益纳入预算管理的通知》。中央单位土地收益作为一般预算收入纳入中央财政预算，全部缴入中央国库，实行“收支两条线”管理。

12月29日　《中华人民共和国车船税暂行条例》颁布。

2006年　财政部、教育部发布《农村义务教育经费保障机制改革中央专项资金支付管理暂行办法》，中央补助地方专款实行国库集中支付改革取得突破。

2006年　财政部、中国人民银行发布《中央国库现金管理暂行办法》和《国库现金管理商业银行定期存款操作规程》，并实施中央国库现金管理买回国债和商业银行定期存款操作。

2007 年

1月1日　我国财政预算开始实行新的政府收支分类科目，这是新中国成立以来我国财政收支分类统计体系最为重大的一次调整。

1月1日　财政部制定的《企业会计准则

——基本准则》、《企业财务通则》和《金融企业财务规则》三部规范企业财务会计行为的规章正式执行。

1月10日　财政部印发《中央单位政府集中采购管理实施办法》，旨在加强中央单位政府集中采购管理，规范集中采购行为，完善和规范中央单位政府集中采购运行机制。

1月18日　劳动和社会保障部、财政部下发了《关于推进企业职业基本养老保险省级统筹有关问题的通知》。

3月16日　十届全国人大五次会议审议通过了《中华人民共和国企业所得税法》，2008年1月1日起施行。

3月　农村义务教育经费保障机制改革在全国农村展开，建立了中央和地方分项目、按比例分担的农村义务教育经费保障新机制。

4月3日　财政部颁布《自主创新产品政府采购预算管理办法》、《自主创新产品政府采购评审办法》和《自主创新产品政府采购合同管理办法》三大办法。这是我国首次出台促进自主创新的政府采购具体政策措施，也标志着我国激励自主创新的政府采购制度正式建立。

5月11日　制定《中部地区扩大增值税抵扣范围暂行办法》，7月1日起在中部地区6省26个老工业基地城市中的8个行业开展扩大增值税抵扣范围的试点。

5月14日　财政部、中国人民银行联合召开全国公务卡应用推广工作会议，并于6月印发了《中央预算单位公务卡管理暂行办法》，启动了中央和地方公务卡改革试点工作。

5月30日　国务院决定从2007年开始在中央本级试行国有资本经营预算，地方试行的时间、范围和步骤由各省（区、市）及计划单列市人民政府决定。

6月29日　十届全国人大常委会第二十八次会议通过《全国人民代表大会常务委员会关于修改〈中华人民共和国个人所得税法〉的决定》。

7月10日　《国务院关于开展城镇居民基本医疗保险试点的指导意见》发布，决定开展城镇居民基本医疗保险试点。

7月11日　国务院公布《国务院关于在全国建立农村最低生活保障制度的通知》，2007年在全国建立农村最低生活保障制度。

7月　财政部、国家税务总局和中国人民银行联合印发了《财税库银税收收入电子缴库横向联网实施方案》和《财税库银税收收入电子缴库横向联网管理暂行办法》，要求改革税收收入缴库方式，实行税收收入电子缴库，标志着全国财税库银税收收入电子缴库横向联网工作正式启动。

9月8日　国务院下发《关于试行国有资本经营预算的意见》。

10月31日　按照《国务院关于第四批取消和调整行政审批项目的决定》的要求，财政部取消6项行政审批项目。其中，财政部牵头审批项目5项，与其他部门联合审批项目1项。

11月26日　财政部、教育部印发《关于调整完善农村义务教育经费保障机制改革有关政策的通知》，决定从2007年起三年内，新增经费470亿元左右，用于调整完善农村义务教育经费保障机制改革有关政策。

12月11日　财政部会同国资委发布《中央企业国有资本收益收取管理办法》。

12月28日　我国签署了中国加入WTO《政府采购协议》（GPA）申请书，标志着我国正式启动加入世界贸易组织《政府采购协议》谈判。

2007年　规范转移支付制度，协调区域发展。一是完善转移支付管理和分配办法，在财力性转移支付方面不断改进标准财政收入、标准财政支出、标准财政供养人员数等测算方法；二是规范了相关财政资金的拨付渠道和管理程序；三是逐步提高地方预算编报的完整性；四是推进专项转移支付项目整合，提高转移支付资金规模效益。

2007年　中央财政对主要农作物保险进行保费补贴试点。中央财政提供保费补贴的试点农作物品种有玉米、水稻、大豆、小麦、棉花等，分别在内蒙古、吉林、江苏、湖南、新疆和四川6省区试点，中央财政在省级财政承担25%保费的基础上，再承担25%的保费。

2008年

1月1日　新的《中华人民共和国企业所得税法》开始施行。统一内资、外资企业所得税制度，结束了我国企业所得税制度对内资、外资分别征收的局面。

3月15日　《中央级事业单位国有资产管理暂行办法》正式施行，这对于规范和加强中央级事业单位国有资产管理，提高使用效益，促进公共财政体系的建设具有十分重要的意义。

4月14日　财政部印发《新型农村合作医疗补助资金国库集中支付管理暂行办法》的通知，以加强新型农村合作医疗补助资金支付的管理，确保资金及时足额到位。

4月24日　经国务院批准，财政部、国家税务总局决定从当日起调整证券（股票）交易印花税税率，由3‰调整为1‰。

6月19日　财政部关于印发《2008年中央对地方一般性转移支付办法》的通知，进一步完善了中央对地方一般性转移支付测算办法。

8月21日　财政部、国家发展改革委、国家工商总局发布《关于停止征收个体工商户管理费和集贸市场管理费有关问题的通知》，减轻了个体工商户和私营企业负担，促进个体、私营等非公有制经济持续健康发展。

9月19日　我国证券（股票）交易印花税征收方式由双边征税调整为单边征税。

11月9日　国务院常务会议确定的扩大内需、促进经济增长十项措施公布。为落实这一重大举措，当年11月12日，国务院常务会议研究决定了4项实施措施。（1）核准审批固定资产投资项目。（2）提高部分产品出口退税率，调整部分产品出口关税。（3）确定中央财政地震灾后恢复重建基金的具体安排方案。（4）提出进一步加强支持林业生态恢复重建的政策措施。

11月10日　国务院发布新修订的《中华人民共和国增值税暂行条例》、《中华人民共和国消费税暂行条例》和《中华人民共和国营业税暂行条例》，决定自2009年1月1日起在全国推行增值税转型改革。

11月25日　发布《关于中央单位2009年深化国库集中支付改革若干问题的通知》，深化预算管理制度改革，强化预算管理与监督。

11月26日　发布《关于加强土地出让收支预算编制工作的通知》，加强土地出让收入的基金预算管理。

12月8日—10日　中央经济工作会议在北京举行。会议提出明年经济工作的重点任务之一是加强和改善宏观调控，实施积极的财政政策和适度宽松的货币政策。

12月18日　国务院发布《关于实施成品油价格和税费改革的通知》，完善我国的成品油价格形成机制，规范交通相关税费制度，促进节能减排。

12月19日　国务院颁布《关于全国实施增值税转型改革若干问题的通知》，决定从2009年1月1日起，在全国实施增值税转型改革。

2009年

1月1日 《中华人民共和国营业税暂行条例》、《中华人民共和国循环经济促进法》、《中华人民共和国消费税暂行条例》和《中华人民共和国消费税暂行条例实施细则》正式施行。

1月1日 《中华人民共和国增值税暂行条例》正式施行。增值税转型改革在全国全面实施，由生产型增值税转为消费型增值税，以鼓励企业投资、促进技术进步。

1月1日 成品油价格和税费改革正式施行。取消原在成品油价外征收的公路养路费、航道养护费、公路运输管理费、公路客货运附加费、水路运输管理费、水运客货运附加费等六项收费。成品油价格形成机制进一步理顺。

1月9日 财政部、中国人民银行、国家税务总局发布《关于修订2009年政府收支分类科目的通知》（财预［2009］3号），就2009年政府收支分类科目调整及有关预算管理问题作出进一步明确规定，并要求相关规定自2009年1月1日起施行。

1月19日 财政部、国家税务总局发布《油气田企业增值税管理办法》，对现行油气田企业增值税管理办法作了修改和完善。

1月19日 财政部、国家税务总局发布《关于部分货物适用增值税低税率和简易办法征收增值税政策的通知》（财税［2009］9号），对农产品继续适用13%的增值税税率，具体征税范围暂继续按照《财政部、国家税务总局关于印发〈农业产品征税范围注释〉的通知》（财税字［1995］52号）及现行相关规定执行。

1月21日 财政部、国家发展改革委等发布《关于全面清理涉及交通和车辆收费的通知》（财综［2009］6号），规范交通和车辆收费管理，防止乱收费，决定对涉及交通和车辆的行政事业性收费进行全面清理。

1月24日 财政部出台《关于深化地方非税收入收缴管理改革的指导意见》（财库［2009］1号），旨在深化、完善财政国库管理制度改革方案，加快建立完善的非税收入收缴管理制度体系。

2月3日 财政部、教育部发布《关于进一步加强农村义务教育经费保障机制改革资金管理的若干意见》（财教［2009］2号）。

2月12日 财政部发出《关于公布2008年全国政府性基金项目目录的通知》（财综［2009］12号），对有关事项作了进一步明确规定，并公布《2008年全国政府性基金项目目录》，旨在加强政府性基金管理，促进依法行政。

3月13日 为适应财政部代理发行地方政府债券管理的需要，财政部发布《关于印发〈财政部代理发行地方政府债券财政总预算会计核算办法〉的通知》（财库［2009］19号）。

3月18日 财政部发出《关于印发〈2009年地方政府债券资金项目安排管理办法〉的通知》（财建［2009］121号），旨在规范地方政府债券资金项目安排管理，促进扩大内需，提高资金使用效益。

3月23日 财政部发布《关于印发〈财政部代理发行2009年地方政府债券招投标和考核规则〉的通知》（财库［2009］21号）。

3月23日 《注册会计师全国统一考试办法》正式施行。

4月12日 财政部、国家税务总局发出《关于开采油（气）资源企业费用和有关固定资产折耗 摊销 折旧税务处理问题的通知》（财税［2009］49号），对从事开采石油、天然气（包括煤层气，下同）的矿产资源油气企业（以下简称油气企业）在开始商业性生产前发生的费用和有关固定资产的折耗、摊销、折旧方法作出新的具体规定。

4月20日　财政部发布《关于印发〈中央单位变更政府采购方式审批管理暂行办法〉的通知》（财库［2009］48号），旨在规范中央单位变更政府采购方式审批管理工作，加强中央单位政府采购管理。

4月29日，国务院召开常务会议，讨论并原则通过《关于2009年深化经济体制改革工作的意见》，决定调整固定资产投资项目资本金比例。

5月1日　《金融企业国有资产转让管理办法》正式施行。

5月1日　《企业国有资产法》正式施行。标志着我国对企业国资管理有了最高层级法律的刚性约束与规范。

5月7日　国家发展改革委发出《关于印发〈石油价格管理办法（试行）〉的通知》，提出当国际市场原油价格连续22个工作日移动平均价格变化超过4%时，可相应调整国内成品油价格。

5月25日　财政部、国家税务总局发布《关于个人无偿受赠房屋有关个人所得税问题的通知》（财税［2009］78号），规定房屋产权所有人将房屋产权无偿赠与他人的，受赠人因无偿受赠房屋取得的受赠所得，按照"经国务院财政部门确定征税的其他所得"项目缴纳个人所得税，税率为20%。

5月26日　财政部发布《关于印发〈中央财政促进服务业发展专项资金管理办法〉的通知》（财建［2009］227号）。

6月1日　经国务院批准，进一步提高部分商品的出口退税率。此次调整分为五个档次，涉及农业深加工、机电、鞋帽、玻璃制品、钢铁制品等不同类型加工制造业产品，调整后的出口退税率从5%到17%不等。这是2008年8月份以来连续第七次上调出口退税率。

6月2日　财政部、国家税务总局发布《关于补充养老保险费 补充医疗保险费有关企业所得税政策问题的通知》（财税［2009］27号），决定自2008年1月1日起，企业根据国家有关政策规定，为在本企业任职或者受雇的全体员工支付的补充养老保险费、补充医疗保险费，分别在不超过职工工资总额5%标准内的部分，在计算应纳税所得额时准予扣除；超过的部分，不予扣除。

6月4日　财政部发布《关于加快建立地方预算执行动态监控机制的指导意见》（财库［2009］70号），就增强财政管理透明度，提高财政资金使用的安全性、规范性、有效性，推进财政管理的科学化、精细化等方面提出指导意见。

6月15日　国家发展改革委印发《关于加强中央预算内投资项目概算调整管理的通知》。要求严格执行财经纪律，切实加强和规范中央预算内投资项目管理，努力防止和解决投资项目超概算问题。《通知》在概算调整管理中引进了审计监督，强调"先审计、后调概"。

6月16日　财政部和国家税务总局发布《关于专项用途财政性资金有关企业所得税处理问题的通知》（财税［2009］87号），对企业在2008年1月1日至2010年12月31日期间从县级以上各级人民政府财政部门及其他部门取得的应计入收入总额的财政性资金，凡符合条件的，可以作为不征税收入，在计算应纳税所得额时从收入总额中减除。

6月17日　国务院召开会议，研究部署下一阶段经济工作。会议强调，我国经济运行正处在企稳回升的关键时期，要坚定不移地继续实施积极的财政政策和适度宽松的货币政策，全面贯彻落实好应对国际金融危机的一揽子计划，并根据形势变化不断丰富和完善。

6月19日　财政部、国资委、证监会、社保基金会联合发布《境内证券市场转持部分国有股充实全国社会保障基金实施办法》。

6月22日　财政部发布《关于推进省直接管理县财政改革的意见》。改革的总体目标是，2012年底前，力争全国除民族自治地区外，全面推进省直接管理县财政改革，近期首先将粮食、油料、棉花、生猪生产大县全部纳入改革范围。实行省直接管理县财政改革，就是在政府间收支划分、转移支付、资金往来、预决算、年终结算等方面，省财政与市、县财政直接联系，开展相关业务工作。

6月22日　财政部发出《关于印发〈财政支出绩效评价管理暂行办法〉的通知》（财预［2009］76号），要求加强财政支出管理，强化支出责任，提高财政资金的使用效益，体现政府公共服务目标。

7月1日　财政部、国家发展改革委、民政部和卫生部等部门联合发布《关于完善政府卫生投入政策的意见》（财社［2009］66号），要求加强对政府卫生投入的管理监督。政府卫生投入资金要依法接受人大、审计部门和社会的监督。

7月15日　财政部、国家发展改革委发布《关于印发2008年全国性及中央部门和单位行政事业性收费项目目录的通知》（财综［2009］46号）。

7月31日　财政部、国土资源部印发《关于新增建设用地土地有偿使用费征收等别执行政策问题的通知》（财综［2009］50号），确认各地依法取得的新增建设用地计征新增费适用的征收等别，应当以有关人民政府依法批准农用地和未利用地转为建设用地时适用的新增费征收等别为准。

8月17日　财政部、交通运输部发布《关于规范成品油价格和税费改革资金管理有关问题的通知》（财预［2009］351号），要求省级财政和交通部门要按照财政管理体制和财力与事权相匹配的原则，尽快建立和完善省对下成品油价格和税费改革转移支付管理办法，按期拨付资金，保证市县成品油价格和税费改革后相应资金需求。

8月18日　《关于建立国家基本药物制度的实施意见》正式发布。

8月18日—19日　全国新型农村社会养老保险试点工作会议召开，提出2009年在全国10%的县（市、区、旗）进行新型农村社会养老保险试点，以后将逐步扩大试点，到2020年前基本实现全覆盖。

8月19日　财政部、发展改革委、农业部联合发布《关于进一步完善农资综合补贴动态调整机制的实施意见的通知》（财建［2009］492号）。

9月2日　财政部发出《关于进一步加强中央建设投资预算执行管理的通知》（财建［2009］549号），要求对中央建设投资切块下达地方项目预算，抓紧做好进一步细化、拆分和预算下达工作。同时加强对中央建设投资补助地方项目预算执行进度管理，把强化预算执行进度管理经常化、制度化。

9月17日　财政部和国家发展改革委发出《关于进一步加强中央建设投资项目预算管理等有关问题的通知》（财建［2009］552号），要求充分发挥中央建设投资对经济增长的拉动作用，加快预算执行进度，提高资金使用效率与效益。

10月10日　财政部出台《关于进一步加强地方政府性基金预算管理的意见》（财预［2009］376号），要求地方各级财政部门要对本地区基金项目进行全面清理规范，按照财政部的统一规定，已明确取消和违反审批管理规定越权设立的基金项目要坚决停止征收，应纳入基金预算管理的要全部纳入基金预算编制范围。

11月11日　财政部、国家税务总局发布《关于非营利组织免税资格认定管理有关问题的通知》（财税［2009］123号），对非营利组织的免税资格认定作出了明确限定，并规定非营利组织免税优惠资格的有效期为五年。

11月22日　财政部、国家税务总局联合发布《关于房产税城镇土地使用税有关问题的通知》（财税［2009］128号），对无租使用其他单位房产、出典房产的房产税问题、融资租赁房产的房产税问题及地下建筑用地的城镇土地使用税问题作出新的规定，并从2009年12月1日起执行。

11月27日　中共中央政治局召开会议，分析研究明年经济工作。会议强调，继续实施积极的财政政策和适度宽松的货币政策，更加注重推动经济发展方式转变和经济结构调整。

12月4日　财政部、中国人民银行发布《关于将按预算外资金管理的全国性及中央部门和单位行政事业性收费纳入预算管理的通知》（财预［2009］79号），决定从2010年1月1日起，将按预算外资金管理的全国性及中央部门和单位行政事业性收费逐步纳入财政预算管理。相关各项行政事业性收费全额上缴国库，支出通过一般预算或基金预算安排，不再作为预算外资金管理。教育收费不纳入预算管理。

12月5日—7日　中央经济工作会议在北京举行。会议提出，明年中央经济工作的基调是保持经济平稳较快发展，重点是保持经济增长，难点在保持经济增长的基础上管理好通货膨胀预期。会议强调，保持宏观经济政策的连续性和稳定性，继续实施积极的财政政策和适度宽松的货币政策，根据新形势新情况着力提高政策的针对性和灵活性。

12月9日　国务院召开常务会议，研究完善促进消费的若干政策措施，讨论并原则通过《关于试行社会保险基金预算的意见》，将企业职工基本养老、失业、城镇职工基本医疗、工伤、生育等五项社会保险基金分别纳入2010年预算编制范围。

12月22日　财政部、国家税务总局发布《关于调整个人住房转让营业税政策的通知》（财税［2009］157号），决定自2010年1月1日起，个人将购买不足5年的非普通住房对外销售的，全额征收营业税；个人将购买超过5年（含5年）的非普通住房或者不足5年的普通住房对外销售的，按照其销售收入减去购买房屋的价款后的差额征收营业税；个人将购买超过5年（含5年）的普通住房对外销售的，免征营业税。

12月22日　财政部、国家税务总局发布《关于减征1.6升及以下排量乘用车车辆购置税的通知》（财税［2009］154号），决定对2010年1月1日至12月31日购置1.6升及以下排量乘用车的，暂减按7.5%的税率征收车辆购置税。此举旨在扩大内需，促进汽车产业健康发展。

12月31日　财政部、国家发展改革委、水利部发出《关于印发〈国家重大水利工程建设基金征收使用管理暂行办法〉的通知》（财综［2009］90号），决定从2010年1月1日起开始征收重大水利基金，至2019年12月31日止。国家重大水利工程建设基金是利用三峡工程建设基金停征后的电价空间设立的政府性基金。为保证三峡工程建设基金向重大水利基金平稳过渡，保持三峡工程建设基金现行征收政策基本不变。

12月31日　财政部、国家税务总局、国家发展改革委发布《关于公布环境保护节能节水项目企业所得税优惠目录（试行）的通知》（财税［2009］166号），自2008年1月1日起施行。

2010年

1月1日　对个人转让上市公司限售流通股取得的所得，按照“财产转让所得”，适用20%的比例税率征收个人所得税。

1月4日　财政部、商务部发出《关于允许汽车以旧换新补贴与车辆购置税减征政策同时享受的通知》（财建［［2010］1号），决定从2010年1月1日起，允许符合条件的车主同时享受汽车以旧换新补贴和1.6升及以下乘用车车辆购置税减征政策。

1月8日　中共中央政治局就世界主要国

家财税体制和深化我国财税体制改革进行第十八次集体学习。中共中央总书记胡锦涛在主持学习时强调，要夺取应对国际金融危机冲击全面胜利、保持经济平稳较快发展，把改革开放和社会主义现代化建设不断推向前进，就必须深化财税体制改革，完善公共财政体系，提高财政管理绩效。

1月8日　财政部发布《关于加强中央基建投资预算执行管理工作的通知》（财建［2010］3号），要求切实按照依法理财、科学管理的要求，把加强中央基建投资预算执行管理放在更加突出的位置，充分发挥投资对经济增长的拉动作用。

1月8日　财政部、国家发展改革委等部门发出《关于继续实施汽车下乡政策的通知》（财建［2010］4号），决定汽车下乡政策实施延长一年，至2010年12月31日止；摩托车下乡政策执行到2013年1月31日。

1月10日　全国财政工作会议在北京召开。会议提出2010年财政工作将继续实施积极的财政政策，财政部门要进一步完善有利于科学发展的财政体制机制，把加强财政调控、深化财税改革与强化财政管理结合起来，牢固树立现代财政管理观念，扎实落实全面推进财政科学化精细化管理的各项要求。

1月18日　财政部发布《关于印发〈中央部门财政拨款结转和结余资金管理办法〉的通知》（财预［2010］7号），加强中央部门财政拨款结转和结余资金的管理。中央级事业单位基本支出当年未使用的财政拨款，不再提取职工福利基金和转入事业基金。对事业单位在实行国库管理制度改革后，已转入事业基金但尚未使用的财政拨款资金，也一并纳入本办法管理。

2月8日　财政部发布消息，国务院农村综合改革工作小组、财政部、农业部日前联合下发《关于做好2010年扩大村级公益事业建设一事一议财政奖补试点工作的通知》，增加财政投入，完善奖补政策，把村级公益事业建设一事一议财政奖补试点范围扩大到27个省份，预计全国将有5.3亿农民受益。试点工作始于2008年，2009年扩大到贵州等17个省份。

2月12日　《2009年基层医疗卫生机构实施国家基本药物制度和综合改革以奖代补专项资金管理办法》（财社［2010］21号）发布。建立国家基本药物制度和健全基层医疗卫生服务体系，是近三年内深化医药卫生体制改革的两项重点工作。基本药物制度实施重点是保基本、打基础、强基层。为充分调动基层积极性，中央财政设立基层医疗卫生机构实施国家基本药物制度和综合改革以奖代补专项资金。奖补资金按“突出改革、转变机制、注重实效、鼓励先进”的原则，实行因素法分配。

3月1日　财政部、国家税务总局印发《关于边境地区一般贸易和边境小额贸易出口货物以人民币结算准予退（免）税试点的通知》，将现行云南边境小额贸易出口货物以人民币结算准予退（免）税政策扩大到边境省份、自治区与接壤毗邻国家的一般贸易，并进行试点，明确了试点的85个陆地指定口岸。

3月11日　财政部发布《关于印发切实加强乡镇财政资金监管工作的指导意见的通知》（财预［2010］33号），明确了乡镇财政资金监管职责和具体要求。这是加强财政管理基础工作和基层财政建设的指导性文件。

3月24日　财政部、国家税务总局发布《关于事业单位改制有关契税政策的通知》（财税［2010］22号），规定事业单位按有关规定改制为企业的过程中，投资主体没有发生变化的，对改制后的企业承受原事业单位土地、房屋权属，免征契税。事业单位改制过程中，改制后的企业以出让或国家作价出资（入股）方式取得原国有划拨土地使用权的，应按规定缴纳契税。执行期限为2010年4月1日至2011年12月31日。

3月30日　财政部、海关总署、国家税务总局发布《关于在天津市开展融资租赁船舶出口退税试点的通知》（财税［2010］24号），决定对融资租赁企业经营的所有权转移给境外企业的融资租赁船舶出口，在天津市实行为期1年的出口退税试点，自2010年4月1日起施行。

4月23日　财政部、国家税务总局发出《关于国际运输劳务免征营业税的通知》（财税［2010］8号），自2010年1月1日起，对中华人民共和国境内（以下简称境内）单位或者个人提供的国际运输劳务免征营业税。

5月7日　财政部、国家发展改革委发出《关于印发2009年全国性及中央部门和单位行政事业性收费项目目录的通知》（财综［2010］20号），规定《收费目录》中的行政事业性收费项目为截至2009年12月31日仍在执行的全国性及中央部门和单位的行政事业性收费项目，其具体征收范围、征收标准及资金管理方式等，按《收费目录》中注明的文件规定执行。

5月12日　财政部公布国有资本经营预算和政府性基金预算编制情况。国有资本经营预算的基本内容包括收入预算和支出预算。按全国人大要求，中央本级国有资本经营预算2010年首次提交全国人大审查。而目前纳入政府性基金预算管理的基金共43项。编制政府性基金预算，有利提高政府预算的统一性和完整性，增强预算的约束力和透明度，更好地接受人大和社会监督。

5月12日　财政部和国家发改委下发通知，进行矿藏勘查开采和工程建设征用或使用草原的单位和个人，应向相关主管部门缴纳草原植被恢复费。草原植被恢复费纳入财政预算管理，专项用于草原行政主管部门组织的草原植被恢复、保护和管理。

5月17日　财政部颁布《关于推动地方开展试编国有资本经营预算工作的意见》（财企［2010］83号），明确国有资本经营预算工作管理职责分工，抓紧建立健全国有资本经营预算各项管理制度。

5月18日　财政部发布《关于扩大农村金融机构定向费用补贴政策范围的通知》（财金［2010］41号），决定从2010年至2012年，将费用补贴范围扩大到基础金融服务薄弱地区，中央财政对基础金融服务薄弱地区银行业金融机构网点，按该网点当年贷款平均余额的2%给予费用补贴。补贴资金在下一年度拨付。

5月18日　财政部发布《关于切实做好治理教育乱收费工作的通知》（财综［2010］37号），规定未经国务院或财政部、国家发展改革委、教育部批准，各地一律不得设立新的教育行政事业性收费项目。除城市义务教育阶段住宿费外，不得收取其他任何行政事业性收费，包括学杂费、借读费等。

5月25日　为充分发挥土地增值税调控作用，国家税务总局发布《关于加强土地增值税征管工作的通知》（国税发［2010］53号），要求科学合理制定预征率，加强土地增值税预征工作，任何单位和个人不得擅自扩大核定征收范围，核定征收率原则上不得低于5%，各省级税务机关要结合本地实际，区分不同房地产类型制定核定征收率。

5月25日　为支持国家重大水利工程建设，财政部、国家税务总局发布《关于免征国家重大水利工程建设基金的城市维护建设税和教育费附加的通知》（财税［2010］44号），自发文之日起执行。

5月27日　财政部、国家税务总局发布《关于农村金融有关税收政策的通知》，明确将通过减免营业税、所得税等优惠举措，支持农村金融发展，解决农民贷款难问题。自2009年1月1日至2013年12月31日，对金融机构农户小额贷款的利息收入，免征营业税。自2009年1月1日至2011年12月31日，对农村信用社、村镇银行、农村资金互助社、由银行业机构全资发起设立的贷款公司、法人机构所在地在县（含县级市、区、旗）及县以下地区的农村合作银行和农村商业银行的金融保险业收入，减按3%的税率征收营业税。

5月31日　国家税务总局发布《关于进一步加强高收入者个人所得税征收管理的通知》（国税发［2010］54号），就进一步加强高收入者个人所得税征收管理有关问题作出规定。

6月1日　财政部、国家税务总局发布《关于印发〈新疆原油 天然气资源税改革若干问题的规定〉的通知》（财税［2010］54号），新疆原油、天然气资源税改革正式启动。原油、天然气资源税实行从价计征，税率为5%。根据规定，纳税人开采的原油、天然气，自用于连续生产原油、天然气的，不缴纳资源税；自用于其他方面的，视同销售，必须缴纳资源税。

6月1日　财政部、国家发展改革委决定，结合新能效标准实施，对高效节能空调补贴推广政策进行相应调整。相关政策从6月1日起再延长一年，中央财政将按新能效标准对能效等级2级及以上产品继续给予补贴，实施期限到2011年5月31日。

6月2日　财政部、发展改革委等部门下发《关于扩大公共服务领域节能与新能源汽车示范推广有关工作的通知》，进一步扩大公共服务领域节能与新能源汽车示范推广工作，在现有13个试点城市的基础上，再增加7个试点城市。根据试点城市实施方案和资金申请，财政部通过省级财政部门将示范推广补助资金预拨给试点城市。试点城市财政部门根据节能与新能源汽车实际推广情况，按规定标准据实拨付补助资金。

6月1日　财政部颁布《关于将按预算外资金管理的收入纳入预算管理的通知》（财预［2010］88号），决定从2011年1月1日起，将按预算外资金管理的收入（不含教育收费）全部纳入预算管理。

6月1日　财政部、国家税务总局印发《新疆原油 天然气资源税改革若干问题的规定》（财税［2010］54号），在新疆率先进行资源税改革，原油、天然气资源税实行从价计征，税率为5%。

6月10日　国务院颁布《关于加强地方政府融资平台公司管理有关问题的通知》（国发［2010］19号），要求对融资平台公司债务进行面清理，按照分类管理、区别对待的原则，妥善处理债务偿还和在建项目后续融资问题。7月30日，财政部、发展改革委、人民银行、银监会联合发文《关于贯彻国务院关于加强地方政府融资平台公司管理有关问题的通知相关事项的通知》（财预［2010］412号），清理核实并妥善处理融资平台公司债务，加强对融资平台公司的融资管理和银行业金融机构等的信贷管理。10月28日　财政部颁布《地方政府融资平台公司公益性项目债务核算暂行办法》的通知（财会［2010］22号）。

6月13日　经国务院批准，汽车以旧换新政策实施期限由2010年5月31日延长至2010年12月31日。财政部、环境保护部等联合下发通知，对延长政策实施等工作作出具体部署。截至2010年5月31日，全国共办理汽车以旧换新申请车辆12.7万辆，补贴金额17亿元，拉动新车消费150亿元。

7月13日　财政部继颁布《事业单位国有资产管理暂行办法》（财政部令第36号）和《中央级事业单位国有资产管理暂行办法》（财教［2008］13号）后，下发《关于进一步规范和加强中央级事业单位国有资产管理有关问题的通知》（财教［2010］200号）。

8月26日　财政部颁布《关于中央行政事业单位所属企业国有资产监管工作归口管理的通知》（财办［2010］35号），明确中央行政事业单位所属企业国有资产监管工作主体。

9月10日　财政部印发《政府性基金管理暂行办法》（财综［2010］80号），进一步规范政府性基金审批、征收、使用、监管等行为。《办法》规定政府性基金属于政府非税收入，全额纳入财政预算，实行“收支两条线”管理。

9月21日　财政部颁布《关于建立和完善县级基本财力保障机制的意见》（财预［2010］443号），加大对基层的财力倾斜和支持力度。

9月28日　《财政部关于编报2011年中央国有资本经营预算建议草案的通知》（财企［2010］240号）。

10 月 1 日　根据第八届全国人民代表大会常务委员会第五次会议通过的《全国人民代表大会常务委员会关于外商投资企业和外国企业适用增值税、消费税、营业税等税收暂行条例的决定》，国务院颁布《关于统一内外资企业和个人城市维护建设税和教育费附加制度的通知》（国发［2010］35 号），决定统一内外资企业和个人城市维护建设税和教育费附加制度，进一步统一税制、公平税负，创造平等竞争的外部环境。

12 月 8 日　财政部颁布《关于中央预算单位 2011 年深化国库集中支付改革若干问题的通知》（财库［2010］138 号），继续大力推进和深化财政国库各项改革，推进预算执行细化管理。

2011 年

1 月 28 日　财政部颁布《关于深入推进基层财政专项支出预算公开的意见》（财预［2011］27 号），深入推进基层财政专项支出预算公开工作，规范基层财政专项支出公开范围，细化基层财政专项支出公开内容，促进依法理财、民主理财。

2 月 25 日　第十一届全国人民代表大会常务委员会第十九次会议通过《中华人民共和国车船税法》。

3 月 1 日　国务院常务会议通过《个人所得税法修正案（草案）》，加强税收对收入分配调节作用，提高工资薪金所得减除费用标准，调整工资薪金所得税率级次级距，进一步减轻中低收入者税收负担，并相应调整个体工商户生产经营所得和承包承租经营所得税率级距。

4 月 2 日　财政部修订并下发《财政支出绩效评价管理暂行办法》（财预［2011］285 号），推进预算绩效管理工作，规范财政支出绩效评价行为。

4 月 25 日　财政部颁布《关于推动地方开展国有资本经营预算工作的通知》（财企［2011］83 号），提出现存问题以及推进和完善地方国有资本经营预算工作的要求。

6 月 10 日　交通运输部、国家发展改革委、财政部、监察部、国务院纠风办联合颁布《关于开展收费公路专项清理工作的通知》（交公路发［2011］283 号）。

6 月 10 日　财政部印发《2011 年中央对地方均衡性转移支付办法》的通知（财预［2011］392 号），推动公共服务均等化进程。

7 月 5 日　财政部颁布《关于推进预算绩效管理的指导意见》（财预［2011］416 号），深化预算制度改革，加强预算绩效管理，提高预算资金的使用效益和政府工作效率。

7 月 27 日　财政部、海关总署、国家税务总局颁布《关于深入实施西部大开发战略有关税收政策问题的通知》（财税［2011］58 号），进一步支持西部大开发。

8 月 24 日　财政部颁布《关于加快推进财政部门依法行政依法理财的意见》（财法［2011］14 号），进一步健全财政法律制度体系，提高财政法律制度建设质量，增强财政法律制度执行效力，提高财政法律制度执行的监督效能，提高财政部门依法行政依法理财的能力。

8 月 26 日　财政部、国家税务总局联合颁布《关于地方政府债券利息所得免征所得税问题的通知》（财税［2011］76 号）。

10 月 13 日　财政部印发《中央国有资本经营预算编报办法》的通知（财企［2011］318 号），进一步规范中央国有资本经营预算编报工作。

10 月 28 日　财政部、国家税务总局审议通过并颁布《关于修改〈中华人民共和国增值税暂行条例实施细则〉和〈中华人民共和国营业税暂行条例实施细则〉的决定》自2011年11月1日起，调整增值税以及营业税的起征点幅度。

10月28日　财政部、国家税务总局修订通过《中华人民共和国资源税暂行条例实施细则》。

11月16日　财政部、国家税务总局颁布《关于在上海市开展交通运输业和部分现代服务业营业税改征增值税试点的通知》，在上海市开展交通运输业和部分现代服务业营业税改征增值税试点工作。

11月16日　财政部、国家税务总局颁布《营业税改征增值税试点方案》（财税［2011］110号）。

12月5日　国务院颁布《中华人民共和国车船税法实施条例》，自2012年1月1日起施行。

12月30日　财政部、发展改革委颁布公布取消253项涉及企业行政事业性收费。

2012年

1月13日　财政部颁布《关于扩大中央国有资本经营预算实施范围有关事项的通知》（财企［2012］3号），从2012年起，继续扩大中央国有资本经营预算实施范围。

1月20日　财政部颁布《财政总预算会计管理基础工作规定》（财库［2012］1号）。

5月8日　财政部颁布《关于加强中央预算单位政府采购管理有关事项的通知》（财库［2012］49号），规范政府采购行为、提高财政资金使用效益、落实政府采购政策功能。

5月15日　财政部、国家税务总局、中国人民银行联合发文《关于营业税改征增值税试点地区适用增值税零税率应税服务免抵退税有关预算管理问题的通知》（财预［2012］65号），解决营业税改征增值税试点后，部分服务贸易实行零税率政策的相关预算管理问题。

5月22日　财政部颁布《关于印发政府采购品目分类目录（试用）的通知》，以适应政府采购制度改革及对外开放的需要。

5月30日　财政部颁布《关于广告费和业务宣传费支出税前扣除政策的通知》（财税［2012］48号），规范有关广告费和业务宣传费支出税前扣除政策。

6月1日　国家发展改革委、财政部联合印发《关于安排政府性资金对民间投资主体同等对待的通知》（发改投资［2012］1580号），明确安排政府性资金支持民间投资，鼓励和引导民间投资健康发展。

6月7日　国务院印发《关于县级公立医院综合改革试点意见的通知》（国办发［2012］33号），统筹推进管理体制、补偿机制、人事分配、价格机制、医保支付制度、采购机制、监管机制等综合改革，建立起维护公益性、调动积极性、保障可持续的县级医院运行机制。

6月12日　为保证《中华人民共和国企业所得税法》的顺利实施，妥善处理地区间利益分配关系，财政部、国家税务总局、中国人民银行颁布《关于印发〈跨省市总分机构企业所得税分配及预算管理办法〉的通知》（财预［2012］40号）。

6月14日　财政部颁布《关于印发〈2012年中央对地方均衡性转移支付办法〉的通知》（财预［2012］300号），按照财政管理科学化、精细化的要求，进一步规范转移支付制度。

6月14日　国务院批转人力资源社会保障部、发展改革委、民政部、财政部、卫生部、社保基金会制定的《社会保障“十二五”

规划纲要》。

6月29日　为了规范中央级经营性文化事业单位和中央文化企业转制和改制中清产核资工作，真实、完整地反映其资产、财务状况和经营成果，财政部颁布《关于印发中央文化企业清产核资工作表的通知》（财文资［2012］6号）。

6月29日　财政部颁布《关于交通运输业和部分现代服务业营业税改征增值税试点若干税收政策的补充通知》（财税［2012］53号），就试点地区开展交通运输业和部分现代服务业营业税改征增值税试点有关税收政策进行完善补充。

7月23日　财政部颁布《关于做好中央文化企业国有资本经营预算支出管理工作的通知》（财文资［2012］9号）。

7月31日　财政部、国家税务总局联合下发《关于在北京等8省市开展交通运输业和部分现代服务业营业税改征增值税试点的通知》（财税［2012］71号），进一步扩大营改增试点范围。

8月17日　财政部、中国人民银行、国家税务总局联合颁布《关于营业税改征增值税试点有关预算管理问题的通知》（财预［2012］367号），明确营业税改征增值税试点地区，收入划分、科目修订、收入缴库、退库等问题。

9月21日　为全面推进预算绩效管理，提高财政管理科学化精细化水平，财政部颁布《预算绩效管理工作规划（2012—2015年）》（财预［2012］396号），并根据《规划》制定了《县级财政支出管理绩效综合评价方案》和《部门支出管理绩效综合评价方案》两个配套文件。

9月28日　财政部、民政部联合下发《关于印发〈城乡最低生活保障资金管理办法〉的通知》（财社［2012］171号），贯彻落实《国务院关于加强和改进城乡最低生活保障工作的意见》（国发［2012］45号），进一步加强城乡最低生活保障资金管理。

9月23日　国务院发布《关于第六批取消和调整行政审批项目的决定》（国发［2012］52号），取消171项行政审批项目，调整143项行政审批项目。

11月16日　财政部、国家税务总局、证监会颁布《关于实施上市公司股息红利差别化个人所得税政策有关问题的通知》（财税［2012］85号）。

11月14日　为建立健全政府购买社会工作服务制度，加快推进社会工作专业人才队伍建设，加强以保障和改善民生为重点的社会建设，民政部、财政部联合下发《关于政府购买社会工作服务的指导意见》（民发［2012］196号），规范政府购买社会工作服务的主体、对象、范围、程序与监督管理等。

12月6日　财政部颁布《国有金融企业年金管理办法》，指导和规范国有金融企业建立企业年金制度，健全激励约束机制，完善社会保障体系，促进国有金融企业持续健康发展。

12月19日，财政部修订《事业单位会计制度》，进一步规范事业单位的会计核算，提高会计信息质量，自2013年1月1日起施行。

12月24日　为有效防范财政金融风险，保持经济持续健康发展和社会稳定，财政部、发展改革委、人民银行、银监会联系发文《关于制止地方政府违法违规融资行为的通知》（财预［2012］463号），进一步加强地方融资平台公司管理。

12月28日　财政部、国家体育总局联合修订《体育事业单位财务制度》（财教［2012］505号），规范体育事业单位财务行为，加强财务管理和监督，促进体育事业的健康发展。

12月28日　财政部、文化部联合修订《文化事业单位财务制度》（财教［2012］503号），规范文化事业单位财务行为，加强财务管理和监督，促进文化事业的健康发展。

2013 年

1 月 4 日　财政部颁布《财政部门行使行政处罚裁量权指导规范》（财法［2013］1 号），规范财政部门行使行政处罚裁量权行为，促进财政部门依法、公平、公正实施行政处罚，提高财政行政执法水平，保护公民、法人和其他组织的合法权益。

2 月 3 日　国务院转批发展改革委、财政部、人力资源社会保障部《关于深化收入分配制度改革的若干意见》（国发［2013］6 号），完善收入分配结构和制度，增加城乡居民收入，缩小收入分配差距，规范收入分配秩序。

2 月 6 日　财政部、国家税务总局颁布《关于地方政府债券利息免征所得税问题的通知》（财税［2013］5 号），规定企业和个人取得的 2012 年及以后年度发行的地方政府债券利息收入，免征企业所得税和个人所得税。

4 月 23 日　财政部印发《经济建设项目资金预算绩效管理规则》的通知（财建［2013］165 号），加强经济建设项目资金预算绩效管理，规范工作流程，提高预算支出绩效。

4 月 21 日　财政部颁布《预算绩效评价共性指标体系框架》（财预［2013］53 号），逐步建立符合我国国情的预算绩效评价指标体系，加强预算绩效评价工作，提高绩效评价统一性和权威性，全面推进预算绩效管理。

5 月 24 日　财政部、国家税务总局颁布《关于在全国开展交通运输业和部分现代服务业营业税改征增值税试点税收政策的通知》（财税［2013］37 号），自 2013 年 8 月 1 日起，在全国范围内开展交通运输业和部分现代服务业营改增试点。

6 月 28 日　财政部、中国人民银行、国家税务总局颁布《关于营业税改征增值税试点有关预算管理问题的通知》（财预［2013］275 号），对改征增值税的收入划分、收入缴库、收入退库等预算问题进行说明。

8 月 1 日　财政部颁布《关于推进省以下预决算公开工作的通知》（财预［2013］309 号），深化细化预算决算公开和‘三公’经费公开，逐步实现县级以上政府公务接待经费公开。

9 月 13 日　财政部、国家机关事务管理局、中共中央直属机关事务管理局联合颁布《中央和国家机关会议费管理办法》（财行［2013］286 号），改进会风，精简会议，进一步加强和规范会议费管理。

10 月 16 日　财政部、国家发改委公布《取消 314 项行政事业性收费的通知》，确定自 2013 年 11 月 1 日起，取消各省（区、市）设立的行政事业性收费 314 项。

12 月 12 日　财政部、国家税务总局印发《关于将铁路运输和邮政业纳入营业税改征增值税试点的通知》（财税［2013］106 号），自 2014 年 1 月 1 日起，在全国范围内开展铁路运输和邮政业营改增试点。

12 月 18 日　财政部修订并颁布《行政单位会计制度》，进一步规范行政单位的会计核算，提高会计信息质量。

12 月 30 日　国务院办公厅转发财政部《关于调整和完善县级基本财力保障机制意见》（国办发［2013］112 号）的通知，进一步巩固县级基本财力保障成果，增强基层政府执政能力，推进基本公共服务均等化，促进全面建成小康社会。

2014 年

2月21日　国务院颁布《关于建立统一的城乡居民基本养老保险制度的意见》（国发［2014］8号），将新农保和城居保两项制度合并实施，在全国范围内建立统一的城乡居民基本养老保险制度。

3月3日　国务院印发《关于改进加强中央财政科研项目和资金管理的若干意见》（国发［2014］11号），改进加强科研项目和资金管理。

3月4日　财政部颁布《关于深入推进地方预决算公开工作的通知》（财预［2014］36号），深化财税体制改革、推动地方实施公开透明的预算制度。

3月21日　财政部印发《地方财政管理绩效综合评价方案》（财预［2014］45号），督促和引导地方深化财税体制改革，建立现代财政制度，改进预算管理制度，加强和改进事中事后监管，提高财政管理效率。

4月16日　教育部、国家发展改革委、财政部、审计署、国家新闻出版广电总局联合颁布《关于2014年规范教育收费治理教育乱收费工作的实施意见》（教办［2014］6号）。

4月17日　财政部公布《关于进一步提高中央企业国有资本收益收取比例的通知》（财企［2014］59号），从2014年起，适当提高中央企业国有资本收益收取比例。

4月29日　财政部、国家税务总局颁布《关于将电信业纳入营业税改征增值税试点的通知》（财税［2014］43号）。

5月19日　财政部颁布《2014年地方政府债券自发自还试点办法》。

6月30日　国务院审议通过了《深化财税体制改革总体方案》，指出深化财税体制改革的目标是建立统一完整、法治规范、公开透明、运行高效，有利于优化资源配置、维护市场统一、促进社会公平、实现国家长治久安的可持续的现代财政制度。重点推进三个方面改革：一是改进预算管理制度，强化预算约束、规范政府行为、实现有效监督，加快建立全面规范、公开透明的现代预算制度；二是深化税收制度改革，优化税制结构、完善税收功能、稳定宏观税负、推进依法治税，建立有利于科学发展、社会公平、市场统一的税收制度体系，充分发挥税收筹集财政收入、调节分配、促进结构优化的职能作用；三是调整中央和地方政府间财政关系，在保持中央和地方收入格局大体稳定的前提下，进一步理顺中央和地方收入划分，合理划分政府间事权和支出责任，促进权力和责任、办事和花钱相统一，建立事权和支出责任相适应的制度。

7月24日　国务院颁布《国务院关于进一步推进户籍制度改革的意见》（国发［2014］25号），提出扩大基本公共服务覆盖面，加强基本公共服务财力保障，切实保障农业转移人口及其他常住人口合法权益。

7月28日　国务院颁布《关于加快发展生产性服务业促进产业结构调整升级的指导意见》（国发［2014］26号）。

8月26日　财政部、国家发展改革委员会、民政部、全国老龄工作委员会办公室联合颁布《关于做好政府购买养老服务工作的通知》（财社［2014］105号），加快推进政府购买养老服务工作。

9月21日　国务院颁布《关于加强地方政府性债务管理的意见》（国发［2014］43号），建立“借、用、还”相统一的地方政府性债务管理机制。

9月23日　财政部颁布《关于推广运用政府和社会资本合作模式有关问题的通知》（财金［2014］76号），进一步完善财政投入及管理方式，促进政府和社会资本合作模式（PPP）制度体系的形成。

10月9日　财政部、国家税务总局颁布《关于调整原油、天然气资源税有关政策的通知》（财税［2014］73号），规定原油、天然气矿产资源补偿费费率降为零，相应将资源税适用税率由5%提高至6%。

10月9日　财政部、国家税务总局颁布《关于实施煤炭资源税改革的通知》（财税［2014］72号），规定自2014年12月1日起在全国范围内实施煤炭资源税从价计征改革，同时清理相关收费基金。

10月10日　财政部、国家发展改革委颁布《关于全面清理涉及煤炭原油天然气收费基金有关问题的通知》（财税［2014］74号），对各地区出台的涉及煤炭、原油、天然气的收费基金项目进行全面清理。

主要参考文献

高培勇主编：《共和国财税60年》，人民出版社，2009年。

高培勇主编：《中国财税体制改革30年研究——奔向公共化的中国财税改革》，经济管理出版社，2008年。

财政部网站，http：//www.mof.gov.cn。

国家税务总局网站，http：//www.chinatax.gov.cn。

各年度《中国统计年鉴》。

各年度《中国财政年鉴》。

《中国财经报》有关报道。

《中国税务报》有关报道。